高等院校精品课程教材

Introduction to Chinese Civil and Commercial Law Affecting Business

企业经济法概论

（第四版）

蔡曙涛◎编著

中国人民大学出版社
·北京·

出版说明

随着改革开放的不断深入，中国经济逐步与世界接轨，成为世界经济大潮中一支重要的生力军。经济发展的现实，对高素质管理人才提出了越来越迫切的需求，也对培养高素质管理人才的高等教育的质量提出了更高的标准。

中国人民大学出版社作为全国高校文科教材出版中心，长期致力于高等教育精品教材的开发和出版工作。我们认为，高等管理教育的发展，不仅需要一批高素质的教学科研人才，而且需要较为完善科学的教学体系，以及一批高水平、高质量的教材和教学辅助资源。为此，我们希望集全国各高校之力，编写一套高起点、高质量的教材。

首先，本套教材的开发将真正贯彻以学生为本。一方面提供给学生科学的、规范的、完整的、适合21世纪中国和世界经济发展需要的知识体系，另一方面以适合学生接受的方式传授知识，改变过去本版教材呆板的编写方式，以不同背景学生的不同需要作为教材开发的出发点。

其次，坚持国际视野。20世纪80年代以来，我们引进了不少国外经管教材，对促进我们学习掌握国外经济管理的经典理论、最新理念和研究方法起到了十分重要的作用。本套教材将吸收国外优秀教材的精华，采取国际惯用的研究方法和通用的研究语汇，反映国际管理教育的前沿动态。

再次，加强本土意识。这是一套本土化的教材！中国经济改革和发展的理论与实践，为我们提供了鲜活的内容，也向我们提出了不同于欧美和众多发展中国家的问题，中国丰富的文化底蕴和管理智慧为我们提供了广泛的教学资源，这一切必将催生出一套有特色的本土化教材。

最后，体现现代理念。本套教材不仅以纸质形式展现其内容，同时也是一套基于网络和多种媒体的，包括案例、模拟训练、题库等内容的学习包，使老师有更加丰富的教学资源，使学生有更加生动、能实时更新、可自主学习的内容。

我们希望这套“高等院校精品课程教材”能得到广大师生的认可，并通过不断的修订、锤炼，一版再版，打造成影响几代人的经典教材。

让我们共同努力，为中国管理教育的发展做一些基础性的、扎扎实实的工作。

前言

这是一本为培养工商企业管理人才而设计，兼备管理和法律特色的经济法教材。随着我国市场经济逐步走向成熟，市场规则日趋规范，法律制度对企业管理与决策活动的重要影响已不容忽视。企业管理者迫切需要了解企业法律环境的特点，熟悉主要经济法规的核心内容，学会有效运用法律手段增进企业利益，保护企业合法权益。经济法融合了经济学、管理学与法学等不同学科领域的专业知识，针对工商管理专业编写的经济法教材与针对法学专业编写的经济法教材在教学目标和教学要求方面都有相当大的差别。从教材使用对象看，法学专业是培养未来或在职的法官、检察官、律师与其他专职法律工作者，他们必须接受全面、系统的法学训练，精通法学理论与现行法律条文，以便在办理具体法律事务过程中能够准确无误地找出法律依据并进行法理解释。工商管理专业培养职业经理人员，他们的核心课程以经济学、管理学为主，通常不设置系统的法学基础理论课程。他们虽然需要了解现行经济法规对企业管理与决策活动的影响，但具体的法律事务仍然需要律师或法律顾问代劳。考虑到工商管理专业的特殊需求以及通常不可能也没有必要接受系统法学训练的实际情况，本教材的突出特点是注重法律的应用功能，不追求法律体系本身的系统性与完整性，避免过多的法律专业概念与术语，教材内容的重点是经济法律制度在企业管理实践中的应用，从法律与经济管理结合的角度阐述相关经济法律制度的功能、作用与效率，注重法律原理及原则对企业决策的指导和约束作用而非具体法律条文的详细释义。整个教材的设计思路是：以企业经营活动为基础，以企业相关的法律权利获得、行使与保护为核心，以如何避免出现法律纠纷及出现法律纠纷后如何解决为主线，为企业管理者提供必要的法律指南，使他们在企业日常经营活动中能够及时、准确判断什么时候需要法律专家的帮助，什么时候自己就可以解决问题。

我国法学界对经济法与行政法、民法或民商法之间的区别或规范对象的界定至今仍然存在争议，这也是导致现行经济法教材在体系和基本内容方面有较大差异的直接原因。在商学教育最为发达的美国，商学院-般都开设与企业经营活动有关的法律课程。这些法律课程的教材通常都以“企业的法律环境”（The Legal Environment of Business）或“商法与监管环境”（Business Law & the Regulatory Environment）命名，教材的体系和主要内容完全围绕企业经营活动进行设计，基本不涉及法学方面的概念、体系或部门法划分之争。换言之，在法学专业教材中可能无法避免的部门法之间的界限或调整对象方面的理论探讨与争议，在工商管理专业经济法教材中完全有可能被淡化或忽视。基于上述理由，本教材编写时，完全以企业设立、经营与解散为中心确定相关法律内容，虽然以经济法命名教材，但在体系安排方面参考了国外商学院流行的商法教材，既有传统民法、商法与诉讼法的基本内容，也有严格意义上的经济法内容。

本教材的目标是使教材使用者能够熟悉企业法律环境的主要特点，对企业设立、经营、终止过程中所涉及主要法律关系的性质、类型、特点有基础性了解。教材使用者应重点理解以下三个方面的问题：

(1) 各种法律制度的基本作用和功能是什么？主要规范哪些企业行为或解决哪些企业经营管理问题？

(2) 企业设立、经营、解散过程中当事人有哪些主要权利与义务？权利如何取得，如何行使，如何保护？义务如何履行？违反义务后应当承担的主要法律责任有哪些？

(3) 企业经营过程中最常见的法律纠纷是什么？如何防范和解决？

本教材尝试从企业管理者的角度诠释和理解经济法律制度的原理和原则，力求在教学理念、体系和内容方面进行创新。以下几个方面最能体现本书特色：

(1) 以企业为中心而非以特定法律为中心决定教材基本内容。一方面，对许多经济法律法规的内容进行"筛选"，将与企业关联性低的内容（如有关行政机关的职责与法律责任等）舍弃不论；另一方面，将内容彼此相关的法律法规合并整理与归纳，总结出适用于企业的系统经济法律制度。

(2) 介绍我国现行经济法律制度时适度考虑借鉴性与超前性，包括相关的外国法律制度与我国法律制度的比较以及我国某些法律实施过程中存在的具体问题，为管理者开阔视野提供启示与思考，促使他们在实践活动中为完善我国的法律制度而努力。

(3) 尽可能将经济学、管理学与法学的相关知识有机结合起来，理解经济理论、管理原则和法律规则之间的内在联系，从成本与效益角度分析法律制度的作用与功能。如法律所保护的权利之间发生冲突时，衡量并判断应优先保护某些权利的基本原则是什么？如何理解法律规则或司法判例对企业行为导向的影响？

(4) 注意教材内容与其他管理类教材配套衔接，例如，国际贸易法律制度、企业财务会计法律制度、企业税收法律制度、金融与证券法律制度等方面的教材都从不同角度有重点介绍，为避免重复而省略。

(5) 体现案例教学特色，全书共采用 40 多个有代表性的案例，详细透彻的案例点评将引导教材使用者学会案例分析的思路与方法。

(6) 思考题具有思考性与启发性。全部思考题都是从企业管理角度设计提问，与企业管理实践密切相关，与纯粹的法律问题完全不同。回答思考题需要综合多方面知识深入思考，但不可能有标准答案，相信企业管理者认真考虑这些问题后，将从更广的角度、更深的层次重新认识某些习以为常的管理问题，并有针对性地提出解决方案。

随着我国市场经济体制改革的不断深入，我国经济立法体系也日臻完善。本书的修订过程客观地反映了这种变化趋势以及作者的新观点。

本书第一版于 2002 年出版，教材内容结构共 10 章，32 个案例，涵盖了法学理论基础、民法、企业法（个人独资企业法、合伙企业法、公司法、外资企业法）、企业破产法、工业产权法律制度（专利法、商标法）、合同法、担保法、市场行政监督管理法律制度（产品质量法、反不正当竞争法、消费者权益保护法、环境保护法）、劳动法、解决民事和行政纠纷的程序法（仲裁法、民事诉讼法、行政复议法、行政诉讼法）等主要内容。

本书第二版于2007年出版。2002—2007年我国有多部重要法律法规实施或进行了重大修改。例如，2005年公司法第三次修订；2006年合伙企业法第一次修订；2007年企业破产法和物权法实施，劳动合同法通过。因此，第二版在保持教材结构体系不变的前提下，大幅更新了公司法、合伙企业法、企业破产法的内容，新增了物权法、劳动合同法的内容。此外，还增加30%的新案例，使教材中的案例总数达到42个。

本书第三版于2010年出版。2007—2010年我国有多部重要法律法规实施或进行了重大修改。2008年专利法第三次修正，劳动合同法、劳动争议调解仲裁法和新修订的民事诉讼法施行；2010年国家赔偿法第一次修订，侵权责任法施行。第三版针对教材体系结构进行了较多调整，体现在以下方面：总体结构仍为10章，但第4章标题更改为“法律权利的行使与保护制度”，对企业法律权利的取得、行使和保护方式以及相关法律制度进行了综合性的系统阐述。第5章标题更改为“物权、债权、人身权法律制度”。第6章标题更改为“知识产权法律制度”，新增加了著作权的内容。这样的体系结构调整有三方面意义。一是突出了以企业相关的法律权利取得、行使与保护为核心设计课程体系的思路，将委托代理、诉讼时效等传统民法内容纳入法律权利取得、行使和保护的范畴，便于大家从经济法律制度体系整体而非单部法律的角度理解各种法律规则的功能和运用。二是将传统的物权、债权和人身权内容并入同一章，可以更系统地阐述侵权责任的相关规定，便于与新型的知识产权进行对比分析。三是从教材主线的逻辑关系看，1～3章重点阐述法律的基本概念、企业市场准入和退出制度、公民、法人民事主体资格以及各类企业内部结构和运行机制，5～10章重点阐述企业的主要法律权利（物权、债权、人身权、知识产权）取得、行使、保护的具体法律规定以及国家对企业市场经营活动、劳动关系的监管，以及对企业法律纠纷的解决方式。通过第4章企业法律权利的性质、特征和取得、行使、保护制度的综合性阐述，在前后两大板块内容之间形成合理过渡，为理解和熟悉企业各种具体法律权利的取得、行使和保护制度提供了框架性的思维方式和必要的概念、原理支持。教材内容方面的调整体现在：新增加了国家赔偿法、劳动争议调解仲裁法、侵权责任法、著作权法的相关内容，大幅更新了专利法、民事诉讼法的内容，并新增了2个案例。

2010—2014年我国有多部重要法律法规进行了修改。2012年民事诉讼法第二次修正；2013年公司法、商标法分别进行第三次修正，消费者权益保护法进行第二次修正；2014年环境保护法进行第一次修订，内容大幅更新。依据法律调整和修改的变化，第四版教材的结构体系并无变化，但内容有增有减。新增加了反垄断法的内容和案例，大幅更新了公司法、商标法、消费者权益保护法、环境保护法及民事诉讼法的相关内容。删除了原外商投资企业法内容和案例（因外商投资企业法与公司法已逐渐并轨，目前多适用公司法）及除斥期间的相关内容。

第四版与第三版相同，仍然保持44个案例。鉴于环境保护法2014年进行了大幅度的修订，而且，该法自2015年1月1日起施行，目前尚无新法实施后的案例，因此，本版教材没有编写环境保护法相关案例。

中国人民大学出版社工商管理出版分社的编辑为本书及时出版尽了最大努力，非常钦佩他们的敬业精神，与他们合作感到非常愉快。

蔡曙涛

北京大学光华管理学院

目录

第 1 章

法学理论基础与法律环境

本章重点

- 法律规范
- 法律关系的基本类型
- 法律秩序中的公平与效率
- 权利、义务与法律责任
- 我国国家机关的法律地位及职能

第 1 节　法律制度的特征和基本功能

一、法律规范

(一) 法律的概念

法律，是由国家制定或认可，体现国家意志，并由国家强制力保证实施的行为规范总和。在我国，广义的法律，泛指由国家立法机关和行政机关有关部门制定的各种法律、法令和法规。狭义的法律，特指由全国人民代表大会及其常务委员会制定通过的法律。

行为规范是调整人们社会关系的行为规则。人类社会有多种行为规范，如道德规范、风俗习惯、宗教教规、各种社会团体的规章等。与其他社会行为规范相比，法律规范有如下基本特征：

(1) 由国家权力机关依照法定权限和程序制定或认可。

(2) 体现国家所追求的社会目标和价值判断。

(3) 由国家强制力（警察、法庭与监狱等）保证实施。

(4) 法律规范通常用官方正式文件公布，具有权威性、稳定性与普遍性。权威性指由国家机关统一颁布与实施。稳定性指法律必须依照法定程序制定与修改，一经颁布实施不得随意变动。普遍性指法律所规定的行为模式不是仅一次性适用于个别的人或事，而是毫无例外地反复适用于同样的人或事，法律面前人人平等。

（二）法律规范的类型和作用

法律是社会关系的调节器，通过规范社会关系主体（人）的行为，建立并保持理想的社会生活秩序。因此，法律作为一种社会行为规范，为人们的行为提供了模式、标准或方向。法律规范可以分为三种基本类型：

（1）任意性规范，指规定人们依法有权作出某种行为的法律规范。一般而言，法律赋予当事人的权利是否行使，由当事人自行决定，因此，任意性规范仅具有指导意义。当事人可以自由选择做或不做特定的行为。如《中华人民共和国公司法》规定："股东有权查阅公司章程、股东名册、公司债券存根、股东大会会议记录、董事会会议决议、监事会会议决议、财务会计报告，对公司的经营提出建议或者质询。"

（2）命令性规范，指强制性规定人们必须作出某种行为的法律规范。当事人如果没有依法做法律所要求的行为，将导致该行为的后果不受法律保护或当事人承担相应的法律责任。如《中华人民共和国产品质量法》规定：因产品存在缺陷造成人身、缺陷产品以外的其他财产损害的，生产者应当承担赔偿责任。

（3）禁止性规范，指强制性规定禁止人们作出某种行为的法律规范。当事人如果从事法律所禁止的行为，将导致该行为的后果不受法律保护或当事人承担相应的法律责任。如《中华人民共和国公司法》规定："董事、高级管理人员不得兼任监事。"

任意性规范通常是授予人们某种权利，也称"授权性规范"。命令性规范和禁止性规范通常赋予人们某种义务，当事人违反法律义务就要承担相应的法律后果，因此，它们通常合称"义务性规范"。

国家的基本职能是对社会进行有效率的管理，法律是国家管理社会的基本工具。国家通过制定法律和实施法律调整社会关系，通过规定不同的当事人以不同的权利义务关系，使大量的社会关系上升为法律关系，以形成和确认公平而有效率的法律秩序。根据法律规范所提供的行为模式，人们可以预先知道哪些行为是国家鼓励、支持或允许的，哪些行为是国家禁止或反对的，遵守或不遵守有关的法律规定将会产生哪些法律后果，从而使人们可以理性选择自己的行为，自觉依照法律的指引行事，保持现行政治、经济和社会秩序正常运行。

（三）法律规范的制定与实施

国家运用法律管理社会是否有效率，取决于法律制定和法律实施诸环节（立法、执法、司法、守法）的总体状况和相互衔接性，"有法可依、执法严格、司法公正、自觉守法"正是人们对理想法治社会的描述与期待。

1. 立法

立法，指有权制定法律规范的国家机关依照其职权范围，按照一定的程序制定、修改或废除法律规范的活动。

立法环节的核心是使法律规范的质量和数量能够适应社会政治经济发展的需要，解决"有法可依"的问题。如果立法工作滞后，大量需要规范的社会关系不能及时上升为法律关系，或者已制定的法律规范缺乏可操作性，则执法、司法和守法都将面临“无法可依”的困境，“依法治国”不过是一句奢谈。

2. 执法

执法，指国家行政机关依照其职权范围，依法执行法律的活动，如公安、工商、税务、金融、卫生、海关、质量、环保等行政管理机关依法适用法律所进行的行政管理活动。“徒法不足以自行”，无论法律规范自身多么完善，如果没有相应的执行机构将法律规范应用于具体的人和事，使其在社会生活中实际发生作用，则任何法律都将是“一纸空文”。

执法环节的核心是“依法行政、严格执法”，其基本含义有两个方面：一是行政管理机关只能在其职权范围内行使执法权，不得越权或滥用权力；二是行政管理机关必须严格按照法定的程序和方法执行法律，以保证法律实施的及时性和准确性。对于行政管理机关而言，执行法律既是权利，也是义务，所以，适用法律不适当、超越法定职责作为或者未履行其法定职责（不作为）都有可能构成违法或失职行为。

3. 司法

司法，指国家司法机关依照其职权范围，按照法定的程序和方法，将法律规范应用于特定的法律案件，解决法律纠纷的活动。法律规范的本质是为不同的人设定不同的权利义务，以国家强制力调整人们之间的利益关系。由于人们各自的价值观念和利益取向有所不同，对法律所调整的利益关系也会表现出不同的态度和立场。无论当事人是对法律规范的理解有错误或偏差，还是出于对法律的无知或藐视，人们在法律的实施过程中难免会发生各种各样的争议或冲突，具体表现为国家行政机关、社会组织和公民之间在彼此权利与义务的确认和法律责任归属方面的法律纠纷。只有及时公正地解决这些法律纠纷，才能保证法律规范的权威性、稳定性与普遍性。

司法机关适用法律具有以下特征：(1) 通常是在法律实施过程中遇到障碍，或出现违法情况时适用；(2) 适用法律必须按照正式司法程序进行；(3) 适用法律以国家强制力为后盾；(4) 必须有表明适用法律结果的法律文件，如判决、裁定、调解书等。

司法环节的核心是“司法公正”，即司法机关依法独立行使审判权，不受任何行政机关、社会团体和个人的干涉，任何组织和个人都不得有超越宪法和法律的特权。由于司法机关是在法律实施过程中遇到障碍或被破坏时行使其职权，是人们通过合法方式解决法律纠纷的最后希望所在，“司法不公”将导致现行法律秩序的混乱和人们对未来法治社会失去信心。

4. 守法

守法，指国家机关、社会组织和公民自觉遵守法律规范的活动。实施法律包括执法、司法和守法三个环节。执法与司法离不开国家的强制力，但并非完全依靠国家强制措施。文明的法治社会，主要依靠人们自觉遵守法律规范的方式实施法律，国家强制力更多的是一种威慑力量。国家的立法、执法与司法活动需要投入各种资源，这些都构成法律成本。如果人们的守法意识很强，将极大降低建立和维护法律秩序的社会成本，提高国家管理社会的效率。

守法环节的核心是“自觉遵守法律”，这里有二重含义。从积极意义讲，人们可以在充分了解自己应当享有和实际享有哪些法律权利的基础上，通过行使权利获得合法利益。从消极意义讲，人们可以在确认自己负有哪些法律义务的基础上，自觉履行义务，避免侵害他人的合法权益。在法律制定和实施的四个环节中，提高人们自觉守法意识对推动法治社会进步具有特别重要的作用。长期以来，人们更多地从消极意义上理解守法的含义，然而，伴随着人们法律意识的不断增强，重视公民个人权利成为不可逆转的趋势，这将从根本上改变我国法律制度需求与供给之间的平衡机制，成为促进我国立法、执法和司法机关改善工作、提高效率的主要推动力量。例如，我国消费者长期不懈的维权活动（呼吁、投诉、诉讼等）强化了企业和社会对于消费者权益的尊重和保护意识。同时，立法、执法和司法机关的有效率的工作，又会直接促进人们守法意识的普遍提高。在这四个环节良性的互动循环过程中，法治社会将不断走向完善。

二、法律形式

在我国，有权制定、颁布法律（广义）的国家机关不止一个，它们所制定的法律具有不同的名称、不同的法律地位和效力。了解法律形式，可以知道不同法律规范的适用范围和法律效力。

法律的基本形式是：宪法、法律、行政法规、地方性法规、国际条约。

1. 宪法

宪法是由国家最高权力机关（全国人民代表大会）制定的根本大法，规定了我国政治、经济和社会制度的基本原则、国家机关的组织和活动的基本原则以及公民的基本权利和义务，具有最高的法律地位和法律效力，其制定和修改程序与一般的法律均有所不同。其他任何部门制定的法律、法规都不得与宪法相抵触。

2. 法律

法律是由国家最高权力机关及其常设机构（全国人大及其常委会）制定、颁布的规范性文件（狭义法律），如刑法、民法、合同法、公司法、产品质量法、反不正当竞争法、证券法以及刑事诉讼法、民事诉讼法、行政诉讼法等。法律的法律地位和效力低于宪法，高于其他国家机关制定的各种规范性文件。

3. 行政法规

行政法规是由国家最高行政机关（国务院及其所属各部、委）制定、颁布的规范性文件。行政法规通常使用条例、实施细则、办法、规则、规定、决定、命令等名称。行政法规的法律地位低于法律，高于地方各级权力机关和行政机关制定、发布的各种规范性文件。

4. 地方性法规

地方性法规是由地方各级权力机关（各级人民代表大会）和行政机关（各级地方人民政府）根据本行政区域内的具体情况和实际需要，在法定权限内制定、发布，并报全国人大常委会或国务院备案的规范性文件，其名称与行政法规类似。地方性法规只在本行政区域内有效，而且不能与宪法、法律和行政法规相抵触。

5. 国际条约

国际条约是两个或两个以上国家在政治、经济、法律、军事、文化等方面规定相互权利和义务的各种协议。国际条约本不属于国内法律范畴，但我国加入和承认的国际条约生效后，对国家机关、公职人员和公民具有法律约束力。

三、法律关系的基本类型

法律关系，指由法律规范所确认和调整的人与人之间的权利和义务关系。法律关系由三个基本要素构成：（1）法律关系的主体——享受权利和承担义务的人，通常称为当事人；（2）法律关系的内容——由法律规范所确定的权利和义务；（3）法律关系的客体——主体之间权利和义务所指向的对象，包括物、行为和智力财产。

社会关系是非常复杂的，由此决定法律关系的形式也是多种多样的。根据法律关系的性质、调整方法和解决法律纠纷的程序区别，我国法律关系大致可以划分为三种基本类型。

（一）刑事法律关系

刑事法律关系，指主要由刑法和刑事诉讼法所确认和调整的权利义务关系。刑法规定犯罪和刑罚，刑事诉讼法规定追究、处理犯罪嫌疑人的程序和方法。

犯罪是违法行为，但只有具有社会危害性，且违反刑法禁令的违法行为才是犯罪。刑法规范以禁止性规范为基本内容，通过法律制裁的威慑力量，预防和减少犯罪，保护公民的人身安全、民主权利以及公民、社会组织和国家的财产安全。刑事诉讼主要解决犯罪行为的定罪与量刑问题。

刑事案件的基本处理程序是：公安机关对犯罪嫌疑人立案侦查、拘留和预审；检察院批准逮捕犯罪嫌疑人、检察并提起公诉；律师受委托为被告辩护；法院根据刑事诉讼法规定的程序审理案件并进行最后判决；执行机关执行生效的法院判决。

（二）民事法律关系

民事法律关系，指由民法、某些单行经济法规和民事诉讼法所确认和调整的权利义务关系。民法通则是调整平等主体之间财产关系和人身关系的法律规范总称。相关单行经济法规主要包括合同法、劳动合同法、公司法、合伙企业法、个人独资企业法、破产法、专利法、商标法、担保法、票据法等。民事诉讼法规定解决民事纠纷的程序与方法。民事法律关系以授权性规范为主。

民事法律关系的特点是主体之间的法律地位平等，彼此不存在服从与命令的约束。民事诉讼主要解决平等主体（公民、法人和其他社会组织）之间有关财产权、人身权、知识产权、合同等方面的权利与义务纠纷，即所谓的“民告民”。对于民事纠纷，法院实行“不告不理”的原则，即未经原告向法院起诉的案件，法院不得审理。法院在解决民事纠纷的过程中，可以适用调解方法解决。

（三）行政法律关系

行政法律关系，指由行政法规范和行政诉讼法、行政复议法所确认和调整的权利义务关系。行政法是调整国家行政机关之间及其在行政管理活动中同其他国家机关、社会团体和公民之间社会关系的法律规范总称，其中包括很多单行经济法规，如反不正当竞争法、反垄断法、消费者权益保护法、产品质量法、劳动法、证券法、环境保护法等。解决行政争议的法律规范主要有行政诉讼法、行政复议法等。

行政法律关系的特点是主体之间法律地位不平等，行政管理者与被管理者之间存在命令与服从的关系。行政诉讼主要解决当事人因不服国家行政管理机关所作出的具体行政行为而产生的争议，即所谓的“民告官”。对于行政争议，法院实行“不告不理”的原则。行政法律关系以命令性和禁止性规范为主。

三类法律关系的性质和特征可以概括如下：

民事法律关系的主体是公民、法人和其他组织，当事人法律地位（权利义务）平等，彼此之间不存在命令和服从的约束。民事法律规范主要调整平等主体之间横向的财产和人身关系。

行政法律关系的主体是国家行政机关和公民、法人、其他组织，当事人法律地位不平等。国家行政机关依法行使职权时，当事人之间存在命令和服从的约束。行政法律规范主要调整纵向的行政管理关系。

刑事法律关系的主体是国家和犯罪人，当行为人实施的犯罪行为侵犯了刑事法律所要保护的社会关系，造成了严重的社会危害性时，代表国家的司法机关通过行使刑罚权追究犯罪人的刑事责任。刑事法律规范调整对象十分广泛，涉及社会各个领域中的严重违法行为，包括严重侵害他人的财产权、人身权或严重违反行政管理法规，构成犯罪的行为。

企业经济法的内容主要包括调整企业设立、经营和解散过程中的民事法律规范和行政法律规范。

四、法律秩序与市场经济

（一）法律制度的作用

法律制度的作用是协调、平衡社会不同个人和群体之间的利益冲突，通过设定法律上的权利、义务和责任，承认、确定、实现和保护不同的利益，以最小的社会成本满足人们各种相互冲突的利益诉求。

现实社会中，不同的人、不同的利益群体有不同的利益诉求，他们在彼此发生社会联系的过程中存在利益矛盾或冲突是正常现象。例如，生产者和消费者之间，企业雇主与雇员之间，公司股东与董事、经理之间以及行政管理机关与企业之间都可能由于各种原因产生利益冲突。如果这些利益冲突无法得到及时与公正的解决，便会衍生出更多、更严重的利益冲突，导致社会政治、经济秩序失衡，社会安定受到严重威胁。法律的作用就是以社会整体利益最大化为出发点，通过权利义务的设定与确认，将不同的利益关系上升为法律关系进行调整，从而以保护权利、强制履行义务为手段，预防和减少各种利益冲突，或者将已经发生的利益冲突转化为不同类型的法律纠纷，以便按照法定的程序与方法公正解决这些问题，最终达到协调、平衡这些利益冲突的目的。

然而，在众多相互冲突的利益中，如何确定法律要优先保护的利益，或是确定法律需要保护利益的先后顺序？从各国法律制度发展演变的规律看，通常是从社会总体利益出发，根据实际情况，一定时期优先保护一些利益，一定时期优先保护其他利益。从根本上说，法律要优先保护的利益应当是最重要的利益。最典型的实例是经济发展与环境保护的关系。当经济发展水平非常低下，大多数人还为能否填饱肚子而担忧时，他们的基本利益（生存）成为法律优先保护的对象，促进经济发展，解决人们衣食温饱问题成为国家制定社会经济政策和法律制度的首要考虑目标，此时，环境保护通常不会提上立法的议事日程，少数人提高生活质量的利益要求并不被法律重视。然而，当经济发展到一定水平之后，提高生活质量便成为大多数人的基本利益，也自然转化为法律优先保护的对象，加强环境保护力度，遏制环境恶化趋势（即使以牺牲一定的经济发展速度为代价）就成为法律的主要任务。我国环境治理与保护的法律规范从无到有并逐步完善的事实，就充分印证了这一基本规律。

（二）法律秩序中的公平与效率

从理论上说，凡是合理的利益都应当得到法律上的保护，但是，合理的利益之间也同样存在冲突，那么，应当根据什么价值标准确定法律应当优先保护的利益呢？公平与效率是社会科学研究的永恒主题，也是政治学、经济学、法学的最高价值追求，所以，设计法律制度（如何在不同的个人、群体之间分配权利与义务），应当根据公平、效率的原则确定，即优先保护谁的利益有利于社会全体成员的生活质量都得到改善，有利于以最小的社会成本取得最大的社会利益。

法律秩序中的公平原则主要体现在以下方面：

（1）对私有财产权的必要限制。在强调保护私人合法财产权利的前提下，如果公共利益与私人利益发生冲突，法律优先保护公共利益，如城市规划建设过程中需要拆迁私人房屋时，房屋产权人有义务服从市政建设的统一规划。

（2）对契约自由的必要限制。在强调当事人自愿订立合同的基础上，法律对格式合同、劳动合同等进行适当的规制。由于大企业与小企业之间、企业雇主与雇员之间、生产经营者与消费者之间经济实力不对等或信息不对称，自由订立合同的结果可能会导致实质上的不平等。因此，法律通过强制性适用或排除某些合同条款的方式保护在合同谈判中处于不利地位一方当事人的利益。

（3）对社会弱势群体的特殊保护。一是对人数众多，但在市场交易关系中处于相对不利地位的利益群体的特殊保护，包括侧重保护小企业利益的反垄断法、侧重保护消费者利益的产品质量法和消费者权益保护法、侧重保护劳动者利益的劳动法等。二是对人数相对较少，但在政治、经济和社会地位方面可能处于事实上不平等地位的利益群体的特殊保护，如对少数民族、妇女、残疾人在政治和就业等方面的特殊保护，以及法定最低工资制度、社会贫困家庭的救济制度及失业救济制度等。

法律秩序中的效率原则主要体现在以下方面：

（1）以法律制度调节人类经济合作过程中的利益分配关系，减少合作成本，更有效地利用资源。人类生存过程中有各种需要，但满足需要的物质资源是有限的，因此，人类发展一直受到资源稀缺的制约。解决资源稀缺最有效的方法是提高资源的利用效率，以最少投入获得最大产出。人们之间的经济合作和专业化分工是提高劳动生产率、减少资源浪费的基本途径，但是，合作的利益如何分配是引发人们利益冲突的主要根源。法律所确立的物权制度、债权制度、知识产权制度以及相应的权利保护措施，明确了合作利益的分配规则，有利于激励人们合理使用、转让资源，提高资源的使用效率。

（2）确立市场法律秩序，规范人们的交易行为，减少市场风险。人们通过市场交易活动实现经济合作，由于大量的交易是承诺交易而非瞬时交易，因此，人们之间的交易活动必须以相互信任为基础。但是，市场的不确定性和人的机会主义倾向都会破坏这种基本的信任关系。法律规范是最稳定和最有刚性的行为规则，可以为人们提供稳定的信息与预期，推动市场信用关系的发展。例如，合同制度和市场管理制度规定了交易的基本规则、程序、市场风险的分担方法以及违反这些规定所承担的法律后果，为交易者之间建立信任关系提供了法律保证。

（3）法律制度将实践中形成的资源优化配置的成功经验上升为普遍性规则，增加人们的理性，减少失误，提高交易效率。人是理性的，但由于信息不充分、市场不确定等因素影响，人的理性是有限的。法律将经实践证明能提高交易效率的道德规范、商业惯例等上升为法律规范，使之成为约束人们行为的普遍性规则，有助于人们在缺乏信息和经验的情况下，仍然能够从交易活动中获得预期利益，提高了人们进行市场交易的积极性。

然而，法律秩序中的公平与效率原则也有可能发生冲突。例如，格式合同可以减少合同订立过程中的谈判成本，体现效率原则。但是，格式合同的条款通常由占有垄断或优势地位的经营者事先拟定，往往含有减少自己责任，扩大对方义务的不公平条款，直接违背公平原则。因此，法律必须对格式合同进行适当的规制以协调公平与效率之间的冲突。

（三）市场经济中的交易效率与交易安全

人们之间的经济合作是以产品以及服务相互交易（交换）的形式实现的。市场经济越发达，产品和服务交易的数量越大，范围越广，说明社会分工程度越高，资源配置就越有效率。因此，市场经济的不断发展是提高国家经济发展水平的基本保证。

法律在推动市场经济发展过程中起着不可替代的作用，提高交易效率、保护交易安全是法律的两个基本的功能。

1. 提高交易效率

首先，物权法律制度激励人们更有效率地利用资源。法律明确了私人和社会组织财产的占有、使用、收益与转让规则，使财产的利用与流动更有效率。其次，合同法律制度可以降低交易成本。合同法规定了各种交易规范、标准术语和违约责任，确定了合同谈判规则，使当事人订立合同有章可循，减少了合同订立过程中的成本。同时，由于法律提供了解决合同纠纷的基本规则和程序，并通过国家强制力保证实施，这些都可以降低合同的履行成本。最后，市场管理法律制度可以遏制无序竞争，提高经济活动的效率。反不正当竞争法、反垄断法通过规范市场秩序，保护自由竞争，维护市场秩序正常运行。

2. 保护交易安全

保护交易安全是提高交易效率的基础与前提。首先，企业市场准入与市场退出法律制度明确了经营者必须具备的资格，为交易安全提供了基本保证。如企业设立、变更和解散的核准登记制度，企业年检制度，企业清算和破产制度都是为了保证企业应具备基本的经营能力而设定的。其次，国家对企业市场经济活动进行规范，以避免或减少因信息不对称而产生的交易安全隐患。例如，强制性产品质量标准，消费者权益特殊保护，对虚假广告的制裁，企业财务信息披露制度，对电信、金融、证券、保险等行业的管制，物权法、合同法和担保法中所规定的不动产交易与抵押的登记制度，工业产权取得的公示制度，诚实信用原则，对格式合同中格式条款的限制，可撤销合同、无效合同与缔约过失责任，合同担保的实现方式及违约责任等，都具有保证交易安全的功能。

案例 1—1

一元钱官司

高先生从山西到北京旅游，在北京某书店买了一本书，当时并没有仔细检查这本书是否有残缺或装订错误。回到旅馆后闲来无事，高先生开始翻阅刚买的新书，发现里面缺了 32 页。随后，高先生返回书店，要求书店换书并补偿他因换书从旅馆到书店往返乘坐公共汽车所花费的一元钱。书店同意换书或退购书款，但不同意支付车费，主要理由是：第一，国家、书店的主管部门以及书店都没有应当支付顾客退换商品的交通费的规定；第二，商店无法确认因换书而产生的交通费数额的合理性，即高先生可能难以证明这一元钱确实是为换书而支付的；第三，如果开此先例，因交通费合理数额难以确认，可能会出现顾客将与退换书无关的交通费用（如火车票、飞机票等）都让书店支付的情况。高先生认为自己确实是为换书才额外花费这一元钱的，书店应当同意他的合理要求。由于双方争执不下，高先生回家后便向北京的法院起诉，诉讼标的是一元钱。为打官司，高先生前后花费 3 000 多元，并从中学教师岗位脱岗。

法院受理了此案，经过审理后做出终审判决：(1) 书店退书款；(2) 书店赔偿高先生经济损失 1 300 元；(3) 一审、二审诉讼费共 100 元由书店负担。

案例点评

本案例是消费者与经营者之间的法律纠纷，法院最终判决消费者胜诉。虽然本案诉讼标的只有一元钱，但运用法律的公平与效率原则分析，该判决将对利害关系人（经营者、消费者、立法机关、司法机关）的行为导向产生现实和潜在的影响。

1. 由于信息不对称以及经济实力不对等诸原因，在消费者与经营者的交易关系中，消费者一般处于弱势。尽管当时的法律、行政法规及企业内部规章确实没有消费者因退换商品而支付的合理费用是否应当由经营者支付的规定，书店的拒付理由也并非没有道理，但司法机关根据公平与效率原则分配当事人的权利与义务，该案判决结果便具有必然性。退换商品会产生额外的成本，消费者和经营者因这些成本应由谁负担而产生利益冲突。尽管经营者与消费者的利益都是法律保护的对象，但本案中，优先保护消费者利益，由经营者负担退换商品的额外费用更能体现法律的公平与效率原则。

2. 法院判决对经营者的影响。判决结果实际是肯定了经营者应当偿付消费者因退换商品而支付的额外合理费用，其结果是：第一，将促使经营者更加重视商品质量，避免残次商品流入市场，减少因退换商品而增加的额外成本。第二，经营者会自觉尽善意提醒义务，提醒消费者购买商品时注意检查可见的质量问题，避免因往返退换商品而耗费额外的时间和费用。第三，经营者将试图找出如何甄别和确定退换商品合理费用的标准或方法，避免因此而发生新的纠纷。

3. 法院判决对消费者的影响。判决结果支持了消费者的要求，其直接后果是：由于消费者退换商品的成本减少，将促使其更积极主动地行使权利，从而对经营者形成制约力量，促使企业加强对商品质量的监督。如果本案判消费者败诉，将会产生什么结果？一是对消费者不公平，他们除了要承受商品质量缺陷造成的精神伤害外，还要承担因退换商品而增加的额外成本。二是退换商品的成本过高，比较退换商品的成本与收益后，消费者可能会选择放弃退换商品或投诉。消费者的忍气吞声客观上会纵容经营者对商品质量的忽视。

4. 法院判决对立法机关的影响。立法机关在制定和修订相关法律规范时，消费者退换商品的合理费用由经营者支付将会成为基本原则。同时，尽可能对如何甄别和确定合理费用的范围和数额作出明确的规定或解释，使经营者和消费者处理这类问题时有法可依。

5. 对司法机关的影响。在法律还没有对消费者退换商品的合理费用由谁承担作出明确规定的情况下，本案例将对其他司法机关审判类似案例有借鉴或启发意义。

第 2 节　权利、义务与法律责任

一、权利、义务的含义

法律关系的三个基本要素是：权利、义务、法律责任。

权利，指法律赋予主体依法取得为一定行为或取得一定利益的法律资格。享有权利的主体称为权利人。权利由法律或合同、章程设定、确认并由国家强制力予以保护。权利的本质是受法律保护的合法利益。

法律权利的含义是：（1）权利人可以在法定范围内或约定范围内直接享有某种利益或实施一定行为；（2）权利人可以要求义务人做或不做一定行为，以实现自己受法律保护的利益；（3）当义务人的行为导致权利人的权利受到侵害时，权利人可以依法自行保护或请求国家机关运用国家强制力保护自己的权利。

义务，指法律规定主体依法应当做或不做一定行为，以满足他方（权利人）利益的法律约束。负有义务的人称为义务人。义务由法律或合同、章程设定、确认并由国家强制力保证其履行。

法律义务的含义是：(1) 义务人必须按照法律规定或权利人的要求为或不为一定行为，以实现权利人的权利；(2) 义务人只承担法定或约定范围内的义务；(3) 义务受国家强制力约束。义务人应当自觉履行其义务，如没有履行，就是侵害了权利人的权利，应当承担法律责任。

权利和义务密不可分。在一定的法律关系中，一方当事人享有权利，他方当事人必然承担相应的义务。权利人在享受权利的同时，也必须对他人承担一定的义务。一般而言，权利人可以抛弃自己的权利，但义务只能由权利人加以免除，而不能由义务人自行抛弃。

法律关系中当事人的权利和义务由两种方式确定：一是由法律确定，即由法律明文规定当事人在特定的法律关系中享有哪些权利，负有何种义务，这是法定的权利和义务；二是依照约定确定，即当事人通过合同或章程约定彼此的权利和义务，这是约定的权利和义务。由于当事人只有在法律许可的范围内所约定的权利和义务才受法律保护，因此“约定的权利义务不得与法定的权利义务相抵触”是一项基本法律原则。当事人在合同、章程中约定的权利义务如果与法律明文规定的权利义务相抵触，则合同或章程约定无效。

二、法律权利的类型

由于权利是被法律优先承认和保障的利益，法律义务是为了实现他人权利而设定的，因此，在法律关系中，权利是目的，义务是手段，权利具有主导性地位。

按照法律权利的性质，法律权利可以分为政治权利、财产权利、人身权利。

(一) 政治权利

政治权利，指公民依法享有的参与国家政治生活的权利，主要包括：选举权；被选举权；担任公职的权利；言论、出版、集会、结社、游行、示威的自由等。公民的政治权利主要由宪法保护。政治权利不能继承，也不能在主体之间相互转让。但是，人民法院可以通过司法判决剥夺犯罪人的政治权利。我国公民的政治权利主要由《中华人民共和国宪法》予以确认和保护。

(二) 财产权利

财产权利，指主体所享有的具有物质财富内容或直接体现为经济利益的权利。财产权利包括：

(1) 物权，指权利主体直接支配不动产或者动产的权利，包括所有权、用益物权和担保物权。

(2) 债权，指权利主体（债权人）请求义务主体（债务人）给付的权利。给付是行为，包括给付财产的行为、交付工作成果的行为、提供劳务或服务的行为。债权有两种基本类型：合同债权和法定债权。

(3) 知识产权，也称智力成果权、无形财产权，是权利主体对智力劳动所创造的精神财富所享有的权利，其权能与财产所有权相似。知识产权并不占有一定的空间，属于无形财产权，主要有工业产权（专利权、商标权）、著作权（版权）。

财产权利通常可以脱离特定主体而存在，因此，可以在主体之间相互转让或赠与。财产权利受到非法侵害时，权利人可以要求侵权人赔偿财产损失。

（三）人身权利

人身权利，指主体所享有的与人身不可分离而又没有直接财产内容的权利。人身权利包括：

（1）人格权，法律予以保护的与主体人格不可分离的权利，包括生命权、健康权、人身自由权、名誉权、荣誉权、隐私权、姓名权、名称权、肖像权等。

（2）身份权，法律予以保护的与主体身份不可分离的权利，包括亲属权、监护权等。

人身权利不能脱离特定主体而单独存在，因而，不能在主体之间相互转让。但人身权利受到非法侵害时，权利人也有权要求侵权人赔偿精神损失。

我国确认和保护公民、法人的财产权利和人身权利的基本法律分别是《中华人民共和国民法通则》、《中华人民共和国物权法》、《中华人民共和国专利法》、《中华人民共和国商标法》、《中华人民共和国著作权法》、《中华人民共和国侵权责任法》、《中华人民共和国合同法》等。

表1—1显示了法律权利的类型、内容、特点与保护依据。

表1—1　　法律权利的类型、内容、特点与保护依据

权利名称	权利内容	权利特点	权利保护的依据
政治权利	选举权 被选举权 担任公职的权利 言论、出版、集会、结社、游行、示威自由等	不得继承、赠与、转让或交易 司法判决可以剥夺犯罪人的政治权利	《中华人民共和国宪法》等
财产权利	物权 债权 知识产权	可以继承、转让、赠与或交易 财产权利受到非法侵害时，权利人可以要求侵权人赔偿财产损失	《民法通则》、《物权法》、《合同法》、《专利法》、《商标法》、《著作权法》、《侵权责任法》等
人身权利	人格权 身份权	不得继承、赠与、转让或交易 人身权利受到非法侵害时，权利人有权要求侵权人赔偿精神损失	《民法通则》、《侵权责任法》

三、法律责任

法律赋予主体所享有的权利，当事人可以行使，也可以不行使。法律规定主体负有的义务，当事人应当自觉履行，以保证权利人权利的实现。义务人自觉履行义务，无须承担法律责任，但如果不自觉履行义务，就是侵害了他人的权利。由于权利受到法律保护，因此，法律要给予权利受到侵害的人法律救济或对不履行义务的人进行法律制裁，具体途径就是强制义务人履行义务或让其承担相应的法律责任，以保证法律赋予主体的权利能够实现。

与法律关系的基本类型相适应，法律责任也分为三种类型。

(一) 刑事责任

刑事责任，指行为人实施刑事法规禁止的行为构成犯罪时所必须承担的法律后果。

公司、企业、事业单位、机关、团体实施的危害社会的行为，法律规定为单位犯罪的，应当负刑事责任。单位犯罪的，对单位判处罚金，并对其直接负责的主管人员和其他直接责任人员判处刑罚。

刑事责任分为主刑和附加刑。主刑的内容是剥夺犯罪人的人身自由或其生命。附加刑的内容是剥夺犯罪人的财产和政治权利。

主刑有五种：（1）管制，期限3个月～2年；（2）拘役，期限1个月～6个月；（3）有期徒刑，期限6个月～15年；（4）无期徒刑；（5）死刑。

附加刑有三种：（1）罚金；（2）剥夺政治权利；（3）没收财产。

其中，剥夺政治权利指剥夺选举权和被选举权，言论、出版、集会、结社、游行、示威自由的权利，担任国家机关职务的权利，担任国有公司、企业、事业单位和人民团体领导职务的权利。

没收财产指没收犯罪分子个人所有财产的一部分或者全部。没收全部财产的，应当对犯罪分子个人及其扶养的家属保留必需的生活费用。在判处没收财产的时候，不得没收属于犯罪分子家属所有或者应有的财产。没收财产以前犯罪分子所负的正当债务，需要以没收的财产偿还的，经债权人请求，应当偿还。

(二) 民事责任

民事责任，指主体违反自己的民事义务或侵犯他人民事权利时所承担的法律后果。

民事责任以平等当事人之间承担财产责任为主要特征，主要包括：侵权责任和违约责任。民事责任的主要内容是：停止侵害；排除妨碍；消除危险；返还财产；恢复原状；修理、重作、更换；赔偿损失；支付违约金；消除影响、恢复名誉；赔礼道歉，等等。

(三) 行政责任

行政责任，指主体违反国家行政管理法规中所规定的义务时应承担的法律责任。行政责任以国家公职人员、公民、法人和其他社会组织因违反国家行政管理法规而接受人身和经济惩罚为特征。

行政责任包括行政处分和行政处罚。

行政处分是对犯有轻微违法失职行为但不够刑事处分的国家机关工作人员的制裁，包括警告、记过、记大过、降级、撤职、开除等六类。

行政处罚是对公民、法人或者其他组织违反行政管理秩序的行为给予的行政制裁，主要包括：警告；罚款；没收违法所得、没收非法财物；责令停产停业；暂扣或者吊销许可证、暂扣或者吊销执照；行政拘留，等等。

公民、法人或者其他组织因违法受到行政处罚，其违法行为同时对他人造成损害的，应当依法承担民事责任；违法行为构成犯罪的，应当依法追究刑事责任。不得以行政处罚代替刑事处罚。

（四）刑事责任、民事责任、行政责任的主要区别

1. 处罚机关

刑事责任由法院决定，执行机构强制执行；民事责任由法院和仲裁机构决定，当事人自觉履行，如拒不履行，根据当事人申请或依法院职权，由法院依法强制执行；行政责任，由行政机关决定并执行。

2. 处罚性质

三种法律责任都有人身制裁和经济制裁的内容。刑事责任和行政责任的主要特征是惩罚性。民事责任的主要特征是补偿性，民事纠纷除了可以通过民事诉讼方式解决外，当事人也可以通过仲裁、调解和自行协商等方式解决人身和财产损害赔偿纠纷。

3. 经济制裁中财产的归属

刑事责任、行政责任中，罚金、没收财产、罚款、没收违法所得、没收非法财物等所获得的财产，归国家所有；民事责任中，返还财产、赔偿损失、支付违约金等，由侵权人或违约人向权利受到损害的人支付。

（五）国家赔偿责任

国家赔偿责任，指国家机关和国家机关工作人员行使职权侵犯公民、法人和其他组织的合法权益造成损害的，由国家对受害人承担的赔偿责任。国家赔偿责任以支付赔偿金为主要方式，其本质上是民事责任，但承担法律责任的主体是国家。

国家赔偿责任包括行政赔偿和刑事赔偿。

国家赔偿以支付赔偿金为主要方式。能够返还财产或者恢复原状的，予以返还财产或者恢复原状。致人精神损害的，应当在侵权行为影响的范围内，为受害人消除影响，恢复名誉，赔礼道歉；造成严重后果的，应当支付相应的精神损害抚慰金。

第3节 推动我国法律制度运行的国家机关

法律制度要实现协调、平衡社会不同个人和群体之间的利益冲突的功能，需要通过国家权威的影响力和强制力推动法律制度有效率地运行。国家立法、行政、司法机关的职能的分工与权力制衡是法律制度有效率运行的保障。

一、国家立法机关（权力机关）

国家立法机关，指代表人民决定国家重大事项，制定法律，享有最高权力的国家机

关。我国立法机关由全国人民代表大会和地方各级人民代表大会及其常务委员会组成，共分为四级：全国人民代表大会；省、自治区、直辖市人民代表大会；县、自治县、市、市辖区人民代表大会；乡、民族乡、镇人民代表大会。全国人民代表大会授权香港、澳门特别行政区依照基本法的规定实行高度自治，享有行政管理权、立法权、独立的司法权和终审权。

我国最高立法机关是全国人民代表大会（人大）及其常务委员会（常委会），代表全国人民行使国家立法权。重要经济法规均由全国人大及其常委会制定。

全国人民代表大会的主要职权是：修改宪法；监督宪法的实施；制定和修改刑事、民事、国家机构的和其他的基本法律；任免国家机构主要负责人（国家主席、国务院总理、各部部长、中央军事委员会主席、最高人民法院院长、最高人民检察院检察长等）。全国人民代表大会常务委员会的组成人员不得担任国家行政机关、审判机关和检察机关的职务。

全国人民代表大会常务委员会的主要职权是：解释宪法，监督宪法的实施；制定和修改除应当由全国人大制定的法律以外的其他法律；在全国人大闭会期间，行使其大部分职权。

地方各级人民代表大会及其常务委员会的主要职权是：在本行政区域内，保证宪法、法律、行政法规和上级人大及其常委会决策的遵守和执行，保证国家计划和国家预算的执行。

二、国家行政机关（政府机关）

国家行政机关，指依法行使国家行政权，负责对国家行政事务进行组织和管理的国家机关。我国行政机关由最高国家行政机关（中央政府）与各级地方行政机关（地方政府）组成。

我国最高国家行政机关是国务院，由各部、委、直属机构等组成。国务院由全国人大决定产生，执行人大决议和法令，对人大负责并报告工作，接受其监督。

国务院的主要职权是：根据宪法和法律，规定行政措施，制定行政法规，发布决定和命令；向全国人大或全国人大常委会提出议案；统一领导各部、委的工作；统一领导全国地方各级国家行政机关的工作；编制和执行国民经济和社会发展计划、国家预算；领导和管理民政、公安、司法行政和监察工作，等等。国务院所属的各部、委、直属机构是国务院的职能机关，负责组织和管理属于自己权限范围内的某方面业务或事务。

我国地方行政机关是各级人民政府，由与国务院各部、委、直属机构相对应的厅、局、委、办、处、科等职能部门组成。地方行政机关分为四级：省级（直辖市、自治区）人民政府；市级（省辖市、直辖市区）人民政府；县级人民政府；乡（镇）级人民政府。各级地方政府实行双重领导体制，体现在：地方各级政府的主要负责人由各级地方人民代表大会任免，向人大负责并接受其监督；同时，地方各级政府又要统一服从中央人民政府——国务院的领导。

地方政府的主要职权是：执行本级人民代表大会及其常委会的决议和命令，办理上级人民政府交办的各种事项；发布命令和决议，规定行政措施；管理本行政区域内经济、文化建设和民政、公安等工作。

国家行政机关（国务院）与国家权力机关（全国人民代表大会）的关系是：国务院是人大的执行机关，必须执行人大制定的法律、法令和决议，必须向同级人大负责并报告工作，接受人大的监督。

三、国家司法机关（检察和审判机关）

国家司法机关，指代表国家行使审判和监督法律实施的国家机关。我国司法机关由审判机关、检察机关、执行机关和司法辅助组织构成。

（一）审判机关的性质及职权

人民法院是我国的审判机关，代表国家行使审判权，依法对各种诉讼案件进行审理和判决，是司法机关的核心。

人民法院分为三种系统：地方各级人民法院（基层人民法院、中级人民法院、高级人民法院）；专门人民法院（军事法院、海事法院、森林法院）；最高人民法院。最高人民法院是国家最高审判机关，监督地方各级人民法院和专门人民法院的审判工作；上级人民法院监督下级人民法院的审判工作。

（二）检察机关的性质及职权

人民检察院是我国的检察机关，代表国家行使公诉权和法律监督权，是法律监督机关。

人民检察院分为三种系统：地方各级人民检察院（省级人民检察院、省级人民检察院分院、县级人民检察院）；专门人民检察院（军事检察院）；最高人民检察院。最高人民检察院是国家最高检察机关，领导地方各级人民检察院和专门人民检察院的工作；上级人民检察院领导下级人民检察院的工作。

（三）执行机关的性质及职权

执行机关包括监狱、少年管教所、看守所等。执行机关负责执行审判机关作出的生效判决，监督、改造罪犯。

1. 监狱

监狱，主要监管不适宜在监外劳动的罪犯，包括判处死刑缓期两年执行、无期徒刑和刑期较长的刑事罪犯。

2. 少年管教所（少管所）

少年管教所，是对人民法院判处徒刑或拘役的已满 14 周岁不满 18 周岁的少年实施监管、教育和改造的机构。

3. 看守所

看守所是羁押未决犯和刑事拘留的场所，与劳改机关的性质不同，但实际刑期在一年以下，不便送往劳改场所执行的罪犯也可以由看守所监管。

(四) 国家司法机关与国家行政机关的关系

司法机关通过行使国家审判权和法律监督权，监督和制约行政机关正确执行国家法律，保证行政机关依法从事行政管理。人民法院、人民检察院依照法律规定独立行使审判权、检察权，不受行政机关、社会团体和个人的干涉。

本章小结

本章主要介绍了与企业经济法有关的一些法律理论、基本概念、专用术语和组织机构。法律规范的概念、功能与类型从理论上揭示了法律在社会中发生作用的基本方式与主要特征。法律规范的制定与实施从立法、执法、司法、守法四个环节的良性互动关系解释了法律规范在社会中如何实际发生作用。法律形式明确了不同法律规范的名称、制定机关、适用范围、法律地位及法律效力，有助于企业管理者更加准确地理解和应用具体的法律。法律关系的基本类型以法律关系的性质、调整方法和解决法律纠纷的程序区别为基础，简要论述了刑事法律关系、民事法律关系、行政法律关系所适用的主要法律规范和三种诉讼程序的基本特点。法律秩序与市场经济的关系是企业管理者非常感兴趣的话题，本章在运用经济学和法学相关理论分析二者关联性时，强调如何协调人们之间的利益冲突是法律的主要任务，公平与效率原则是国家制定一切法律规范的指导思想。国家在运用法律规范市场经济秩序的过程中，提高交易效率与保护交易安全是企业经济法的基本目标。法律权利、法律义务与法律责任是学习企业经济法必须掌握的基本概念，充分理解权利与义务的含义和取得方式、权利的类型、法律义务与法律责任的关系、法律责任的类型与特征，将为学习以后各章节打下良好的基础。“徒法不足以自行”，立法机关、行政机关、司法机关是推动我国法律制度运行的国家机关，了解各个国家机关的法律地位、基本职能及相互关系，对深入理解我国法制社会的运行机制有重要意义。

关键术语

法律规范	立法	执法	司法	守法
权利	义务	法律责任		

复习思考题

1. 法律为什么能够起到规范人们行为，建立并维护社会秩序的作用？

2. 如何理解“守法”的二重含义？企业和公民积极维护自身合法权益的行为对解决目前行政和司法领域的腐败现象有什么积极意义？

3. 尝试以公平与效率原则，或提高交易效率与保护交易安全原则解释某一个你熟悉的企业经济法原理或原则。

4. 尝试以公平与效率原则，或提高交易效率与保护交易安全原则解释某一个你所熟悉的案例的法院判决。

参考阅读书目及法律、法规

1. ［美］罗斯科·庞德：《通过法律的社会控制》，北京，商务印书馆，1984。

2.《中华人民共和国宪法》（2004）（1982 年 12 月全国人民代表大会通过，2004 年 3 月全国人民代表大会修正）。

3.《中华人民共和国民法通则》（1986）（1986 年 4 月全国人民代表大会通过，自 1987 年 1 月 1 日起施行）。

4.《中华人民共和国国家赔偿法》（2010）（1994 年 5 月全国人民代表大会常务委员会通过，自 1995 年 1 月 1 日起施行。2010 年 4 月全国人民代表大会常务委员会修正）。

第 2 章

市场主体资格法律制度

本章重点

- 公民、法人的民事权利能力与行为能力
- 企业法人机关和法人意志
- 企业法人违法所承担的法律责任
- 企业法人登记制度
- 企业破产法律制度

第 1 节　市场主体资格（公民、法人的民事主体资格）

人类通过分工与合作提高了劳动生产率，提高了社会资源的使用效率，推动了经济的不断发展。在商品经济中，人们之间的分工与合作是通过市场交易完成的，即不同的个人或组织通过商品买卖活动满足各自的生产需求和消费需求，实现分工与合作的利益。人是生产和消费的主体，也是商品交易的主体，因此，市场主体实际上就是从事商品交易活动的人。市场交易关系在法律上体现为合同（契约）关系。

根据人们从事商品交易活动的性质与目的不同，市场主体可以分为两种基本类型：经营者与消费者。经营者指从事商品经营或者营利性服务的组织和个人，通常以企业的组织形式进行经营活动。经营者进行市场交易的目的是盈利（获取利润）。消费者指为了工作和生活需要而购买、使用商品或接受服务的组织与个人，消费者进行市场交易的目的是满足消费需求，不以盈利为目的。商品交易关系的特点是交易者之间法律地位平等，无论是经营者之间的交易，还是经营者与消费者之间的交易，无论交易双方的政治、经济和社会地位有什么差别，他们在商品买卖关系中的法律地位是完全平等的，任何一方都不得违背另一方的意愿强买强卖。因此，商品交易法律关系具有民事法律关系的基本特征。

市场主体资格，指法律为维护市场竞争秩序，保证公平交易，保护人们的生命和财产安全，规定人们从事商品交易活动所必须具备的条件或能力。由于经营者和消费者在商品交易关系中的地位与目的不同，对市场的影响力也不同，因此，法律对经营者和消费者的市场主体资格有不同的规定和要求。我国有关市场主体资格的法律制度主要由《中华人民共和国民法通则》规定。

一、市场主体（1）——公民

公民主要以生活用品消费者的身份进入市场。由于生活消费是维持人们生存的基本需要，因此，法律对公民的市场主体资格没有什么特殊的限制。公民的市场主体资格与其民事权利能力和行为能力密切相关。

（一）公民（自然人）的概念

公民，指基于出生的事实成为法律关系主体，也是市场主体的人，是生物学意义上的人。公民与自然人的概念略有差别。公民指具有一国国籍，并根据该国宪法和法律规定享有民事权利和承担民事义务的人。自然人既包括本国公民，也包括外国人和无国籍人。

（二）公民的民事权利能力

公民的民事权利能力，指公民依法享有民事权利、承担民事义务的资格，由法律明文规定。公民终身享有民事权利能力，即民事权利能力始于出生，终于死亡。公民的民事权利能力一律平等，没有任何差别。这意味着，任何公民一出生，作为消费者就具有市场交易主体资格，可以享受民事权利、承担民事义务，公民死亡后，其市场主体资格才消灭。民事权利能力作为一种法律资格，既不能被主体自行转让和放弃，也不能被任何人剥夺。

公民的民事权利能力与法律上的权利并不是同一个概念。民事权利能力是一种资格，是公民取得民事权利的前提。具有民事权利能力的公民要取得某种法律权利，必须通过自己的行为或某种客观事实成为特定法律关系的当事人（主体），才能实际取得权利。例如，每个公民都有购买商品的资格（民事权利能力），但只有当他与商品出售者之间形成合同关系后（选购商品），他才能取得合同权利，即在支付货款后，获得所选购商品的所有权。

此外，民事权利能力由法律赋予，其内容和范围由法律直接规定，同时涵盖了民事权利和民事义务的资格。民事权利的内容和范围可以由法律直接规定，也可以由当事人自行依法约定，并且不包含义务的内容。

（三）公民的民事行为能力

公民的民事行为能力，指公民通过自己的行为取得民事权利、承担民事义务的资格。公民要通过行使权利获得某些经济利益，就必须使自己成为特定法律关系的主体，以实际取得权利，然后才能行使权利。在这个过程中，公民的意思能力（意志表达能力）是关键，即他能否确切表明自己希望取得权利的意向。例如，刚出生的婴儿虽然有订立合同购买商品的资格（权利能力），但由于他缺乏意思能力，也无法判断合同的后果，因此，他不可能通过自己的购物行为与商品出售者形成合同关系。由此可见，虽然每个公民都有民事权利能力，但并不意味着他必然有民事行为能力。

法律确认公民的行为能力以其意思能力为基础，即是否具备正确识别其行为性质并判断行为后果的能力。我国法律以人的生理年龄和理智状态为两个基本尺度，将公民的行为能力分为三种情况：

(1) 完全民事行为能力人，指可以独立进行民事活动的人。18 周岁以上的成年人为完全民事行为能力人；16 周岁以上不满 18 周岁，以自己的劳动收入为主要生活来源的，被视为完全民事行为能力人。

(2) 限制民事行为能力人，指可以进行与其年龄、智力相适应的民事活动，但其他民事活动必须由其法定代理人代理进行或经其法定代理人同意后进行的人。包括：10 周岁以上的未成年人；不能完全辨认自己行为的精神病人。

(3) 无民事行为能力人，指必须由其法定代理人代理民事活动的人。包括：不满 10 周岁的未成年人；完全不能辨认自己行为的精神病人。

行为能力状况决定公民能否亲自取得并行使民事权利。限制民事行为能力人与无民事行为能力人具有民事权利能力，可以成为市场交易关系（合同关系）的主体，获得相应的法律权利与义务。但是，由于他们的意思能力有欠缺，无法通过自己的行为亲自取得并行使这些权利，因此，需要监护人作为他们的法定代理人，代理他们取得并行使权利。

监护是指对未成年人和被确认为限制行为能力、无行为能力的精神病人的人身、财产及其他合法权益进行监督和保护的民事法律制度。履行监督和保护职责的人，称为监护人。被监督、保护的人，称为被监护人。监护人的基本职责是：保护被监护人的人身、财产及其他合法权益；担任被监护人的法定代理人；教育和照顾被监护人。例如，有些父母以未成年子女的名义在银行存款，购买房屋，这些都是合同行为。未成年子女有民事权利能力，可以成为银行存款或房屋所有权的主体，是这些合同关系中法律上的权利义务主体，但是，他们是无行为能力或限制行为能力人，他们在合同关系中的权利义务是通过其法定代理人（作为监护人的父母）的行为取得并实际行使的。如果双方在履行合同过程中出现纠纷并通过司法方式解决，则父母是以法定代理人的身份，以其未成年了女的名义起诉或应诉。

（四）公民死亡宣告制度

公民死亡是其民事权利能力和行为能力终止的原因，也是其市场主体资格消灭的标志。公民死亡有两种方式：自然死亡和宣告死亡。自然死亡是人的生理死亡。宣告死亡是人民法院依据法律规定的条件和程序，对公民下落不明的状态予以认定的民事法律制度，其目的在于通过解除因公民下落不明而引起的与他人人身关系和财产关系的不稳定状态，维护社会经济秩序和社会生活秩序的正常运转。

宣告死亡又称推定死亡，指公民失踪达到一定期间后，由利害关系人申请，法院宣告失踪人死亡，以终止与其有关的民事法律关系的制度。

宣告失踪人死亡，应当具备以下条件：

(1) 公民持续下落不明达到法定期间。期间分为两种情况：一是普通期间，指公民离开自己的住所，下落不明满 4 年；二是特别期间，指公民因意外事故下落不明满 2 年。期间均从下落不明之日起计算。战争期间下落不明的，适用普通期间，从战争结束之日起计算期间。

（2）经失踪人的利害关系人向基层人民法院申请。利害关系人的顺序是：配偶；父母、子女；兄弟姐妹、祖父母、外祖父母、孙子女、外孙子女；其他利害关系人。申请撤销死亡宣告不受此顺序限制。

（3）基层人民法院受理宣告死亡申请，发出寻找失踪人的公告，公告期间一般为1年。因意外事故下落不明，经有关机关证明该公民不可能生存的，公告期间为3个月。

（4）法院依法判决。公告期间届满，人民法院应当根据被宣告死亡的事实是否能够确认，作出宣告死亡的判决或驳回申请的判决。被宣告死亡人的死亡日期，由法院判决书中确定，或以判决宣告之日确定。

公民被宣告死亡会产生与自然死亡同样的法律后果，导致其民事权利能力和行为能力终止，如与其配偶的婚姻关系消灭，其继承人可以继承他的遗产，其债权人有权要求其继承人清偿债务。但宣告死亡毕竟只是依法对失踪人死亡的推定，实际上失踪人的生命不一定终结。因此，当被宣告死亡的人重新出现，或有人确知他没有死亡时，经本人或利害关系人申请，人民法院应当撤销对他的死亡宣告。而且，有民事行为能力人在被宣告死亡期间所进行的民事活动仍然有效。

（五）公民的住所

住所指公民生活及进行民事活动的主要场所。公民以他的户籍所在地为住所，经常居住地与住所不一致的，经常居住地视为住所。我国司法实践中，一般将公民离开住所地最后连续居住一年以上的地方视为经常居住地，但长住医院治病的情况除外。确定公民的住所，对于决定国籍、案件管辖、法律文书送达地点、债务履行地、宣告死亡等都有重要意义。

案例2—1

究竟以谁的意见为准

王红，17周岁，初中毕业后一直做临时工，与父母居住在一起。她利用自己积攒的钱买了一条价值数千元的金项链。其父母得知后，责怪她花钱大手大脚，因为家里的生活还不富裕，应当将钱花在更需要的地方，或者以她自己的名义将这笔钱存入银行。于是，他们以王红还未成年，购买金项链没有经过家长同意为名，要求商店退货并返还货款。但王红认为购买金项链的钱是自己当临时工挣的，用自己的钱买自己喜爱的东西并没有错，坚决不同意退货。面对这种情况，商店是否退货左右为难，究竟应当以谁的意见为准呢？

案例点评

本案涉及公民的市场主体资格——民事行为能力问题。王红购买金项链的行为使她与商店之间形成了买卖合同关系，该合同已经履行完毕。由于每个公民从出生时起就有民事权利能力，所以，王红有资格与商店订立合同（购物）是毫无疑问的。本案的关键是：王红是否有资格（具有完全行为能力）独立订立购买金项链的合同？如是，则其父母的干预没有法律根据，商店应当以王红的意愿为准；如否，则商店应当以王红父母的意愿为准。本案的分析思路是：首先，确认王红行为能力状况，依据年龄与理智两个尺度确定她的意思能力。本案只涉及年龄，17 周岁可能是完全行为能力人，也可能是限制行为能力人。其次，确认王红是否符合完全行为能力人的条件。民法通则规定，16 周岁以上不满 18 周岁，以自己的劳动收入为主要生活来源的，视为完全行为能力人。王红购买金项链的钱是她的劳动收入，但是，这还不足以证明劳动收入就是她的主要生活来源。一般而言，一个人做临时工的收入应当基本可以满足其衣食住行的主要开支，可以认为是主要生活来源，由此可以推断王红具备完全行为能力人的条件，可以独立订立合同（无须经法定代理人的同意），并自行行使合同权利，履行合同义务。因此，商店应当以王红的意见为准。

二、市场主体（2）——法人

法人是一种社会组织，是人或财产的集合体。企业法人以经营者身份进入市场，非企业法人一般以办公用品消费者身份进入市场。由于法人在社会政治、经济活动中有着非常重要的影响，国家必须通过法人制度规范法人的行为，因此，法律对法人的设立和业务活动有比较严格的限制或约束。

（一）法人的概念和特征

法人，是与自然人相对称的概念，指具有民事权利义务主体资格的社会组织。法人是社会组织，但并非任何社会组织都是法人。只有依照法律规定的法人设立方式成立的社会组织，才可能取得法人资格。社会组织具有法人资格后，与公民一样具有民事权利能力与行为能力，是市场主体，能够独立享受权利，承担义务。

法人具有下列法律特征：

（1）是依照法人设立条件和程序而成立的社会组织。作为社会组织，法人必须有自己的名称、代表机关（法人组织机构）和从事业务活动的固定场所。法人内部人员及机构的变化不影响法人的主体资格。因此，法人可以超越自然人生命的极限而永久存续。

（2）有独立的财产或经费。法人的财产或经费是以法人自己的名义占有、使用或处分的。法人的财产或经费与其投资人的财产、与其他法人的财产、与法人成员的财产是相分离的，是完全独立的。法人独立的财产或经费是法人在市场交易活动中独立承担法律责任的物质保证。

（3）以自己的名义参加法律关系，独立承担法律责任。法人是独立于自然人的法律关系主体，以法人的名义享受权利，承担义务，以法人独立的财产承担法律责任，以法人的名义作为原告或被告在法院起诉、应诉。

（二）法人的种类

依据法人组织是否营利为特征，可以将法人划分为两种基本类型：企业法人、非企业法人。

1. 企业法人

企业法人，指以营利为目的，从事生产经营活动，独立核算、自负盈亏的经济组织。

2. 非企业法人

非企业法人，指不以营利为目的的社会组织。非企业法人包括：

（1）机关法人，指依法享有国家赋予的行政权力，承担行政管理职责的国家机关。

（2）事业单位法人，指从事非营利性社会公益事业的单位，如学校、医院等。

（3）社会团体法人，指由自然人或法人自愿组成，从事社会公益、文学艺术、学术研究、宗教等活动的社会组织，如学会、协会等。

（三）法人的民事权利能力和民事行为能力

法人的民事权利能力，指法人享有民事权利和承担民事义务的资格，即法人的业务活动性质和范围。与公民相比，法人的民事权利能力有以下特点：（1）权利能力产生与终止时间不同。公民的权利能力始于出生，终于死亡；法人的权利能力始于成立，终于解散。（2）权利能力的内容不同。公民所享有的某些与人身有关的权利能力，如收养、继承等，法人不可能享有；而某些专属法人的权利能力，如从事军工生产和银行业务等权利能力，自然人也不能享有。（3）权利能力的性质不同。公民的权利能力具有同质性，彼此之间没有区别；法人的权利能力具有特殊性，彼此之间因法律和法人章程的规定不同而有所区别。

法人的民事行为能力，指法人在法律规定的范围内，以自己的行为取得民事权利，承担民事义务的资格。与公民相比，法人的民事行为能力有以下特点：（1）公民的行为能力根据年龄和理智两个尺度确定；法人的行为能力由法律与法人章程确定。（2）公民的权利能力平等，行为能力则有完全行为能力、限制行为能力和无行为能力三种类型，法人的权利能力与行为能力范围一致，同时取得，同时消灭。（3）行为能力以意思能力为基础，公民通过自己、委托代理人或法定代理人表达其意志；法人通过法人机关或委托代理人表达其意志。

法人的民事权利能力取决于成立该组织的宗旨和业务性质，法人不得进行违背其宗旨和业务性质的活动。依照法律或者法人组织章程规定，代表法人行使职权的负责人，是法人的法定代表人。法定代表人（经理、董事长、厂长、校长、院长、主席等）在其职权范围内代表法人进行民事活动，或由法定代表人授权的业务人员以法人的名义进行民事活动。

三、市场主体（3）——其他个人或组织（经营者）

（一）个体工商户

个体工商户属于个体经济的经营方式，通常不雇用劳动人员，其资金规模与管理都达不到企业的基本要求，所以，不属于企业的范围。个体工商户主要以经营者的身份作为市场主体。

个体工商户虽然可以起字号，但不具备法人资格，本质上是以自然人身份进行经营活动。个体工商户必须依法在工商行政管理机关进行核准登记，领取营业执照后才能进行相应的业务活动。若改变字号、转业、转让、歇业或停业等，也必须经工商行政管理机关批准，并办理变更登记或歇业、停业登记。

个体工商户在经营活动中所产生的债务，个人经营的，以个人财产承担无限清偿责任；家庭经营的，以家庭财产承担无限清偿责任。

（二）个人独资企业

个人独资企业也属于个体经济的经营方式，但作为企业，与个体工商户存在以下主要区别：(1) 具有一定的生产规模，存在劳动雇佣关系。(2) 有与企业规模相适应的组织管理机构。(3) 有企业名称和固定的经营场所。(4) 有符合法律规定的企业财务会计制度。

个人独资企业虽然有自己独立的名称或字号，但不具备法人资格。业主本质上是以自然人身份进行经营活动，对生产经营活动中所发生的债务，以其个人财产承担无限清偿责任。个人独资企业必须依法在工商行政管理机关进行核准登记，领取营业执照后才能开展业务活动。

（三）农村承包经营户

农村承包经营户是集体经济的经营方式，承包经营户的经营权以其与农村集体经济组织签订的承包合同为依据。农村承包经营户以家庭为劳动组织单位，不具有企业特征，也不需要领取营业执照。

农村承包经营户不具备法人资格，也是以自然人身份进行经营活动。对生产经营活动中发生的债务，以个人名义承包经营的，以个人财产承担无限清偿责任；以家庭名义承包经营的，以家庭共有财产承担无限清偿责任。

（四）合伙企业

合伙企业是由两个或两个以上投资者合资设立、合伙经营、共享收益、共担风险，普通合伙人对合伙债务承担无限连带责任，有限合伙人对合伙债务承担有限责任的营利性组织。

合伙企业可以起字号；须经工商行政管理机关核准登记，领取营业执照后方可开业；有相对独立的财产（合伙人投入的财产、企业经营积累的财产）；有企业组织管理机构（合伙负责人）等。但合伙企业财产由合伙人共有，合伙企业没有属于自己的真正独立的财产。因此，合伙企业不是法人，本质上也是以自然人身份从事经营活动。

四、国家在市场中的特殊地位与作用

国家不是市场主体，而是市场的管理者。国家机关依法行使职权参与经济管理活动，包括各级立法机关、司法机关和行政机关。其中行政机关具有特殊的地位，承担着经济活动的组织、管理和协调职能。国家机关在其职权范围内的一切行为及结果都由国家负责。同时，国家机关作为法人组织，在市场中采购办公用品、发售国债等行为属于民事行为活动，与一般的公民、法人法律地位平等，并无任何特权。

第2节　企业法人制度

一、企业法人的特征

（一）企业法人设立、重大变更及终止必须按照法律程序进行

企业法人是市场中的经营者，其是否具备经营能力，从事什么性质的经营活动，必须得到国家的认可。所以，具备法人条件的经济组织，还必须按照企业法人设立的法定程序，依法经工商行政管理机关核准登记（法人登记），领取法人营业执照后才能取得法人资格，开展业务活动。与此相适应，企业法人的重大变更、终止，也必须按照法定程序向初始登记机关申请进行变更、终止登记，以获得法律上的确认。未依法进行有关登记手续的，企业法人的设立、变更、终止无效。

（二）企业法人有自己独立的名称和人格

企业法人的名称权、名誉权、荣誉权及依法享有的财产权、知识产权（专利权、商标权、著作权、发明权等）受法律保护。企业法人能以自己的名义起诉、应诉，独立承担因企业经营行为所产生的各种财产责任。

（三）企业法人有自己的组织机构及组织规则，有自己独立支配的财产

企业法人是社会组织，必须有自己的组织机构及组织活动规则，才能使企业组织有效率地运转，发挥其在社会中的各种功能。此外，企业法人从事经营活动，必须有自己可独立支配的财产作为经济基础，这也是其独立承担财产责任的根本保证。企业法人的组织行为通过法人组织中的自然人的行为表现出来，但企业法人的组织成员众多，各成员在企业中的分工和利益并不相同，所以，法律或者法人组织章程必须明确规定有权代表企业法人行使职权的负责人——法定代表人。法定代表人应当按照法律或法人组织章程的规定依法行使职权并接受国家、社会及企业内部成员的监督。

（四）企业法人有固定的住所

企业法人的住所是企业法人设立核准登记的必备内容，企业法人的住所对于确定其主要经济活动地点、选择开户银行、确定债务履行地、诉讼管辖、准据法的适用以及确定清算的地点等都具有重要的法律意义。依照我国法律规定，企业法人以其主要办事机构所在地为住所，主要办事机构既可能是管理中心所在地，也可能是营业中心所在地。因此，企业可以根据需要选择以管理中心或营业中心所在地作为住所。

（五）企业法人的投资人只承担有限责任

企业法人能够以自己的名义独立承担民事活动中的财产责任，因此，企业法人的投资人仅以其设立企业时投入的财产额或出资额为限对企业法人承担责任，无须对企业法人的债务直接承担财产责任。

（六）企业法人经营活动超出经营范围的后果

企业法人设立时需要确定其经营范围。从法律性质上看，经工商行政管理机关核准登记的法人经营范围只是法人的出资者控制自身投资风险的手段，而不是国家管理经济的行政性手段。因此，企业法人超越其经营范围的经营活动（如超越经营范围订立的合同等），只要没有损害对方当事人利益、第三人利益、国家的利益和社会公共利益，并不会单纯基于超越经营范围而无效，但违反国家限制经营、特许经营以及法律、行政法规禁止经营规定的除外。

二、企业法人的分支机构

企业法人的分支机构是企业法人的组成部分，它在企业法人住所以外的一定地域内实现法人的全部或部分职能。企业法人的分支机构在空间上扩大了法人的活动范围，分支机构负责人的行为对企业法人直接产生权利义务。企业法人的分支机构不具有法人资格，但可以在工商登记机关核准的营业范围内以自己的名义对外进行业务活动，分支机构的负责人根据法人的授权主持其业务工作，分支机构的权利义务和法律责任由企业法人承担。

企业法人的分支机构分为两种类型：一是非独立性的分支机构，如企业法人的驻外办事处等。非独立性分支机构的业务活动受法人管辖，除法人拨付的资金外，没有自己能够独立处分的财产。二是独立性的分支机构，拥有一定的独立财产，也可以实行独立核算，如法人的分公司、分行等。

企业法人分支机构的设立有严格的法定程序，包括：应在法人章程中进行规定；向法人初始登记机关进行登记等。分支机构领取营业执照后才取得合法经营资格，可以在银行开立结算账户，在法人授权范围内进行经营活动。

三、企业法人机关和法人意志

企业法人机关，也称为法人的组织机构，是由法律、章程或条例规定，无须特别委托就能够以法人名义进行民事活动的集体或个人，如董事会、理事会、董事长、厂长、经理等。企业法人有自己的独立意志，其独立意志由法人机关实现。所以，法人机关是企业法人的有机组成部分，法人机关在其职权范围内所进行的行为，就是法人的行为，其法律后果由法人承担。组成法人机关的自然人，为法人机关成员，其中全权代表法人行使职权的自然人，称为法定代表人。

法人意志，指组成法人机关的自然人，脱离自己个人身份，以法人机关名义所表现出来的意志。法定代表人在职权范围内的行为代表着法人意志，由此产生的法律后果由法人承担。职权以外的行为，仅体现其个人意志，由此产生的法律后果由其个人承担。因此，企业法人必须通过章程及具体的规章制度明确法人机关成员的权力与职责，区分法人意志与个人意志，以确定企业法人究竟对法定代表人的哪些行为承担法律责任。

四、企业法人违法所承担的法律责任

企业法人作为市场中的经营主体，在法律和章程规定的业务范围内，能够自由表达其意志，也能够独立承担法律责任。企业法人从事了违法行为，应当承担法律责任。由于法人的意志和行为由其法定代表人代表或由其工作人员代理，因此，企业法人违法，实际上是其法定代表人或工作人员违法。企业法人违法主要有两种类型：

（1）企业的法定代表人或其工作人员在其职权范围内，以企业的名义和财产，并为了企业的利益而进行的职务行为违反法律的规定时，职务行为视为企业的行为，由此产生的法律责任应当由企业法人承担。法人承担责任后，再根据其内部章程的规定，追究法定代表人或工作人员的个人责任。例如，公司的总经理（法定代表人）指示工作人员剽窃他人知识产权牟利并造成他人损失的，企业法人应对此承担法律责任，然后公司董事会再根据公司章程与企业内部规定追究公司总经理及其他工作人员的责任。

（2）企业法人的法定代表人或其工作人员超越了其职权的行为违法，则法定代表人或法人工作人员的行为是个人行为，由此产生的法律责任应由个人承担。例如，企业法定代表人非法挪用企业资金，企业工作人员无代理权或超越代理权订立的合同，原则上都是个人责任，而非企业法人的责任。不过，为了保护善意交易者的利益，各国法律一般都确立了这样的原则：法人不得以其内部章程中对法定代表人、机构负责人以及工作人员职权的限制或职责范围不明确为由对抗善意第三人。

企业法人违法，可能承担民事责任和行政责任，而且，法定代表人还可能因犯罪承担相应的刑事责任。

案例 2—2

越权订立的合同是否有效

甲有限责任公司章程规定，下属分公司经理的任免，必须经董事会决定、董事长签字后才有效。但是，甲公司总经理王某未经董事会同意，擅自以总公司的名义任命李某为下属分公司的经理。李某持甲公司分公司的营业执照和合同文本与乙公司签订了购买 2 000 台冷暖风机合同。后因产品销路不畅，产品大量积压或削价处理。到合同履行期限届满时，该分公司还欠乙公司货款 6 万元，无力偿还。为此，乙公司诉诸法院，要求甲公司代为偿还其分公司的债务。甲公司董事长（法定代表人）认为，总经理王某任命李某为分公司经理是职务上的越权行为，不代表法人意志。虽然李某持有分公司营业执照和法人授权证明书，但授权无法律效力，李某自始无代理权，甲公司不负代偿责任，一切责任由王某和李某个人承担。

问：甲公司应否承担其分公司未履行合同的违约责任?

案例点评

本案的核心是：被代理人（公司）的利益与相对人（善意第三人）的利益都是法律保护的对象，但在无法同时保护二者利益的情况下，应当优先保护谁的利益?

1. 根据案例中陈述的事实，总经理王某对分公司经理李某的任命确实违反了公司内部章程的规定，属于越权行为。因而，王某对李某的任命不代表公司意志，李某也无权以分公司负责人的名义代理甲公司进行业务活动。

2. 由于李某持有分公司的营业执照和合同文本（相当于法人授权证明书），足以使善意第三人乙公司确信其身份的合法性和代理权。至于李某的任命程序是否符合公司章程规定，是企业法人内部事务，乙公司无查证义务。

3. 我国《合同法》规定，法人或者其他组织的法定代表人、负责人超越权限订立的合同，除相对人知道或者应当知道其超越权限的以外，该代表行为有效。行为人没有代理权、超越代理权或者代理权终止后以被代理人名义订立合同，相对人有理由相信行为人有代理权的，该代理行为有效。为保护善意第三人的合法权益，只要相对人（乙公司）不知道或不可能知道王某没有代理权，所订立的合同又符合合同的其他有效要件，该合同就有效，甲公司应当承担其分支机构应负的法律责任，即承担其分公司因未能履行合同而产生的违约责任。

4. 规定法人不能以内部章程对机关成员职权的限制对抗善意第三人，一是为了提高交易效率，否则，任何人与企业交易时必须事先了解该企业内部章程和制度的具体规定，以确认企业法定代表人或代理人的合法资格，这在实践中很难做到，也会大大提高交易成本。二是可以督促企业法人完善内部管理制度，强化对法人机关成员和工作人员职务行为的监督，减少越权行为的出现。

综上所述，甲公司应当承担其分公司因未能履行合同而产生的违约责任。同时，还可以根据内部章程的规定，追究总经理王某的责任。李某如果明知其任命不符合甲公司规定的程序，则需与王某共同对甲公司承担责任。反之，则不承担责任。

第 3 节　企业市场准入法律制度（公司登记制度）

一、企业市场准入的基本原则

公民的民事权利能力从出生时取得，终身享有，因此，公民以消费者的身份进入市场，其市场主体资格没有限制。公民或经济组织却不能随意以经营者身份自由进入市场。任何组织或个人要想取得经营者资格，必须具备法律所规定的经营条件，完成特定的核准登记程序，领取营业执照后才能取得合法经营的资格，进入市场。所以，与公民不同，任何组织或个人只有获得国家的行政许可后才有资格以经营者身份进入市场。法律限制或禁止国家公职人员、军队和国家机关（立法机关、行政机关、司法机关）直接从事经营活动，而且，还通过产品质量法、反不正当竞争法、反垄断法、消费者权益保护法、广告法等对经营者规定了更多的注意义务。

企业市场准入制度的基本原则：一是机会均等，公平竞争；二是国家干预，保护社会公共利益。

机会均等，公平竞争，指市场开放，使每个经营者有平等的进入市场的机会，通过市场竞争优胜劣汰。无论是个人还是社会组织申请设立企业，只要符合法律规定的经营条件，无论企业的所有制有何区别、企业规模大小和企业注册资本来源于国内还是国外，一律平等地获得市场机会。

国家干预，保护社会公共利益，指国家依法对经营者的资格进行审核确认，以建立公平的市场竞争规则，促进社会资源的有效配置，严格规范经营者的经营行为，保证经营者与消费者的合法权益。国家干预主要通过行政许可制度体现。行政许可是国家行政机关根据公民、法人和其他组织的申请，以书面证照和其他方式允许其从事某种活动，授予某种资格的行为。我国的各种专业资格考试制度（如注册会计师、律师、医师的从业资格考试）、审批制度（如审批从事特种经营活动的申请）、登记核准制度（如企业营业执照颁发）等属于行政许可的范围。就企业市场准入资格而言，第一，由工商行政管理机关确认经营者的一般经营能力，决定是否给其颁发营业执照，法人企业、不具备法人资格的企业以及个体工商户都必须获得营业执照后才获得市场准入许可，有资格开业进行经营活动。第二，由行业主管机关确认经营者的特殊经营能力，决定是否给予其特殊行业市场准入许可。企业要从事水、电、煤气、电信等具有自然垄断性质的公用事业，金融、保险、军工、航空、外贸、交通运输等关系国计民生的重要产业，提供法律、医疗和会计审计等专业技术性服务行业的经营活动等属于前置行政许可经营的项目，都必须由经营者提出申请，经相应的行政主管机关审批后才能取得行业市场准入资格。第三，其他行政管理机关，如城市建设规划管理部门、环境保护部门、文物保护管理部门，在确定企业市场准入与行业准入资格的某些方面也有决定权。

企业市场准入制度的主要内容是企业登记管理制度。企业登记主管机关是国家工商行政管理局和地方各级工商行政管理局。各级登记主管机关负责建立企业登记档案和登记统计制度，掌握企业登记的基础信息，并根据社会需要，开展向社会公众提供企业登记资料的服务。

二、公司设立登记制度

公司设立登记制度，指国家根据市场经济发展的需要，以促进生产、搞活经济、维护市场秩序、保护消费者和债权人利益为目的，对设立公司申请人的资金、技术、生产能力和经营范围等进行审核，确定是否允许其作为法人经营者进入市场。任何企业从事经营活动都必须具备基本的经营能力，包括经营场所、必要的资金、技术和人员。工商行政管理机关根据当事人的申请，确认申请人的经营能力是否与法律和其章程中提出的经营范围相匹配，决定是否给申请人颁发企业法人营业执照。

1. 公司登记机关及登记事项

有限责任公司和股份有限公司设立、变更、终止，应当依法办理公司登记。

工商行政管理机关是公司登记机关。

公司登记事项包括：名称、住所、法定代表人姓名、注册资本、公司类型、经营范围、营业期限、有限责任公司股东或者股份有限公司发起人的姓名或者名称。

一人有限责任公司应当在公司登记中注明自然人独资或者法人独资，并在公司营业执照中载明。

2. 公司设立登记

设立公司应当申请名称预先核准。预先核准的公司名称保留期为6个月。预先核准的公司名称在保留期内，不得用于从事经营活动，不得转让。

申请设立有限责任公司，公司设立申请人应当向公司登记机关提交下列文件：

(1) 公司法定代表人签署的设立登记申请书；

(2) 全体股东指定代表或者共同委托代理人的证明；

(3) 公司章程；

(4) 股东的主体资格证明或者自然人身份证明；

(5) 载明公司董事、监事、经理姓名、住所的文件以及有关委派、选举或者聘用的证明；

(6) 公司法定代表人任职文件和身份证明；

(7) 企业名称预先核准通知书；

(8) 公司住所证明；

(9) 国家工商行政管理总局规定要求提交的其他文件。

法律、行政法规或者国务院决定规定设立有限责任公司必须报经批准的，还应当提交有关批准文件。

申请设立股份有限公司，公司设立申请人应当向公司登记机关提交下列文件：

(1) 公司法定代表人签署的设立登记申请书；

(2) 董事会指定代表或者共同委托代理人的证明；

(3) 公司章程；

(4) 发起人的主体资格证明或者自然人身份证明；

(5) 载明公司董事、监事、经理的姓名、住所的文件以及有关委派、选举或者聘用的证明；

(6) 公司法定代表人任职文件和身份证明；

(7) 企业名称预先核准通知书；

(8) 公司住所证明；

(9) 国家工商行政管理总局规定要求提交的其他文件。

以募集方式设立股份有限公司，还应当提交创立大会的会议记录以及依法设立的验资机构出具的验资证明；以募集方式设立股份有限公司公开发行股票的，还应当提交国务院证券监督管理机构的核准文件。

法律、行政法规或者国务院决定规定设立股份有限公司必须报经批准的，还应当提交有关批准文件。

依法设立的公司，由公司登记机关发给《企业法人营业执照》。公司营业执照签发日期为公司成立日期。公司凭公司登记机关核发的《企业法人营业执照》刻制印章，开立银行账户，申请纳税登记。

《企业法人营业执照》、《营业执照》分为正本和副本，正本和副本具有同等法律效力。

《企业法人营业执照》正本或者《营业执照》正本应当置于公司住所或者分公司营业场所的醒目位置。

任何单位和个人不得伪造、涂改、出租、出借、转让营业执照。

营业执照遗失或者毁坏的，公司应当在公司登记机关指定的报刊上声明作废，申请补领。

公司应当于每年1月1日至6月30日，通过企业信用信息公示系统向公司登记机关报送上一年度年度报告，并向社会公示。

3. 公司变更登记

公司变更登记事项，应当向原公司登记机关申请变更登记。未经变更登记，公司不得擅自改变登记事项。

公司变更名称、住所、法定代表人、注册资本、经营范围、类型、股东或发起人、分公司登记、章程，需要进行变更登记。

公司变更登记事项涉及修改公司章程的，应当提交由公司法定代表人签署的修改后的公司章程或者公司章程修正案。公司章程修改未涉及登记事项的，公司应当将修改后的公司章程或者公司章程修正案送原公司登记机关备案。

公司董事、监事、经理发生变动的，应当向原公司登记机关备案。

变更登记事项涉及《企业法人营业执照》载明事项的，公司登记机关应当换发营业执照。

公司申请变更登记，应当向公司登记机关提交下列文件：

（1）公司法定代表人签署的变更登记申请书；

（2）依照《公司法》作出的变更决议或者决定；

（3）国家工商行政管理总局规定要求提交的其他文件。

4. 公司注销登记

有下列情形之一的，公司清算组织应当自公司清算结束之日起30日内向原公司登记机关申请注销登记：

（1）公司被依法宣告破产；

（2）公司章程规定的营业期限届满或者公司章程规定的其他解散事由出现，但公司通过修改公司章程而存续的除外；

（3）股东会、股东大会决议解散或者一人有限责任公司的股东、外商投资的公司董事会决议解散；

（4）依法被吊销营业执照、责令关闭或者被撤销；

（5）人民法院依法予以解散；

（6）法律、行政法规规定的其他解散情形。

公司申请注销登记，应当提交下列文件：

(1) 公司清算组负责人签注的注销登记申请书；

(2) 人民法院的破产裁定、解散判决文书，公司依照《公司法》作出的决议或者决定、行政机关责令关闭或者公司被撤销的文件；

(3) 股东会、股东大会、一人有限责任公司的股东、外商投资的公司董事会或者人民法院、公司批准机关备案、确认的清算报告；

(4)《企业法人营业执照》；

(5) 法律、行政法规规定应当提交的其他文件。

经公司登记机关注销登记，公司终止。

公司登记机关应当将公司登记、备案信息通过企业信用信息公示系统向社会公示。

第4节 企业市场退出法律制度（企业解散、清算和破产制度）

企业的基本功能是为社会提供产品或服务，以满足人们不断变化的物质和精神需求。虽然通过企业设立登记制度，可以事前把关，基本上保证进入市场的企业均具有相应的经营能力，但是，由于市场变化、企业经营能力减弱等方面的原因，已经进入市场的企业也会丧失或改变其经营特定产品或服务的能力，无法实现其预期的社会功能。为了保证市场充分竞争，激发企业活力，必须有相应的企业市场退出制度，使那些不再具备经营能力的企业彻底退出市场，将配置无效的资源重新配置给有竞争优势的企业，将市场空间留给最有发展潜力的企业。只有这样，才能保证市场上始终是最有活力的企业在从事经营活动，才能通过提高交易效率推动我国市场经济不断发展。

一、企业解散制度

企业解散，指已经依法成立的企业，依法终止其经营者资格，退出市场。但是，企业宣告解散并不意味着其经营者资格立即终止。一般情况下（企业因合并、分立而解散的除外），企业解散必须经过清算程序最后处理其财产中的债权债务关系，在清算过程中，在与清算有关的范围内企业资格继续存在，直至清算完结，向企业登记机关申请注销企业登记后，其企业身份才最后消灭，完全退出市场。

企业解散有四种基本类型：自愿解散、司法解散、强制解散、破产解散。

（一）自愿解散

企业自愿解散，是指企业根据章程的规定或投资人的意愿而自行解散。企业由于以下原因而自愿解散：

(1) 企业章程规定的营业期限届满或者企业章程规定的其他解散事由出现；

(2) 股东会或者股东大会决议解散，或投资人决定解散；

(3) 因企业合并或者分立需要解散；

（4）因企业章程规定的其他解散事由出现而解散。

（二）司法解散

公司被司法解散，是指公司依据法院的判决而解散。公司经营管理发生严重困难，继续存续会使股东利益受到重大损失，通过其他途径不能解决的，持有公司全部股东表决权10%以上的股东，可以请求法院解散公司。

（三）强制解散

企业被强制解散，是指企业因严重违反国家法律、行政法规或危害社会公共利益而被有关行政管理机关依法撤销公司登记、吊销营业执照、责令关闭或者撤销。

（四）破产解散

企业因破产而解散，是指企业法人不能清偿到期债务，并且资产不足以清偿全部债务或者明显缺乏清偿能力的，由当事人向法院提出破产申请，由法院宣告其破产并按照破产程序进行破产清算，公平清理企业的债权债务后，终止该企业的法人资格。

二、企业（公司）清算制度

企业在经营活动中，会发生大量的债权债务关系。企业解散后，必须通过清算程序合理解决遗留的债权债务关系，以保证债权人、投资者和国家的合法权益。

与企业解散类型相适应，公司清算包括普通清算、特别清算、破产清算三种基本类型。

（一）普通清算

普通清算，指依据公司法有关规定所进行的清算。公司依法自愿解散、司法解散和强制解散的情况下，自动进入普通清算程序。普通清算通常没有不能清偿到期债务的障碍，其基本特点是由公司自行组织清算，债权人和法院不干预具体的清算事务。普通清算过程中虽然公司的经营管理机构（董事会和经理等）已停止行使职权，由清算组取而代之，但公司权力机构（股东会或股东大会）在整个清算过程中继续行使其职权，例如，任免清算组成员，负责监督整个清算过程，确认清算方案和清算报告等。清算组依照法律独立行使职权，全面负责清算事务性工作，对股东（大）会负责并汇报工作。普通清算程序中的强制性规范较少。

我国公司法规定的普通清算程序如下：

1. 成立清算组

除因公司合并或分立解散的情况外，公司应当在解散事由出现之日起15日内成立清算组，开始清算。有限责任公司的清算组由股东组成，股份有限公司的清算组由董事或者股东大会确定的人员组成。逾期不成立清算组进行清算的，债权人可以申请法院指定有关人员组成清算组进行清算。法院应当受理该申请，并及时组织清算组进行清算。

清算组在清算期间行使下列职权：

（1）清理公司财产，分别编制资产负债表和财产清单；

（2）通知、公告债权人；

（3）处理与清算有关的公司未了结的业务；

（4）清缴所欠税款以及清算过程中产生的税款；

（5）清理债权、债务；

（6）处理公司清偿债务后的剩余财产；

（7）代表公司参与民事诉讼活动。

2. 通知或公告债权人

清算组应当自成立之日起10日内通知债权人，并于60日内在报纸上公告。债权人应当自接到通知书之日起30日内，未接到通知书的自公告之日起45日内，向清算组申报其债权。

债权人申报债权，应当说明债权的有关事项，并提供证明材料。清算组应当对债权进行登记。在申报债权期间，清算组不得对债权人进行清偿。

3. 制定并执行清算方案

清算组在清理公司财产、编制资产负债表和财产清单后，应当制定清算方案，并报股东会、股东大会或者法院确认。

公司财产在分别支付清算费用、职工的工资、社会保险费用和法定补偿金，缴纳所欠税款，清偿公司债务后的剩余财产，有限责任公司按照股东的出资比例分配，股份有限公司按照股东持有的股份比例分配。

清算期间，公司存续，但不得开展与清算无关的经营活动。公司财产在未依照上述规定清偿前，不得分配给股东。

4. 清算结束

普通清算因下述两种情况而结束：

（1）清算事务移交。清算组在清理公司财产、编制资产负债表和财产清单后，发现公司财产不足清偿债务的，应当依法向法院申请宣告破产。

公司经法院裁定宣告破产后，清算组应当将清算事务移交给法院。

（2）清算完结。公司清算结束后，清算组应当制作清算报告，报股东会、股东大会或者法院确认，并报送公司登记机关，申请注销公司登记，公告公司终止。

（二）特别清算

特别清算，指依据有关特别清算的法律规定所进行的清算，是介于普通清算与破产清算之间的一种清算制度。一般在两种情况下需要进行特别清算。一是公司自愿解散或司法解散时，不能自行组织清算组（如公司股东大会对清算组的成员选任出现严重分歧，以至于不能形成决议等），导致普通清算无法正常开始，或是普通清算程序进行过程中出现严重障碍，不能继续进行。二是公司被强制解散的特定情况下，应当进行特别清算。

根据西方一些国家的立法理论和实践，特别清算由于有其特殊的适用条件和程序，能够弥补普通清算和破产清算的不足，有必要成为一种独立的清算制度。特别清算是在企业不具备破产原因，但普通清算无法正常开始或继续，或是不适合由公司自行清算的情况下，由债权人参加清算并由有关国家机关负责监督公司的清算过程。与普通清算不同，特别清算过程中，公司的经营管理机构及权力机构都停止行使职权，清算组对有关国家机关负责。

我国目前除对外商投资企业有特别清算的具体规定外，还没有明文规定公司的特别清算制度。

（三）破产清算

破产清算，指依据破产法有关规定所进行的清算。公司被法院宣告破产后，依法进入破产清算程序。破产清算因涉及破产债务人能否公平清偿多数债权人问题，是在债权人（会议）和法院监督下进行的清算。为了充分保障债权人的合法权益，必须严格按照破产清算程序进行。破产清算程序中的管理人只能由法院选任和更换，并向法院报告工作。破产清算过程中的重大事项（如破产财产分配方案、破产财产分配报告等）也必须经法院认可后才具有法律效力。我国《企业破产法》明确规定了破产清算的具体程序。

根据西方一些国家的法律实践，三种清算程序之间可以相互转换。清算组在普通清算程序进行中发现不能按该程序正常进行清算时，应由有资格的申请人向有关国家机关申请进行特别清算，有关国家机关批准当事人的申请后，普通清算程序转变为特别清算程序。在普通清算和特别清算程序进行的过程中，清算组发现解散公司资不抵债的，应当立即向法院申请宣告破产，法院受理申请后，普通清算或特别清算程序转变为破产清算程序。

案例 2—3

公司是否应当解散

甲公司、乙公司及王某 3 名股东共同出资成立高新技术企业科讯电子有限公司（以下简称“科迅公司”），甲公司、乙公司、王某分别持有科迅公司 20%，30%，50%的股份，由大股东王某担任公司总经理。但是，科迅公司自成立后连续 3 年处于亏损状态，两名法人股东甲公司与乙公司认为，鉴于公司连年亏损的事实，继续经营只会造成更大的损失，因此要求解散公司。不过，总经理王某却认为，公司亏损是由于这两名股东（甲、乙公司）不信任自己，不正当干预公司经营所致，坚决不同意解散公司，双方争执不下无法达成一致意见。

问：科迅公司是否应当解散？

案例点评

本案的核心问题是：当股东对是否解散公司无法达成一致意见时，应当通过什么法律程序打破僵局？

1. 公司解散有四种类型：自愿解散、司法解散、强制解散与破产解散。科迅公司虽然自成立后一直亏损，但案例中没有任何人曾向法院提出过请求宣告科迅公司破产的申请，科迅公司也没有因重大违法行为而被工商行政管理机关吊销营业执照。所以，科迅公司应当排除强制解散和破产解散的可能性。

2. 根据《公司法》规定，决定有限公司是否解散属于股东会的法定职权，并以特别决议程序（代表2/3以上表决权的股东同意）通过。一般情况下，如果代表2/3以上表决权的绝对多数股东同意解散公司，则不会形成僵局，公司可以自愿解散。但是，科迅公司的股权结构是同意解散公司的股东甲、乙公司合计持有公司50%的股份，反对解散公司的股东王某单独持有公司50%的股份，任何一方的意见都无法获得2/3以上绝对多数股东表决权的通过，因而形成僵局。

3. 我国《公司法》规定，公司经营管理发生严重困难，继续存续会使股东利益受到重大损失，通过其他途径不能解决的，持有公司全部股东表决权10%以上的股东，可以请求法院解散公司。这一规定表明，在股东之间就是否解散公司无法达成一致意见，形成僵局的情况下，持股达到法定比例的股东有权请求法院通过司法判决解散公司。科迅公司由于连年亏损，股东之间已经缺乏继续合作的信任基础，并在公司是否解散问题上存在严重利益冲突。在公司经营管理发生严重困难的情况下，公司继续存续，可能严重损害甲、乙公司的利益。公司解散，并无明显损害王某利益的后果。平衡各方股东的利益，司法解散公司显然是最佳选择。由于甲、乙公司的持股比例都超过10%，可以单独或共同向法院提出申请，请求法院解散公司。如果法院依法判决科迅公司解散，则科迅公司应当进行普通清算，了结债权债务关系后注销公司登记。

三、企业破产法律制度

破产，是在企业无力清偿到期债务时，由法院宣告其破产，并适用破产清算程序公平清理破产企业的债权和债务。企业破产清算后主体资格消灭，未能清偿的债务不再清偿。企业破产可以彻底了结当事人之间的债权债务纠纷，维护公平的市场竞争秩序。同时，破产企业退出市场，该企业原有的资源得以更有效率的使用。

破产法，是调整债务人丧失清偿能力时如何公平清理其债权债务关系的法律制度，其核心是在法院的主导下，通过重整、和解或破产清算方式解决企业无力清偿债务的问题。破产法律制度的主要内容包括程序性规范（重整程序、和解程序与破产清算程序）和实体性规范（破产过程中有关当事人、利害关系人的权利义务）。我国企业破产适用的法律是《中华人民共和国企业破产法》。

破产法律制度的功能，是在债务人无力清偿全部债务的情况下，通过破产程序协调多数债权人之间的利益冲突，使每个债权人都有公平获得清偿的机会。具体表现在企业进入破产法律程序后，任何债务清偿活动都必须按照破产程序进行，从而可以避免多个债权人为抢先获得债务清偿而单独逐一向法院起诉并申请强制执行债务人财产，导致后起诉或未起诉的债权人的债权不能获得公平清偿的现象。同时，市场竞争必须遵循优胜劣汰的规则，破产法律制度建立了企业退出市场的法律机制，通过对破产企业财产的重新配置，使被淘汰的企业能够顺利退出市场，提高了市场的竞争效率。

（一）破产程序与重整、和解、破产清算

破产程序，是指法院审理破产案件，终结债权债务关系的诉讼程序，也叫破产还债程序。狭义的破产程序仅指破产清算程序，广义的破产程序包括重整、和解与破产清算三种程序。我国的破产程序主要由破产案件的申请和受理、债权申报与审查、破产重整（重整）、破产和解（和解）与破产清算程序构成。

1. 破产案件的申请和受理

企业法人具备破产原因的，该企业的债权人或该企业本身（债务人）均有权依据破产法向法院提出破产申请（重整、和解或破产清算），并由法院裁定是否受理。破产案件由债务人住所地法院管辖，破产程序对债务人在中华人民共和国领域外的财产发生效力。法院受理破产申请后，债务人进入破产程序，由法院指定管理人，并通知债权人申报债权。

2. 债权申报与审查

债权人应当在法院确定的债权申报期限内向管理人申报债权，由管理人对申报的债权进行审查，并编制债权表。依法申报债权的债权人为债权人会议的成员，债权人会议可以决定设立债权人委员会。

3. 重整

对具备破产原因但有可能恢复经营能力的债务人，可以通过重整程序进行经营整顿与债权债务关系调整，以避免债务人破产的命运。重整申请经法院裁定批准后，由债务人或者管理人向法院和债权人会议提交重整计划草案，并由债权人会议按照不同类型的债权分组对重整计划草案进行表决。只有各表决组均通过重整计划草案并获得法院批准，或者法院裁定批准了未获得各表决组一致通过的重整计划草案时，重整计划方为通过，并交由债务人执行。

4. 和解

具备破产原因的债务人，可以申请和解程序进行债权债务关系调整，以避免破产的结局。债务人申请和解，应当先提出和解协议草案，经法院裁定批准后交由债权人会议讨论通过。债权人会议通过和解协议草案后，再由法院裁定批准后交由债务人执行。

5. 破产清算

法院受理当事人提出的破产清算申请或者重整、和解失败后，由法院宣告债务人破产，并适用破产清算程序按照法定的清偿顺序公平清偿破产债权。破产宣告后，由管理人拟定破产财产变价方案和破产财产分配方案，变价出售破产财产。债权人会议讨论通过破产财产的变价方案与分配方案。法院裁定认可债权人会议通过的破产财产分配方案后交由管理人执行。破产财产在优先清偿破产费用和共益债务后，依照法定顺序清偿。破产人无财产可供分配或破产财产最后分配完结，由管理人提请法院裁定终结破产程序。法院裁定终结破产程序后，由管理人向破产人的原登记机关办理注销登记。至此，破产企业的法人资格消灭，完全退出市场。

重整、和解与破产清算是破产程序的重要组成部分，也是现代破产法律制度的核心内容。法院受理当事人的破产申请后，债务人虽然进入了破产程序，但并不意味着债务人必

然被宣告破产。如果债务人虽然符合破产条件，但还有恢复生机扭亏为盈的可能，可以通过重整或和解程序解决债务清偿问题，不必让该企业以破产方式清偿债务。所以，当事人可以在破产申请时直接提出重整与和解的请求，也可以在法院受理破产申请后，宣告债务人破产前，向法院申请重整或和解。重整、和解成功，债务人避免破产，企业法人资格继续存在，按照重整计划或和解协议减免的债务依法免除清偿责任。当事人直接申请破产清算或重整、和解失败的，由法院依法宣告债务人破产，破产清算后破产程序终结，破产企业的法人资格消灭，按照破产清算程序未能清偿的债务依法免除清偿责任。

（二）破产的申请与受理

1. 破产的适用范围与破产原因

破产的适用范围是指哪些人可以破产。我国破产法目前规定企业法人适用破产法律制度。同时，为解决非法人企业破产无法可依问题，若其他法律规定企业法人以外的组织的清算属于破产清算的，参照适用破产法规定的程序（如合伙企业法有关破产清算的规定）。

破产原因指申请企业法人破产的事实根据。我国破产法既规定了破产原因，也规定了重整原因。

企业法人破产原因包括两项并列的事实：一是不能清偿到期债务（不能清偿）；二是资产不足以清偿全部债务（资不抵债）或者明显缺乏清偿能力。“不能清偿”与“资不抵债”有不同的含义。前者，作为债务人的企业并不一定“资不抵债”（即资产小于负债），只是资产不能立即变换成现金偿还到期债务。后者，债务人虽然是“资不抵债”，但并不一定丧失偿还债务的能力，例如，在债权人看好其发展前景的情况下，同意债务人延期偿还债务，或债务人凭借其信用、能力等借新债还旧债，就有能力偿还到期债务。因此，企业破产必须同时具备这两个条件。不过，在债权人无法了解债务人资产负债情况时，就需要证明债务人明显缺乏清偿能力（在未来一段时期内也无能力偿还到期债务）。企业具备破产原因的，当事人可以向法院申请对其进行重整、和解或破产清算。

企业法人重整原因包括两种情况：　是债务人具备破产原因的（已经陷入破产境地），可以进行重整；二是债务人有明显丧失清偿能力可能的（有可能陷入破产境地），可以进行重整。因此，重整可以视为预防破产的措施。

2. 破产申请

具备破产原因的债务人不会自动破产。只有经破产申请人向法院提出破产申请并经法院裁定受理后，债务人才能依照破产程序清理债务，其结局或是债务人重整、和解成功，企业继续存在，或是债务人被宣告破产后进行破产清算，企业解散后不复存在。

破产申请人包括债权人、债务人和依法负有清算责任的人，但是，不同类型的破产申请人只能依据特定的破产原因提出特定的破产申请。

债务人：具备破产原因的债务人，可以向法院提出重整、和解或者破产清算申请（三项申请）。

债权人：债务人不能清偿到期债务，债权人可以向法院提出对债务人进行重整或者破产清算的申请（重整、破产清算两项申请）。

依法负有清算责任的人：企业法人已解散但未清算或者未清算完毕，资产不足以清偿债务的，依法负有清算责任的人应当向法院申请破产清算（破产清算一项申请）。

破产案件由债务人住所地法院管辖。破产申请人向法院提出破产申请，应当提交破产申请书和有关证据。

债务人提出申请的，还应当向法院提交财产状况说明、债务清册、债权清册、有关财务会计报告、职工安置预案以及职工工资的支付和社会保险费用的缴纳情况。

法院受理破产申请前，申请人可以请求撤回申请。

3. 破产申请的受理

（1）破产申请裁定。一般情况下，法院自收到破产申请之日起 15 日内裁定是否受理。债务人对债权人提出的破产申请有异议的，应当自收到法院的通知之日起 7 日内向法院提出。法院自异议期满之日起 10 日内裁定是否受理。

法院裁定不受理破产申请的，应当自裁定作出之日起 5 日内送达申请人并说明理由。申请人对裁定不服的，可以自裁定送达之日起 10 日内向上一级法院提起上诉。

法院受理破产申请后至破产宣告前，经审查发现债务人不符合破产原因的，可以裁定驳回申请。申请人对裁定不服的，可以自裁定送达之日起 10 日内向上一级法院提起上诉。

法院裁定受理破产申请的，应当同时指定管理人。

（2）破产申请裁定送达。法院受理破产申请的裁定自作出之日起 5 日内送达申请人。债权人提出申请的，法院自裁定作出之日起 5 日内送达债务人。债务人应当自裁定送达之日起 15 日内，向法院提交财产状况说明、债务清册、债权清册、有关财务会计报告以及职工工资的支付和社会保险费用的缴纳情况。

（3）法院通知和公告债权人。法院自裁定受理破产申请之日起 25 日内通知已知债权人，并予以公告。通知和公告应当载明下列事项：申请人、被申请人的名称或者姓名；法院受理破产申请的时间；申报债权的期限、地点和注意事项；管理人的名称或者姓名及其处理事务的地址；债务人的债务人或者财产持有人应当向管理人清偿债务或者交付财产的要求；第一次债权人会议召开的时间和地点；法院认为应当通知和公告的其他事项。

（4）法院受理破产申请后的法律后果。法院受理破产申请后，被申请宣告破产的企业法人（债务人）进入破产法律程序，与该企业有关的一切债权债务关系必须按破产程序处理。

第一，债务人的义务。债务人对个别债权人的债务清偿无效。自法院受理破产申请的裁定送达债务人之日起至破产程序终结之日，债务人的有关人员（企业的法定代表人、经法院决定的企业财务管理人员和其他经营管理人员）承担下列义务：1）妥善保管其占有和管理的财产、印章和账簿、文书等资料；2）根据法院、管理人的要求进行工作，并如实回答询问；3）列席债权人会议并如实回答债权人的询问；4）未经法院许可，不得离开住所地；5）不得新任其他企业的董事、监事、高级管理人员。

第二，债务人的债务人或者财产持有人的义务。债务人的债务人或者财产持有人应当向管理人清偿债务或者交付财产，若故意违反上述规定向债务人清偿债务或者交付财产，使债权人受到损失的，不免除其清偿债务或者交付财产的义务。

第三，管理人的权利义务。管理人对破产申请受理前成立而债务人和对方当事人均未履行完毕的合同有权决定解除或者继续履行，并通知对方当事人。管理人自破产申请受理之日起2个月内未通知对方当事人，或者自收到对方当事人催告之日起30日内未答复的，视为解除合同。管理人决定继续履行合同的，对方当事人应当履行，但是，对方当事人有权要求管理人提供担保。管理人不提供担保的，视为解除合同。

第四，与债务人有关的司法诉讼程序。一是有关债务人财产的保全措施应当解除，执行程序应当中止。二是已经开始而尚未终结的有关债务人的民事诉讼或者仲裁应当中止；在管理人接管债务人的财产后，该诉讼或者仲裁继续进行。三是有关债务人的民事诉讼，只能向受理破产申请的法院提起。

（三）管理人

管理人，指进入破产程序后负责破产财产的管理、处分、业务经营，以及破产方案的拟定和执行的专门机构。法院受理破产申请后应立即指定管理人，管理人是破产程序中最重要的机构，参与破产程序的全过程。

1. 管理人的任职资格

管理人负责监管和处分债务人的财产，应当具有独立性与专业性，以充分维护破产程序中各利益相关方的合法权益。因此，管理人通常由具有专业资质且职业道德标准要求较高的律师、会计师等专业人员担任，并由法院决定管理人的报酬，以确保管理人的公正、独立地位。

管理人可以由三类机构或个人担任：一是由有关部门、机构的人员组成的清算组。二是依法设立的律师事务所、会计师事务所、破产清算事务所等社会中介机构。三是法院根据债务人的实际情况，在征询有关社会中介机构的意见后，指定该机构具备相关专业知识并取得执业资格的人员担任管理人。有下列情形之一的，不得担任管理人：

（1）因故意犯罪受过刑事处罚；

（2）曾被吊销相关专业执业证书；

（3）与破产案件有利害关系；

（4）法院认为不宜担任管理人的其他情形。

个人担任管理人的，应当参加执业责任保险。

2. 管理人的任免、薪酬及其监督

管理人由法院指定。债权人会议认为管理人不能依法、公正执行职务或者有其他不能胜任职务情形的，可以申请法院予以更换。管理人没有正当理由不得辞去职务。管理人辞去职务应当经法院许可。

管理人的报酬由法院确定。债权人会议对管理人的报酬有异议的，有权向法院提出。

管理人依照破产法的规定执行职务，向法院报告工作，接受债权人会议和债权人委员会的监督。管理人列席债权人会议，向债权人会议报告职务执行情况，并回答询问。

3. 管理人的职责

（1）接管债务人的财产、印章和账簿、文书等资料；

（2）调查债务人财产状况，制作财产状况报告；

（3）决定债务人的内部管理事务；

（4）决定债务人的日常开支和其他必要开支；

（5）在第一次债权人会议召开之前，决定继续或者停止债务人的营业（应当经法院许可）；

（6）管理和处分债务人的财产（在第一次债权人会议召开之前，管理人实施依法应当报告债权人委员会的财产管理和处分行为的，应当经法院许可）；

（7）代表债务人参加诉讼、仲裁或者其他法律程序；

（8）提议召开债权人会议。

管理人应当勤勉尽责，忠实执行职务。

（四）债务人财产、破产费用、共益债务

债务人财产、破产费用、共益债务的性质、范围和数量直接影响债务人的清偿能力。破产费用、共益债务从债务人财产中优先偿还，以保证破产程序能够正常进行。债务人财产不足以清偿破产费用的，破产程序终结。

1. 债务人财产

债务人财产，指能够依据破产程序分配给债权人的所有财产，包括破产申请受理时属于债务人的全部财产，以及破产申请受理后至破产程序终结前债务人取得的财产。

债务人财产的性质（动产、不动产、知识产权的估价方式及变现难度不同）和数量与债权人利益密切相关。为保护债权人合法权益，法律必须明确规定破产程序中涉及债务人财产转移的合法性，防止债务人通过恶意转移财产进行欺诈破产和虚假破产。

（1）可以撤销的财产转移行为。法院受理破产申请前1年内，涉及债务人财产的下列行为，管理人有权请求法院予以撤销：1）无偿转让财产的；2）以明显不合理的价格进行交易的；3）对没有财产担保的债务提供财产担保的；4）对未到期的债务提前清偿的；5）放弃债权的。

法院受理破产申请前6个月内，债务人在不能清偿到期债务，并且资产不足以清偿全部债务或者明显缺乏清偿能力的状况下，仍对个别债权人进行清偿的，管理人有权请求法院予以撤销。但是，个别清偿使债务人财产受益的除外。

（2）无效的财产转移行为。以下两种涉及债务人财产的行为无效：一是为逃避债务而隐匿、转移财产的；二是虚构债务或者承认不真实的债务的。

（3）可以追回的财产。一是因前述可以撤销或无效的财产转移行为而取得的债务人财产，管理人有权追回。二是债务人的董事、监事和高级管理人员利用职权从企业获取的非正常收入和侵占的企业财产，管理人应当追回。

（4）需要补缴的财产。法院受理破产申请后，债务人的出资人尚未完全履行出资义务的，管理人应当要求该出资人缴纳所认缴的出资，而不受出资期限的限制。

（5）可以取回的财产。1）法院受理破产申请时：出卖人已将买卖标的物向作为买受人的债务人发运，债务人尚未收到且未付清全部价款的，出卖人可以取回在运输途中的标的物。但是，管理人可以支付全部价款，请求出卖人交付标的物。2）法院受理破产申请后：一是管理人可以通过清偿债务或者提供为债权人接受的担保，取回质物、留置物。在质物或者留置物的价值低于被担保的债权额时，清偿债务或者替代担保的价值以该质物或者留置物当时的市场价值为限。二是债务人占有的不属于债务人的财产，该财产的权利人

可以通过管理人取回，但破产法另有规定的除外。

（6）可以抵消的债务。债权人在破产申请受理前对债务人负有债务的，可以向管理人主张抵消。但是，有下列情形之一的，不得抵消：1）债务人的债务人在破产申请受理后取得他人对债务人的债权的；2）债权人已知债务人有不能清偿到期债务或者破产申请的事实，对债务人负担债务的，但是，债权人因为法律规定或者有破产申请 1 年前所发生的原因而负担债务的除外；3）债务人的债务人已知债务人有不能清偿到期债务或者破产申请的事实，对债务人取得债权的，但是，债务人的债务人因为法律规定或者有破产申请 1 年前所发生的原因而取得债权的除外。

2. 破产费用

破产费用是指破产程序开始后与破产案件的诉讼、债务人财产的管理以及与管理人执行职务有关的直接费用。法院受理破产申请后发生的下列费用为破产费用：

（1）破产案件的诉讼费用；

（2）管理、变价和分配债务人财产的费用；

（3）管理人执行职务的费用、报酬和聘用工作人员的费用。

3. 共益债务

共益债务是指破产程序中基于债权人的共同利益而发生的与破产财产的管理、变价和分配有关的债务。法院受理破产申请后发生的下列债务为共益债务：

（1）因管理人或者债务人请求对方当事人履行双方均未履行完毕的合同所产生的债务；

（2）债务人财产受无因管理所产生的债务；

（3）因债务人不当得利所产生的债务；

（4）为债务人继续营业而应支付的劳动报酬和社会保险费用以及由此产生的其他债务；

（5）管理人或者相关人员执行职务致人损害所产生的债务；

（6）债务人财产致人损害所产生的债务。

破产费用和共益债务由债务人财产随时清偿；债务人财产不足以清偿所有破产费用和共益债务的，先行清偿破产费用；债务人财产不足以清偿所有破产费用或者共益债务的，按照比例清偿。

债务人财产不足以清偿破产费用的，管理人应当提请法院终结破产程序。法院应当自收到请求之日起 15 日内裁定终结破产程序，并予以公告。

（五）债权申报

债权申报程序规定破产程序中谁是合法债权人以及哪些债权可以申报、如何申报等涉及债权人重大利益的问题。

1. 债权申报期限

法院受理破产申请后，应当确定债权人申报债权的期限。债权申报期限自法院发布受理破产申请公告之日起计算，最短不得少于 30 日，最长不得超过 3 个月。

2. 债权申报资格

法院受理破产申请时对债务人享有债权的债权人，可以依法申报债权。债权人未按期申报债权的，可以在破产财产最后分配前补充申报，但是，此前已进行的分配，不再对其补充分配。为审查和确认补充申报债权的费用，由补充申报人承担。债权人未依法申报债权的，不得依照破产程序行使权利。

3. 债权申报原则

（1）未到期的债权，在破产申请受理时视为到期。附利息的债权自破产申请受理时起停止计息。

（2）附条件、附期限的债权和诉讼、仲裁未决的债权，债权人可以申报。

（3）债务人所欠职工的工资和医疗、伤残补助、抚恤费用，所欠的应当划入职工个人账户的基本养老保险、基本医疗保险费用，以及法律、行政法规规定应当支付给职工的补偿金，不必申报，由管理人调查后列出清单并予以公示。职工对清单记载有异议的，可以要求管理人更正；管理人不予更正的，职工可以向法院提起诉讼。

（4）债权人申报债权时，应当书面说明债权的数额和有无财产担保，并提交有关证据。申报的债权是连带债权的，应当说明。

（5）连带债权人可以由其中一人代表全体连带债权人申报债权，也可以共同申报债权。

（6）债务人的保证人或者其他连带债务人已经代替债务人清偿债务的，以其对债务人的求偿权申报债权。债务人的保证人或者其他连带债务人尚未代替债务人清偿债务的，以其对债务人的将来求偿权申报债权。但是，债权人已经向管理人申报全部债权的除外。

（7）连带债务人数人被裁定适用破产法规定程序的，其债权人有权就全部债权分别在各破产案件中申报债权。

（8）管理人或者债务人依照破产法规定解除合同的，对方当事人以因合同解除所产生的损害赔偿请求权申报债权。

（9）债务人是委托合同的委托人，被裁定适用破产法规定的程序，受托人不知该事实，继续处理委托事务的，受托人以由此产生的请求权申报债权。

（10）债务人是票据的出票人，被裁定适用破产法规定的程序，该票据的付款人继续付款或者承兑的，付款人以由此产生的请求权申报债权。

4. 债权审查、债权确认及债权异议

管理人收到债权申报材料后，应当登记造册，对申报的债权进行审查，并编制债权表。债权表和债权申报材料由管理人保存，供利害关系人查阅。

债权表应当提交第一次债权人会议核查。

债务人、债权人对债权表记载的债权无异议的，由法院裁定确认。

债务人、债权人对债权表记载的债权有异议的，可以向受理破产申请的法院提起诉讼。

（六）债权人会议及债权人委员会

1. 债权人会议的性质

债权人利益是破产法律制度所要保护的基本利益，债权人的共同意志决定着破产程序如何进展。债权人会议是法院受理破产案件后组成的破产机构，是表达全体债权人意志、维护债权人共同利益的临时自治团体，以决议、监督等形式履行职权，本身并不是执行机构。所以，不能以债权人会议的名义对外进行活动。债权人会议表决通过破产程序中的重大事项并对破产程序进行监督，以维护债权人的合法权益。

2. 债权人会议的表决权

债权人会议设主席一人，由法院从有表决权的债权人中指定。债权人会议主席主持债权人会议。

依法申报债权的债权人为债权人会议的成员，有权参加债权人会议，享有表决权。

债权尚未确定的债权人，除法院能够为其行使表决权而临时确定债权额的外，不得行使表决权。

对债务人的特定财产享有担保权的债权人，未放弃优先受偿权利的，在债权人会议通过和解协议、通过破产财产的分配方案事项时，不享有表决权。

债权人可以委托代理人出席债权人会议，行使表决权。代理人出席债权人会议，应当向法院或者债权人会议主席提交债权人的授权委托书。

债权人会议应当有债务人的职工和工会的代表参加，对有关事项发表意见。

3. 债权人会议的职权

(1) 核查债权；

(2) 申请法院更换管理人，审查管理人的费用和报酬；

(3) 监督管理人；

(4) 选任和更换债权人委员会成员；

(5) 决定继续或者停止债务人的营业；

(6) 通过重整计划；

(7) 通过和解协议；

(8) 通过债务人财产的管理方案（债权人会议表决未通过的，由法院裁定）；

(9) 通过破产财产的变价方案（债权人会议表决未通过的，由法院裁定）；

(10) 通过破产财产的分配方案（经债权人会议二次表决仍未通过的，由法院裁定）；

(11) 法院认为应当由债权人会议行使的其他职权。

债权人会议应当对所议事项的决议作成会议记录。

4. 债权人会议的召集

第一次债权人会议由法院召集，自债权申报期限届满之日起 15 日内召开。

以后的债权人会议，在法院认为必要时，或者管理人、债权人委员会、占债权总额 1/4 以上的债权人向债权人会议主席提议时召开。

召开债权人会议，管理人应当提前 15 日通知已知的债权人。

5. 债权人会议决议

债权人会议决议，对于全体债权人均有约束力。

(1) 债权人会议决议的表决规则。债权人会议的决议，由出席会议的有表决权的债权人过半数通过，并且其所代表的债权额占无财产担保债权总额的 1/2 以上，但破产法另有规定的除外。

（2）债权人会议决议的撤销。债权人认为债权人会议的决议违反法律规定，损害其利益的，可以自债权人会议作出决议之日起 15 日内，请求法院裁定撤销该决议，责令债权人会议依法重新作出决议。

（3）法院裁定未获得通过的债权人会议决议事项。债权人会议表决未通过债务人财产的管理方案、破产财产的变价方案以及债权人会议第二次表决破产财产分配方案仍未获得通过的，由法院裁定（通过或不通过）。法院可以在债权人会议上宣布法院裁定或另行通知债权人。

债权人对法院针对债务人财产的管理方案和破产财产的变价方案裁定不服的，债权额占无财产担保债权总额 1/2 的债权人对法院针对破产财产分配方案裁定不服的，可以自裁定宣布之日或者收到通知之日起 15 日内向该法院申请复议。复议期间不停止裁定的执行。

6. 债权人委员会

在债权人人数众多的情况下，债权人会议可以决定设立债权人委员会作为常设机构处理破产过程中的日常事务，更有效地监督管理人和债务人相关人员的工作。

（1）债权人委员会的构成。债权人委员会由债权人会议选任的债权人代表和一名债务人的职工代表或者工会代表组成。债权人委员会成员不得超过 9 人。债权人委员会成员应当经法院书面决定认可。

（2）债权人委员会的职权。1）监督债务人财产的管理和处分；2）监督破产财产分配；3）提议召开债权人会议；4）债权人会议委托的其他职权。

债权人委员会执行职务时，有权要求管理人、债务人的有关人员对其职权范围内的事务作出说明或者提供有关文件。管理人、债务人的有关人员违反破产法规定拒绝接受监督的，债权人委员会有权就监督事项请求法院作出决定；法院应当在 5 日内作出决定。

（3）债权人委员会对债务人重要财产处分的知情权。管理人实施下列行为，应当及时报告债权人委员会：1）涉及土地、房屋等不动产权益的转让；2）探矿权、采矿权、知识产权等财产权的转让；3）全部库存或者营业的转让；4）借款；5）设定财产担保；6）债权和有价证券的转让；7）履行债务人和对方当事人均未履行完毕的合同；8）放弃权利；9）担保物的取回；10）对债权人利益有重大影响的其他财产处分行为。

未设立债权人委员会的，管理人实施上述行为应当及时报告法院。

案例 2—4

赔偿款属于破产债权还是共益债务

6 岁的杨某在甲厂宿舍楼平顶上玩耍时因围墙护栏断裂而坠楼身亡。事故发生后，杨某父亲找到甲厂要求赔偿，却与甲厂无法达成协议，杨某父亲遂诉至法院要求甲厂承担对杨某死亡的赔偿责任。法院依法判决甲厂因对宿舍楼平顶围墙护栏未尽到维护责任而赔偿杨某死亡损失费 10 万元。但是，甲厂的债权人已于该项法院判决之前向甲厂住所地人民法院提出宣告甲厂破产的申请并且法院已经受理。

问：甲厂应当支付给杨某的死亡赔偿款属于破产债权、破产费用还是共益债务？应当如何清偿？

案例点评

1. 依据破产法的规定，法院受理破产申请后，被申请宣告破产的企业（债务人）进入破产法律程序，与该企业有关的一切债权债务关系必须按破产程序处理。有关债务人的民事诉讼，只能向受理破产申请的法院提起。因此，甲厂的债权人提出的破产申请被法院依法受理后，甲厂进入破产程序，与甲厂有关的民事诉讼，只能向受理甲厂破产申请的法院提起。

2. 杨某坠楼事故发生，甲厂与杨某父亲就杨某死亡赔偿责任问题产生争议无法协商后，杨某父亲遂向法院提起诉讼解决纠纷。法院判决甲厂赔偿杨某死亡损失费10万元，甲厂和杨某父亲之间的债务关系成立，甲厂应当按照法院判决向杨某父亲支付这笔赔偿款。

3. 甲厂进入破产程序后所产生的债务（赔偿款）性质究竟是属于破产债权、破产费用还是共益债务，是本案的核心。(1) 破产债权：指法院受理破产申请时对债务人享有的债权。(2) 破产费用：指法院受理破产申请后与破产案件的诉讼、债务人财产的管理以及与管理人执行职务有关的直接费用，包括：破产案件的诉讼费用；管理、变价和分配债务人财产的费用；管理人执行职务的费用、报酬和聘用工作人员的费用。(3) 共益债务：指破产程序中基于债权人的共同利益而发生的与破产财产的管理、变价和分配有关的债务。根据破产法的规定，法院受理破产申请后债务人财产致人损害所产生的债务为共益债务。

4. 首先，本案中甲厂依法院判决应当支付给杨某的赔偿款显然不具有破产费用的性质（与破产案件的诉讼、债务人财产的管理以及与管理人执行职务的直接费用无关）。其次，如果这笔赔偿款发生于法院受理甲厂的破产申请之前并且在甲厂进入破产程序后依法申报了债权，应当属于破产债权的性质，但本案事实并非如此。最后，由于这笔赔偿款是甲厂进入破产程序之后债务人财产致人损害所产生的债务，应当属于甲厂破产程序中共益债务的性质。

5. 共益债务由债务人（甲厂）财产随时清偿。债务人财产不足以清偿所有共益债务的，按照比例清偿。因此，无论甲厂是否最终被宣告破产，按照法院判决应当支付给杨某的赔偿款作为共益债务，由甲厂财产随时清偿，即优先于破产债权获得清偿。

（七）（破产）重整

1. 重整的概念与作用

重整，是指经当事人申请，在法院主导和利害关系人的参与下，对具备破产原因或破产可能，但有望恢复经营能力的债务人进行生产经营整顿和债权债务关系调整，以避免其破产的法律程序。

对濒临破产的企业简单进行破产清算容易出现债务人现有财产价值债务清偿率很低，债权人并未从中得到实际利益的状况。如果对债务人进行挽救性改造，使其恢复经营能力，不仅债权人有可能在将来获得更高比例的清偿，还可以避免因企业破产造成员工失业以及企业之间的不良连锁反应而导致的社会经济动荡。因此，破产法规定了企业重整制度，给予濒临破产的企业再生复兴的机会，实现预防企业破产的目的。

2. 重整申请

重整申请人可以是债务人、债权人或债务人（企业）的股东。

债务人或债权人可以依照破产法的规定，直接向法院申请对债务人进行重整。

债权人申请对债务人进行破产清算的，在法院受理破产申请后、宣告债务人破产前，债务人或者出资额占债务人注册资本 1/10 以上的出资人，可以向法院申请重整。

法院经审查认为重整申请符合破产法规定的，裁定债务人重整，并予以公告。

3. 重整期间

自法院裁定债务人重整之日起至重整程序终止，为重整期间。重整期间债务人的财产管理与处分遵守如下规则：

（1）经债务人申请，法院批准，债务人可以在管理人的监督下自行管理财产和营业事务。上述情况下，依照破产法规定已接管债务人财产和营业事务的管理人应当向债务人移交财产和营业事务，破产法规定的管理人的职权由债务人行使。

（2）管理人负责管理财产和营业事务的，可以聘任债务人的经营管理人员负责营业事务。

（3）对债务人的特定财产享有的担保权暂停行使。但是，担保物有损坏或者价值明显减少的可能，足以危害担保权人权利的，担保权人可以向法院请求恢复行使担保权。

债务人或者管理人为继续营业而借款的，可以为该借款设定担保。

（4）债务人合法占有的他人财产，该财产的权利人在重整期间要求取回的，应当符合事先约定的条件。

（5）债务人的出资人不得请求投资收益分配。债务人的董事、监事、高级管理人员不得向第三人转让其持有的债务人的股权。但是，经法院同意的除外。

重整期间，有下列情形之一的，经管理人或者利害关系人请求，法院应当裁定终止重整程序，并宣告债务人破产：1）债务人的经营状况和财产状况继续恶化，缺乏挽救的可能性；2）债务人有欺诈、恶意减少债务人财产或者其他显著不利于债权人的行为；3）由于债务人的行为致使管理人无法执行职务。

4. 重整计划草案的制定

（1）重整计划草案提交的期限。债务人或者管理人应当自法院裁定债务人重整之日起 6 个月内，同时向法院和债权人会议提交重整计划草案。期限届满，经债务人或者管理人请求，有正当理由的，法院可以裁定延期 3 个月。债务人或者管理人未按期提出重整计划草案的，法院应当裁定终止重整程序，并宣告债务人破产。

（2）重整计划草案的制定人。债务人自行管理财产和营业事务的，由债务人制作重整计划草案。管理人负责管理财产和营业事务的，由管理人制作重整计划草案。

（3）重整计划草案的内容。1）债务人的经营方案；2）债权分类；3）债权调整方案；4）债权受偿方案；5）重整计划的执行期限；6）重整计划执行的监督期限；7）有利于债务人重整的其他方案。

5. 重整计划草案的表决

法院应当自收到重整计划草案之日起 30 日内召开债权人会议，对重整计划草案进行表决。债务人或者管理人应当向债权人会议就重整计划草案作出说明，并回答询问。

重整过程中，不同类型的债权人在以什么方式恢复债务人的经营能力以及不同债权清偿顺序和比例等方面可能存在利益冲突。因此，重整计划草案应当以债权类别组分类表决的方式通过，以兼顾不同类别债权人的利益。

(1) 债权类别分组。下列四类债权人参加讨论重整计划草案的债权人会议，并按照债权类别分组对重整计划草案进行表决：1) 对债务人的特定财产享有担保权的债权（有财产担保债权）；2) 债务人所欠职工的工资和医疗、伤残补助、抚恤费用，所欠的应当划入职工个人账户的基本养老保险、基本医疗保险费用，以及法律、行政法规规定应当支付给职工的补偿金（劳动债权）；3) 债务人所欠税款（税款）；4) 普通债权（法院在必要时可以决定在普通债权组中设小额债权组对重整计划草案进行表决）。

债务人的出资人代表可以列席讨论重整计划草案的债权人会议。重整计划草案涉及出资人权益调整事项的，应当设出资人组，对该事项进行表决。

重整计划不得规定减免债务人欠缴前述劳动债权以外的社会保险费用；该项费用的债权人不参加重整计划草案的表决。

(2) 重整计划草案表决通过。出席会议的同一表决组的债权人过半数同意重整计划草案，并且其所代表的债权额占该组债权总额的 2/3 以上的，即为该组通过重整计划草案。各表决组均通过重整计划草案时，重整计划即为通过。

自重整计划通过之日起 10 日内，债务人或者管理人应当向法院提出批准重整计划的申请。法院经审查认为符合破产法规定的，应当自收到申请之日起 30 日内裁定批准，终止重整程序，并予以公告。

(3) 重整计划草案表决未通过，由法院裁定批准该草案。部分表决组未通过重整计划草案的，债务人或者管理人可以同未通过重整计划草案的表决组协商。该表决组可以在协商后再表决一次。双方协商的结果不得损害其他表决组的利益。

未通过重整计划草案的表决组拒绝再次表决或者再次表决仍未通过重整计划草案，但重整计划草案符合下列条件的，债务人或者管理人可以申请法院批准重整计划草案：

- 有财产担保债权就该特定财产将获得全额清偿，其因延期清偿所受的损失将得到公平补偿，并且其担保权未受到实质性损害，或者该表决组已经通过重整计划草案；
- 劳动债权及税款将获得全额清偿，或者相应表决组已经通过重整计划草案；
- 普通债权所获得的清偿比例，不低于其在重整计划草案被提请批准时依照破产清算程序所能获得的清偿比例，或者该表决组已经通过重整计划草案；
- 重整计划草案对出资人权益的调整公平、公正，或者出资人组已经通过重整计划草案；
- 重整计划草案公平对待同一表决组的成员，并且所规定的债权清偿顺序不违反法定的破产财产清偿顺序；
- 债务人的经营方案具有可行性。

法院经审查认为重整计划草案符合前述规定的，应当自收到申请之日起 30 日内裁定批准，终止重整程序，并予以公告。经法院裁定批准的重整计划，对债务人和全体债权人均有约束力。

（4）重整计划草案表决未通过或未获得法院批准。重整计划草案未获得债权人会议所有债权表决组通过；或未通过的重整计划草案也未获得法院裁定的批准；或已表决通过的重整计划未获得法院批准的，法院应当裁定终止重整程序，并宣告债务人破产。

6. 重整计划的执行

（1）重整计划的执行人。重整计划由债务人负责执行。法院裁定批准重整计划后，已接管财产和营业事务的管理人应当向债务人移交财产和营业事务。

（2）重整计划执行的监督人。自法院裁定批准重整计划之日起，在重整计划规定的监督期内，由管理人监督重整计划的执行。在监督期内，债务人应当向管理人报告重整计划执行情况和债务人财务状况。

监督期届满时，管理人应当向法院提交监督报告。自监督报告提交之日起，管理人的监督职责终止。管理人向法院提交的监督报告，重整计划的利害关系人有权查阅。

经管理人申请，法院可以裁定延长重整计划执行的监督期限。

（3）重整计划执行完毕。债权人未依法申报债权的，在重整计划执行期间不得行使权利；在重整计划执行完毕后，可以按照重整计划规定的同类债权的清偿条件行使权利。债权人对债务人的保证人和其他连带债务人所享有的权利，不受重整计划的影响。按照重整计划减免的债务，自重整计划执行完毕时起，债务人不再承担清偿责任。

（4）终止执行重整计划。债务人不能执行或者不执行重整计划的，经管理人或者利害关系人请求，法院应当裁定终止重整计划的执行，并宣告债务人破产。

法院裁定终止重整计划执行的，为重整计划的执行提供的担保继续有效；债权人在重整计划中作出的债权调整的承诺失去效力；债权人因执行重整计划所受的清偿仍然有效，债权未受清偿的部分作为破产债权，但只有在其他同顺位债权人同自己所受的清偿达到同一比例时，才能继续接受分配。

7. 重整程序终止

重整程序终止的原因可以分为两类：重整程序完成与重整程序提前结束。

重整程序完成，以法院裁定批准重整计划，终止重整程序为标志。此后，如果债务人如期完成重整计划（重整计划执行完毕），表明债务人重整成功，摆脱了破产的结局。如果债务人不能执行或者不执行重整计划，经管理人或者利害关系人请求，由法院裁定终止重整计划执行，宣告债务人破产。

重整程序提前结束，以重整期间发生重整程序无法继续进行的因素，由法院裁定终止重整程序，宣告债务人破产为标志。法院宣告债务人破产的主要事由是：

（1）重整期间，债务人的经营状况和财产状况继续恶化，缺乏挽救的可能性以及债务人的不当行为侵害了债权人的利益或致使管理人无法执行职务；

（2）债务人或者管理人未按期提出重整计划草案；

（3）重整计划草案未获得法院批准。

法院宣告债务人破产表明重整失败，企业破产命运不可避免。

8. 重整的特点

与和解、破产清算制度相比，重整制度的主要特点是：第一，重整启动时机前置。不仅在债务人具备破产原因时可以申请重整，即使在债务人只是具备破产可能时，也可以申请重整，可以及时挽救濒临破产的企业。第二，参与重整的利益主体多元化，除债权人、债务人外，债务人股东也可以提出重整申请并可以单独设立出资人表决组，使重整程序能够充分调动各利益主体的积极性。第三，重整程序限制担保物权的行使，可以保证债务人的财产相对完整、充实，有利于重整计划的启动和执行。第四，重整措施多样化，并且可以由债务人自行管理财产和营业事务，使企业经营活动的连续性更有保证。不过，由于重整程序复杂、费用高昂、耗时较长，实践中多适用于大型企业。

（八）（破产）和解

1. 和解的概念与作用

和解，指具备破产原因的债务人，与债权人会议达成调整债权债务关系（减免债务、延期清偿等）的协议，以避免其破产的法律程序。

和解制度通过债权人和债务人之间就债务清偿问题达成某种程度的让步和妥协，使债务人获得延缓偿还债务的机会，实现预防企业破产的目的。

2. 和解申请

只有债务人有权提出和解申请。债务人可以依法直接向法院申请和解；也可以在法院受理破产申请后、宣告债务人破产前，向法院申请和解。债务人申请和解，应当提出和解协议草案。

3. 和解协议表决

法院经审查认为和解申请符合破产法规定的，应当裁定和解，予以公告，并召集债权人会议讨论和解协议草案。对债务人的特定财产享有担保权的权利人，自法院裁定和解之日起可以行使权利。

债权人会议通过和解协议的决议，由出席会议的有表决权的债权人过半数同意，并且其所代表的债权额占无财产担保债权总额的2/3以上。

4. 和解协议通过

债权人会议通过和解协议的，由法院裁定认可，终止和解程序，并予以公告。管理人应当向债务人移交财产和营业事务，并向法院提交执行职务的报告。经法院裁定认可的和解协议，对债务人和全体和解债权人均有约束力。

5. 和解协议未通过

和解协议草案经债权人会议表决未获得通过，或者已经债权人会议通过的和解协议未获得法院认可的，法院应当裁定终止和解程序，并宣告债务人破产。

6. 和解协议的法律效力

（1）和解债权人（指法院受理破产申请时对债务人享有无财产担保债权的人）未依法申报债权的，在和解协议执行期间不得行使权利；在和解协议执行完毕后，可以按照和解协议规定的清偿条件行使权利。

（2）和解债权人对债务人的保证人和其他连带债务人所享有的权利，不受和解协议的影响。

（3）债务人应当按照和解协议规定的条件清偿债务。

（4）按照和解协议减免的债务，自和解协议执行完毕时起，债务人不再承担清偿责任。

7. 和解协议的无效

因债务人的欺诈或者其他违法行为而成立的和解协议，法院应当裁定无效，并宣告债务人破产。这种情况下，和解债权人因执行和解协议所受的清偿，在其他债权人所受清偿同等比例的范围内，不予返还。

8. 终止执行和解协议

债务人不能执行或者不执行和解协议的，法院经和解债权人请求，应当裁定终止和解协议的执行（但为和解协议的执行提供的担保继续有效），并宣告债务人破产。

法院裁定终止和解协议执行的，和解债权人在和解协议中作出的债权调整的承诺失去效力。和解债权人因执行和解协议所受的清偿仍然有效，和解债权未受清偿的部分作为破产债权，但只有在其他债权人同自己所受的清偿达到同一比例时，才能继续接受分配。

9. 和解程序终止

和解程序终止的原因可以分为两类：和解程序完成与和解程序提前结束。

和解程序完成，以法院裁定认可和解协议，终止和解程序为标志。此后，管理人向债务人移交财产和营业事务，并向法院提交执行职务的报告（管理人的职责履行完毕）。如果债务人如期执行和解协议，表明债务人与债权人和解成功，债务人摆脱了破产的结局。如果债务人不能执行或者不执行和解协议，经和解债权人请求，由法院裁定终止和解协议的执行，宣告债务人破产。

和解程序提前结束，指和解协议未获得法院裁定认可时，由法院裁定终止和解程序，并宣告债务人破产。

此外，如果和解协议由法院裁定无效，则无论和解协议是否已经进入执行阶段，法院都应当宣告债务人破产。

法院宣告债务人破产表明和解失败，企业破产命运不可避免。

10. 破产程序终结

法院受理破产申请后，债务人与全体债权人就债权债务的处理自行达成协议的，可以请求法院裁定认可，并终结破产程序。

11. 和解的特点

和解与重整制度都以预防企业破产为目的，并且都以利害关系人的意思自治为基础解决债务清偿问题，但两者有以下区别：第一，申请人资格。只有债务人有权提出和解申请，但债务人、债权人以及符合法定条件的股东都有权提出重整申请。第二，法律程序的复杂性。和解制度只关注如何通过债权债务关系本身的调整延缓或避免企业破产，并不涉及和解协议执行与监督的问题，法律程序相对简单。重整制度注重促进多方利益相关者共同协商恢复债务人经营能力的重整计划方案，并规定了重整计划的执行人与监督人，以确保整个重整过程都在法院的监督之下，法律程序相当复杂。第三，担保物权。和解制度不限制担保物权的行使，因而，在担保债权覆盖债务人主要财产的状况下，债务人能够支配的财产非常有限，增大了重生的难度。重整制度则限制担保物权的行使，所有的债权一律平等，可以使债务人能够充分利用一切财产恢复经营能力。第四，法律程序转换。重整程序优先于和解程序，即和解程序开始后，经当事人申请，可以转换为重整程序，但重整程序开始后，不得转换为和解程序。

（九）破产清算

1. 破产清算的概念与作用

破产清算，指具备破产原因的债务人被法院依法宣告破产后，按照法定顺序将债务人的破产财产公平分配给债权人，并最终消灭债务人企业法人资格的法律程序。债权人、债务人和依法负有清算责任的人，都可以直接向法院申请对债务人进行破产清算，也可以在重整、和解失败的情形下，由法院宣告债务人破产后进行破产清算。

破产清算制度以法院强制债务人按照法定顺序偿还债务的方式解决债权债务纠纷，让确实无法恢复经营能力的企业退出市场，未能有效使用的资源可以进行重新配置。

2. 破产宣告

当事人直接申请债务人破产清算并被法院裁决批准，或者重整、和解失败的，由法院依法裁定宣告债务人破产。法院的破产宣告应当自裁定作出之日起5日内送达债务人和管理人，自裁定作出之日起10日内通知已知债权人，并予以公告。

债务人被宣告破产后，债务人称为破产人，债务人财产称为破产财产，法院受理破产申请时对债务人享有的债权称为破产债权。对破产人的特定财产享有担保权的权利人，对该特定财产享有优先受偿的权利，行使优先受偿权利未能完全受偿的，其未受偿的债权作为普通债权；放弃优先受偿权利的，其债权作为普通债权。

破产宣告前，有下列情形之一的，法院应当裁定终结破产程序，并予以公告：（1）第三人为债务人提供足额担保或者为债务人清偿全部到期债务的；（2）债务人已清偿全部到期债务的。

3. 破产财产变价

管理人拟定破产财产变价方案，提交债权人会议讨论。债权人会议表决未通过破产财产变价方案的，由法院裁定。

管理人应当按照债权人会议通过的或者法院依法裁定的破产财产变价方案，适时变价出售破产财产。（1）变价出售破产财产应当通过拍卖进行。但是，债权人会议另有决议的除外。（2）破产企业可以全部或者部分变价出售。企业变价出售时，可以将其中的无形资产和其他财产单独变价出售。（3）按照国家规定不能拍卖或者限制转让的财产，应当按照国家规定的方式处理。

4. 破产财产分配的法定顺序

破产财产在优先清偿破产费用和共益债务后，依照下列顺序清偿：

（1）破产人所欠职工的工资和医疗、伤残补助、抚恤费用，所欠的应当划入职工个人账户的基本养老保险、基本医疗保险费用，以及法律、行政法规规定应当支付给职工的补偿金；（2）破产人欠缴的除前项规定以外的社会保险费用和破产人所欠税款；（3）普通破产债权。

5. 破产财产分配原则

破产财产不足以清偿同一顺序的清偿要求的，按照比例分配；破产企业的董事、监事和高级管理人员的工资按照该企业职工的平均工资计算；破产财产的分配应当以货币分配方式进行。但是，债权人会议另有决议的除外。

6. 破产财产分配方案的拟定与通过

管理人拟定破产财产分配方案，提交债权人会议讨论。债权人会议通过破产财产分配方案后，由管理人将该方案提请法院裁定认可。债权人会议二次表决仍未通过破产财产分配方案的，由法院裁定。破产财产分配方案应当载明下列事项：（1）参加破产财产分配的债权人名称或者姓名、住所；（2）参加破产财产分配的债权额；（3）可供分配的破产财产数额；（4）破产财产分配的顺序、比例及数额；（5）实施破产财产分配的方法。

7. 破产财产分配方案的执行

破产财产分配方案经法院裁定认可后，由管理人执行。

（1）管理人按照破产财产分配方案实施多次分配的，应当公告本次分配的财产额和债权额。管理人实施最后分配的，应当在公告中指明，并载明下述对于附生效条件或者解除条件的债权的分配方法。

（2）对于附生效条件或者解除条件的债权，管理人应当将其分配额提存。提存的分配额，在最后分配公告日，生效条件未成就或者解除条件成就的，应当分配给其他债权人；在最后分配公告日，生效条件成就或者解除条件未成就的，应当交付给债权人。

（3）债权人未受领的破产财产分配额，管理人应当提存。债权人自最后分配公告之日起满 2 个月仍不领取的，视为放弃受领分配的权利，管理人或者法院应当将提存的分配额分配给其他债权人。

（4）破产财产分配时，对于诉讼或者仲裁未决的债权，管理人应当将其分配额提存。自破产程序终结之日起满 2 年仍不能受领分配的，法院应当将提存的分配额分配给其他债权人。

（十）破产程序终结

1. 破产程序终结的原因

（1）法院受理破产申请后，债务人与全体债权人就债权债务的处理自行达成协议的，可以请求法院裁定认可，并终结破产程序。

（2）破产宣告前，有下列情形之一的（第三人为债务人提供足额担保或者为债务人清偿全部到期债务的；债务人已清偿全部到期债务的），法院应当裁定终结破产程序。

上述两种情况下，债务人的债务纠纷已经解决。破产程序终结后，债务人的企业法人资格依然存在。

（3）破产人无财产可供分配的，管理人应当请求法院裁定终结破产程序。

（4）债务人财产不足以清偿破产费用的，管理人应当提请法院终结破产程序。

（5）管理人在破产清算程序中最后分配完结后，向法院提交破产财产分配报告，并提请法院裁定终结破产程序。

上述三种情况下，破产人被法院强制破产还债。破产程序终结后，破产人需要进行破产企业注销登记，企业法人资格消灭，以往无法清偿的债务得以免除。

破产程序终结后，破产人的保证人和其他连带债务人，对债权人依照破产清算程序未受清偿的债权，依法继续承担清偿责任。

2. 破产企业注销登记

法院应当自收到管理人终结破产程序的请求之日起 15 日内作出是否终结破产程序的裁定。裁定终结的，应当予以公告。

管理人应当自破产程序终结之日起 10 日内，持法院终结破产程序的裁定，向破产人的原登记机关办理注销登记。

管理人于办理注销登记完毕的次日终止执行职务。但是，存在诉讼或者仲裁未决情况的除外。

3. 追加分配破产财产

自破产程序因债务人财产不足以清偿破产费用而终结或因破产清算而终结之日起 2 年内，发现有依法应当追回的破产人财产或者应当供分配的其他财产的，债权人可以请求法院按照破产财产分配方案进行追加分配，但财产数量不足以支付分配费用的，不再进行追加分配，由法院将其上缴国库。

（十一）破产法的其他相关规定

（1）企业董事、监事或者高级管理人员违反忠实义务、勤勉义务，致使所在企业破产的，依法承担民事责任，并自破产程序终结之日起 3 年内不得担任任何企业的董事、监事、高级管理人员。

（2）管理人未依照破产法规定勤勉尽责、忠实执行职务的，法院可以依法处以罚款；给债权人、债务人或者第三人造成损失的，依法承担赔偿责任。

（3）商业银行、证券公司、保险公司等金融机构具备破产原因的，国务院金融监督管理机构可以向法院提出对该金融机构进行重整或者破产清算的申请。国务院金融监督管理机构依法对出现重大经营风险的金融机构采取接管、托管等措施的，可以向法院申请中止以该金融机构为被告或者被执行人的民事诉讼程序或者执行程序。

金融机构实施破产的，国务院可以依据破产法和其他有关法律的规定制定实施办法。

（4）其他法律规定企业法人以外的组织的清算，属于破产清算的，参照适用破产法规定的程序。

案例 2—5

企业破产过程中的债务处理

甲公司因经营不善，无力清偿巨额到期债务。债权人对其提出破产申请，法院于 2013 年 10 月 10 日裁定受理申请。甲公司现面临下列情况：

1. 甲公司的债权人之一乙公司，因甲公司拖欠其 30 万元货款而向法院起诉，法院判决甲公司在 2013 年 9 月 15 日前必须偿还全部货款，但甲公司未执行判决。9 月 30 日，乙公司申请法院强制执行该判决。

2. 甲公司的债权人之一丙公司已经向法院起诉要求甲公司偿还所欠货款 150 万元，此案正在审理过程中。

3. 2013 年 7 月，甲公司将本企业生产的价值 10 万元的产品赠送给自己的老客户丁公司，以表达对其长期合作的感谢。丁公司将这批产品作为福利发放给自己的职工。

4. 甲公司欠当地工商银行贷款 1 000 万元。贷款时以甲公司一套进口设备作抵押，该设备现值 900 万元。

依据企业破产法，问：

1. 哪些债权人在破产程序中有权参加债权人会议？哪些债权人没有表决权？

2. 甲公司与其债权人乙公司、丙公司的债务纠纷如何处理？

3. 甲公司与丁公司之间的产品赠送行为是否有效？

案例点评

1. 企业进入破产程序后，依法申报债权的债权人为债权人会议成员，有权参加债权人会议，享有表决权。其中，对债务人的特定财产享有担保物权的债权人，未放弃优先受偿权利的，在债权人会议通过和解协议及破产财产的分配方案事项时，不享有表决权。因此，提出甲公司破产申请的债权人、乙公司、丙公司和当地工商银行如果依法申报了债权，都有权参加债权人会议，享有表决权。其中，工商银行作为有财产担保的债权人，如果未放弃优先受偿权，在债权人会议通过和解协议及破产财产的分配方案时，不享有表决权。如果甲公司被依法裁定和解或被宣告破产，工商银行 1 000 万元贷款中的 900 万元可以就抵押的设备优先获得清偿，其余未获清偿的 100 万元债权作为无担保债权，享有表决权。

2. 甲公司与乙公司的债务纠纷已审结但未执行，依法应当中止执行，由乙公司凭生效的法律文书向管理人申报债权，参加破产程序。甲公司与丙公司的债务纠纷正在法院审理过程中，应当依法中止诉讼，在管理人接管债务人的财产后，该诉讼继续进行。工商银行则直接向管理人申报债权。总之，甲公司进入破产程序后，与甲公司有关的民事诉讼，只能向受理破产申请的人民法院提起。一切债权债务纠纷均按破产程序处理。

3. 甲公司与丁公司之间的产品赠送行为可以因被法院撤销而无效。破产法规定，在法院受理破产申请前 1 年内，债务人无偿转让财产的，管理人有权请求法院予以撤销。甲公司向丁公司赠送产品（无偿转让财产）的行为发生在法院受理破产申请之前的 3 个月内，管理人有权请求法院撤销该赠送行为并追回无偿赠送的财产。

本章小结

本章对市场主体资格有关法律制度进行了比较系统的介绍。市场主体可以分为经营者与消费者两种基本类型，市场主体资格侧重从消费者与经营者的角度阐述公民与法人的民事权利能力与行为能力，也就是市场交易的缔约能力。公民和法人因缺乏缔约能力或缔约能力受到限制而进行的交易行为，一般不受法律保护，也不能产生预期的经济后果。企业是经营活动的组织方式，企业法人在社会经济活动中具有非常重要的地位。但是，企业法人是社会组织，其意志表达方式和行为方式与公民有很大区别。因此，在市场交易活动中，法人机关、法人意志及法人承担法律责任的方式都有其独特性，这些都需要企业法人制度进行规范。企业市场准入法律制度的核心内容是经营者的资格如何取得，理解企业市场准入和行业准入的基本原则与工商注册登记程序后，设立新企业的过程将更有效率。企业市场退出法律制度的核心内容是企业解散制度和企业破产制度，主要涉及国家如何评估企业的经营能力、企业退出市场的途径和程序等问题。其中，了解企业解散、清算的基本类型及破产法律制度的基本功能，破产程序及重整、和解与破产清算等程序性的规定和相关的实体权利义务，对企业如何利用破产制度保护债务人和债权人的合法权益有重要作用。

关键术语

公民及其权利能力与行为能力	法人及其权利能力与行为能力	法人的法律特征
企业解散	企业清算	企业破产
破产原因	管理人	债务人财产
破产费用	共益债务	债权申报
债权人会议	重整	和解
破产清算		

复习思考题

1. 法人与法人、法人与公民之间进行市场交易活动时，确认其市场主体资格的标准是什么？应注意哪些问题？

2. 归纳总结企业法人意志、法人机关、企业法人违法所承担的法律责任之间的逻辑关系及合理性。

3. 我国市场准入制度的主要内容和基本特点是什么？

4. 企业解散制度和企业破产制度的主要功能（作用）是什么？这些法律制度在实际运行过程中有哪些优点和缺点？

参考阅读书目及法律、法规

1.《中华人民共和国民法通则》（1986）（1986 年 4 月全国人民代表大会通过，自 1987 年 1 月 1 日起施行）。

2.《中华人民共和国公司登记管理条例》（2014）（1994 年 6 月国务院发布，自 1994 年 7 月 1 日起施行。2005 年 12 月国务院第一次修订，2014 年 2 月国务院第二次修订）。

3.《中华人民共和国企业破产法》（2006）（2006 年 8 月全国人民代表大会常务委员会通过，自 2007 年 6 月 1 日起施行）。

第 3 章

企业法律制度

本章重点

- ◆ 个人独资企业与合伙企业的法律特征
- ◆ 普通合伙企业与有限合伙企业的主要区别
- ◆ 公司设立制度
- ◆ 公司法人治理结构
- ◆ 公司组织制度（股东会、董事会、监事会制度）
- ◆ 股东权保护制度
- ◆ 公司股权（股份）转让制度
- ◆ 公司财务会计信息披露制度
- ◆ 公司利润分配制度

第 1 节　个人独资企业法律制度

一、个人独资企业的概念和法律特征

独资企业，指由单一投资者投资设立的企业，包括国有独资企业、集体独资企业、外商独资企业和个人独资企业。其中，法人投资设立的独资企业具备法人资格，投资者对企业债务承担有限责任。

个人独资企业，指依据《中华人民共和国个人独资企业法》在中国境内设立，由一个自然人投资，财产为投资人个人所有，投资人以其个人财产对企业债务承担无限责任的经营实体。无限责任的含义是：如果企业财产不足以清偿经营活动中所欠的债务，投资者应当用个人其他财产清偿债务。为投资者设定无限责任的原因是，个人独资企业的财产与投资者的个人财产在法律上没有分离，企业本身不是独立的民事权利义务主体，不能以企业的名义独立承担财产责任，因此，投资者应直接对企业债务人承担财产责任，即无限责

任。个人独资企业的基本法律特征是：企业没有法人资格，投资者对企业债务承担无限责任。

并非任何公民都可以成为个人独资企业的投资人。我国法律、行政法规禁止从事营利性活动的人（如法官、检察官、军人、国家公务员等），不得作为投资人申请设立个人独资企业。

个人独资企业投资人对本企业的财产依法享有所有权，其有关权利可以依法进行转让或继承。

个人独资企业投资人在申请企业设立登记时明确以其家庭共有财产作为个人出资的，应当依法以家庭共有财产对企业债务承担无限责任。

二、设立个人独资企业的条件

设立个人独资企业的基本条件是：

（1）投资人为一个自然人；

（2）有合法的企业名称；

（3）有投资人申报的出资；

（4）有固定的生产经营场所和必要的生产经营条件；

（5）有必要的从业人员。

与设立法人企业相比，设立个人独资企业，资金、场所和人员要求不高，设立程序简单，比较适合个人创业。申请设立个人独资企业时，应当由投资人或者其委托的代理人向个人独资企业所在地的登记机关提交设立申请书、投资人身份证明、生产经营场所使用证明等文件，经工商登记机关审核批准，领取营业执照后才可以开业。

三、个人独资企业的管理

个人独资企业的典型特征是投资者兼经营者（投资者自行管理企业事务），但也可以委托或者聘用其他人负责企业的事务管理。投资人委托或者聘用他人管理个人独资企业事务的，应当与受托人或者被聘用的人签订书面合同，明确委托的具体内容和授予的权利范围。

投资人对受托人或者被聘用的人员职权的限制，不得对抗善意第三人。这与法人制度中的类似规定基本精神一致。

投资人委托或者聘用的管理人员未经投资人同意，不得从事与本企业相竞争的业务，不得同本企业订立合同或者进行交易。这一规定与我国公司法中对公司高层经营管理人员的限制基本精神一致。

个人独资企业应当依法设置会计账簿，进行会计核算。

四、个人独资企业的解散和清算

个人独资企业有下列情形之一时，应当解散：

（1）投资人决定解散；

（2）投资人死亡或者被宣告死亡，无继承人或者继承人决定放弃继承；

（3）被依法吊销营业执照；

（4）法律、行政法规规定的其他情形。

由于个人独资企业没有法律上独立的人格，企业财产是投资者个人财产的组成部分，因此，投资人死亡或无人继承其遗产时，企业解散。而法人企业中的自然人投资者死亡，并不会导致企业解散。

个人独资企业解散，由投资人自行清算或者由债权人申请人民法院指定清算人进行清算。

个人独资企业解散后，原投资人对个人独资企业存续期间的债务仍应承担偿还责任，但债权人在5年内未向债务人提出偿债请求的，该责任消灭。

个人独资企业财产不足以清偿债务的，投资人应当以其个人的其他财产予以清偿。

第2节　合伙企业法律制度

一、合伙企业的概念和法律特征

合伙企业，指自然人、法人和其他组织依照《中华人民共和国合伙企业法》在中国境内设立的普通合伙企业和有限合伙企业。

普通合伙企业由普通合伙人组成，合伙人对合伙企业债务承担无限连带责任。合伙法对普通合伙人承担责任的形式有特别规定的，从其规定。

有限合伙企业由普通合伙人和有限合伙人组成，普通合伙人对合伙企业债务承担无限连带责任，有限合伙人以其认缴的出资额为限对合伙企业债务承担责任。

合伙企业不具有法人资格，合伙企业的生产经营所得和其他所得，按照国家有关税收规定，由合伙人分别缴纳个人所得税。

二、普通合伙企业

（一）合伙企业的设立

1. 设立合伙企业的条件

（1）有两个以上合伙人。合伙人为自然人的，应当具有完全民事行为能力。国有独资公司、国有企业、上市公司以及公益性的事业单位、社会团体不得成为普通合伙人。

（2）有书面合伙协议。

（3）有合伙人认缴或者实际缴付的出资。

（4）有合伙企业的名称和生产经营场所。

（5）法律、行政法规规定的其他条件。

合伙企业名称中应当标明“普通合伙”字样。

2. 合伙企业合伙人的出资

由于普通合伙人对合伙企业债务承担无限连带责任，因此，合伙人出资的形式可以多样化，不仅可以用货币、实物、知识产权、土地使用权作为出资，还可以用其他财产权利及劳务作为出资。除货币出资外，非货币财产出资和劳务出资通常需要评估作价。非货币财产出资需要评估作价的，可以由全体合伙人协商确定，也可以由全体合伙人委托法定评估机构评估。劳务出资的评估办法由全体合伙人协商确定，并在合伙协议中载明。

合伙人应当按照合伙协议约定的出资方式、数额和缴付期限，履行出资义务。以非货币财产出资，依照法律、行政法规需要办理财产权转移手续的，应当依法办理。

3. 合伙协议

合伙协议应当载明下列事项：(1) 合伙企业的名称和主要经营场所的地点；(2) 合伙目的和合伙经营范围；(3) 合伙人的姓名或者名称、住所；(4) 合伙人的出资方式、数额和缴付期限；(5) 利润分配、亏损分担方式；(6) 合伙事务的执行；(7) 入伙与退伙；(8) 争议解决办法；(9) 合伙企业的解散与清算；(10) 违约责任。

合伙协议经全体合伙人签名、盖章后生效。合伙人按照合伙协议享有权利，履行义务。修改或者补充合伙协议，应当经全体合伙人一致同意，但是，合伙协议另有约定的除外。合伙协议未约定或者约定不明确的事项，由合伙人协商决定；协商不成的，依照合伙企业法和其他有关法律、行政法规的规定处理。

(二) 合伙企业财产的处分、收益分配及亏损分担

1. 合伙企业财产处分的基本原则

合伙人的出资、以合伙企业名义取得的收益和依法取得的其他财产，均为合伙企业的财产。合伙人在合伙企业清算前，不得请求分割合伙企业的财产，但法律另有规定的除外。合伙人在合伙企业清算前私自转移或者处分合伙企业财产的，合伙企业不得以此对抗善意第三人。

2. 合伙企业财产转让的原则

(1) 合伙人向合伙人以外的人转让（外部转让）其在合伙企业中的全部或者部分财产份额时，须经其他合伙人一致同意，在同等条件下，其他合伙人有优先购买权，但合伙协议另有约定的除外。合伙人以外的人依法受让合伙企业财产份额的，经修改合伙协议即成为合伙企业的合伙人，依照修改后的合伙协议享有权利，承担责任。

(2) 合伙人之间转让（内部转让）在合伙企业中的全部或者部分财产份额时，应当通知其他合伙人。

(3) 合伙人以其在合伙企业中的财产份额出质的，须经其他合伙人一致同意；未经其他合伙人一致同意，其行为无效，由此给善意第三人造成损失的，由行为人依法承担赔偿责任。

3. 合伙企业收益分配与亏损分担原则

合伙企业的利润分配、亏损分担，按照合伙协议约定办理；合伙协议未约定或者约定不明确的，由合伙人协商决定；协商不成的，由合伙人按照实缴出资比例分配、分担；无法确定出资比例的，由合伙人平均分配、分担。合伙协议不得约定将全部利润分配给部分

合伙人或者由部分合伙人承担全部亏损。

（三）合伙企业的管理

确定合伙企业管理权有两个基本原则：一是充分保障每个合伙人享有参与合伙企业经营的权利；二是有利于合伙企业业务顺利开展。合伙人对执行合伙事务享有同等的权利。

1. 合伙事务执行人

按照合伙协议的约定或者经全体合伙人决定，可以由合伙人分别执行合伙事务，也可以委托一个或者数个合伙人对外代表合伙企业，执行合伙事务（其他合伙人不再执行合伙事务）。作为合伙人的法人、其他组织执行合伙事务的，由其委派的代表执行。

2. 合伙事务执行的监督

由一个或者数个合伙人执行合伙事务的，不执行合伙事务的合伙人有权监督执行事务合伙人执行合伙事务的情况。执行事务合伙人应当定期向其他合伙人报告事务执行情况以及合伙企业的经营和财务状况，其执行合伙事务所产生的收益归合伙企业，所产生的费用和亏损由合伙企业承担。合伙人为了解合伙企业的经营状况和财务状况，有权查阅合伙企业会计账簿等财务资料。合伙人分别执行合伙事务的，执行事务合伙人可以对其他合伙人执行的事务提出异议。提出异议时，应当暂停该项事务的执行。如果发生争议，由合伙人按照合伙企业决议表决规则投票作出决定。受委托执行合伙事务的合伙人不按照合伙协议或者全体合伙人的决定执行事务的，其他合伙人可以决定撤销该委托。

3. 合伙企业决议表决规则

合伙人对合伙企业有关事项作出决议，按照合伙协议约定的表决办法办理。合伙协议未约定或者约定不明确的，实行合伙人一人一票并经全体合伙人过半数通过的表决办法，但法律另有规定的除外。

除合伙协议另有约定外，合伙企业的下列事项应当经全体合伙人一致同意：（1）改变合伙企业的名称；（2）改变合伙企业的经营范围、主要经营场所的地点；（3）处分合伙企业的不动产；（4）转让或者处分合伙企业的知识产权和其他财产权利；（5）以合伙企业名义为他人提供担保；（6）聘任合伙人以外的人担任合伙企业的经营管理人员。

4. 合伙人对合伙企业的义务

合伙人不得自营或者同他人合作经营与本合伙企业相竞争的业务；除合伙协议另有约定或者经全体合伙人一致同意外，合伙人不得同本合伙企业进行交易；合伙人不得从事损害本合伙企业利益的活动。

5. 合伙企业聘任的管理人员对合伙企业的义务

被聘任的合伙企业的经营管理人员应当在合伙企业授权范围内履行职务。被聘任的合伙企业的经营管理人员，超越合伙企业授权范围履行职务，或者在履行职务过程中因故意或者重大过失给合伙企业造成损失的，依法承担赔偿责任。

（四）合伙企业与第三人的关系

1. 合伙人的对外代表权

合伙企业对合伙人执行合伙事务以及对外代表合伙企业权利的限制，不得对抗善意第三人。

2. 合伙企业债务清偿顺序

合伙企业对其债务，应先以其全部财产进行清偿；合伙企业不能清偿到期债务的，合伙人承担无限连带责任；合伙人由于承担无限连带责任，清偿数额超过合伙协议约定的其亏损分担比例的，有权向其他合伙人追偿。

3. 合伙人个人债务清偿顺序

合伙人发生与合伙企业无关的债务，相关债权人不得以其债权抵消其对合伙企业的债务；也不得代位行使合伙人在合伙企业中的权利。合伙人的自有财产不足以清偿其与合伙企业无关的债务的，该合伙人可以以其从合伙企业中分取的收益用于清偿；债权人也可以依法请求法院强制执行该合伙人在合伙企业中的财产份额用于清偿。法院强制执行合伙人的财产份额时，应当通知全体合伙人，其他合伙人有优先购买权；其他合伙人未购买，又不同意将该财产份额转让给他人的，依照退伙的相关规定为该合伙人办理退伙结算，或者办理削减该合伙人相应财产份额的结算。

（五）合伙人入伙

新合伙人入伙时，应当经全体合伙人同意，并依法订立书面入伙协议，原合伙人应当向新合伙人告知原合伙企业的经营状况和财务状况。入伙的新合伙人与原合伙人享有同等权利，承担同等责任。入伙协议另有约定的，从其约定。入伙的新合伙人对入伙前合伙企业的债务承担连带责任。

（六）合伙人退伙

1. 有合伙期限的退伙

合伙协议约定合伙期限的，在合伙企业存续期间，有下列情形之一的，合伙人可以退伙：(1) 合伙协议约定的退伙事由出现；(2) 经全体合伙人一致同意；(3) 发生合伙人难以继续参加合伙的事由；(4) 其他合伙人严重违反合伙协议约定的义务。

2. 无合伙期限的退伙

合伙协议未约定合伙期限的，合伙人在不给合伙企业事务执行造成不利影响的情况下，可以退伙，但应当提前30日通知其他合伙人。无论是否有合伙期限，合伙人违反规定退伙的，应当赔偿由此给合伙企业造成的损失。

3. 当然退伙

合伙人有下列情形之一的，当然退伙：(1) 作为合伙人的自然人死亡或者被依法宣告死亡；(2) 个人丧失偿债能力；(3) 作为合伙人的法人或者其他组织依法被吊销营业执照、责令关闭撤销，或者被宣告破产；(4) 合伙人在合伙企业中的全部财产份额被人民法院强制执行；(5) 法律规定或者合伙协议约定合伙人必须具有相关资格而丧失该资格。

合伙人被依法认定为无民事行为能力人或者限制民事行为能力人的，经其他合伙人一致同意，可以依法转为有限合伙人，普通合伙企业依法转为有限合伙企业。其他合伙人未能一致同意的，该无民事行为能力或者限制民事行为能力的合伙人退伙。退伙事由实际发生之日为退伙生效日。

4. 合伙人因被除名而退伙

合伙人有下列情形之一的，经其他合伙人一致同意，可以决议将其除名：(1) 未履行出资义务；(2) 因故意或者重大过失给合伙企业造成损失；(3) 执行合伙事务时有不正当行为；(4) 发生合伙协议约定的事由。对合伙人的除名决议应当书面通知被除名人。被除名人接到除名通知之日，除名生效，被除名人退伙。被除名人对除名决议有异议的，可以自接到除名通知之日起 30 日内，向法院起诉。

5. 退伙财产结算

合伙人退伙，其他合伙人应当与该退伙人按照退伙时的合伙企业财产状况进行结算，退还退伙人的财产份额。退伙财产结算应遵循以下原则：(1) 退伙人对给合伙企业造成的损失负有赔偿责任的，相应扣减其应当赔偿的数额。退伙时有未了结的合伙企业事务的，待该事务了结后进行结算。(2) 退伙人在合伙企业中财产份额的退还办法，由合伙协议约定或者由全体合伙人决定，可以退还货币，也可以退还实物。(3) 退伙人对基于其退伙前的原因发生的合伙企业债务，承担无限连带责任。(4) 合伙人退伙时，合伙企业财产少于合伙企业债务的，退伙人应当依照合伙协议约定分担亏损。

6. 合伙人财产份额继承

合伙人死亡或者被依法宣告死亡的，对该合伙人在合伙企业中的财产份额享有合法继承权的继承人，按照合伙协议的约定或者经全体合伙人一致同意，从继承开始之日起，取得该合伙企业的合伙人资格。有下列情形之一的，合伙企业应当向合伙人的继承人退还被继承合伙人的财产份额：(1) 继承人不愿意成为合伙人；(2) 法律规定或者合伙协议约定合伙人必须具有相关资格，而该继承人未取得该资格；(3) 合伙协议约定不能成为合伙人的其他情形。

案例 3—1

合伙企业的债务应当如何清偿

甲、乙、丙共同设立普通合伙企业。合伙协议约定：甲以人民币现金 6 万元出资，乙以房屋作价人民币 10 万元出资，丙以劳务作价人民币 4 万元出资；各合伙人按各自出资比例（3：5：2）分配盈利、分担亏损。2013 年 6 月，合伙企业向银行贷款人民币 5 万元，偿还期为 1 年。

2013 年 8 月，甲在合伙企业盈利期间提出退伙，经其他合伙人乙、丙一致同意后，甲在同月办理了退伙结算手续。9 月，经其他合伙人一致同意，丁入伙，但随后企业开始严重亏损。2014 年 5 月，乙、丙、丁决定解散合伙企业，并将合伙企业现有财产价值人民币 3 万元予以分配，但对未到期的银行贷款未予清偿。

2014 年 6 月，银行贷款到期后，银行找合伙企业清偿债务，发现该企业已经解散，遂向甲要求偿还全部贷款，甲称自己早已退伙，不负责清偿债务。银行向丁要求偿还全部贷款，丁称该笔贷款是自己入伙前借贷的，不负责清偿。银行向乙要求偿还全部贷款，乙表示只愿意按照合伙协议约定的出资比例清偿相应数额。银行向丙要求偿还全部贷款，丙表示自己是以劳务出资，不承担偿还贷款义务。

问：甲、乙、丙、丁各自的理由是否成立？合伙企业所欠银行贷款应如何清偿？

案例点评

本案涉及几个关键的法律事实：甲退伙、丁入伙、合伙企业解散、合伙企业解散后仍然有未清偿的银行债务。

1. 甲自愿退伙，并经其他合伙人一致同意，符合法律规定的退伙条件与程序。法律规定退伙人对基于其退伙前的原因发生的合伙企业债务，承担无限连带责任。尽管甲退伙时合伙企业处于盈利状态，但是，合伙企业与银行的债务关系发生在甲退伙之前，因此，甲的理由不成立，甲应当对其退伙前发生的银行贷款负连带清偿责任。

2. 丁自愿入伙，并经其他合伙人一致同意，符合法律规定的入伙条件与程序。法律规定，入伙的新合伙人对入伙前合伙企业的债务承担连带责任。尽管合伙企业与银行的债务关系发生在丁入伙之前，但是，丁应当对其入伙前发生的银行贷款负连带清偿责任。所以，丁的理由不成立。

3. 合伙企业解散，应当进行清算，清理债权债务关系。合伙企业所欠债务应当首先用合伙企业的财产清偿，合伙企业财产不足清偿时，由各合伙人承担无限连带责任。乙、丙、丁在合伙企业解散时，未清偿债务便分配企业财产，是违法无效的行为。

4. 银行发现债权到期后作为债务人的合伙企业已经解散，可以要求原合伙人承担连带无限清偿责任。乙、丙、丁应当退回全部已分得的财产。退还的财产首先用于清偿银行贷款，不足以清偿的部分，由甲、乙、丙、丁承担无限连带清偿责任。

5. 乙、丙依法应当对合伙企业债务（银行贷款）承担连带无限清偿责任，因此，乙提出按约定比例清偿债务的主张不能成立。丙主张劳务出资不承担清偿债务的理由亦不能成立。

6. 法律规定，合伙人由于承担无限连带责任，清偿数额超过合伙协议约定的其亏损分担比例的，有权向其他合伙人追偿。据此，甲因已办理退伙结算手续，结清了对合伙企业的财产债务关系，故不再承担合伙人内部的债务份额。如在银行的要求下承担了连带清偿责任，可以按照合伙协议约定的比例向乙、丙、丁追偿。乙、丙、丁应按合伙协议约定的比例分担债务清偿责任；如乙、丙、丁任何一人实际支付的清偿数额超过其应承担的份额，有权就其超过的部分向其他未支付或未足额支付应承担份额的合伙人追偿。

三、特殊的普通合伙企业

以专业知识和专门技能为客户提供有偿服务的专业服务机构（如律师事务所、会计师事务所等），可以设立为特殊的普通合伙企业。特殊的普通合伙企业名称中应当标明“特殊普通合伙”字样。特殊普通合伙企业与一般普通合伙企业的主要区别是对合伙人的无限连带责任作了一定的限制，即一个合伙人或者数个合伙人在执业活动中因故意或者重大过失造成合伙企业债务的，应当承担无限责任或者无限连带责任，其他合伙人以其在合伙企业中的财产份额为限承担有限责任；同时，应当承担无限责任或者无限连带责任的合伙人以合伙企业财产对外承担责任后，该合伙人应当按照合伙协议的约定对给合伙企业造成的损失承担赔偿责任。但是，合伙人在执业活动中非因故意或者重大过失造成的合伙企业债务以及合伙企业的其他债务，由全体合伙人承担无限连带责任。

特殊的普通合伙企业应当建立执业风险基金、办理职业保险。执业风险基金用于偿付合伙人执业活动造成的债务。

四、有限合伙企业

有限合伙企业及其合伙人除适用下述特殊规定外，还适用普通合伙相关的法律规定。

（一）有限合伙企业的设立

1. 有限合伙企业的名称及合伙人

有限合伙企业名称中应当标明“有限合伙”字样。有限合伙人为 2～50 人，但法律另有规定的除外。有限合伙企业至少应当有一个普通合伙人。

2. 有限合伙人的出资

由于有限合伙人对合伙企业债务只承担有限责任，因此，有限合伙人可以用货币、实物、知识产权、土地使用权或者其他财产权利作价出资，但不得以劳务出资。有限合伙人应当按照合伙协议的约定按期足额缴纳出资，未按期足额缴纳的，应当承担补缴义务，并对其他合伙人承担违约责任。

3. 有限合伙协议

有限合伙协议除符合普通合伙协议的规定外，还应当载明下列事项：（1）普通合伙人和有限合伙人的姓名或者名称、住所；（2）执行事务合伙人应具备的条件和选择程序；（3）执行事务合伙人权限与违约处理办法；（4）执行事务合伙人的除名条件和更换程序；（5）有限合伙人入伙、退伙的条件、程序以及相关责任；（6）有限合伙人和普通合伙人相互转变程序。

（二）有限合伙企业的管理

有限合伙企业由普通合伙人执行合伙事务。执行事务合伙人可以要求在合伙协议中确定执行事务的报酬及报酬提取方式。

有限合伙人不执行合伙事务，不得对外代表有限合伙企业。有限合伙人的下列行为，不视为执行合伙事务：（1）参与决定普通合伙人入伙、退伙；（2）对企业的经营管理提出建议；（3）参与选择承办有限合伙企业审计业务的会计师事务所；（4）获取经审计的有限合伙企业财务会计报告；（5）对涉及自身利益的情况，查阅有限合伙企业财务会计账簿等财务资料；（6）在有限合伙企业中的利益受到侵害时，向有责任的合伙人主张权利或者提起诉讼；（7）执行事务合伙人怠于行使权利时，督促其行使权利或者为了本企业的利益以自己的名义提起诉讼；(8) 依法为本企业提供担保。

有限合伙人可以同本有限合伙企业进行交易，可以自营或者同他人合作经营与本有限合伙企业相竞争的业务，但是，合伙协议另有约定的除外。

(三) 有限合伙人的财产处分及债务清偿

1. 有限合伙人的财产处分

有限合伙人可以将其在有限合伙企业中的财产份额出质，但是，合伙协议另有约定的除外。有限合伙人可以按照合伙协议的约定向合伙人以外的人转让其在有限合伙企业中的财产份额，但应当提前 30 日通知其他合伙人。有限合伙企业不得将全部利润分配给部分合伙人，但是，合伙协议另有约定的除外。

2. 有限合伙人的债务清偿

有限合伙人的自有财产不足清偿其与合伙企业无关的债务的，该合伙人可以其从有限合伙企业中分取的收益用于清偿；债权人也可以依法请求法院强制执行该合伙人在有限合伙企业中的财产份额用于清偿。法院强制执行有限合伙人的财产份额时，应当通知全体合伙人。在同等条件下，其他合伙人有优先购买权。

(四) 有限合伙人与第三人的关系

第三人有理由相信有限合伙人为普通合伙人并与其交易的，该有限合伙人对该笔交易承担与普通合伙人同样的责任。有限合伙人未经授权以有限合伙企业名义与他人进行交易，给有限合伙企业或者其他合伙人造成损失的，该有限合伙人应当承担赔偿责任。

(五) 有限合伙人的入伙、退伙及合伙人与合伙的性质变更

1. 有限合伙人入伙

新入伙的有限合伙人对入伙前有限合伙企业的债务，以其认缴的出资额为限承担责任。

2. 有限合伙人退伙

有限合伙人有下述情形之一的，当然退伙：(1) 作为合伙人的自然人死亡或者被依法宣告死亡；(2) 作为合伙人的法人或者其他组织依法被吊销营业执照、责令关闭撤销，或者被宣告破产；(3) 合伙人在合伙企业中的全部财产份额被人民法院强制执行；(4) 法律规定或者合伙协议约定合伙人必须具有相关资格而丧失该资格。

作为有限合伙人的自然人在有限合伙企业存续期间丧失民事行为能力的，其他合伙人不得因此要求其退伙。

有限合伙人退伙后，对基于其退伙前的原因发生的有限合伙企业债务，以其退伙时从有限合伙企业中取回的财产承担责任。

作为有限合伙人的自然人死亡、被依法宣告死亡或者作为有限合伙人的法人及其他组织终止时，其继承人或者权利承受人可以依法取得该有限合伙人在有限合伙企业中的资格。

3. 合伙人性质变更

除合伙协议另有约定外，普通合伙人转变为有限合伙人，或者有限合伙人转变为普通合伙人，应当经全体合伙人一致同意。有限合伙人转变为普通合伙人的，对其作为有限合伙人期间有限合伙企业发生的债务承担无限连带责任；普通合伙人转变为有限合伙人的，对其作为普通合伙人期间合伙企业发生的债务承担无限连带责任。

4. 合伙性质变更

有限合伙企业仅剩有限合伙人的，应当解散。有限合伙企业仅剩普通合伙人的，应当转为普通合伙企业。

五、合伙企业解散、清算及注销

（一）合伙企业解散原因

合伙企业有下列情形之一的，应当解散：（1）合伙期限届满，合伙人决定不再经营；（2）合伙协议约定的解散事由出现；（3）全体合伙人决定解散；（4）合伙人已不具备法定人数满 30 天；（5）合伙协议约定的合伙目的已经实现或者无法实现；（6）依法被吊销营业执照、责令关闭或者被撤销；（7）法律、行政法规规定的其他原因。

（二）合伙企业的清算及注销

1. 清算人的选任

合伙企业解散，应当由清算人进行清算。清算人由全体合伙人担任；经全体合伙人过半数同意，可以自合伙企业解散事由出现后 15 日内指定一个或者数个合伙人，或者委托第三人，担任清算人。自合伙企业解散事由出现之日起 15 日内未确定清算人的，合伙人或者其他利害关系人可以申请人民法院指定清算人。

2. 清算人的职责

清算人在清算期间执行下列事务：（1）清理合伙企业财产，分别编制资产负债表和财产清单；（2）处理与清算有关的合伙企业未了结事务；（3）清缴所欠税款；（4）清理债权、债务；（5）处理合伙企业清偿债务后的剩余财产；（6）代表合伙企业参加诉讼或者仲裁活动。

3. 债权申报

清算人自被确定之日起 10 日内将合伙企业解散事项通知债权人，并于 60 日内在报纸上公告。债权人应当自接到通知书之日起 30 日内，未接到通知书的自公告之日起 45 日内，向清算人申报债权。

债权人申报债权，应当说明债权的有关事项，并提供证明材料。清算人应当对债权进行登记。

清算期间，合伙企业存续，但不得开展与清算无关的经营活动。

4. 合伙企业财产清算分配

合伙企业财产在支付清算费用和职工工资、社会保险费用、法定补偿金以及缴纳所欠

税款、清偿债务后的剩余财产，按照合伙协议的约定分配；合伙协议未约定或者约定不明确的，由合伙人协商决定；协商不成的，由合伙人按照实缴出资比例分配；无法确定出资比例的，由合伙人平均分配。

5. **合伙企业注销**

清算结束后，清算人应当编制清算报告，经全体合伙人签名、盖章后，在15日内向企业登记机关报送清算报告，申请办理合伙企业注销登记。

合伙企业注销后，原普通合伙人对合伙企业存续期间的债务仍应承担无限连带责任。

合伙企业不能清偿到期债务的，债权人可以依法向人民法院提出破产清算申请，也可以要求普通合伙人清偿。

合伙企业依法被宣告破产的，普通合伙人对合伙企业债务仍应承担无限连带责任。

案例3—2

合伙企业剩余财产分配方案是否公平

甲、乙、丙、丁合伙开办复印社，合伙协议约定四人之间投资、盈余分配、债务承担比例为1∶4∶2∶3。四人出资的具体形式是：甲以维修养护复印设备的技术出资，占总出资额10%；乙以80平方米房屋使用权出资作为复印社场所，占总出资额40%；丙出资2万元现金，丁出资3万元现金，分别占总出资额的20%和30%，用于购买复印设备。复印社营业的头两年盈利颇丰，四人各自按约定比例获得收益。第三年复印社亏损5 000元，甲、乙按合伙合同约定的条件提出退伙。清理合伙企业剩余财产时，现金及设备估价约4.5万元。甲认为最公平的分配方案是：丙分得1.8万元，丁分得2.7万元，乙只收回房屋，自己则分文不取，但丙、丁认为该分配方案不公平，也不符合合伙企业的约定，彼此发生争议。

问：应如何处理合伙人之间的纠纷？

案例点评

本案例涉及合伙人以劳务、财产使用权出资，退伙时是否全额退资，如何分担合伙企业亏损的问题。甲以复印设备养护技术出资，因技术与甲人身不可分离，所以，甲实际上是以劳务出资。退伙时，甲虽然分文不取，乙只要求收回房屋，而乙、丙还分得剩余财产，但实际上甲、乙是要求全额退资，经营亏损5 000元全部由丙、丁按照各自出资比例分担，导致盈利时四人按出资比例分成，亏损时仅由二人分担，显然不公平，也不符合合伙协议中约定的盈亏分配比例。实际上，当合伙人以房产、车辆、机械设备等固定资产使用权、劳务或商标、专利等无形资产投资时，由于其不可分割，因此退伙时只能全额退资。这时，若合伙企业有盈余，一般不会出现问题，但若有亏损，其他以现金等可分割标的投资的合伙人就要按约定比例承担债务责任，这就会导致合伙人之间权利义务显失公平。因此，从公平原则出发，以不可分割标的投资的合伙人应当以其他形式（如货币补偿）承担其应负担的债务份额。此案中，甲、乙、丙、丁应分别承担合伙经营亏损500元、2 000元、1 000元、1 500元，甲、乙可以用现金对丙、丁进行补偿。

第3节　公司法律制度

一、公司法律制度的目标和功能

现代公司制度，是西方发达国家产业革命后确立的企业制度。在西方国家商品经济发展早期，并没有专门的企业制度，无论是经营性组织（企业）还是非经营性组织（教会、医院和学校等）都是由法人制度、契约法律制度和财产法律制度进行规范。最早的企业都是自然人企业（独资、合伙），企业财产和个人财产不可分割，投资者的无限责任导致经营风险很大，阻碍了社会经济的进一步发展。随着企业规模扩大，企业团体性不断增强，企业财产也逐渐脱离个人而独立存在，企业与投资者成为不同的法律主体，彼此财产独立，投资者在企业的财产不可抽回但可以转让在理论与实践中都得到承认，这样，公司法人的有限责任制度和股份自由转让制度最终得以确立。

公司和股东是独立的法律主体在实践中具有非常重要的意义。不具有法人资格的企业，投资者与企业是不可分离的同一个主体，二者之间不存在独立的权利义务关系，所以，投资者与其所投资的企业之间不能以各自的名义进行法律诉讼。但是，公司，特别是股份有限公司的投资者（股东）通常并不直接经营企业，但要承担公司的经营风险，因此，他们必须有合法控制公司的途径和方法，避免经营者利用经营公司的权力损害股东利益。股东与公司的人格独立，彼此之间存在法律上的权利义务关系，当股东认为由经营者支配的公司行为违反法律和章程，侵害股东权利时，可以起诉公司，以维护股东权益或矫正公司行为，这就是以司法救济手段保护股东合法权利的制度。

公司法的早期目标是促使企业家充分利用公司组织形式筹集社会资本，扩大企业规模，适应工业化社会的生产特征，因此，强调效率优先，对公司的强制性规范很少。但是，随着巨型公司对社会经济垄断强化，公司滥用有限责任侵害债权人利益，公司股权分散导致投资者失去对公司的控制，经营者侵害股东利益等现象日益增多，限制公司滥用权力，明确经营者（董事与经理）与投资者的权利、义务和责任，保护股东利益成为公司法的重要目标，相关的法律制度开始确定并逐渐完善，包括母子公司相互持股制度，公司法人人格否定制度，股东会、董事会和监事会制度，公司财务信息强制披露制度，小股东特殊保护制度等。

现代公司具有规模大、经营范围广、资本来源具有广泛的社会性等特点，其存在与发展对社会经济、政治生活都有重要影响，因此，国家必须对公司的组织与行为进行严格规范并加以监督，以保护公司、公司股东、公司债权人和社会公众的合法权益。公司法律制度的基本功能就是建立权力制衡的公司治理结构，规范公司的设立、筹资、组织机构、财务信息披露及利润分配活动，使公司形成自我发展、自我约束的机制，维护社会经济秩序。

二、公司的法律特征

公司，指依照《中华人民共和国公司法》在中国境内设立的有限责任公司、股份有限公司。有限责任公司和股份有限公司是世界各国现代企业普遍采用的企业组织形式。公司是企业法人，享有法人财产权。有限责任公司的股东以其认缴的出资额为限对公司承担责任。股份有限公司的股东以其认购的股份为限对公司承担责任。公司以其全部财产对公司的债务承担责任。

（一）有限责任公司的法律特征

（1）公司的注册资本额等于股东认缴的出资额总和，股东以其认缴的出资额为限对公司承担责任；

（2）公司不能发行股票，只能向股东签发出资证明书作为股东出资的凭证及转让出资时的依据；

（3）公司股份转让有比较严格的限制，股东只能按法定的条件和程序转让其所持有的股份；

（4）公司股东人数有法定的最高限额（不超过50名）；

（5）公司财务情况不必向外界（股东以外的人）公开，但要按公司章程的规定将财务会计报告送交公司各个股东。

（二）股份有限公司的法律特征

股份有限公司的全部资本分为等额股份，股东以其所持股份为限对公司承担责任，公司以其全部资产对公司的债务承担责任。其法律特征是：

（1）公司的资本总额分为金额相等的股份，每一股份有一表决权，股东以其所认购股份的数额享受权利、承担义务；

（2）公司可以向社会公开发行股票，股票可以自由交易和转让；

（3）公司股东人数只有法定的最低限额，无最高限额；

（4）公开发行股票的公司财务状况要按照法定的条件和程序，在不同范围内向外界公开。

三、公司设立制度

（一）有限责任公司的设立制度

1. 有限责任公司设立的法定条件

（1）股东符合法定人数。有限责任公司法定股东人数为50个以下。

（2）有符合公司章程规定的全体股东认缴的出资额。股东的出资方式应当符合法律规定，包括以货币和实物、知识产权、土地使用权等可以用货币估价并可以依法转让的非货币财产出资，但不得以劳务、信用、自然人姓名、商誉、特许经营权或者设定担保的财产等作价出资。

法律、行政法规以及国务院决定对有限公司注册资本实缴、注册资本最低限额另有规定的，从其规定。

（3）股东共同制定公司章程。

（4）有公司名称，建立符合有限责任公司要求的组织机构。有限责任公司名称中必须标明有限责任公司或者有限公司字样。

（5）有公司住所。

2. 有限责任公司设立的法定程序

（1）股东共同订立公司章程。有限责任公司的章程是由公司全体股东一致同意制定，规定公司重大事项的基本法律文件。设立公司必须依法制定公司章程。公司章程对公司、股东、董事、监事、高级管理人员具有约束力。

有限责任公司章程应当载明下列事项：

- 公司名称和住所；
- 公司经营范围；
- 公司注册资本；
- 股东的姓名或者名称；
- 股东的出资额、出资方式和出资时间；
- 公司的机构及其产生办法、职权、议事规则；
- 公司法定代表人；
- 股东会会议认为需要规定的其他事项。

股东应当在公司章程上签名、盖章。

（2）股东缴纳各自所认缴的出资额。股东应按照公司章程规定的出资方式、出资额和出资时间按期足额缴纳各自所认缴的出资额。股东以货币出资的，应当将货币出资足额存入有限责任公司在银行开设的账户；以非货币财产出资的，应当评估作价，核实财产，不得高估或者低估作价，并依法办理其财产权的转移手续。

有限责任公司成立后，发现作为设立公司出资的非货币财产的实际价额显著低于公司章程所定价额的，应当由交付该出资的股东补足其差额；公司设立时的其他股东承担连带责任。

股东未按照章程规定缴纳出资的，除应当向公司足额缴纳外，还应当向已按期足额缴纳出资的股东承担违约责任。

（3）公司设立登记。股东认足公司章程规定的出资后，由全体股东指定的代表或者共同委托的代理人向公司登记机关报送公司登记申请书、公司章程等文件，申请设立登记。

（4）公司向股东签发出资证明书。公司成立后应当向股东签发出资证明书。出资证明书应当载明下列事项：公司名称；公司成立日期；公司注册资本；股东的姓名或者名称、缴纳的出资额和出资日期；出资证明书的编号和核发日期。出资证明书由公司盖章。

（5）公司置备股东名册。有限责任公司股东名册记载下列事项：股东的姓名或者名称及住所；股东的出资额；出资证明书编号。记载于股东名册的股东，可以依股东名册主张行使股东权利。

公司应当将股东的姓名或者名称及其出资额向公司登记机关登记；登记事项发生变更的，应当办理变更登记。未经登记或者变更登记的，不得对抗第三人。

（二）股份有限公司的设立制度

1. 股份有限公司设立的法定条件

（1）发起人符合法定人数。设立股份有限公司，应当有 2 人以上 200 人以下为发起人，其中须有半数以上的发起人在中国境内有住所。

（2）有符合公司章程规定的全体发起人认购的股本总额或者募集的实收股本总额。股份有限公司发起人的出资方式与有限责任公司股东出资方式相同。设立股份有限公司有发起设立和募集设立两种方式。发起设立，是指由发起人认购公司应发行的全部股份而设立公司。以发起方式设立股份有限公司，注册资本为在公司登记机关登记的全体发起人认购的股本总额。在发起人认购的股份缴足前，不得向他人募集股份。募集设立，是指由发起人认购公司应发行股份的一部分，其余股份向社会公开募集或者向特定对象募集而设立公司。以募集方式设立股份有限公司，注册资本为在公司登记机关登记的实收股本总额。

法律、行政法规以及国务院决定对股份有限公司注册资本实缴、注册资本最低限额另有规定的，从其规定。

（3）股份发行、筹办事项符合法律规定。发起人应当签订发起人协议，明确各自在公司设立过程中的权利和义务。发起人必须按照我国公司法、证券法以及其他相关法规的规定，依法认购其应认购的股份，承担公司筹办事务。

（4）发起人制定公司章程，采用募集方式设立的经创立大会通过。

（5）有公司名称，建立符合股份有限公司要求的组织机构。股份有限公司的名称中必须标明股份有限公司或者股份公司字样。

（6）有公司住所。

2. 股份有限公司设立的法定程序

（1）确定公司设立方式和发起人。发起人确定是以发起设立方式还是募集设立方式设立股份有限公司。发起人，指依法筹办股份有限公司事务，并在公司章程上签名、盖章的人。发起人应承担因发起设立公司而产生的法律责任。

（2）发起人制定公司章程。发起人应当在公司章程上签名盖章。募集设立的股份有限公司，章程必须经创立大会通过。

股份有限公司章程应当载明下列事项：

- 公司名称和住所；
- 公司经营范围；
- 公司设立方式；
- 公司股份总数、每股金额和注册资本；
- 发起人的姓名或者名称、认购的股份数、出资方式和出资时间；
- 董事会的组成、职权和议事规则；
- 公司法定代表人；
- 监事会的组成、职权和议事规则；

- 公司利润分配办法；
- 公司的解散事由与清算办法；
- 公司的通知和公告办法；
- 股东大会会议认为需要规定的其他事项。

（3）公司股份认缴及募集。以发起设立方式设立股份有限公司的，发起人应当书面认足公司章程规定其认购的股份，并按照公司章程规定缴纳出资。以非货币财产出资的，应当依法办理其财产权的转移手续。发起人未按照法律和章程规定缴纳出资的，应当按照发起人协议承担违约责任。以募集设立方式设立股份有限公司的，发起人认购的股份不得少于公司股份总数的35%；但法律、行政法规另有规定的，从其规定。发起人向社会公开募集股份，必须公告招股说明书，并制作认股书。同时，应当由依法设立的证券公司承销公司股票，签订承销协议，并同银行签订代收股款协议。发行股份的股款缴足后，必须经依法设立的验资机构验资并出具证明。

发行的股份超过招股说明书规定的截止期限尚未募足的，或者发行股份的股款缴足后，发起人在30日内未召开创立大会的，认股人可以按照所缴股款并加算银行同期存款利息，要求发起人返还。

（4）设立公司机构。以发起设立方式设立股份有限公司的，发起人认足公司章程规定的出资后，应当选举董事会和监事会。以募集设立方式设立股份有限公司的，发起人应当自股款缴足之日起30日内主持召开公司创立大会。创立大会由发起人、认股人组成，决定公司重大事项，包括通过公司章程、选举董事会和监事会等。

（5）公司设立登记。以发起设立方式设立股份有限公司的，由董事会向公司登记机关报送公司章程以及法律、行政法规规定的其他文件，申请公司设立登记。

以募集设立方式设立股份有限公司的，董事会应于创立大会结束后30日内，向公司登记机关报送公司登记申请书；创立大会的会议记录；公司章程；验资证明、法定代表人、董事、监事的任职文件及其身份证明；发起人的法人资格证明或者自然人身份证明；公司住所证明等文件，申请公司设立登记。以募集方式设立股份有限公司公开发行股票的，还应当向公司登记机关报送国务院证券监督管理机构的核准文件。

（三）公司资本制度

1. 公司资本的概念

公司资本有广义和狭义的理解。广义的公司资本，指公司用以从事经营、开展业务的全部财产，包括公司自有资本与借贷资本两部分。狭义的公司资本，指公司自有资本。公司法中主要指狭义的资本，由股东对公司的投资构成。与公司资本有关的几个概念是：

（1）注册资本，也称法定资本、核准资本、授权资本，是指在公司章程中规定并经公司登记机关核准确认的股东认缴或实际缴纳的资本总额。注册资本未经法定程序变更，不得随意增加或减少。

（2）发行资本，是指公司分期发行股份时，在注册资本限额之内已经发行的股份数额（被股东认购的出资额），在公司的全部股份发行完毕之前，发行资本额低于注册资本额。

（3）实收资本，是指公司通过发行股份实际收到的资本。在实行法定资本制情况下，公司实收资本额即是股东实缴资本额，等于注册资本额。在实行授权资本制或认可资本制的情况下，因发行的股份并不要求认购者全部认足或缴足，实收资本额通常低于发行资本额，更低于注册资本额。

（4）实有资本，是指公司资产减去负债后实际可支配的财产，也称净资产或所有者权益。实有资本在股东出资的基础上形成，包括股东对公司的投入资本以及形成的资本公积金、盈余公积金和未分配利润等。与公司注册资本额保持相对稳定不同，公司实有资本与公司经营情况密切相关。当公司溢价发行股票及盈利情况好时，实有资本额高于注册资本额。当公司亏损以致资不抵债时，实有资本额低于注册资本额。

如果法律和公司章程没有特别的规定，股东通常是按其实缴资本的比例行使股东的权利，分享公司的利润；按其认缴资本（或注册资本）的比例对公司承担有限责任。公司以其实有资本额对公司债务承担责任。

2. 公司资本三项原则

由于公司具有独立的法人资格，以其可支配的全部法人财产对公司债权人承担责任，公司股东一般不再对债权人直接承担责任，因此，公司财产是债权人的唯一担保。为了充分保护公司债权人的合法权益，各国公司立法中都确立了资本的三项原则，即资本确定、资本维持、资本不变，并据此制定了具体的资本制度。资本三原则的基本出发点是：在公司股东实行有限责任的前提下，必须保证公司有最低限度的财产，以保证市场交易的安全。因此，各国公司法所规定的公司资本制度虽有差别，但一般都体现出资本的三项原则。

（1）资本确定原则，指公司必须有自己的资本。公司设立时，必须在公司章程中明确规定公司的注册资本（股本）总额并经公司登记机关核准。各国法律对资本确定原则有不同的理解和规定，目前主要有三种制度。

第一，法定资本制，指公司章程中确定的公司注册资本额在公司设立时必须由股东全部认购完毕并一次缴清，否则，公司不得成立，即公司资本在公司设立之时必须“一次到位”，使注册资本额与实缴资本额保持一致。法定资本制的优点是公司资本充实稳定，使公司债权人有可靠的保障；缺点是缴纳资本时间缺乏弹性，对公司资本的合理使用有不利影响，特别是现代公司规模巨大，要求巨额资本一次到位，会导致公司设立出现困难。

第二，授权资本制，指公司章程中确定的注册资本额，在公司设立时无须由股东全部认购，更不必一次缴清，即股东只需认购公司资本的一部分，公司就可以成立。其余在注册资本限额内未认购的部分，待公司成立后，由股东大会授权董事会根据公司生产经营情况随时发行。英美法系国家大多实行这种制度。其特点是公司资本分为授权资本（核准资本）和发行资本。公司必须在章程中载明授权资本的数额，但授权资本只是公司有权通过发行股份所筹集资本的最高限额，公司对授权资本无须一次全部发行完毕，而是可以分期分批发行。发行资本是指已经被股东认购的股份（资本）总额，无论事实上认购人是否已付清价款。授权资本制的优点是公司资本不必在公司设立时一次到位，便于公司设立，又有利于公司合理调整公司资金结构；缺点是公司成立时及成立后的一段时间内资本名不副实（实缴资本、发行资本与注册资本不一致），有可能对债权人造成损害。

第三，认可资本制，指公司设立时股东虽然无须一次缴清公司章程中确定的注册资本数额，但必须将注册资本额（公司的全部股份）一次认购完毕并按照法律或章程规定的期限分批缴清自己所认购的出资额。一般认为，法定资本制对设立公司要求过于严格，授权资本制对设立公司要求又过于宽松，故大陆法系国家多数都实行认可资本制，以兼顾公司与债权人的利益。

认可资本制与法定资本制、授权资本制的根本区别：法律虽然规定公司的注册资本额必须在公司设立登记之前由股东全部认购（公司股份应当一次发行完毕），但股东认购的股份不必一次缴清，而是可以在公司设立登记后分期缴付。

我国有限责任公司与发起设立的股份有限公司实行认可资本制。公司法规定，有限责任公司的注册资本为在公司登记机关登记的全体股东认缴的出资额。股东应当按期足额缴纳公司章程中规定的各自所认缴的出资额。以发起方式设立的股份有限公司，注册资本为在公司登记机关登记的全体发起人认购的股本总额。在发起人认购的股份缴足前，不得向他人募集股份。募集设立的股份有限公司实行法定资本制，注册资本为在公司登记机关登记的实收股本总额。发起人认购的股份不得少于公司股份总数的35%，其余的股份可以由发起人向社会公开募集。发行股份的股款缴足并经依法设立的验资机构验资出具证明后，才能够申请公司设立登记。

（2）资本维持原则（资本充实原则），指公司必须拥有与其所确定的资本额相当的实收资本，以维持对债权人必要的清偿能力。公司设立阶段的资本维持原则主要体现在四个方面：一是要求股东、发起人的非货币财产出资应当依法办理其财产权的转移手续，使公司对这些资本拥有法律上的所有权。二是股东、发起人的非货币财产应当评估作价，不得高估或低估作价。三是募集设立的股份有限公司设立申请人必须向公司登记机关提交依法设立的验资机构出具的验资证明，以保证公司的资本依法缴足并到位。四是募集设立的股份有限公司发起人、认股人缴纳股款或者交付抵作股款的出资后，除未按期募足股份、发起人未按期召开创立大会或者创立大会决议不设立公司的情形外，不得抽回其股本。

此外，资本维持原则还体现在其他诸多公司制度之中。包括：

● 出资人之间对补足出资差额承担连带责任。公司成立后，发现作为设立公司出资的非货币财产的实际价额显著低于公司章程所定价额的，由交付该出资的股东或发起人补足其差额，公司设立时的其他股东或发起人承担连带责任。股份有限公司成立后，发起人未按照公司章程的规定缴足出资的，应当补缴；其他发起人承担连带责任。

● 公司开业后，通过固定资产折旧制度不断补充公司经营活动中所消耗的资本。

● 限制公司不合理地处置资本，如不得折价发行股票，不得用公司资本分红，不得随意收购自己公司的股份等。

● 规定公司公积金的制度和股息分配制度，要求公司有盈余时必须先行弥补公司亏损或提取储备基金后才能向股东分配利润。

● 对公司转投资的限制。公司可以向其他企业投资，但除法律另有规定外，不得成为对所投资企业的债务承担连带责任的出资人。

（3）资本不变原则，指公司的注册资本额一经确定，就必须保持相对稳定，不得随意变动。增、减注册资本必须由股东（大）会按法定程序通过决议，修改公司章程，并按照法定程序经公司登记机关变更登记。

(四) 公司章程制度

1. 公司章程的概念

公司章程是规定公司的宗旨、经营范围、资本、组织机构及其他重大对内对外事务的法律文件，是公司组织和行为的基本规范，故制定章程是公司设立的必经程序之一。虽然公司章程通常由公司股东或发起人制定，但在公司核准登记取得法人资格，章程发生法律效力后，它对公司、股东、董事、监事及公司高级管理人员（指公司的经理、副经理、财务负责人，上市公司的董事会秘书和公司章程规定的其他人员）均具有约束力。所以，公司章程的法律效力并不局限于制定章程的当事人之间。

2. 公司章程的内容

我国公司法分别规定了有限责任公司及股份有限公司的章程应当载明的事项。

公司章程的记载事项需要注意以下问题：

第一，公司名称和住所。有限责任公司名称中必须标明有限责任公司或者有限公司字样。股份有限公司的名称中必须标明股份有限公司或者股份公司字样。公司以其主要办事机构所在地为住所。

第二，公司经营范围。公司经营范围既是投资人了解公司投资的方向及发展前景的依据，也是法律保护公司、股东及债权人利益的基础。公司经营范围由公司章程规定，并依法登记。公司应当在章程规定的经营范围内进行业务活动，并根据法律规定的条件和程序更改经营范围。现代社会为适应公司经营所必需的灵活性，对公司经营范围的限制有放宽趋势。因此，公司超越经营范围的活动，如果没有违反法律的禁止性规定，而且未损害相对人及国家、集体和第三人的利益，通常并不单纯因超范围经营而无效。公司可以通过修改公司章程改变经营范围，但应当办理变更登记。公司的经营范围中属于法律、行政法规规定须经批准的项目，应当依法经过批准。

第三，公司法定代表人。依照公司章程的规定，公司法定代表人可以由董事长、执行董事或者经理担任，并依法登记。公司法定代表人变更，应当办理变更登记。

第四，分公司。公司设立分公司，应当向公司登记机关申请登记，领取营业执照。分公司不具有法人资格，其民事责任由公司承担。

3. 公司章程的作用

（1）明确公司法人的基本情况和主要特征，确定公司权利范围。公司法虽然明确规定了公司法人的基本权利和义务，但这些内容转化成可以有效操作的具体条款及体现出不同公司的特征，则需要通过公司章程对法定权利作进一步的说明和细化。除法律有明文规定外，公司章程是确定公司权利、义务的基本法律文件，明确了公司成立的目的和经营范围、公司的资本、公司的所有人及公司的法人财产权，规定了公司组织机构的产生办法、职权、议事规则等多项内容，从而使投资者、与公司进行交易者、社会公众及国家，确切了解公司的基本情况和主要特征，易于判断公司行为的合法性与非法性，有利于建立公平竞争的市场秩序，保护投资和交易的安全。

（2）确定股东与公司之间、股东与股东之间的权利义务关系，体现股东意思自治。公司章程经登记注册后便对公司及股东起约束作用，视同每一个股东已在章程上签名盖章并同意遵守其中的全部条款。由于章程能够产生类似合同的法律关系，其作用是使股东与公司之间、股东与股东之间形成契约关系，明确各自的权利、义务与责任。公司法允许股东通过章程自行约定许多重大事项，赋予章程充分的灵活性，主要体现在以下几个方面。第一，由公司章程确定董事长、执行董事或者经理担任公司法定代表人。第二，可以由公司章程规定公司向其他企业投资或者为他人提供担保的总额及单项投资的限额，并确定决策权如何在董事会或股东（大）会之间分配。第三，有限责任公司股东按照实缴出资比例分取红利。公司新增资本时，股东有权优先按照实缴出资比例认缴出资，但全体股东可以通过章程约定不按照出资比例分取红利或优先认缴出资。股份有限公司按照股东持有的股份比例分配，但股份有限公司章程也可以规定不按持股比例分配。第四，有限责任公司股东会会议由股东按照出资比例行使表决权，但公司章程另有规定的除外。第五，公司法规定了有限责任公司经理的法定职权，但公司章程对经理职权另有规定的，从其规定。所以，股东与公司之间、股东与股东之间的权利、义务，除法律有明文规定外，主要靠公司章程约定。通常，公司股东可以通过股东（大）会实际行使股东对公司的权利，如选举公司董事、监事，表决通过公司投资计划和利润分配方案等。股东还可以不通过公司股东会议而援引章程（合同）对抗另一股东，如要求未按期缴纳股款的股东对其承担违约赔偿责任等。

（3）确定了公司经营管理人员的职责和权限范围。公司股东将其向公司投资的财产交由公司经营管理者（董事会及高级管理人员）负责经营。股东虽然不实际参与公司的经营管理，但作为所有人却必须承担财产经营的风险。因此，股东对公司的经营管理人员所拥有的权力应当有必要的约束，避免他们滥用权力损害股东利益。公司经营管理人员的职责和权限，除法律明确规定外，也是由公司章程确定。这表明股东认可在章程规定的范围内对公司经营管理人员的决策负责，包括对决策失误的后果负责。公司经营管理人员超越法律或章程规定的权限（越权）行事对第三人造成损害的，公司原则上不承担赔偿责任，而应由越权人自行承担责任。或者，公司依法承担责任后可以再向越权人追究其个人责任。所以，章程确定了公司所有者和公司经营管理者之间权、责、利的界限，是股东依法行使股权，对公司经营管理者进行监督的法律依据。

（4）便于国家对公司依法进行管理和监督。公司章程是由股东制定并经全体股东认可的，充分体现了公司所有人的共同意志。当公司经注册登记取得法人资格后，公司章程便同时得到国家的确认，具有法律效力。法律和章程是公司组织活动和业务行为的基本准则，是国家管理、监督公司的依据。章程中的有关事项明确、具体，不仅便于国家职能部门严格、公正执法，也有利于公司依法维护自己的合法权益。

案例3—3

公司章程和公司责任

甲、乙、丙三个企业共同出资设立新的有限责任公司。其中，甲公司占有乙公司70%的股份，是乙公司的母公司。甲公司总经理王某兼任新公司的董事长（法定代表人）。

1. 甲、乙、丙三个企业共同制定了公司章程。公司章程草案中包括下述条款：

(1) 公司股东为甲、乙、丙三家法人企业。

(2) 公司的业务范围是生产某种新型建筑材料，注册资本 40 万元人民币，甲、乙、丙各自认缴出资额为 16 万元、16 万元、8 万元。

(3) 甲公司以专利权和专有技术作价出资 16 万元，占注册资本的 40%。乙公司以 10 万元现金和 6 万元机器设备作为出资，占注册资本的 40%。丙公司以商誉作价出资 8 万元，占注册资本的 20%。

(4) 公司实现利润时，除依法提取的各项公积金外，甲、乙、丙三方平均分配剩余利润。

2. 新公司成立后，乙公司因决策不当对外负债 50 万元无力偿还，而该债务是在甲公司指示下以乙公司的名义进行贸易活动造成的。

3. 新公司成立后，总经理王某的一项投资决策失误，导致新公司损失 20 万元。

问：1. 公司章程草案中的各条款是否符合我国公司法规定？

2. 甲公司、新公司是否对乙公司的负债承担责任？

3. 新公司的投资损失应由谁承担？

案例点评

1. 公司章程第 1、第 2、第 4 条符合我国公司法规定，第 3 条不符合我国公司法规定。(1) 法人企业可以通过向企业投资成为股东。(2) 有限责任公司的注册资本 40 万元，等于全体股东认缴的出资额。(3) 商誉不得作价出资，因此，丙的出资不合法。(4) 公司法规定股东按照实缴出资比例分取红利，但全体股东约定不按照出资比例分取红利的除外。因此，甲、乙、丙通过章程约定平均分配剩余利润是合法的。

2. 甲公司对乙公司的债务不承担责任。虽然乙公司是甲公司的子公司，但二者都是独立的法人企业，甲公司仅是乙公司的股东。股东与公司是不同的法律主体，以乙公司名义进行的贸易活动，所产生的法律后果由乙公司承担。如果是甲公司利用大股东（母公司）身份滥用权力，导致乙公司决策失误，则乙公司可以根据有关法律和公司章程的规定，通过法律诉讼追究甲公司（股东）的责任。同理，乙公司与新公司都是独立的法人企业，新公司对于其股东乙公司的债务不承担责任。

3. 新公司投资决策失误的损失应当由新公司自己承担。因为王某是新公司的法定代表人，其经营行为（投资决策）是职务行为，代表公司，由此产生的后果也由公司承受。

(五) 公司发起人制度

1. 发起人的概念及职能

发起人、章程和资本是股份有限公司设立的三大要件。没有发起人，则章程无法订立，资本无法筹集，公司也不能设立。因此，在公司设立过程中，发起人起着非常重要的作用。股份有限公司以募集方式设立时，只有发起人参与公司具体的筹办事务，绝大部分股东都是通过认购公司股份在公司即将成立之时才介入公司事务。所以，公司发起人在公司设立过程中有着特殊的地位、权利、义务与责任，他们的行为不仅对公司能否成立影响甚大，而且与投资者和社会公众的利益攸关。有鉴于此，各国公司法都对股份有限公司的发起人作出特别规定，以规范公司发起人的发起行为，保障发起人的特殊利益以及投资者、公司、公司债权人的合法权益。

发起人负责公司的组建和筹备工作，但不少国家（包括我国）对发起人并无法律的定义。一般认为，股份有限公司的发起人是为成立公司而筹划设立事务、从事设立行为，并在公司章程上签名盖章的人，但不包括与设立公司有关的专业人员，如律师、会计师等。

此外，无论公司是否成立，发起人的身份不受影响。即在发生不可抗力或者经营条件发生重大变化直接影响公司设立，或创立大会作出不设立公司的决议，或公司发行的股份超过招股说明书规定的期限尚未募足，无须申请设立公司时，发起人仍要承担其法律责任。

2. 发起人的限制

（1）发起人的人数限制。各国公司法一般均对股份有限公司发起人有最低的人数限制，其主要原因，一方面是股份有限公司的注册资本额较高，设立程序复杂，人数过少不利于发起人迅速筹集资本及完成繁重的筹办公司事务；另一方面是基于保障交易安全的需要，因为如果公司不能设立，或者公司虽然设立但发起人有过错致使公司利益受到损害，则发起人对设立公司过程中所产生的债务和费用负连带责任，若发起人人数过少，将无法为投资者及未来成立的公司提供必要的财产担保。我国公司法规定，股份有限公司的发起人为2～200人。

（2）发起人的资格限制。自然人、法人均可以作为股份有限公司的发起人。自然人作为发起人，应该是完全民事行为能力人。法人作为发起人，应委派自然人作为代表人，代表人应有完全行为能力。

（3）发起人住所的限制。我国公司法规定，发起人中须有半数以上在中国境内有住所。这样规定的原因在于：股份有限公司设立程序复杂，前期准备性工作很多，发起人要参与公司设立的全过程并承担筹办公司的具体事务，不应只是名义上的发起人。同时，限制一定数量的发起人必须在我国境内有住所，当发起人需要承担发起人的责任时，有助于确定诉讼管辖权，追究发起人的法律责任。

3. 发起人的权利

发起人提议设立公司，并具体筹办公司设立事务，对公司成立有着特殊贡献。同时，无论公司是否设立，他们在法律上都可能承担重大的责任。因此，各国公司法一般都许可发起人享有某些特殊的权利，以鼓励人们热心设立公司。但是，发起人的特殊权利必须有法律明文规定或明确记载于公司章程并经公司登记机关核准登记，才具有合法性。

各国公司法允许发起人享有的权利并不相同，归纳而言，主要有以下几个方面：

（1）非货币财产（实物、知识产权、土地使用权等）出资的权利。

（2）自认优先股或后配股的权利。

（3）优先分配股息和红利的权利。

（4）优先认购公司新股的权利。

（5）剩余财产优先分配权。

（6）设立公司报酬请求权。

（7）设立公司预付费用偿还权。发起人在公司设立时垫付的一切必要费用，有权请求公司偿还。

发起人的特殊权利除法律有明文规定外，必须在公司章程内明文规定，并经公司创立大会或股东大会表决通过。总之，发起人可以通过设立公司获得合理的利益，但必须是公开的而不是秘密的利益。发起人获得特殊利益没有章程依据或未公开说明情况，公司有权要求发起人赔偿公司因此所受到的损失。

我国公司法仅明确发起人享有两项特殊权利：非货币财产出资权及公司设立费用偿还权，但没有明确能否通过公司章程赋予发起人以特殊权利。

4. 发起人的职责及义务

（1）制定公司章程。

（2）认购公司股份并缴纳出资。公司以发起方式设立的，发起人应认购公司所发行的全部股份。公司以募集方式设立的，发起人认购的股份不得少于公司股份总数的35%。

（3）募集设立的股份有限公司，由发起人向社会公开募集股份。

（4）募集设立的股份有限公司，由发起人主持召开公司创立大会。

（5）股份转让限制。发起人持有的本公司股份，自公司成立之日起1年内不得转让。公司公开发行股份前已发行的股份，自公司股票在证券交易所上市交易之日起1年内不得转让。

5. 发起人的法律责任

为防止发起人利用公司发起行为欺诈投资者谋取私利，破坏社会经济秩序，各国公司法均规定公司的发起人必须负严格的法律责任，包括民事责任、行政责任和刑事责任。

我国公司法规定了股份有限公司发起人所承担的三项民事责任：

（1）公司不能成立时，对设立行为所产生的债务和费用负连带责任（对债权人的责任）；

（2）公司不能成立时，对认股人已缴纳的股款，负返还股款并加算银行同期存款利息的连带责任（对认股人的责任）；

（3）公司设立过程中，由于发起人的过失致使公司利益受到损害的，应当对公司承担赔偿责任（对公司的责任）。

此外，股份有限公司成立后，发起人未按照公司章程规定缴足出资的，应当补缴，其他发起人承担连带责任；发现作为设立公司出资的非货币财产的实际价额显著低于公司章程所定价额的，应当由交付该出资的发起人补足其差额，其他发起人承担连带责任。

（六）募集设立的股份有限公司设立审查制度

1. 认股人对公司设立过程进行审查的必要性

有限责任公司和发起设立的股份有限公司，由股东、发起人认购公司的全部资本，发起人即为公司的全体股东，通常实际参与公司设立的全过程，对设立公司过程中的财务情况比较清楚。募集设立的股份有限公司，只有发起人实际参与公司具体的筹办事务，其他认股人只是在认购公司股份后召开的公司创立大会上才有机会介入公司的事务。他们对设立公司的具体过程不甚了解，但设立过程中的许多费用需要由公司承担，这直接涉及股东的利益。此外，发起人多以非货币财产作为其向公司的出资，这些财产估价是否合理，也直接影响到即将设立的公司资产是否充实的问题。所以，对公司的设立过程，特别是对募集设立的股份有限公司，各国公司法一般都规定设立审查制度，使公司设立过程中的财务情况公开、透明，防止发起人利用设立公司之便谋取私利，损害投资人及未来成立的公司的合法权益。

2. 公司创立大会制度

公司设立审查主要通过创立大会制度实现。创立大会实际是在公司股份募足之后，公司成立之前的全体发起人、认股人大会，必须按照法律规定的时间、程序、出席会议及表决人数的要求召开，决定一系列与公司有关的重大事项。

我国公司法规定：创立大会应有代表股份总数过半数的发起人、认股人出席方可举行，对创立大会法定职权内事项的决议，必须经出席会议的认股人所持表决权过半数通过。创立大会的法定职权是：

（1）审议发起人关于公司筹办情况的报告；

（2）通过公司章程；

（3）选举董事会成员；

（4）选举监事会成员；

（5）对公司的设立费用进行审核；

（6）对发起人用于抵作股款的财产的作价进行审核；

（7）发生不可抗力或者经营条件发生重大变化直接影响公司设立的，可以作出不设立公司的决议。

创立大会审核公司设立过程中的财务开支，重点审核应由公司承担的设立费用及发起人用于抵作股款的财产作价是否合理，如不合理可以拒绝承担或进行合理调整；必要时可以作出不设立公司的决议。发起人有义务提交设立公司的详细报告供创立大会审查。

四、公司法人治理结构

（一）公司法人治理结构的含义

公司法人治理结构，是指对公司经营管理和绩效进行监督和控制的一整套制度安排，其核心是如何建立有效率的公司权力分配结构，以解决分散的所有者如何有效率地控制公司的难题。狭义的公司治理结构，主要研究公司经营管理者（董事与高级管理人员）与公司所有者（股东）之间的利益冲突及其协调问题。广义的公司治理结构，研究范围扩展到公司利益相关者（公司、公司股东、公司经营管理者、公司雇员、公司债权人、消费者、政府、社会）之间错综复杂的利益冲突及其协调问题。公司法相关规定仅涉及狭义的公司法人治理结构。

（二）公司法人治理结构的功能

公司法人治理结构的功能，是在兼顾公司、公司股东、公司经营管理者与公司员工利益的基础上，以公司所有权、公司经营管理权、公司监督权的分工为依据，建立相对应的权力机构——股东（大）会、董事会、监事会，形成各机构各司其职、各负其责、分权制衡的权力结构体系，确立民主科学的决策机制，以便既能保证公司的独立经营自主权，又能保证投资者（股东）对公司的控制权。

（三）公司法人治理结构中的法律关系

股东投资成立公司，共同组成股东（大）会，股东（大）会是公司的最高权力机构。股东是公司的所有人，但只能通过股东（大）会决议的投票权参与公司经营管理活动。股东对公司的所有权转变为股权。

公司选任董事、监事分别组成董事会、监事会。通过股东（大）会决议，公司股东推选董事组成董事会。公司股东与员工分别推选监事组成监事会。董事会受公司委托经营管理公司财产。监事会受公司委托监督董事与高级管理人员的经营管理活动。

董事会聘任经理等公司高级管理人员管理公司业务活动。董事会与经理之间形成委托代理关系。

1. 公司与股东之间的法律关系

股东作为公司的投资者，依法享有资产收益、参与公司重大决策和选择管理者等权利。同时，负有按照其在公司章程中或认购公司股份合同中规定的出资额、出资方式和缴资期限缴纳其股款的义务。

公司对没有及时缴纳股款的股东，在进行必要的通知和催告后，可以取消其股东资格。因少数股东的不当行为造成公司损失时，公司有权要求其赔偿损失。同时，公司应当依照法律、行政法规与公司章程的规定，保证股东有效行使其股东权利。公司侵害股东合法权益并造成其损失的，依法承担赔偿责任。

股东之间、股东与公司之间通过法律、公司章程及发起人协议形成权利义务关系。公司股东滥用股东权利给公司或者其他股东造成损失的，应当依法承担赔偿责任。

此外，公司具有独立的法人资格，股东对公司主要是履行出资义务，故原则上股东仅以其出资额为限对公司承担有限责任。但是，如果股东滥用公司法人独立地位和股东有限责任，逃避债务，严重损害公司债权人利益的，则适用“刺破公司面纱”原则，即股东依法应当对公司债务承担连带责任。

案例3—4

股东是否应当对公司债务承担个人清偿责任

甲（男）、乙（女）系夫妻关系，二人共同出资设立船员服务有限公司，并领取了企业法人营业执照，其经营范围是船员教育培训、船员管理。甲为公司法定代表人，掌管公司的一切经营决策，乙则完全不参与公司事务。在工商部门的企业注册登记材料中，公司注册资本10万元，其中甲投资6万元，乙投资4万元。然而，在船员服务有限公司设立登记时，甲、乙没有向工商部门表明两人之间的夫妻关系身份，也未按照规定向工商部门提交夫妻财产分割证明。同时，乙没有实际出资，全部注册资金由甲筹措。

船员服务有限公司获取营业执照后，客户丙与公司签订协议，约定由该公司安排丙去某省海事局学习培训，丙一次性交齐培训费用2万元。该协议由甲与丙签名并加盖船员服务有限公司印章。但是，协议签订后，船员服务有限公司未能按约定安排丙培训。

为讨回所交的培训费用，丙向法院提起诉讼，要求船员服务有限公司承担违约责任，赔偿其损失。甲获知公司被起诉的消息后，随即与乙在民政部门办理了协议离婚手续。离婚协议约定，除日常生活用品归甲外，其余财产均归乙所有，婚姻关系存续期间的债权债务由甲清收偿还。法院审理丙的起诉后判决船员服务有限公司败诉，应当返还丙所交纳的培训费并赔偿其因此所受到的损失。但是，经查证船员服务有限公司已经资不抵债，无力清偿任何债务。

问：船员服务有限公司的股东甲、乙是否应当对该公司欠丙的费用承担个人清偿责任?

案例点评

本案涉及三个问题：一是夫妻公司（仅由夫妻二人作为股东的有限责任公司）是否具有真正的独立法人地位。二是“刺破公司面纱”原则能否适用于本案的夫妻公司，要求股东对其公司债务承担个人清偿责任。三是甲、乙协议离婚时就财产分割达成的协议涉嫌逃废债务时是否具有法律效力。

1. 根据法律规定，有限责任公司具有独立的法人资格。法律并未禁止仅由夫妻作为公司股东。因此，无论股东是1人（一人有限责任公司）、2人（包括夫妻）或2人以上，只要依法进行公司设立登记，使公司在法律上拥有独立的财产，该有限责任公司就具有独立的法人地位。

2. 为保证股东的个人财产与公司的财产相互独立，公司注册登记相关规定要求：“家庭成员共同出资设立有限责任公司，必须以各自拥有的财产作为注册资本，并各自承担相应的责任，登记时需要提交财产分割的书面证明或者协议。”甲、乙申请船员服务有限公司设立登记时，违反上述规定，隐瞒夫妻身份，以夫妻共同财产出资，但未向工商部门提交分割财产的证明，存在主观过错。因此，该公司股东之间的财产事实上未相互独立，并导致两个相互关联的法律后果：(1) 该夫妻公司事实上等同于只有1名股东（1人投资）的一人有限责任公司。(2) 法律规定，一人有限责任公司的股东不能证明公司财产独立于股东自己的财产的，应当对公司债务承担连带责任。由于乙未实际出资，甲又全面控制公司，甲的家庭财产与公司财产高度混同，有可能令公司丧失了法人的独立性，不具备真正意义上的有限责任公司性质。据此，如果甲不能证明公司财产独立于其家庭财产的，可以对该夫妻公司适用“刺破公司面纱”原则，否定该公司的独立法人人格，要求公司股东对公司债务承担连带清偿责任，即在船员服务有限公司无力清偿欠丙的债务时，由公司股东甲、乙承担连带赔偿责任。

3. 甲得知丙起诉公司后与乙协议离婚，离婚手续符合法定程序，具有法律效力。但是，离婚协议中夫妻财产分割事项却有逃废债务的嫌疑。离婚协议固然在当事人双方之间有拘束力，不过，若涉及第三人的利益，则该协议无对抗第三人的效力。尽管甲、乙已经离婚，并且甲名下并无有价值的财产，但在甲、乙承担连带赔偿责任的情况下，若甲丧失清偿能力，丙有权要求乙承担债务清偿责任。

2. 公司与董事会之间的权利义务关系

公司（通过股东（大）会决议）有权任免公司董事并对其经营管理活动进行监督，确保公司资产保值增值。同时，公司应当按照法律、行政法规或公司章程规定，赋予董事会完整、充分、独立的经营管理权。

董事会有权拒绝公司对其经营管理活动的不适当干预。同时，董事对公司负有勤勉义务及忠实义务。

3. 董事会与公司高级管理人员之间的权利义务关系

董事会有权聘任或解聘公司经理、副经理、财务负责人等公司高级管理人员，并对其业绩和管理活动进行评价、监督与奖惩。同时，应充分授权经理等高级管理人员，保证其拥有充分的管理权力。

经理等高级管理人员应当按照法律规定及公司董事会的授权履行代理人的职责，完成董事会要求的经营目标、计划或任务。同时，有权要求董事会按照合同规定的方式和数额支付其报酬。经理等高级管理人员对公司负有勤勉义务及忠实义务。

4. 公司与监事会之间的权利义务关系

监事会有权代表公司检查公司财务，并对董事、高级管理人员执行公司职务的行为进行监督。当董事、高级管理人员执行公司职务时违反法律、行政法规或者公司章程的规定，给公司造成损失的，由监事会代表公司向法院提起诉讼，请求其赔偿公司损失。监事对公司负有勤勉义务及忠实义务。

5. 公司法人治理结构中的权力制衡机制

公司法人治理结构中的股东（大）会、董事会、高级管理人员、监事会之间存在着权力制衡关系：公司股东（大）会是公司的权力机构，实行集体决策（股东会决议）制度，股东以通过决议的方式对股东（大）会法定职权内的事项进行决策，行使对公司的最终控制权。董事会和公司高级管理人员组成公司的经营管理机构，全面负责公司的经营管理活动。董事会实行集体决策（董事会决议）制度，董事会执行股东（大）会决议并对股东（大）会负责。经理等高级管理人员执行董事会决议，经理对董事会负责。监事会是公司内部设置的独立监督机构，监事会对股东（大）会负责。

由于公司的控股股东或实际控制人可以通过合法的选举程序出任董事、高级管理人员或监事的职务，多重身份集于一身形成错综复杂的关联关系，能够合法规避公司治理结构中的权力制衡机制，因此，公司法明确规定，公司的控股股东、实际控制人、董事、监事、高级管理人员利用其关联关系损害公司利益并给公司造成损失的，应当承担赔偿责任。其中：(1) 控股股东，是指其出资额占有限责任公司资本总额50%以上或者其持有的股份占股份有限公司股本总额50%以上的股东；出资额或者持有股份的比例虽然不足50%，但依其出资额或者持有的股份所享有的表决权已足以对股东（大）会决议产生重大影响的股东。(2) 实际控制人，是指虽不是公司股东，但通过投资关系、协议或者其他安排，能够实际支配公司行为的人。（3）高级管理人员，是指公司的经理、副经理、财务负责人、上市公司董事会秘书和公司章程规定的其他人员。（4）关联关系，是指公司控股股东、实际控制人、董事、监事、高级管理人员与其直接或者间接控制的企业之间的关系，以及可能导致公司利益转移的其他关系。但是，国家控股的企业之间不仅因为同受国家控股而具有关联关系。

此外，为防止公司董事、监事、高级管理人员通过控制公司而进行不法利益输送，公司法规定：股份有限公司不得直接或者间接通过子公司向董事、监事、高级管理人员提供借款，应当定期向股东披露董事、监事、高级管理人员从公司获得报酬的情况。

由于股东个人与董事、经理之间不存在直接的权利义务关系，故个别股东不能直接干预董事、经理的经营管理活动，只能通过股东（大）会决议（代表公司意志）任免董事和监事，对股东（大）会法定职权内的事项进行投票表决，或在股东（大）会上向公司董事、经理提出质询的方式参与公司事务。

但是，为了充分保护公司及股东的合法权益，如果董事、高级管理人员在经营活动中因违法或违反公司章程直接造成公司重大损失，间接造成股东个人损失的，除了以公司名义（通常由监事会代表）追究当事人责任外，必要时也可以由股东以个人名义直接提出赔偿要求，即股东可以通过派生诉讼与直接诉讼制度追究董事和高级管理人员的法律责任，以维护公司及股东的合法权益。

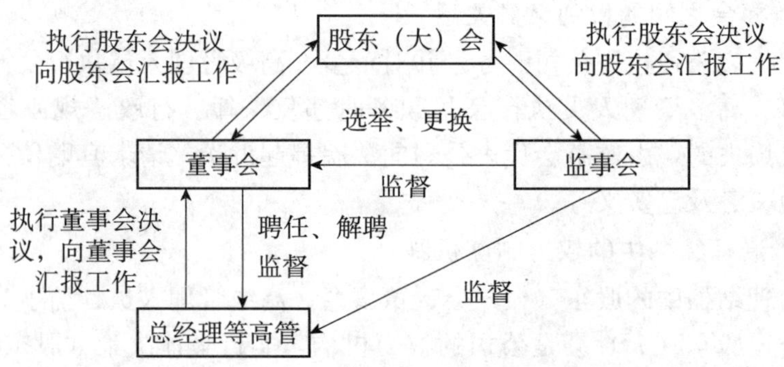

图 3—1　公司法人治理结构中的权力制衡关系

五、股东（大）会制度

（一）股东（大）会的职权

1. 股东（大）会的法律地位和法定职权

股东（大）会是有限责任公司股东会、股份有限公司股东大会的共同称谓。股东（大）会是公司的权力机构，由全体股东组成。

我国公司法规定股东（大）会具有以下法定职权：

（1）决定公司的经营方针和投资计划；

（2）选举和更换非由职工代表担任的董事、监事，决定有关董事、监事的报酬事项；

（3）审议批准董事会的报告；

(4) 审议批准监事会或者监事的报告；

(5) 审议批准公司的年度财务预算方案、决算方案；

(6) 审议批准公司的利润分配方案和弥补亏损方案；

(7) 对公司增加或者减少注册资本作出决议；

(8) 对发行公司债券作出决议；

(9) 对公司合并、分立、解散、清算或者变更公司形式作出决议；

(10) 修改公司章程；

(11) 公司章程规定的其他职权。

2. 股东（大）会职权的演变

公司股东并不直接经营管理公司，股东（大）会是公司的所有者参与公司事务的法定场合。股东（大）会是公司的权力机构，在公司中具有最高的法律地位，但其实际拥有的权力已发生了很大的变化。早期的公司制度中，股东（大）会承担决策职能，是公司的核心，其职权可以决定一切涉及公司经营管理方面的事务，董事会是纯粹的执行机关，基本上没有独立性。随着经济的发展，大型股份有限公司数量日益增加，公司的所有权和经营权分离已成为普遍现象。经济竞争的残酷性要求公司的经营管理机构必须有较大的自主权，能够针对经常变化的市场情况及时调整公司的经营策略，保持在市场中的主动性。此时，因股东人数众多，召集一次股东（大）会并非易事，而且，许多小股东出于经济和其他方面的考虑，没有兴趣参加股东（大）会，使股东（大）会事实上成为大股东控制的表决工具。显然，在股东（大）会决策日益流于形式的情况下，如果仍然依赖定期召开的股东（大）会进行日常经营活动的决策，必然使公司失去发展的机会。所以，公司的经营决策权开始由股东（大）会向董事会转移，公司制度对此也进行了相应的调整，在适当限制股东（大）会权力的同时，赋予董事会更大的经营决策权。这样，董事会兼有决策和执行双重职能，成为公司的核心。随着公司规模的空前扩大，公司经营决策权和决策执行权进一步分离，公司的高级管理人员从董事会分离出来，承担执行决策（日常管理）的职能。经理等高级管理人员通常不是股东，但实际控制着公司活动，这时，经理层又成为公司实际上的核心。公司实际控制权从股东（大）会转向董事会，继而再向经理层转移的事实，证明公司的经营管理者在公司中的作用日益重要，从而需要在公司制度上对其权力和职责予以确认，以协调公司所有者与经营者之间的利益冲突。

3. 股东（大）会职权的现状

股东（大）会作为公司权力机关，有权决定公司重大事项，其作用已由最初的积极决定公司经营决策转化到消极对公司重大决策把关（通过行使否决权达到这一目的）。股东（大）会的职权通常由法律规定（法定职权），一般限于决定公司的经营机构和监督机构（董事会和监事会）人选、审查公司的年度经营情况和财务报表、决定公司的投资计划和盈余分配、决定事关公司存亡和发展的资本与组织等重大问题，如修改公司章程、公司合并、分立、变更组织形式、解散、清算、注册资本增加或减少等。从世界范围看，股东（大）会的法定权力和实际权力日渐削弱已成为事实，这对于公司人格独立化和灵活经营固然有利，同时，也对如何保护股东的合法权益提出新的挑战。

（二）股东（大）会的召集和主持

1. 有限责任公司股东会会议的召集和主持

有限责任公司的股东会会议分为定期会议和临时会议。定期会议依照公司章程的规定按时召开。临时会议需经代表1/10以上表决权的股东、1/3以上的董事、监事会或者监事（不设监事会的公司）提议后，才能召开。

有限责任公司股东会会议的召集和主持规则：

（1）首次股东会会议由出资最多的股东召集和主持。

（2）有限责任公司设立董事会的，股东会会议由董事会召集，董事长主持；董事长不能履行职务或者不履行职务的，由副董事长主持；副董事长不能履行职务或者不履行职务的，由半数以上董事共同推举一名董事主持。

（3）有限责任公司不设董事会的，股东会会议由执行董事召集和主持。

（4）董事会或者执行董事不能履行或者不履行召集股东会会议职责的，由监事会或者不设监事会的公司的监事召集和主持；监事会或者监事不召集和主持的，代表1/10以上表决权的股东可以自行召集和主持。

召开股东会会议，应当于会议召开15日前通知全体股东；但是，公司章程另有规定或者全体股东另有约定的除外。

2. 股份有限公司股东大会会议的召集和主持

股份有限公司的股东大会会议分为年度会议和临时会议。股东年会按照章程规定每年召开一次。有下列情形之一的，应当在2个月内召开临时股东大会：

- 董事人数不足公司法规定人数或者公司章程所定人数的2/3时；
- 公司未弥补的亏损达实收股本总额1/3时；
- 单独或者合计持有公司10%以上股份的股东请求时；
- 董事会认为必要时；
- 监事会提议召开时；
- 公司章程规定的其他情形。

公司法和公司章程规定公司转让、受让重大资产或者对外提供担保等事项必须经股东大会作出决议的，董事会应当及时召集股东大会会议，由股东大会就上述事项进行表决。

股份有限公司股东大会会议的召集和主持规则：

（1）股东大会会议由董事会召集，董事长主持；董事长不能履行职务或者不履行职务的，由副董事长主持；副董事长不能履行职务或者不履行职务的，由半数以上董事共同推举一名董事主持。

（2）董事会不能履行或者不履行召集股东大会会议职责的，监事会应当及时召集和主持；监事会不召集和主持的，连续90日以上单独或者合计持有公司10%以上股份的股东可以自行召集和主持。

（3）召开股东大会会议，应当将会议召开的时间、地点和审议的事项于会议召开20日前通知各股东；临时股东大会应于会议召开15日前通知各股东；发行无记名股票的，应于会议召开30日前公告会议召开的时间、地点和审议事项。

(4) 单独或者合计持有公司 3%以上股份的股东，可以在股东大会召开 10 日前提出临时提案并书面提交董事会；董事会应当在收到提案后 2 日内通知其他股东，并将该临时提案提交股东大会审议。临时提案的内容应当属于股东大会职权范围，并有明确议题和具体决议事项。股东大会不得对会议通知与临时提案中未列明的事项作出决议。

(5) 无记名股票持有人出席股东大会会议的，应于会议召开 5 日前至股东大会闭会时将股票交存于公司。

(三) 股东(大)会的议事方式和表决程序

1. 股东(大)会决议的表决规则

有限责任公司股东会的议事方式和表决程序，除公司法有规定外，由公司章程规定。

股东会会议由股东按照出资比例行使表决权；但公司章程另有规定的除外。

股份有限公司股东大会会议，出席会议的股东所持每一股份有一表决权。但是，公司持有的本公司股份没有表决权。股东大会作出决议，必须经出席会议的股东所持表决权过半数通过。股东大会选举董事、监事，可以依照公司章程的规定或者股东大会的决议，实行累积投票制，即股东大会选举董事或者监事时，每一股份拥有与应选董事或者监事人数相同的表决权，股东拥有的表决权可以集中使用。

股东(大)会决议分普通决议和特别决议两种。普通决议以简单多数(1/2 以上)股东表决权即可通过。特别决议以绝对多数(2/3 以上)股东表决权才能通过。

股东(大)会特别决议事项通常由法律明文规定。我国公司法规定，股东(大)会作出修改公司章程、增加或者减少注册资本的决议，以及公司合并、分立、解散或者变更公司形式的决议，有限责任公司必须经代表 2/3 以上表决权的股东通过；股份有限公司必须经出席会议的股东所持表决权的 2/3 以上通过。此外，上市公司在一年内购买、出售重大资产或者担保金额超过公司资产总额 30%的，应当由股东大会作出决议，并经出席会议的股东所持表决权的 2/3 以上通过。

2. 股东(大)会决议的类型

一般情况下，股东(大)会决议有两种类型：一是会议决议，即正式召开股东(大)会，由出席会议的股东对议题进行讨论后表决投票，形成决议。二是书面决议，即虽然没有正式召开股东(大)会，但公司通过向股东发送议案，征集股东意见，由股东在该书面文件上签署赞成或反对意见形成决议，其法律效力与正式股东(大)会决议的效力相同。不过，以这种方式形成股东(大)会决议必须严格按照法定的程序和条件进行，进行充分的信息披露，以尊重股东的真实意愿和自由选择权。这种方式对于因时间或经济等方面的原因而无法抽身参加正式股东会议的小股东非常有利，可以保证更多的股东实际行使其股东的权利。我国公司法只规定有限责任公司股东会可以采取书面决议方式：股东对股东会法定职权内的事项以书面形式一致表示同意的，可以不召开股东会会议，直接作出决定，并由全体股东在决定文件上签名、盖章。

3. 股东表决权的行使

股东行使股东(大)会表决权，可以自己亲自行使，也可以委托他人代为行使，其中法人股东必须由自然人作为投票的代表人。股份有限公司的股权通常比较分散，大股东一般进入董事会直接参加公司的经营管理，通常自己行使表决权。小股东则多数是通过委托人代理其行使表决权。因此，委托代理投票制度便成为股东（大）会的重要制度之一。股东委托他人代理投票一般有两种类型。一是股东之间相互委托投票，如某个股东委托另一个股东或一些股东委托另外一些股东代理其进行投票。二是股东委托公司的独立董事或为其代管股票的信托机构代理其投票。委托投票制有助于分散的小股东相互联合，在股东（大）会中形成较强的控制力量，与大股东相抗衡，故许多国家法律对此持赞成态度，并通过各种具体措施完善委托投票制，鼓励小股东参与公司的经营决策。我国公司法规定，股东可以委托代理人出席股东（大）会会议，代理人应当向公司提交股东授权委托书，并在授权范围内行使表决权。

（四）股东（大）会决议的法律效力

股东（大）会是公司最高权力机构，股东以通过决议的方式实际行使其参与公司重大决策的权利。所以，股东（大）会决议是公司意志的体现，对公司及公司的股东、董事、监事和高级管理人员的行为均有约束力。只要股东（大）会决议是合法有效的，任何人都要执行，包括对决议持反对意见的人。但是，如果在公司占支配地位的股东滥用大股东的多数表决权，为追求自己或第三人的利益，通过了损害公司、少数股东或债权人合法权益的股东（大）会决议，但不可能通过股东（大）会自行纠正时，就有必要建立由法院确认股东（大）会决议无效和撤销制度。我国公司法的相关规定是：公司股东（大）会决议内容违反法律、行政法规的无效。股东（大）会会议召集程序、表决方式违反法律、行政法规或公司章程，或者决议内容违反公司章程的，股东可以自决议作出之日起60日内，请求人民法院撤销。股东提起请求撤销股东（大）会决议的，法院可以应公司的请求，要求股东提供相应担保。公司根据股东（大）会决议已办理变更登记的，人民法院宣告该决议无效或者撤销该决议后，公司应当向公司登记机关申请撤销变更登记。

（五）股东（大）会的会议记录

有限责任公司的股东会应当对所议事项的决定做成会议记录，出席会议的股东应当在会议记录上签名。

股份有限公司的股东大会应当对所议事项的决定做成会议记录，主持人、出席会议的董事应当在会议记录上签名。会议记录应当与出席股东的签名册及代理出席的委托书一并保存。

六、公司董事会与经理制度

（一）董事会与经理的法律地位和法定职权

1. 董事会的法律地位和成员构成

董事会是公司经营决策机构，对股东（大）会负责。有限责任公司董事会成员为3～13人；股份有限公司董事会成员为5～19人。股东人数较少或者规模较小的有限责任公司，可以不设董事会，设一名执行董事。

两个以上的国有企业或者两个以上的其他国有投资主体投资设立的有限责任公司，其董事会成员中应当有公司职工代表；其他有限责任公司董事会成员中可以有公司职工代表。

董事会中的职工代表（职工董事）由公司职工通过职工代表大会、职工大会或者其他形式民主选举产生，其他董事由股东（大）会选举产生。

董事会设董事长一人，可以设副董事长。董事长负责召集和主持董事会会议，检查董事会决议的实施情况。副董事长协助董事长工作。有限责任公司的董事长、副董事长的产生办法由公司章程规定。股份有限公司的董事长和副董事长由董事会以全体董事的过半数选举产生。

2. 董事的任期

董事任期由公司章程规定，但每届任期不得超过3年。董事任期届满，连选可以连任。

董事任期届满未及时改选，或者董事在任期内辞职导致董事会成员低于法定人数的，在改选出的董事就任前，原董事仍应当依照法律、行政法规和公司章程的规定，履行董事职务。

3. 董事会的法定职权

（1）召集股东（大）会会议，并向股东（大）会报告工作；

（2）执行股东（大）会的决议；

（3）决定公司的经营计划和投资方案；

（4）制定公司的年度财务预算方案、决算方案；

（5）制定公司的利润分配方案和弥补亏损方案；

（6）制定公司增加或者减少注册资本以及发行公司债券的方案；

（7）制定公司合并、分立、解散或者变更公司形式的方案；

（8）决定公司内部管理机构的设置；

（9）决定聘任或者解聘公司经理及其报酬事项，并根据经理的提名决定聘任或者解聘公司副经理、财务负责人及其报酬事项；

（10）制定公司的基本管理制度；

（11）公司章程规定的其他职权。

不设立董事会的有限责任公司，执行董事的职权由公司章程规定。

董事会作为公司的经营决策机构，在公司治理结构中仍然处于执行机构的地位。但在公司的实际经营活动中，董事会已不再单纯是股东（大）会决议的执行机构，而是兼有进行重大经营决策和执行股东（大）会决议的双重职能。在决策权力系统内，股东（大）会仍然是权力机构，董事会是执行机构。但在执行决策的系统内，董事会则成为决策机构（重大经营决策），经理是实际执行机构。董事会处于公司决策系统和执行系统的交叉点，是公司运转的核心。董事会的工作效率高低对公司的发展有着决定性的影响。

4. 经理的法律地位和法定职权

有限责任公司可以设经理，股份有限公司设经理。经理由董事会决定聘任或者解聘，对董事会负责。公司董事会可以决定由董事会成员兼任经理。执行董事可兼任公司经理。

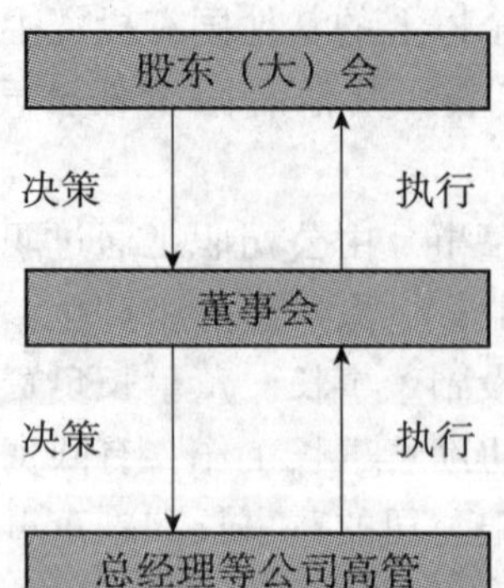

图 3—2 董事会在公司法人治理结构中的决策与执行双重地位

经理在董事会的领导下负责公司的日常业务管理工作。经理、副经理和财务、技术、法律方面的高级管理人员（总会计师、总经济师、总工程师等）组成经理层。经理等高级管理人员与董事同时属于公司经营管理者，可以相互兼职。所以，在西方多数国家公司法中，经理没有独立的法律地位。经理与董事会是委托代理关系。经理在董事会的授权范围内对外代表公司，对内管理公司日常业务活动，并根据合同领取薪金报酬。所以，与公司三大组织机构享有的法定权力不同，经理的权力受公司章程和董事会的授权范围限制。法律或章程对董事权力和任职资格的限制或约束，同样适用于经理等高级管理人员。

我国公司法突出了经理在公司经营管理中的地位与作用，单独规定了经理的法定职权。同时，允许有限责任公司的章程另行规定经理的职权。

经理的法定职权是：

（1）主持公司的生产经营管理工作，组织实施董事会决议；

（2）组织实施公司年度经营计划和投资方案；

（3）拟定公司内部管理机构设置方案；

（4）拟定公司的基本管理制度；

（5）制定公司的具体规章；

（6）提请聘任或者解聘公司副经理、财务负责人；

（7）决定聘任或者解聘除应由董事会决定聘任或者解聘以外的负责管理人员；

（8）董事会授予的其他职权。

公司章程对经理职权另有规定的，从其规定。

经理列席董事会会议。

（二）董事会会议制度

1. 董事会会议的主持

董事会会议由董事长召集和主持；董事长不能履行职务或者不履行职务的，由副董事长召集和主持；副董事长不能履行职务或者不履行职务的，由半数以上董事共同推举一名董事召集和主持。

2. 董事会会议的议事方式和表决程序

董事会的议事方式和表决程序，除法律有规定的外，由公司章程规定。

董事会以集体决议方式行使公司经营管理权。与通常股东按照股权比例拥有投票权不同，董事会决议的表决实行一人一票制度。董事会应当对会议所议事项的决定做成会议记录，出席会议的董事应当在会议记录上签名。

3. 股份有限公司董事会会议制度

公司法主要规定了股份有限公司的董事会会议制度，包括以下内容：

(1) 董事会会议的召集。董事会每年度至少召开2次会议，每次会议应当于会议召开10日前通知全体董事和监事。代表1/10以上表决权的股东、1/3以上董事或者监事会，可以提议召开董事会临时会议。董事长应当自接到提议后10日内，召集和主持董事会会议。董事会召开临时会议，可以另定召集董事会的通知方式和通知时限。

(2) 董事会会议的议事方式。董事会会议应有过半数的董事出席方可举行。董事会作出决议，必须经全体董事的过半数通过。董事会会议，应由董事本人出席。董事因故不能出席，可以书面委托其他董事代为出席，委托书中应载明授权范围。董事会应当对会议所议事项的决定做成会议记录，出席会议的董事应当在会议记录上签名。

(3) 董事对董事会决议的责任。董事会的决议违反法律、行政法规或者公司章程、股东大会决议，致使公司遭受严重损失的，参与决议的董事对公司负赔偿责任，但经证明在表决时曾表明异议并记载于会议记录的，该董事可以免除责任。

4. 董事会决议的法律效力

董事会受公司委托经营管理公司财产，合法有效的董事会决议代表公司意志，对公司及公司的股东、董事、监事和高级管理人员的行为均有约束力。但是，董事会决议内容违反法律、行政法规的无效。此外，董事会会议的召集程序、表决方式违反法律、行政法规或公司章程，或者决议内容违反公司章程的，股东有权提请人民法院撤销。股东请求撤销董事会决议的法定程序与撤销股东(大)会决议的法定程序相同。

案例3—5

董事会会议的召集与决议

某股份有限公司董事会由11名董事组成。公司董事长甲召集并主持的某次董事会会议，共有8名董事出席会议，另有3名董事因事请假。董事会会议对列入日程的事项进行讨论，经表决有6名董事同意通过下列事项：

(1) 鉴于公司董事会成员工作任务加重，决定为每位董事增加30%的薪酬；

(2) 鉴于监事会成员中的职工代表乙生病长期住院，无法履行职责，决定由本公司职工王某担任监事；

(3) 鉴于公司的财务会计工作日益繁重，拟将财务科升级为财务部，并向社会公开招聘会计人员3名，招聘会计人员事宜及财务科升级为财务部的方案经股东大会通过后实施；

(4) 鉴于现任总经理、副总经理聘任合同即将期满，决定不再与其续签合同，由董事会面向公司内外公开招聘总经理、副总经理；

(5) 鉴于建筑材料涨价等因素影响，同意对公司目前在建的写字楼项目追加投资

20 万元。

问：1. 公司董事会的召集和表决程序是否符合公司法相关规定？

2. 公司董事会通过的事项是否符合公司法相关规定？

案例点评

1. 公司董事会会议的召集和表决程序均符合法律规定。公司法规定，股份有限公司董事会会议应有过半数的董事出席方可举行；董事会会议由董事长召集并主持；董事会决议须经全体董事过半数通过。该公司由董事长召集并主持董事会会议，有 8 名董事出席会议，表决通过董事会相关议题时有 6 名董事投赞成票，均已超过全体 11 名董事的半数。

2. 董事会通过的事项中不符合公司法规定之处：

（1）董事会为每位董事增加薪酬的决议违法。决定董事的薪酬属于公司股东大会的职权，董事无权通过董事会决议给自己增加薪酬。

（2）董事会通过的由公司职工王某担任监事的决议违法。选举和更换由职工代表出任的监事应由公司职工民主选举产生。

（3）董事会决议要求财务科升级为财务部的方案及招聘会计人员事宜要经过股东大会通过后实施的决议不合法。决定公司内部管理机构的设置属于公司董事会的职权范围，财务科升级为财务部的方案董事会通过即可实施。招聘会计人员属于总经理的职权范围。因此，上述事宜均不属于股东大会的决策范围。

（4）由董事会面向公司内外公开招聘总经理、副总经理的决议合法。决定是否聘任或者解聘总经理、副总经理是董事会的职权，但副总经理的聘任或者解聘需要由总经理提名。

（5）董事会追加项目投资的决议合法。因为决定公司的经营计划和投资方案是董事会的法定职权。

（三）上市公司的独立董事及董事会秘书制度

上市公司由于股票可以上市交易，股权分散并变动频繁，有必要加强对小股东利益的特殊保护。因此，我国公司法参照英美法系国家的独立董事制度，要求上市公司设立独立董事。我国上市公司独立董事制度目前主要由国务院的行政法规规定。

1. 独立董事的资格、比例与任期

独立董事是指不在公司担任除董事外的其他职务，并与其所受聘的上市公司及其主要股东不存在可能妨碍其进行独立客观判断的关系的董事。

我国上市公司董事会成员中至少应包括 1/3 的独立董事。独立董事中至少包括一名会计专业人士（指具有高级职称或注册会计师资格的人士）。上市公司董事会下设薪酬、审计、提名等委员会的，独立董事应当在委员会成员中占有 1/2 以上的比例。

独立董事每届任期与该上市公司其他董事任期相同，任期届满，连选可以连任，但是连任时间不得超过 6 年。

原则上最多在5家上市公司兼任独立董事，并确保有足够的时间和精力有效地履行独立董事的职责。

2. 独立董事的特别职权

上市公司独立董事除具有公司董事的一般性职权外，还具有以下特别职权：

(1) 重大关联交易（指上市公司拟与关联人达成的总额高于300万元或高于上市公司最近经审计净资产值的5%的关联交易）应由独立董事认可后，提交董事会讨论；独立董事作出判断前，可以聘请中介机构出具独立财务顾问报告，作为其判断的依据。

(2) 向董事会提议聘用或解聘会计师事务所。

(3) 向董事会提请召开临时股东大会。

(4) 提议召开董事会。

(5) 独立聘请外部审计机构和咨询机构。

(6) 在股东大会召开前公开向股东征集投票权。

独立董事行使上述职权应当取得全体独立董事的1/2以上同意。如上述提议未被采纳或上述职权不能正常行使，上市公司应将有关情况予以披露。独立董事聘请中介机构的费用及其他行使职权时所需的费用由上市公司承担。

为了保证独立董事有效行使职权，上市公司应当保证独立董事享有与其他董事同等的知情权。凡须经董事会决策的事项，上市公司必须按法定的时间提前通知独立董事并同时提供足够的资料，独立董事认为资料不充分的，可以要求补充。当2名或2名以上独立董事认为资料不充分或论证不明确时，可联名书面向董事会提出延期召开董事会会议或延期审议该事项，董事会应予以采纳。

3. 独立董事的独立意见

独立董事应当就下述重大事项向董事会或股东大会发表独立意见：

(1) 提名、任免董事；

(2) 聘任或解聘高级管理人员；

(3) 公司董事、高级管理人员的薪酬；

(4) 上市公司的股东、实际控制人及其关联企业对上市公司现有或新发生的总额高于300万元或高于上市公司最近经审计净资产值的5%的借款或其他资金往来，以及公司是否采取有效措施回收欠款；

(5) 独立董事认为可能损害中小股东权益的事项；

(6) 公司章程规定的其他事项。

独立董事的独立意见应当是以下几类意见之一：同意；保留意见及其理由；反对意见及其理由；无法发表意见及其障碍。

如有关事项属于需要披露的事项，上市公司应当将独立董事的意见予以公告，独立董事出现意见分歧无法达成一致时，董事会应将各独立董事的意见分别披露。

4. 利害关系董事表决权排除制度

为了维护公司和股东利益，保证公司决策正当和可行，我国公司法规定了上市公司利害关系董事表决权排除制度：上市公司董事与董事会会议决议事项所涉及的企业有关联关系的，不得对该项决议行使表决权，也不得代理其他董事行使表决权。该董事会会议由过半数的无关联关系董事出席即可举行，董事会会议所作决议须经无关联关系董事过半数通过。出席董事会的无关联关系董事人数不足 3 人的，应将该事项提交上市公司股东大会审议。

5. 独立董事的津贴和责任保险

上市公司应当给予独立董事适当的津贴。津贴标准由董事会制定预案，股东大会审议通过，并在公司年报中进行披露。除上述津贴外，独立董事不应从该上市公司及其主要股东或有利害关系的机构和人员取得额外的、未予披露的其他利益。

上市公司可以建立必要的独立董事责任保险制度，以降低独立董事正常履行职责可能引致的风险。

6. 董事会秘书制度

上市公司设董事会秘书，负责公司股东大会和董事会会议的筹备、文件保管以及公司股东资料的管理，办理信息披露事务等事宜。

上市公司董事会秘书应积极为独立董事履行职责提供协助，如介绍情况、提供材料等。独立董事发表的独立意见、提案及书面说明应当公告的，董事会秘书应及时到证券交易所办理公告事宜。

（四）董事和高级管理人员的职责

1. 董事和高级管理人员应当维护公司及公司股东的合法权益

董事和高级管理人员是公司的经营管理者，法律及公司章程赋予其经营管理公司的职权。公司董事会的职权是法定的，因此，股东（大）会决议也不能直接剥夺或限制董事会的职权。经理职权法律有明文规定，但公司章程也可以另行规定。同时，董事和高级管理人员应当认真履行职责，维护公司及公司股东合法权益，不得利用在公司的地位和职权为自己谋取私利。

2. 董事和高级管理人员对公司负有忠实义务和勤勉义务

勤勉义务的含义是：董事和高级管理人员应怀有善意为公司经营管理财产，在经营公司的过程中应当具有责任心，认真履行其职责；董事和高级管理人员应当在法律规定和公司章程授权的范围内行使其职权；按时出席董事会的各种会议，了解并熟悉公司的经营情况和财务情况，积极参与公司经营管理的决策活动；董事察觉到经理人员不能胜任时，应及时建议董事会将其解聘；对事关公司全局利益的重大决策应慎重从事，对董事会的决议有异议时，应及时提出并记载于董事会会议记录；当自己不能充分履行其职责时，应自动辞职等。勤勉义务强调董事和高级管理人员执行职务时的主观努力和注意程度，与其才能有关。

忠实义务的含义是：董事和高级管理人员应以其全部才能履行其职责，忠实于公司，最大限度地实现和维护公司的利益；在个人利益和公司利益发生冲突时，必须以公司利益为重。因此，董事和高级管理人员应遵守法律和公司章程的规定，忠实执行股东（大）会的决议；不能凭借其身份图谋个人利益，违反自己的职责。对外签订合同时如直接或间接涉及个人利益，必须将有关情况及可获得的收益在董事会或股东（大）会上作出说明，经同意后方可进行这些交易等。忠实义务强调董事和高级经理人员执行职务时对公司要忠诚，与其商业道德有关。

3. 法律明令禁止董事和高级管理人员从事的行为（违反忠实义务的行为）

（1）挪用公司资金；

（2）将公司资金以其个人名义或者以其他人名义开立账户存储；

（3）违反公司章程的规定，未经股东（大）会或者董事会同意，将公司资金借贷给他人或者以公司财产为他人提供担保；

（4）违反公司章程的规定或者未经股东（大）会同意，与本公司订立合同或者进行交易；

（5）未经股东（大）会同意，利用职务便利为自己或者他人谋取属于公司的商业机会，自营或者为他人经营与所任职公司同类的业务；

（6）接受他人与公司交易的佣金归为己有；

（7）擅自披露公司的秘密；

（8）违反对公司忠实义务的其他行为。

董事、高级管理人员违反上述忠实义务所得的收入应当归公司所有。

4. 董事和高级管理人员与公司之间的内部交易

早期的公司法为保证董事和高级管理人员履行其对公司的忠实义务，绝对禁止公司经营管理者与公司进行任何交易，以防止出现利益冲突的可能性。但伴随着法人董事的出现、企业之间的经济联系日益密切及公司制度的逐步完善，一方面，经营管理者与公司之间的内部交易并非都必然会产生利益冲突，诸如经营管理者与公司之间订立的格式化合同（保险、运输、存款、供用电合同等）和明显对公司有利的合同等。绝对禁止经营管理者与公司之间的任何交易，反而会束缚公司的经营活动，丧失对公司有利的盈利机会。另一方面，公司制度及其他法律的完善，也使得公司可以有效地控制经营管理者与公司之间的交易行为，最大限度地避免双方的利益发生冲突。所以，现代许多国家的公司法对董事和高级管理人员的忠实义务并没有绝对化，通常规定董事或高级管理人员与公司之间直接或间接签订合同，进行交易，只要符合相应的规定，履行一定的程序，就不违背对公司的忠实义务。所以，董事和高级管理人员与公司之间的交易是否可以进行，关键不是交易本身，而是交易活动是否进行了充分的信息披露，是否符合法律与章程的规定。我国公司法规定，董事和高级管理人员只有在按照公司章程的规定经过股东（大）会或董事会的同意后，才能与公司订立合同或者进行交易。现实中，公司章程事先能够确定的交易范围较窄，而临时召开股东（大）会又非易事。比较现实的操作办法通常是数额巨大的交易由股东（大）会批准，其他交易由董事会批准，但有利害关系的董事无表决权。

5. 董事和高级管理人员的竞业禁止义务

竞业禁止，指董事和高级管理人员不得经营与其任职公司同类的业务，包括自营或为他人经营这类业务和担任有竞争关系的公司董事等，这是限制董事和高级管理人员攫取公司商业机会以谋取私利的有效措施。但是，在企业集团中，由于子公司是独立的法人，母公司为了保证对子公司的控制权，常见的做法是利用其在子公司中的多数股权控制子公司的董事会，将母公司的董事或高级管理人员任命为子公司的董事或经理。如果母公司和子公司的经营业务相同，该董事或高级管理人员就会因违反竞业禁止的义务而承担法律责任。因此，在企业集团内部母、子公司经营同类业务的情况下，母公司的董事和高级管理人员兼任子公司董事、经理的决定，必须经股东（大）会同意才具有合法性。

（五）董事和高级管理人员违背其职责的法律责任

董事和高级管理人员执行公司职务时违反法律、行政法规或者公司章程的规定，给公司造成损失的，应当承担赔偿责任。

董事和高级管理人员原则上只对公司负有义务并承担经营责任，并不直接对个别股东负有义务并承担法律责任。第一，董事由公司选任而不是由个别股东选任，理应对公司负责。股东（大）会做出决议选任董事，决议代表公司意志，而非个别股东意志。第二，公司利益与个别股东利益并非完全一致。公司利益包括股东利益、经营者利益和职工利益，三方面的利益既有共同之处，也有冲突之时，公司利益是三者的平衡与协调。如要求董事直接对股东承担法律责任，当公司利益和股东利益发生冲突时，董事将无所适从。第三，公司利益应高于股东的利益，维护了公司利益，股东利益就得到了保证。因此，追究公司董事和高级管理人员的经营责任，应当以公司名义而非股东名义提起法律诉讼。

但是，由于董事和高级管理人员事实上控制着公司，导致以公司名义追究其法律责任障碍重重。为了维护公司和股东合法权益，公司法规定股东可以通过股东派生诉讼和股东直接诉讼两种方式追究董事与高级管理人员的法律责任。相关内容见股东权保护。

案例 3—6

公司董事、经理违反竞业禁止义务的后果

刘某为甲公司（经营消防器材和防火材料）的总经理，他以乙公司委托代理人的身份，将乙公司从国外进口的一批防火材料销售给丙公司并收取了乙公司支付的提成费。甲公司董事会知悉此事后，认为刘某身为本公司总经理，负有不得经营与本公司同类业务的义务。因此，董事会决议责成刘某取消该项合同，将这批防火材料由甲公司买受。丙公司认为，这批防火材料买卖是丙公司与乙公司之间进行的，与甲公司无关。合同经当事人意思表示一致而成立，防火材料的买卖也不违法，故合同有效并履行完毕。刘某代理乙公司订立合同并因此损害了甲公司的利益，是甲公司内部事务，与丙公司无关，因此，拒不同意将该批防火材料交由甲公司销售。

问：1. 刘某的行为是否违反了竞业禁止义务？

2. 甲公司董事会决议是否有法律根据？

3. 甲公司董事会应当如何处罚总经理刘某？

案例点评

1. 刘某以乙公司代理人身份从事防火材料销售活动并收取提成费，这样的经营活动与甲公司之间形成直接竞争关系，损害了甲公司的利益。根据我国公司法规定，未经股东（大）会同意，董事、高级管理人员不得利用职务便利为自己或者他人谋取属于公司的商业机会，自营或者为他人经营与所任职公司同类的业务。从事上述营业或活动的，所得收入应当归公司所有。因此，刘某违反了董事、高级管理人员对公司

的忠实义务，其行为属于竞业禁止的范围。

2. 甲公司董事会决议没有合法依据。因为刘某是以乙公司代理人身份与丙公司订立合同，合同的主体是乙公司与丙公司，甲公司对此项合同能否成立、是否有效没有决定权。因此，甲公司董事会虽然能够依照法律或章程的规定，直接处罚本公司总经理刘某，却无权要求乙、丙两公司解除合同，并强制乙公司将这批货物交由甲公司销售。竞业禁止只是公司董事、高级管理人员对公司所负的义务，而不是公司以外第三者的义务，公司内部对董事、高级管理人员的权力限制不得对抗善意第三人。

3. 甲公司董事会可以依照法律和章程的规定处罚刘某。首先，根据公司法的规定要求刘某将提成费上缴公司。其次，如果有确切证据表明甲公司因丧失这次商业机会造成了经济损失，可以要求刘某对甲公司承担赔偿责任。最后，可以通过董事会决议罢免刘某的总经理职务。

七、公司监事会制度

（一）监事会的功能

只要企业的出资人（股东）自己不亲自经营管理其资产（所有权与经营权分离），就存在由于资产委托经营而产生的代理成本及对委托代理人的监督问题。股份公司股东人数众多，但大多数股东不可能通过担任董事或高级管理人员的职务直接从事公司经营管理活动。在公司所有权与经营权高度分离的情况下，作为公司所有者的股东能否有效监督公司的经营管理者（董事和高级管理人员），对于维护股东与公司的合法权益极为重要。公司法人治理结构的核心功能就是既要保证公司的经营管理者有充分的经营自主权，又要通过有效的监督机制实现所有者对经营管理者的合理控制，使其不能滥用职权或越权行事。所以，伴随着股份公司董事会和经理层的权力不断扩大，各国公司法都规定了不同的措施加强对公司经营管理者执行业务活动的检查与监督，防止其滥用职权，损害公司及股东的利益。制定和完善公司的监督制度是许多国家采取的共同的措施。

公司所有者对公司经营管理活动监督的重点是业务监督和审计监督。监督人可以是股东及股东（大）会、董事会和监事会等公司内部组织机构（内部监督），也可以是股东（大）会、董事会从公司外部聘任的财务会计专家（外部监督）。监督对象是公司的董事和高级管理人员。从国外情况看，公司内部监督制度主要有以下内容：

（1）股东和股东（大）会对董事的直接监督，如股东（大）会对董事的任命和罢免权、股东（大）会决议对董事会的法定约束、股东对董事不法行为的起诉等；

（2）董事会对董事和高级管理人员的直接监督，如董事会对高级管理人员的任命和罢免权、绩效考核权等；

（3）在公司内部设立监事会或类似机构，负责对公司经营活动进行专职监督。

英美法系国家公司内部一般不单独设立专职监督机构，上市公司通过董事会内部的独立董事和专业委员会（如提名、薪酬和审计等专业委员会）对董事和高级管理人员进行全面监督。同时，股东（大）会外聘审计员负责公司的审计监督。大陆法系国家公司内部一般都设立专职的监督机构，受公司股东和员工的委托行使监督职能。同时，也从公司外部聘请专职的会计专家负责审计监督。所以，无论是英美法系还是大陆法系国家的公司，都实行公司内部和外部共同监督制度。我国公司监督法律制度兼具大陆法系和英美法系的某些特点：公司内部设立监事会，同时，上市公司设立独立董事。

（二）监事会的法律地位和法定职权

1. 监事会的法律地位和成员构成

公司设监事会，其成员不得少于 3 人。股东人数较少或者规模较小的有限责任公司，可以设 1～2 名监事，不设监事会。

监事会是公司内部监督机构，负责检查、监督公司董事和高级管理人员的经营管理活动。监事会成员应当包括股东代表和适当比例的公司职工代表，其中职工代表的比例不得低于 1/3，具体比例由公司章程规定。监事会中的职工代表由公司职工通过职工代表大会、职工大会或者其他形式民主选举产生。

有限责任公司监事会设主席一人，由全体监事过半数选举产生。监事会主席召集和主持监事会会议；监事会主席不能履行职务或者不履行职务的，由半数以上监事共同推举一名监事召集和主持监事会会议。

股份有限公司监事会设主席一人，可以设副主席。监事会主席和副主席由全体监事过半数选举产生。监事会主席召集和主持监事会会议；监事会主席不能履行职务或者不履行职务的，由监事会副主席召集和主持监事会会议；监事会副主席不能履行职务或者不履行职务的，由半数以上监事共同推举一名监事召集和主持监事会会议。

董事、高级管理人员不得兼任监事。

2. 监事的任期

监事的任期每届为 3 年。监事任期届满，连选可以连任。

监事任期届满未及时改选，或者监事在任期内辞职导致监事会成员低于法定人数的，在改选出的监事就任前，原监事仍应当依照法律、行政法规和公司章程的规定，履行监事职务。

3. 监事会、监事（不设监事会的公司）的法定职权

（1）检查公司财务；

（2）对董事、高级管理人员执行公司职务的行为进行监督，对违反法律、行政法规、公司章程或者股东（大）会决议的董事、高级管理人员提出罢免的建议；

（3）当董事、高级管理人员的行为损害公司的利益时，要求董事、高级管理人员予以纠正；

（4）提议召开临时股东（大）会会议，在董事会不履行法律规定的召集和主持股东（大）会会议职责时召集和主持股东（大）会会议；

（5）向股东（大）会会议提出提案；

（6）代表公司依法对侵害公司权益的董事、高级管理人员提起诉讼；

（7）公司章程规定的其他职权。

董事、高级管理人员应当如实向监事会或者监事提供有关情况和资料，不得妨碍监事会或者监事行使职权。

监事会或者监事行使职权所必需的费用，由公司承担。

4. 监事会、监事（不设监事会的公司）行使职权的方式

监事可以列席董事会会议，并对董事会决议事项提出质询或者建议。

监事会或者监事发现公司经营情况异常，可以进行调查；必要时，可以聘请会计师事务所等协助其工作，费用由公司承担。

（三）监事会会议制度

监事会的议事方式和表决程序，除法律有明文规定的外，由公司章程规定。

有限责任公司的监事会每年度至少召开一次会议。股份有限公司的监事会每6个月至少召开一次会议。监事可以提议召开临时监事会会议。

监事会决议应当经半数以上监事通过。监事会应当对所议事项的决定做成会议记录，出席会议的监事应当在会议记录上签名。

八、公司的其他组织制度

（一）一人有限责任公司的特别规定

一人有限责任公司，是指只有一个自然人股东或者一个法人股东的有限责任公司。一人有限责任公司的单一所有权决定了其组织制度的特殊性：一方面，公司无须设立股东会、董事会和监事会等组织机构；另一方面，一人股东的财产与公司的财产可能名义上独立而实质上不独立，导致一人股东可能利用有限责任制度不正当操控公司损害债权人利益和社会利益，因此，公司法必须对一人有限责任公司的组织制度进行更严格的规范。

一人有限责任公司的设立和组织机构，除法律有特别规定外，适用有限责任公司的相关规定。

（1）一个自然人只能投资设立一个一人有限责任公司。该一人有限责任公司不能投资设立新的一人有限责任公司（法人股东不受此限制）。

（2）一人有限责任公司应当在公司登记中注明自然人独资或者法人独资，并在公司营业执照中载明（便于交易者识别一人公司）。

（3）一人有限责任公司章程由股东制定。

（4）一人有限责任公司不设股东会。股东作出公司的经营方针和投资计划决定时，应当采用书面形式，并由股东签名后置备于公司。一人有限责任公司应当在每一会计年度终了时编制财务会计报告，并经会计师事务所审计（确保公司财务会计的独立性）。

（5）一人有限责任公司的股东不能证明公司财产独立于股东自己的财产的，应当对公司债务承担连带责任（一人股东对于自己与公司的人格、财务的独立性承担举证责任）。

（二）国有独资公司的特别规定

国有独资公司，是指国家单独出资、由国务院或者地方人民政府授权本级人民政府国有资产监督管理机构履行出资人职责的有限责任公司。国有独资公司的设立和组织机构，除法律有特别规定外，适用有限责任公司的相关规定。

（1）国有独资公司章程由国有资产监督管理机构制定，或者由董事会制定报国有资产监督管理机构批准。

（2）国有独资公司不设股东会，由国有资产监督管理机构行使股东会职权。国有资产监督管理机构可以授权公司董事会行使股东会的部分职权，决定公司的重大事项，但公司的合并、分立、解散、增加或者减少注册资本和发行公司债券，必须由国有资产监督管理机构决定；其中，重要的国有独资公司（由国务院确定）合并、分立、解散、申请破产的，应当由国有资产监督管理机构审核后，报本级人民政府批准。

（3）国有独资公司设董事会，董事会的法定职权适用有限责任公司的相关规定。董事每届任期不得超过 3 年。董事会成员中应当有公司职工代表。董事会成员由国有资产监督管理机构委派；但是，董事会成员中的职工代表由公司职工代表大会选举产生。

董事会设董事长一人，可以设副董事长。董事长、副董事长由国有资产监督管理机构从董事会成员中指定。

（4）国有独资公司设经理，由董事会聘任或者解聘。经理的法定职权适用有限责任公司的相关规定。经国有资产监督管理机构同意，董事会成员可以兼任经理。

（5）国有独资公司的董事长、副董事长、董事、高级管理人员，未经国有资产监督管理机构同意，不得在其他有限责任公司、股份有限公司或者其他经济组织兼职。

（6）国有独资公司监事会成员不得少于 5 人，其中职工代表的比例不得低于 1/3，具体比例由公司章程规定。

监事会成员由国有资产监督管理机构委派；但是，监事会成员中的职工代表由公司职工代表大会选举产生。监事会主席由国有资产监督管理机构从监事会成员中指定。

监事会的法定职权适用有限责任公司的相关规定及国务院规定的其他职权。

（三）公司中的工会和共产党组织

工会是代表和维护劳动者合法权益的群众性组织，对公司的有关决策有参与权。公司应当为本公司工会提供必要的活动条件。公司工会代表职工就职工的劳动报酬、工作时间、福利、保险和劳动安全卫生等事项依法与公司签订集体合同。公司研究决定改制以及经营方面的重大问题，制定重要的规章制度时，应当听取公司工会的意见，并通过职工代表大会或者其他形式听取职工的意见和建议。

在公司中，根据中国共产党章程的规定，设立中国共产党的组织，开展党的活动。公司应当为党组织的活动提供必要条件。

（四）公司董事、监事、高级管理人员的任职资格

有下列情形之一的，不得担任公司的董事、监事、高级管理人员：

（1）无民事行为能力或者限制民事行为能力；

（2）因贪污、贿赂、侵占财产、挪用财产或者破坏社会主义市场经济秩序，被判处刑罚，执行期满未逾 5 年，或者因犯罪被剥夺政治权利，执行期满未逾 5 年；

(3) 担任破产清算的公司、企业的董事或者厂长、经理，对该公司、企业的破产负有个人责任的，自该公司、企业破产清算完结之日起未逾3年；

(4) 担任因违法被吊销营业执照、责令关闭的公司、企业的法定代表人，并负有个人责任的，自该公司、企业被吊销营业执照之日起未逾3年；

(5) 个人所负数额较大的债务到期未清偿。

公司违反上述规定选举、委派董事、监事或者聘任高级管理人员的，该选举、委派或者聘任无效。董事、监事、高级管理人员在任职期间出现无民事行为能力或者限制民事行为能力情形的，公司应当解除其职务。

(五) 公司董事、监事、高级管理人员的义务

(1) 董事、监事、高级管理人员应当遵守法律、行政法规和公司章程，对公司负有忠实义务和勤勉义务。董事、监事、高级管理人员执行公司职务时违反法律、行政法规或者公司章程的规定，给公司造成损失的，应当承担赔偿责任。

(2) 董事、监事、高级管理人员不得利用职权收受贿赂或者其他非法收入，不得侵占公司的财产。

(3) 股东（大）会要求董事、监事、高级管理人员列席会议的，董事、监事、高级管理人员应当列席并接受股东的质询。

(4) 公司不得直接或者通过子公司向董事、监事、高级管理人员提供借款。

(六) 公司法人意志的代表机构

公司法人的意志和行为由法人组织机构体现，但公司的组织机构不止一个，各组织机构之间也难免发生权力冲突。因此，必须确认不同情况下哪一个公司组织机构有权代表公司法人的意志和行为，这是涉及公司法人的独立人格，维护公司、股东、董事、监事和高级管理人员自身利益，分清责任是非的重大问题。

1. 股东（大）会

股东（大）会是公司的权力机构，股东（大）会决议是公司意志的具体体现，对公司及公司内部的董事、高级管理人员、监事均产生法律上的约束力。公司的经营管理机构与监督机构的行为违反股东（大）会决议的无效，如因此导致公司受到损害，公司有权要求其赔偿损失。但是，若股东（大）会决议违反法律、行政法规或者公司章程的规定，则决议本身无效，当然不能体现公司的意志，对任何人均无约束力。

2. 董事会及经理

董事会和经理组成公司经营管理机构，执行股东（大）会决议。股东（大）会不是常设机构，在公司的经营活动中，董事会决议或者执行董事的决策（不设立董事会的公司）体现公司的意志和行为，公司法定代表人对外代表公司。在董事会授权范围内，经理也可以对外代表公司。董事会和经理依照法律和章程赋予的权力独立行使职权，在其职权范围内执行业务时，股东（大）会不得越权以决议形式干预其经营管理活动。一般情况下，董事会和经理在法律和公司章程规定的权限范围内，或者在执行股东（大）会合法决议的基础上行使职权，即便由此给公司造成损失，对公司和股东也不负赔偿责任，因为这代表公

司的意志和行为，由公司自行承担后果。但是，若董事会和经理超越法律和章程规定的职权行事，或故意不执行股东（大）会的合法决议，则其行为不能代表公司的意志和行为，当然无效，公司不承担由此产生的后果。同时，为了保护与公司交易的善意第三人的利益，公司章程中对董事、经理的权力限制不得对抗善意第三人。

3. 监事会

监事会的职责是对公司的经营活动进行监督并对股东（大）会负责。一般情况下，监事会不能对外代表公司。但是，如果公司和董事之间发生诉讼事由，如公司要求董事承担赔偿公司损失的法律责任时，必须确定由谁代表公司起诉。因为在公司经营活动中董事会代表公司，无法由董事会自己对自己提起诉讼。为了解决这一矛盾，设立监事会的国家法律一般都规定，在公司和董事会之间发生诉讼争端时，监事会代表公司起诉或应诉，即在这种特定的场合，监事会有权代表公司的意志和行为。我国公司法也规定，董事、高级管理人员执行公司职务时违反法律、行政法规或者公司章程的规定，给公司造成损失的，经股东书面请求，监事会应当代表公司向法院提起诉讼，追究当事人的法律责任。

九、股东权保护制度

股东是公司的所有人，股东既可以投资成立公司，也可以通过决议解散公司。股东的根本利益是获得股权投资收益。但是，在公司所有权与经营权分离的情况下，公司的控股股东（大股东）可以通过出任董事、监事或高级管理人员控制公司的经营活动，因此，公司的实际控制人、控股股东、董事、监事、高级管理人员有可能为获取私利而利用其关联关系或对公司经营管理权的控制损害公司利益和广大小股东利益。如果政府对这类行为监管不力，将严重影响投资者的信心，使企业失去发展的动力。因此，法律必须注重保护股东权以维护投资者的合法权益。

保护股东权的实质，是保证股东可以按照其真实意愿合法行使股东权利。在资本市场日益发达，社会公众通过购买公司股票成为大量小股东的情况下，切实保证广大小股东能够参与公司重大事务的管理，行使股东（大）会的表决权以及对公司的控股股东、实际控制人、董事、监事、高级管理人员的直接监督权，是法律保护股东权的宗旨。股东权保护制度主要体现在以下几个方面：

1. 股东自行召集和主持股东（大）会会议的权利

股东（大）会本应由董事会召集，董事长主持。但是，董事会不能履行或者不履行召集股东（大）会会议职责的，应当由监事会召集和主持；而监事会不召集和主持的，有限责任公司代表 1/10 以上表决权的股东，股份有限公司连续 90 日以上单独或者合计持有公司 10%以上股份的股东，有权自行召集和主持股东（大）会会议。这一规定的目的是在公司董事会、监事会拖延或拒绝召集股东（大）会的情况下，股东有合法的自我救济手段召开股东（大）会。

2. 股东临时提案权

股份有限公司单独或者合计持有公司 3%以上股份的股东，可以在股东大会召开 10 日前提出临时提案并书面提交董事会；董事会应当在收到提案后 2 日内通知其他股东，并将该临时提案提交股东大会审议。临时提案的内容应当属于股东大会职权范围，并有明确议题和具体决议事项。这一规定的目的是保证股东可以不受董事会的控制合法介入股东（大）会议程安排。

3. 股东的董事、监事选任权和解任权

股东（大）会与董事会有明确的分工，公司的经营活动由董事会负责决策，股东（大）会无权直接干预。如果股东对董事会的工作不满意，只能通过召开股东（大）会罢免不称职的董事，而不能直接命令董事会执行其意见，也不得通过股东（大）会议决议直接撤销董事会的决议。由于股东（大）会不是常设机构，股东（大）会通过常设的监督机构（监事会）监督公司的经营活动，保护股东的利益。股东拥有对董事、监事的人事任免权，是股东能够控制公司的基本法律保证。

4. 董事、监事选举的累积投票制度

股份有限公司股东大会选举董事、监事时，可以依照公司章程规定或者股东大会决议，实行累积投票制。累积投票制，是指股东大会选举董事或者监事时，每一股份拥有与应选董事或者监事人数相同的表决权，股东有权将其选票累积到一位或数位候选人的名下，以增加其对选举结果的影响力。累积投票制度的目的是增强小股东的表决地位，使其在决定公司的经营者和监督者人选方面发挥积极作用。

5. 股东（大）会委托投票制度

独立董事和小股东都可以通过委托投票制度征集投票权。委托投票制度可以使分散的小股东联合起来，增强其在股东（大）会投票中的表决地位。但实践中也可能产生一些弊端，如少数股东高价收购委托书以达到控制董事会人选，进而控制公司的目的。如何完善委托投票制度已成为保护股东权的关键。

6. 利害关系股东表决权排除制度

公司为公司股东或者实际控制人提供担保的，必须经股东（大）会决议。而且，利害关系股东（指作为被担保人的股东和被实际控制人支配的股东）不得参加该事项的表决。该项表决由出席会议的其他股东所持表决权的过半数通过。排除利害关系股东表决权的目的是防止大股东利用其在公司中的特殊地位损害公司与小股东的利益。此外，由于公司收购本公司股份的活动大多由公司的经营者或大股东所控制，基于同样的考虑，股份有限公司持有的本公司股份没有表决权。

7. 股东（大）会、董事会决议无效及撤销制度

公司是股东资本合作的产物，股东（大）会是股东参与公司事务的法定场合。出席会议的股东所代表的资本数额越多，会议决议就越能体现资本的意志。所以，股东（大）会决议表决通常实行“资本多数决”原则，即根据股东所拥有的股份（股票）份额分配投票权，少数资本服从多数资本的意志。由于股东（大）会决议不可能使每一个股东都满意，只要决议不违反法律和章程的规定，也不是出于故意损害某些股东利益的目的，一般情况下，因决议而利益受到影响的少数股东应当尊重并执行股东（大）会决议。因为公司有独立的法人资格，所以股东（大）会决议如果不公正，受到损害的是公司而不仅是个别股东，理应由公司自己出面撤销股东（大）会决议。更重要的是，必须维护多数股东能决定

公司业务如何经营的权利，防止少数股东滥用股东权，以其个人意志代替多数股东的意志。此外，如允许个别股东随意起诉撤销股东（大）会决议，可能导致大量重复甚至是恶意的诉讼行为，干扰公司正常经营活动。

资本多数决制度实际是将多数股东的意志视为公司意志，并要求持股数量少的股东服从其意志，这在理论上虽不无道理，但资本多数决制度滥用也会导致股东之间，特别是大股东和小股东之间利益冲突加剧，损害公司长远利益。所以，各国法律在确定资本多数决基本制度的同时，大多规定了股东（大）会决议无效及撤销制度，以避免资本多数决滥用导致的不良后果。

董事会决议是公司经营机构集体决策的结果，代表公司意志，公司及公司成员都有义务执行这些决议。但是，若董事会为大股东所控制或操纵，可能产生与资本多数决滥用本质相同的不良后果。为防止股东（大）会决议与董事会决议损害公司利益或小股东利益，我国公司法规定了股东（大）会、董事会决议无效及撤销制度。

公司股东（大）会、董事会的决议内容违反法律、行政法规的无效。

公司股东（大）会、董事会的会议召集程序、表决方式违反法律、行政法规或者公司章程，或者决议内容违反公司章程的，股东可以自决议作出之日起 60 日内，请求人民法院撤销。人民法院可以应公司的请求，要求提起诉讼的股东提供相应担保。

8. 股东知情权

股东是否能够有效地控制公司，依赖于管理层是否能够向其提供真实的经营信息与财务信息。因此，保护股东的知情权是维护股东合法权益的基础。

公司法规定，有限责任公司的股东有权查阅、复制公司章程、股东会会议记录、董事会会议决议、监事会会议决议和财务会计报告。此外，有限责任公司股东还可以要求查阅公司会计账簿（向公司提出书面请求，说明目的）。公司有合理根据认为股东查阅会计账簿有不正当目的，可能损害公司合法利益的，可以拒绝提供查阅，并应当自股东提出书面请求之日起 15 日内书面答复股东并说明理由。公司拒绝提供查阅的，股东可以请求人民法院要求公司提供查阅。

股份有限公司股东有权查阅公司章程、股东名册、公司债券存根、股东大会会议记录、董事会会议决议、监事会会议决议、财务会计报告，对公司的经营提出建议或者质询。此外，股份有限公司应当定期向股东披露董事、监事、高级管理人员从公司获得报酬的情况。

9. 异议股东的（股权）股份回购请求权

股东（大）会议决议的规则是少数服从多数，因此，持反对意见的少数股东应当尊重多数股东的意愿，同时，多数股东也应当注意保护少数股东的合法权益。异议股东的（股权）股份回购请求权就是平衡多数股东与少数股东之间利益冲突的制度。

公司法规定，有限责任公司股东会通过下列决议时，对股东会该项决议投反对票的股东可以请求公司按照合理的价格收购其股权：（1）公司连续 5 年不向股东分配利润，而公司该 5 年连续盈利，并且符合公司法规定的分配利润条件的；（2）公司合并、分立、转让主要财产的；（3）公司章程规定的营业期限届满或者章程规定的其他解散事由出现，股东会会议通过决议修改章程使公司存续的。少数异议股东自股东会会议决议通过之日起 60

日内与公司不能达成股权收购协议的，可以自股东会会议决议通过之日起 90 日内向人民法院提起诉讼。

股份有限公司股东因对股东大会作出的公司合并、分立决议持异议的，也可以要求公司收购其股份。

10. 股东派生诉讼制度

公司作为独立的法人团体，有自己独立的财产和利益。当公司的财产利益受到不法侵害时，公司的经营管理机构（董事会）应当及时行使诉权，以法律手段保护公司的合法权益。但是，当公司经营管理机构的负责人（如董事、经理等）本身就是侵害公司利益的行为人，或者是与侵权的第三人相互通谋的人，这种情况下，以董事会为代表的公司就可能消极或拒绝行使诉权，最终损害公司的利益。在公司的所有权和经营管理权相互分离，经营管理人员实际控制公司的情况下，如不强化股东对公司经营活动的监督，保护股东权将成为空谈。所以，西方发达国家一般都规定了股东派生诉讼制度，即在公司董事和高级管理人员的违法行为或董事会的违法决议给公司造成损失，或他人因侵害公司的合法权益给公司造成损失，而公司却拖延或拒绝向违法行为人请求损害赔偿时，具备法定资格的股东有权为了公司的利益，依照法定程序代表公司向负有个人责任的董事、高级管理人员或第三人提起诉讼，要求赔偿公司的损失，即股东派生诉讼。我国公司法也规定了股东派生诉讼制度。

公司董事、高级管理人员执行公司职务时违反法律、行政法规或者公司章程的规定，给公司造成损失的；或者他人侵犯公司合法权益，给公司造成损失的，有限责任公司的股东、股份有限公司连续 180 日以上单独或者合计持有公司 1%以上股份的股东，可以书面请求监事会（监事）向人民法院提起诉讼；监事有同样情形的，前述股东可以书面请求董事会（执行董事）向人民法院提起诉讼。

监事会（监事）或者董事会（执行董事）收到前述股东书面请求后拒绝提起诉讼，或者自收到请求之日起 30 日内未提起诉讼，或者情况紧急、不立即提起诉讼将会使公司利益受到难以弥补的损害的，前述股东有权为了公司的利益以自己的名义直接向人民法院提起诉讼。

11. 股东直接诉讼制度

股东是公司的所有者，董事、高级管理人员直接侵害公司利益的行为必然会间接侵害股东利益。不过，公司与股东是不同的法律主体，如果董事、高级管理人员的行为直接侵害了公司利益，但只是导致间接侵害了股东的个人利益，理应由公司出面向法院提起诉讼，请求保护公司的合法权益。如果公司本身不能或不愿提起诉讼，具备合法资格的股东可以代位公司提起诉讼，即股东派生诉讼。如果董事、高级管理人员的行为直接侵害了股东的个人权益，则股东有权为维护自身合法权益向法院提起诉讼，即股东直接诉讼。我国公司法也规定了股东直接诉讼制度。

董事、高级管理人员违反法律、行政法规或者公司章程的规定，损害股东利益的，股东可以向人民法院提起诉讼。

股东派生诉讼与股东直接诉讼都是针对公司董事、高级管理人员的侵害行为提起诉讼，理论上相当清楚，但实践中却并不容易区分，在董事、高级管理人员的行为同时侵害公司利益与股东利益时更是如此。一般认为，股东直接诉讼与派生诉讼的关键区别有以下两点：一是诉讼性质不同。派生诉讼是公司利益直接受到侵害，股东为维护公司利益提起诉讼，故公司是实质上的原告，股东是名义上的原告。直接诉讼是股东利益直接受到侵害，股东为维护自身利益提起诉讼，股东是法律上名副其实的原告。二是诉讼法律后果不同。派生诉讼中，若原告胜诉，实际上是公司胜诉并获得赔偿，提起诉讼的股东只能获得诉讼费用补偿。直接诉讼中，股东胜诉，则提起诉讼的原告股东直接获得赔偿，公司和其他股东与此无关。

12. 司法权介入保护股东合法权益

公司是法人组织，公司法、公司章程、股东（大）会及董事会决议规定了公司法人内部各项基本制度。股东和董事、经理之间以及股东之间如果发生利益冲突，应当按照公司内部制度与程序解决，司法权力一般不会介入这些冲突。但是，为有效与充分保护股东的合法权益，公司法也规定了解决公司内部股东、董事、经理之间利益冲突的司法救济途径：

（1）对公司股东（大）会、董事会违法决议及不当程序的司法救济（股东请求法院撤销违法决议或宣告违法决议无效的请求权）；

（2）对保护股东知情权的司法救济（有限责任公司股东查阅公司会计账簿的司法请求权）；

（3）对异议股东要求公司回购股份请求权的司法救济（异议股东请求法院强制公司回购其股份的请求权）；

（4）股东代表诉讼与股东直接诉讼的司法救济；

（5）对公司解散僵局的司法救济（股东对公司是否解散形成僵局的，请求司法判决解散公司的请求权）。

十、公司股权（股票）转让制度

（一）有限责任公司的股权转让

股东出资构成公司的初始资本。公司成立后，股东的出资只能转让，不得抽回，以保证公司法人的财产独立。股东对公司的出资体现为股东对公司的股权，股权自由转让是股东控制公司经营管理层、维护自身合法权益的有效途径。不过，有限责任公司股东人数相对较少（不得超过 50 人），股权转让会对其他股东产生比较明显的影响（如表决权的比例等），因此，公司法对有限责任公司股权转让的原则和程序有明确规定，其核心内容是在保证股东自由转让股权的基础上，赋予其他股东优先购买该股权的权利。同时，允许公司章程对转让股权做出与法律不同的约定。

1. 股权转让的法定原则与程序

有限责任公司股东之间相互转让股权，法律没有特殊的限制。

有限责任公司股东向股东以外的人转让股权，应当经其他股东过半数同意。股东应就其股权转让事项书面通知其他股东征求同意，其他股东自接到书面通知之日起满 30 日未答复的，视为同意转让。其他股东半数以上不同意转让的，不同意的股东应当购买该转让的股权；不购买的，视为同意转让。

公司章程对股权转让另有规定的，从其规定。

2. 股权转让过程中股东优先购买权的行使

经股东同意转让的股权，在同等条件下，其他股东有优先购买权。两个以上股东主张行使优先购买权的，协商确定各自的购买比例；协商不成的，按照转让时各自的出资比例行使优先购买权。

人民法院依照法律规定的强制执行程序转让股东的股权时，应当通知公司及全体股东，其他股东在同等条件下有优先购买权。其他股东自人民法院通知之日起满20日不行使优先购买权的，视为放弃优先购买权。

3. 异议股东向公司转让其持有的股权

除了股东之间相互转让股权与股东向非股东转让股权两种情况外，特定条件下，股东还可以向公司转让股权，具体内容详见股东权保护制度中有关异议股东的（股权）股份回购请求权的相关规定。

4. 股权因继承而转让

自然人股东死亡后，其合法继承人可以继承股东资格；但是，公司章程另有规定的除外。

（二）股份有限公司的股份转让

股份有限公司可以发行股票，股票还可以上市。因此，与有限责任公司相比，股份转让的相关规定比较复杂。

1. 股份转让的基本原则

股东持有的股份可以依法转让。股东转让其股份，应当在依法设立的证券交易场所进行或者按照国务院规定的其他方式进行。上市公司的股票，依照有关法律、行政法规及证券交易所交易规则上市交易。

2. 记名股票的转让

记名股票，由股东以背书方式或者法律、行政法规规定的其他方式转让，转让后由公司将受让人的姓名或者名称及住所记载于股东名册。

股东大会召开前20日内或者公司决定分配股利的基准日前5日内，不得进行前述规定的股东名册变更登记。但是，法律对上市公司股东名册变更登记另有规定的，从其规定。

3. 无记名股票的转让

无记名股票的转让，由股东将该股票交付给受让人后即发生转让的效力。

4. 公司发起人、董事、监事及高级管理人员所持有股份的转让

发起人持有的本公司股份，自公司成立之日起1年内不得转让。公司公开发行股份前已发行的股份，自公司股票在证券交易所上市交易之日起1年内不得转让。

公司董事、监事、高级管理人员应当向公司申报所持有的本公司的股份及其变动情况，在任职期间每年转让的股份不得超过其所持有本公司股份总数的25%；所持本公司股份自公司股票上市交易之日起1年内不得转让。上述人员离职后半年内，不得转让其所持有的本公司股份。公司章程可以对公司董事、监事、高级管理人员转让其所持有的本公司股份作出其他限制性规定。

5. 公司收购本公司的股份

公司不得收购本公司的股份。但是，有下列情形之一的除外：

（1）减少公司注册资本；

（2）与持有本公司股份的其他公司合并；

（3）将股份奖励给本公司职工；

（4）股东因对股东大会作出的公司合并、分立决议持异议，要求公司收购其股份的。

公司因（1）～（3）项原因收购本公司股份的，应当经股东大会决议。公司依照前述规定收购本公司股份后，属于（1）情形的，应当自收购之日起10日内注销；属于（2）、（4）情形的，应当在6个月内转让或者注销。

公司依照前述（3）规定收购的本公司股份，不得超过本公司已发行股份总额的5%；用于收购的资金应当从公司的税后利润中支出；所收购的股份应当在1年内转让给职工。

公司不得接受本公司的股票作为质押权的标的。

十一、公司会计监督制度

（一）公司内部会计监督制度

公司内部会计监督制度，指公司内部会计机构、会计人员以本职工作名义监督公司财务活动，提高经营管理效率的一系列有关会计管理的制度、方法和程序的总称。根据我国法律规定，公司的会计机构、会计人员对本单位的财务活动负有监督的权利和义务，包括对原始凭证的审核监督、对财产物资的监督、对财务收支的监督等三项基本内容。此外，会计机构内部稽核制度（资产管理和记账分离，出纳人员不得兼管稽核、会计档案保管和收入、费用、债权债务账目的登记工作）也充分体现了会计监督的职能。需要强调的是，公司内部会计监督虽然主要是为了加强管理，维护公司的利益，但也要考虑国家和社会公共利益。当某些违法收支活动对公司有利而有损于国家和公共利益时，会计人员应当切实履行其职责，以大局为重。

（二）公司外部会计监督制度

由于会计人员的职务及其收入水平由公司的经营管理者确定，因此，当对外披露真实财务会计信息与公司经营管理者的利益发生冲突时，公司内部会计人员会处于两难的境地，要么坚持履行其职责而失去职业，要么按照经营管理者的意图而提供虚假的信息，违背其职业道德。出于功利目的，许多人会选择后者。所以，对于公司的利益相关者（主要是股东）而言，仅依靠公司内部会计人员对公司的财务活动进行监督是不够的，必须通过公司外部会计监督来保护其合法利益。

公司外部会计监督制度，也称现代财务审计制度，是由公司外部具有独立地位的专职会计人员或会计机构（注册会计师或会计师事务所等），以第三者的身份，客观、公正地审查公司的财产和账目，确认公司对外提供的财务会计报表是否具备真实性、合理性和合法性，以提高这些财务会计信息的社会可信度，保护公司利害关系人的利益。

现代财务审计具有以下特点：

(1) 强制性审计。许多国家法律明确规定了审计的范围、对象、方法及其他事项，任何公司不得拒绝法定审计。

(2) 审计机构必须具有独立性，与公司没有任何直接的利害关系。

(3) 审计的主要目的是判断公司对外提供的财务会计报表中所反映的信息是否真实、可靠，以保护股东和投资者的利益。

（三）公司外部会计监督与公司内部机构监督的关系

公司外部会计监督制度是公司监督制度的有机组成部分。公司内部监督机构（监事会）由公司股东、公司雇员担任监事，他们有权监督、检查董事及高级管理人员的经营活动及公司财务活动，及时纠正其违反法律、公司章程或股东（大）会决议的行为。其中，对公司财务情况进行监督、检查是他们的经常性工作。但是，监事会的成员未必精通财务会计知识，这会大大影响监督的效果。因此，需要公司外部会计监督作为公司内部机构监督的补充。西方国家一般是由股东大会通过合同聘任国家承认其职业资格的注册会计师负责审计公司的账目，审计人员直接对股东（大）会或监事会负责，召开股东（大）会时提交审计报告，以提高公司财务会计报告的可信度。

我国公司法未强制性规定由哪个公司机构负责聘任外部审计机构，而是由公司章程自行决定，即公司聘用和解聘承办公司审计业务的会计师事务所，依照公司章程规定，由股东（大）会或者董事会决定。同时，公司股东（大）会或者董事会就解聘会计师事务所进行表决时，应当允许会计师事务所陈述意见。同时，公司应当向聘用的会计师事务所提供真实、完整的会计凭证、会计账簿、财务会计报告及其他会计资料，不得拒绝、隐匿、谎报。公司除法定的会计账簿外，不得另立会计账簿。对公司资产，不得以任何个人名义开立账户存储。

十二、公司财务会计信息披露制度

公司财务会计信息披露制度，也称强制性信息披露制度，指公司按照法律规定的方式和程序，向公司外部财务会计信息使用者提供其所关注的财务信息的制度。公司财务会计信息披露制度是现代企业制度的重要内容，既是维护股东、投资者、债权人合法权益的基本保证，也是让社会公众了解公司承担社会责任情况的有效途径。目前，许多国家已通过立法，使公司在一定的范围内对外披露其财务会计信息成为强制性的法律义务。

（一）公司财务会计信息的使用者

公司的会计信息是一种资源，是公司以及公司的利益相关者进行经济决策时的客观依据。与此相适应，公司会计信息的使用者可以分为公司外部使用者与公司内部使用者两大类。

公司会计信息的外部使用者，是与公司有各种利害关系的利益相关者，他们虽然不直接介入公司的经营活动，但出于本身的利益要求，非常关注公司的财务情况。财务会计就是在定期向某些利益相关者提供财务会计报表的基础上形成与发展起来的。由于不同的利益相关者之间存在着利益冲突，拥有充分信息的利益相关者在决策时较之其他主体处于更有利的地位，从而会影响权力和利益的分配格局。此外，不同的利益相关者对财务会计信息的具体要求也有所不同。所以，公司在按照法律强制性规定进行财务信息披露的同时，还应当考虑以下问题：哪些利益相关者是公司外部财务会计信息的使用者？他们所关注的信息各是什么？公司是否有义务向他们提供更多的财务会计信息？公司向外界提供财务会计信息是否会影响公司的发展？公司在哪些范围、哪些层次上提供财务会计信息才能既不损害公司利益，又满足不同利益相关者对财务会计信息的特殊需求，以维持公司的良好形象和信誉？

股东和投资者、公司债权人、政府是对公司财务会计信息享有法定权益的利益相关者，即公司有法定义务向他们披露有关的财务会计信息。

（二）公司必须向股东、投资者披露的财务会计信息

1. 公司设立过程中的财务会计信息

公司设立过程中的财务会计信息主要是：公司注册资本总额；筹资的目的及所筹资金的运用计划、收益、风险预测；发起人的基本情况、出资形式及数额；筹办公司过程中的费用支出情况等。

2. 公司正常营运过程中的财务会计信息

公司正常营运过程中的财务会计信息主要是：公司定期提供的年度财务会计报告；不定期（临时）发布的公司重大事件涉及的财务信息等。

我国公司法规定，公司应当在每一会计年度终了时编制财务会计报告，并依法经会计师事务所审计。财务会计报告应当依照法律、行政法规和国务院财政部门的规定制作。

公司财务会计报告主要由“四表（包括附属明细表）一书”构成，即资产负债表、损益表、财务状况变动表、财务情况说明书、利润分配表。向股东、投资者提供财务会计报告（“四表一书”）是公司的法定义务，公司必须按照规定的时间、格式、内容编制并提交财务会计报告。

3. 公司终止和清算过程中的财务会计信息

公司终止和清算过程中的财务会计信息主要是：清算组制定的清算方案及清算报告；清算期间内的收支情况及各种财务会计账册等。

（三）公司财务会计信息的披露方式

1. 公司向股东和投资者披露财务会计信息的方式

有限责任公司不能公开向社会募集资本，股东人数也较少，所以，没有义务向股东以外的人披露公司的财务会计信息，只要按照章程规定的期限将财务会计报告送交各股东即可。公司设立、解散或其他重大事项涉及的财务信息，虽然应当及时通知全体股东，但也

是在股东范围内个别通知，不必向股东以外的人公开。

股份有限公司可以向社会公开募集资本，公司资本规模巨大，股东人数众多且流动性强，很难通过股东大会直接对公司进行有效的监督和控制。因此，公司的经营活动必须具有高度的公开性和透明度，及时向股东、投资者提供真实可信的信息，便于他们进行投资决策，以便通过股票市场的力量约束经营者的行为。因此，财务信息披露需要有较高的透明度。股份有限公司的财务会计报告应当在召开股东大会年会的20日前置备于本公司，供股东查阅；上市公司则必须依照法律、行政法规的规定，公开其财务状况、经营情况及重大诉讼，在每会计年度内半年公布一次财务会计报告。上市公司公开披露其财务信息的方式是公告——通过新闻媒介向全社会公众披露其有关的财务会计信息，接受社会的全面监督。

2. 公司向债权人披露财务会计信息的方式

公司向债权人披露的财务会计信息，也是财务会计报告的基本内容，即资产负债表、损益表、财务情况说明书、利润分配表及有关的附表等。

债权人向公司提供贷款之前，一般都要求公司提供财务会计报表及一些仅在公司内部使用的财务会计信息，以全面分析公司的资产状况和偿债能力，决定是否向公司提供资金。为了保证贷款本利如期回收，债权人决定贷款时通常要对公司附加一些限制性条件，如公司财务状况未达到某些指标之前不得再借新债，公司盈利必须满足特定条件才能向股东分配股利等，其目的就是防范公司贷款的风险。为此，债权人会定期或不定期地检查公司财务状况，公司则有义务向他们提供有关的会计报表。

债权人最关注公司的偿债能力，所以，公司有义务根据债权人的特定要求定期或不定期地提供财务会计报表及其他相关信息。此外，公司减资、合并、分立、解散或破产清算时，都必须按照法定程序通知债权人，对偿还债务作出合理的安排。

3. 公司向政府提供财务会计信息的方式

政府需要对社会经济发展情况进行权威性的统计并合法向企业征税，需要向公司广泛收集信息，包括不向外界公开披露的某些信息，如公司未来投资计划、预期实现的利润等。公司则有义务按照法律规定的内容、方式、程序向政府部门提供有关的财务会计信息。

根据我国法律规定，公司应当按月、按季度或按年向有关政府部门（财政部门、税务部门、统计部门、主管部门等）报送有关的财务会计报表及要求的其他财务会计资料。

公司向债权人、政府部门披露的财务会计信息，有些属于非公开的信息，没有对社会公众公开的义务。所以，债权人和政府部门对这类信息负有保密义务，不得随便泄露，以保护公司的商业秘密。

十三、公司利润分配制度

公司利润分配制度，指公司利润在公司和股东之间如何分配的法律规定。

（一）法律规定公司利润分配制度的必要性

不具备法人资格的企业（个人独资企业、合伙企业），产权关系简单，企业无须缴纳企业所得税，投资人从企业中获得的经营收入只需缴纳个人所得税。企业的财务情况也高度保密，不对外界公开。业主经营企业所获得的利润纳税后如何分配，完全是其个人事务，法律不予干预，因为无论如何分配，都不能改变投资者对企业债务所承担的无限责任。

公司具有独立的法人资格，公司财产与股东（所有人）的个人财产完全分离，股东仅以其出资额为限对公司承担有限责任。而且，公司的股东众多，又不直接经营管理公司，产权关系非常复杂。这种情况下，要保护公司、股东、债权人的利益，维护社会正常经济秩序，法律就必须规范公司利润分配行为，明确公司利润分配制度。

（1）保护公司利益。公司作为法人，股东出资是其存在和发展的基础，因此，必须实现公司资本的保值增值。公司正常经营过程中出现的亏损，需要以利润及时弥补。公司扩大生产，也需要以利润追加投资。法律规定公司利润必须先弥补公司亏损和提供公积金之后，才能向股东分配，目的就是充分保护公司的利益。显然，利润分配如果不考虑公司利益，全部分配给股东，则公司无法生存和发展，最终会损害股东的长远利益。

（2）保护股东利益。股东一般不直接参与公司经营活动，只有公司经营管理机构才最了解公司盈利情况。法律明确规定公司利润的分配原则，并要求利润分配方案必须经股东（大）会同意，利润分配表必须向股东公开，从而使利润分配法律化、程序化，有助于预防公司管理机构滥用职权，违法分配利润，损害公司和股东的合法权益。

（3）保护债权人利益。公司资本及其所产生的利润是偿还公司债务的担保。如公司亏损而得不到弥补，就会逐渐减少资本，严重损害债权人的利益。法律将弥补公司亏损作为利润分配的第一顺序，目的也是充分保护债权人的合法权益。

公司利润数额是有限的，而在公司、股东、债权人之间合理分配这些有限的利润，既涉及资源的有效配置问题，又涉及社会财富的公平分配问题。公司利润分配制度，是有关公司利润分配的强制性规定，其目的是充分兼顾公司、股东、债权人的利益，合理协调其相互之间的关系，使资源有效利用，社会稳定发展。

（二）公司利润分配顺序

根据我国现行公司法和相关财务会计制度规定，公司的净利润扣除被没收财物损失和违反国家税法规定所支付的滞纳金和罚款后，为可分配利润，除国家另有规定外，公司可分配利润应当按照以下顺序分配：

（1）弥补公司以前年度亏损（税前利润未能够全部弥补的亏损）；

（2）提取法定公积金；

（3）提取任意公积金（由股东大会或股东会决议确定）；

（4）向股东分配利润。

（三）公司公积金制度

1. 公积金的功能和类型

公积金，是公司依法从公司税后利润中提取的专用基金，以备弥补公司亏损或用作追加投资。提取公积金是各国公司法规定的一项强制性制度，是保护公司财产的完整性，维护公司正常经营的可靠保障。

公司经营过程中存在各种风险，盈利和亏损均属正常情况。根据资本维持原则，公司没有任何亏损时，也要从利润中提取风险基金（公积金），以防备未来可能发生的亏损。公司已经发生亏损时，则必须从现有利润中先行弥补亏损，以保护公司财产的完整性，维护公司债权人的利益。因此，公司现有利润和公积金都可以用于弥补公司亏损。

公积金分为盈余公积金和资本公积金两种类型。盈余公积金从公司经营利润中提取，又分为法定盈余公积金和任意盈余公积金两种，前者的提取比例、数额、用途由法律直接规定，后者则由公司章程或股东（大）会决议确定。资本公积金是由于非经营性活动所产生的资本增值，其来源和用途也由法律直接确定。股份有限公司以超过股票票面金额的发行价格发行股份所得的溢价款以及国务院财政部门规定列入资本公积金的其他收入，应当列为公司资本公积金。法定盈余公积金与资本公积金通称为法定公积金。

2. 公积金的提取比例

我国公司法规定，公司分配当年税后利润时，应当提取利润的10％列入公司法定公积金。公司法定公积金累计额为公司注册资本的50％以上的，可以不再提取。公司的法定公积金不足以弥补以前年度亏损的，在依法提取法定公积金之前，应当先用当年利润弥补亏损。

公司从税后利润中提取法定公积金后，经股东（大）会决议，还可以从税后利润中提取任意公积金。

3. 公积金的用途

公积金的主要用途是弥补公司亏损、扩大公司生产经营或者转为增加公司资本。但是，资本公积金不得用于弥补公司的亏损。法定公积金转为资本时，所留存的该项公积金不得少于转增前公司注册资本的25％。

从国外情况看，盈余公积金的用途除了弥补亏损、转增资本外，特殊情况下，可以按法律规定的条件向股东支付股利。例如，公司本来没有利润可供分配，但为了保持公司股票价格稳定，可以按照法律允许的条件提取一部分盈余公积金向股东分配股利。但我国公司法中目前没有类似的规定。

（四）公司股息、红利（股利）分配制度

1. 股利分配的基本原则

股东获得股息、红利（股利）是其基本权利。因此，一般情况下，公司不得限制或剥夺股东的股利获取权。不过，股利分配虽然可以增加股东收益，但也会减少公司财产，对公司及公司债权人有切身利害关系，所以，法律必须对股利分配有所限制，不能将利润全部分配给股东。

股利分配的基本原则是：公司有利润才能向股东分配股利，禁止用公司资本支付股利，以保证公司资本价值不减少。因此，虽然股利直接来源于公司利润，但是，公司利润只有在缴纳各种税金、弥补亏损、提取公积金之后仍然有盈余，才能用于向股东支付股利。

我国公司法规定，公司弥补亏损和提取公积金后所余税后利润，有限责任公司股东按

照实缴出资比例分取红利，但是，全体股东约定不按照出资比例分取红利的除外。股份有限公司按照股东持有的股份比例分配，但股份有限公司章程规定不按持股比例分配的除外。公司持有的本公司股份不得分配利润。

2. 公司违法分配股利的后果

违法分配股利的情形包括：公司以资本向股东支付股利；未依法缴纳税金便向股东分配股利；未按法定顺序分配利润；未按照股东（大）会决议分配利润等。

从国外法律规定看，公司违法分配股利的后果是：（1）如果股东（大）会分配利润的决议违法，债权人可向法院申请宣告股东（大）会决议无效。（2）如果公司无盈利，但董事会支付"虚构股利"的，提出和赞成违法分配股利方案的董事应负法律责任。（3）接受违法分配的股东应当返还不当得利。（4）公司违法分配股利致使第三人遭受损害时，公司应对此承担赔偿责任。如果公司债权人没有从公司得到赔偿，则公司对股东的赔偿要求也可由债权人提出。

我国公司法规定，股东（大）会或者董事会违反法律规定的利润分配顺序，在公司弥补亏损和提取法定公积金之前向股东分配利润的，股东必须将违反规定分配的利润退还公司。

十四、公司重大变更法律制度

公司重大变更，指必须到工商登记机关进行变更登记的重大事项变更。公司重大变更必须严格依照法律规定的条件和程序进行。公司重大变更主要有以下类型。

（一）公司章程与营业执照中的重大变更事项

公司章程与营业执照中属于必须进行变更登记的重大变更事项是：

（1）公司章程与营业执照共同记载事项的变更，包括：公司的名称、住所、注册资本、经营范围、法定代表人姓名等事项变更；

（2）有限责任公司章程中记载的股东变更；

（3）股份有限公司章程中记载的发起人变更或改变姓名、名称。

公司章程变更的程序：首先，由股东（大）会以特别决议方式通过修改章程的决定。其次，由董事会按照股东（大）会决议修改公司章程的相关内容。最后，由董事会向原公司登记机关申请变更登记。

（二）公司注册资本变更（增加或减少公司注册资本）

公司增加注册资本的法定程序：（1）由董事会提出增加注册资本的具体方案。（2）由股东（大）会按照特别决议程序通过该方案。（3）公司原有股东或新投资者按照增资方案缴清各自的出资。（4）公司向原公司登记机关申请注册资本变更登记。

有限责任公司增加注册资本时，股东认缴新增资本的出资，依照有限责任公司缴纳出资的有关规定执行。股份有限公司为增加注册资本发行新股时，股东认购新股，依照设立股份有限公司缴纳股款的有关规定执行。

公司减少注册资本时，必须编制资产负债表及财产清单。公司减少注册资本的法定程序是：(1) 由董事会提出减少注册资本的具体方案。(2) 股东（大）会以特别决议方式通过减资决议。(3) 公司按照法定的时间和程序通知、公告债权人，并对偿还债务问题做出适当的安排。具体要求是：公司应当自作出减少注册资本决议之日起 10 日内通知债权人，并于 30 日内在报纸上公告。债权人自接到通知书之日起 30 日内，未接到通知书的自公告之日起 45 日内，有权要求公司清偿债务或者提供相应的担保。(4) 向原公司登记机关申请注册资本变更登记。

案例 3—7

8 万元是股权还是债权

甲与他人共同出资成立一个有限责任公司，甲任公司董事长兼总经理。公司开业后营业状况很好，但周转资金严重不足，甲遂向其亲戚乙借款 8 万元。乙见甲的公司盈利前景明朗，提出希望将这 8 万元作入股资金投入甲的公司。甲同意，并与乙约定：无论甲的公司是否亏损，每年应向乙分红利 8 000 元。2010—2012 年间，甲按照双方约定每年分给乙红利 8 000 元。2013 年，甲的公司亏损，因此未支付乙的红利。2014 年 6 月，乙要求甲偿还其入股资金 8 万元及拖欠的红利 8 000 元，甲则以公司亏损为由要求乙共同承担亏损，双方争执不下，乙遂向法院提起诉讼，要求甲偿还其投资款 8 万元及应得红利 8 000 元。法院审理后查明，甲的公司自 2007 年 5 月成立后，在工商登记和工商年检文件中，既无股东变更登记又无注册资本变更登记，在公司章程“股东名称和姓名”条款中也无乙的姓名。

问：乙投入甲公司的 8 万元究竟是债权（借款）还是股权（出资）?

案例点评

分析本案应当依据两个关键因素：当事人约定（口头协议）的性质、股权出资的法定程序。

1. 本案中虽然甲、乙口头约定将这 8 万元作为乙向公司的投资（股权出资），但是又同时约定每年固定分给乙 8 000 元的红利，表明乙并不直接承担公司的经营风险，而是否直接承担公司的经营风险是股权与债权的根本区别。股权（股东的权利）与债权（债权人的权利）都可以基于投资行为产生，但两者有本质区别：股权是直接投资，股东要直接承担经营风险——承担所投资公司的亏损。债权是间接投资，债权人间接承担投资风险——除非公司破产，否则，无论公司盈利还是亏损，都要按照约定偿还本息。因此，根据甲与乙协议的性质判断，这笔款项显然是债权（借款）而非股权（入股资金）。

2. 根据法律规定，有限责任公司经营过程中可以吸收新的股东，增加注册资本金，但必须按照法定的增资程序进行，即：(1) 由董事会提出增加注册资本的具体方案。(2) 由股东会按照特别决议程序（代表 2/3 以上表决权的股东通过）通过该增资方案，并修改公司章程中与注册资本相关的条款。(3) 公司新投资者按照增资方案缴清其出资。(4) 公司向原公司登记机关申请注册资本变更登记。(5) 公司向新股东签发出资证明书。本案中，虽然乙将名为“投资款”的8万元资金投入甲的公司属实，但该公司自始至终都没有按照法定的程序增资，不仅公司的董事会与股东会未讨论相关增资事宜，公司章程未做修改，而且在工商部门也没有股东变更登记的记录，乙没有出资证明书。这些事实可以充分证明这8万元的款项是借款而非投资。

3. 如果甲的公司按照规范的增资程序接受乙的资金，则乙的合法股东身份可以确认，但乙无权每年分取固定的红利，因为股东不承担公司经营风险违反公司法的规定。

（三）公司合并与分立

公司合并，指两个或两个以上的公司，依照法定程序合并成为一个公司。我国公司法规定的公司合并形式有两种：一是吸收合并，指合并的公司中，其中一个因吸收了其他公司而成为存续公司，不仅保留原名称，还要接受被吸收公司的原有债权债务关系，同时，被吸收的公司解散。二是新设合并，指合并的公司同时消失，在此基础上成立一个新的公司，新设公司接受被合并公司的全部债权债务。

公司分立，指一个公司依照法定程序分开设立为两个以上的公司。公司分立也有两种形式，一是派生分立，指一个公司将其部分财产和业务分离出去另设立一个或数个新公司，但原公司继续存在。二是新设分立，指一个公司将其全部财产和业务分别归入两个以上的新设公司中，原公司解散。

公司合并与分立的法定程序是：(1) 由拟合并或分立的公司董事会分别制定公司合并或分立方案及合并或分立协议草案，并由各自公司的股东（大）会按照特别决议程序通过。(2) 由拟合并或分立的公司签订正式的合并或分立协议。协议生效后，各公司编制资产负债表和财产清单。(3) 拟合并或分立的公司按照法定的时间和程序通知、公告债权人，并对偿还债务问题做出适当的安排。具体要求是：公司合并的，合并各方的债权、债务，应当由合并后存续的公司或者新设的公司承继。公司应当自作出合并决议之日起10日内通知债权人，并于30日内在报纸上公告。债权人自接到通知书之日起30日内，未接到通知书的自公告之日起45日内，可以要求公司清偿债务或者提供相应的担保。公司分立的，其财产作相应的分割。公司分立前的债务由分立后的公司承担连带责任。但是，公司在分立前与债权人就债务清偿达成的书面协议另有约定的除外。公司应当自作出分立决议之日起10日内通知债权人，并于30日内在报纸上公告。(4) 向原公司登记机关申请登记。其中，因合并和分立而存续的公司，应申请变更登记；因合并、分立而解散的公司，应申请注销登记；因合并、分立而新设的公司，应申请设立登记。

（四）公司组织形式变更

公司组织形式变更包括有限责任公司变更为股份有限公司，或股份有限公司变更为有限责任公司。

有限责任公司变更为股份有限公司，应当符合法律规定的股份有限公司的条件。股份有限公司变更为有限责任公司，应当符合法律规定的有限责任公司的条件。

有限责任公司变更为股份有限公司的，或者股份有限公司变更为有限责任公司的，公司变更前的债权、债务由变更后的公司承继。

有限责任公司变更为股份有限公司时，折合的实收股本总额不得高于公司净资产额。有限责任公司变更为股份有限公司，为增加资本公开发行股份时，应当依法办理。

公司发生重大变更，特别是注册资本减少、合并或分立时，对公司本身、公司股东及公司债权人和社会公众都有重大影响，为保护交易安全，法律不仅规定了严格的变更程序，还特别注重变更过程中对股东、债权人和社会公众的保护，例如，重大变更是特别决议事项，必须经绝对多数股东表决权同意才有效。公司重大变更必须履行对债权人的通知和公告义务，并对清偿债务作出适当安排，如债权人有异议，公司登记机关不予变更登记。公司重大变更应当进行公告，以向社会公示变更后的企业情况，等等。

（五）公司解散和清算

参见第 2 章中企业自愿解散、司法解散、强制解散以及普通清算等相关内容。

案例 3—8

公司减资程序是否合法

郭某兄弟五人为某副食品有限责任公司的全体股东。郭某为公司执行董事及法定代表人。公司成立并经营若干年后，兄弟五人召开股东会，决定析产，并减少公司资本。公司成立时注册资本为 170 万元，计划将注册资本减少至 85 万元，五名股东各占 20%，股东会作出减资决议时公司的实际资产情况如下：（1）现金：9.3 万元；（2）存料：91 万元；（3）制成品盘存：86 万元；（4）厂房机器设备：82 万元；（5）运输设备：65 万元；（6）盈利：19.7 万元；（7）应收债权和应付债务 20 万元。此外，公司还拥有商标专用权，价值近 70 万元。按照兄弟五人的析产协议，将公司资产中除商标权之外的资产按照每位股东 1/5 比例进行分割。但是，该公司经理及监事认为，股东此项减资协议违法，因为这会导致公司实有资本少于注册资本，而且公司资产全部由无形资产（商标专用权）构成，难以维持公司的正常经营活动。但是，郭氏兄弟认为，协议是经公司全体股东同意的，即股东会决议，公司的董事、经理和监事必须执行；而且，实物和货币资产分配给股东后，公司仍然拥有价值近 70 万元的商标专用权。所以，该减资行为是合法的。

问，股东的减资决议和减资程序是否合法？

案例点评

本案例中，虽然郭氏兄弟召开了股东会，并一致通过减资协议，股东会决议表决程序是合法的，但股东会决议的内容是违法的。

1. 减资违反了资本维持原则。虽然从形式上看，公司减少注册资本后，剩余的无形资产价值（商标专用权）还有近 70 万元，公司仍然有属于法人自己的财产，但是全部无形资产的价值少于减资后的公司注册资本额（85 万元），违反了资本维持原则，难以保证对债权人必要的清偿能力。

2. 变相分配公司财产，侵害公司的法人财产权。合伙企业没有法人资格，合伙人是企业财产共有人，可以依照协议分割合伙财产。公司是法人，有自己独立的财产，股东对公司只享有股权，没有实际处分公司财产的权利。所以，兄弟五人虽然是股东，有权决定公司注册资本的增减及其自己的股权转让事宜，但无权决定如何在股东之间分割公司财产。只有在公司解散时，股东才有权按照清算程序分配公司的剩余财产。

3. 减资程序不合法，未履行通知和公告债权人的义务，也没有对如何偿还债务做出安排。

4. 由于股东会的减资决议内容违反法律而无效，减资程序也不合法，因此，公司的董事、监事和经理没有义务执行该协议。公司股东滥用股东权利给公司、债权人造成损失的，应当依法承担赔偿责任。

本章小结

本章的企业法律制度是全书的核心内容之一。个人独资企业与合伙企业都属于非法人企业，在企业的法律地位、企业财产与投资者个人财产的关系、企业组织机构、企业利润分配方式、投资人对企业经营活动产生的债务所承担的责任方面都与法人企业有很大区别。从国内外情况看，虽然法人企业在经济生活中居支配地位，但非法人企业在数量上占绝对优势。企业组织形式不存在绝对的好坏或先进与落后之分，关键看特定情况下，哪些企业组织形式更有效率，这也是非法人企业至今还广泛存在的根本原因。深入理解非法人企业的法律特征，有助于我们更为理性地选择企业组织形式。

公司法律制度是现代企业制度的核心内容，而公司治理结构又是现代企业制度的重中之重，因此，本章用较多篇幅详细论述了公司治理结构的运行机制、各组织机构之间的分权制衡关系以及相配套的其他法律制度，如公司资本制度、章程制度、发起人制度、公司创立大会制度、股东权保护制度、会计监督制度、财务会计信息披露制度、利润分配制度、重大变更法律制度等。有关公司证券（股票与债券）的发行与转让制度，因涉及资本市场规则，主要由证券法规范，与企业法的相关性相对较小，故省略不论。

关键术语

个人独资企业　　合伙企业　　有限责任公司　　股份有限公司
国有独资公司　　一人有限责任公司　　公司章程　　公司资本
公司发起人　　公司治理结构　　有限责任　　无限责任
股东权保护

复习思考题

1. 个人独资企业、合伙企业、公司之间的主要区别（如企业法律地位、企业财产所有权、企业组织机构、注册资本要求、出资方式、企业经营管理方式、投资人对企业债务的责任、投资人财产的转让和抽回、企业利润分配方式等）对投资者选择企业组织形式有哪些影响？

2. 为什么国内外律师事务所、会计师事务所、医疗诊所多采用合伙组织方式，并且出现了一些世界著名的企业，而制造企业却很少采用合伙企业方式？

3. 如何看待公司控制权与公司经营管理权的分离？如何理解公司治理结构（股东会、董事会、监事会制度）是现代企业制度的重要内容，集中体现了法人的本质和特征？

参考阅读书目及法律、法规

1. 刘俊海：《股份有限公司股东权的保护》（修订本），北京，法律出版社，2004。

2.《中华人民共和国个人独资企业法》（1999）（1999 年 8 月全国人民代表大会常务委员会通过，自 2000 年 1 月 1 日起施行）。

3.《中华人民共和国合伙企业法》（2006）（1997 年 2 月全国人民代表大会常务委员会通过，自 1997 年 8 月 1 日起施行。2006 年 8 月全国人民代表大会常务委员会修订）。

4.《中华人民共和国公司法》（2013）（1993 年 12 月全国人民代表大会常务委员会通过，自 1994 年 7 月 1 日起施行。1999 年 12 月全国人民代表大会常务委员会第一次修正；2004 年 8 月全国人民代表大会常务委员会第二次修正；2005 年 10 月全国人民代表大会常务委员会修订；2013 年 12 月全国人民代表大会常务委员会第三次修正）。

第 4 章

企业法律权利的行使与保护制度

本章重点

- 法律权利的取得、行使与保护方式
- 委托代理的法律特征
- 滥用代理权、无权代理和表见代理
- 诉讼时效届满后的法律效力
- 诉讼时效的中止与中断

第 1 节　企业法律权利的取得、行使与保护方式

一、法律权利的类型

法律权利的本质是受法律保护的合法利益。企业作为社会的基本经济组织，向社会提供产品或服务，以满足人类社会发展的各种物质和精神需求，企业合法的经营活动及相应的利益受法律保护。企业管理者首先应当清楚地了解企业设立、经营和解散过程中享有哪些基本的法律权利，继而才能有效地行使权利获得合法的利益，并保护企业的法律权利免受不法侵害。企业法人享有的法律权利主要包括人身权利和财产权利。

（一）人身权利

人身权利是公民和法人所享有的与人身不可分离而又没有直接财产内容的权利。人身权利不得转让、赠与或继承。人身关系蕴涵着人们精神和道德层面的利益，法律保护人身权是为了维护公民和法人的人权和尊严。作为自然人的公民享有的人身权包括生命权、健康权、姓名权、肖像权、隐私权、婚姻自主权、监护权、名誉权和荣誉权。作为法人的企业设立、经营和解散过程中享有的人身权利包括名称权、名誉权和荣誉权。

1. 企业的名称权

企业的名称权，指企业对其依法取得的名称享有排除他人非法干涉的权利，包括名称决定权、名称变更权、名称使用权。企业申请设立登记时有权自行选择其名称，经工商管理机关预先核准的企业名称在一定的行政区域内享有专用权。企业有权依法变更自己的名称，有权合法使用自己的名称或许可他人使用自己的名称。企业名称权与企业的经营主体资格同时取得，同时消灭。他人非法干涉企业使用、变更自己的名称，或盗用、假冒企业的名称，都属于侵犯企业名称权的行为。

2. 企业的名誉权

企业的名誉权，指企业依法享有良好客观的社会评价并排除他人侵害的权利，包括名誉利益支配权和名誉维护权。名誉是指社会公众对企业能力、信誉等方面的一般的、总体性的评价，良好的名誉可以增加企业的价值，企业有权维护自己的名誉免遭不正当的贬低或诋毁。侮辱（用书面、口头语言或行动公然毁坏他人名誉的行为）、诽谤（捏造并散布虚假的事实破坏他人名誉的行为）是常见的侵犯企业名誉权的行为。

3. 企业的荣誉权

企业的荣誉，指企业因在经营活动中卓越的表现而获得的相关国家机关和社会组织给予的积极评价，通常以荣誉称号形式表现出来。企业的荣誉权，是企业对于所获得的荣誉称号所享有的专有的、不受侵犯的权利。非法剥夺企业的荣誉称号是主要的侵害企业荣誉权的行为。

企业荣誉是企业名誉的重要体现，二者都可以增加企业价值，但企业的荣誉权与名誉权有所区别。所有的企业都享有名誉权，即名誉权具有普遍性，因侮辱、诽谤而导致的名誉侵权纠纷较为常见。但只有获得特定荣誉称号的企业才享有荣誉权，即荣誉权具有专属性，因非法剥夺企业荣誉称号而导致的荣誉侵权纠纷少见。如果企业的荣誉称号被合法剥夺或撤销，则其荣誉权消灭，但名誉权依然存在。

（二）财产权利

财产权利是公民和法人享有的具有物质财富内容或直接体现为经济利益的权利。财产权利通常可以用货币计算价值，除法律另有规定外，能够在公民和法人之间转让、赠与或继承。企业法人设立、经营和解散过程中享有的财产权利包括物权、债权、知识产权。

1. 企业的物权

法律上定义为财产的物可以划分为不动产和动产。不动产是指不能移动或者移动则会改变其性质或损害其价值的有形财产，包括土地以及依附于土地的建筑物、生长的植物和其他土地附着物等。动产是指能够移动而不损害其价值或用途的有形财产，是不动产以外的物。企业的物权是指企业依法对特定的物（不动产或动产）享有直接支配和排他的权利，包括所有权、用益物权和担保物权。企业的物权体现为静态的财产支配关系，即按照企业法人的意愿自行支配物并排除他人干涉实现其经济利益，如使用、收益、处分特定的物以满足其经营活动的需要（所有权和用益物权），或者以特定的物保证企业的债权实现（担保物权）。非法侵占、毁损企业财产或妨碍企业自由支配其财产的行为，属于侵害物权的行为。

2. 企业的债权

法律上定义的债权是债权人可以请求债务人为一定行为（作为或不作为）的权利。具体而言，企业的债权是企业根据法律规定或合同约定请求债务人为一定给付的权利，包括财产的给付、劳务的提供以及某种不作为（如不得改变租赁物的用途等）。企业的债权体现为动态的财产流转关系，即企业作为债权人通过请求债务人给付财产、提供劳务或不做特定的行为实现其经济利益。拒绝或未完全按照法律规定或合同约定完成债权人要求的给付行为、不作为，属于侵害债权的行为。

3. 企业的知识产权

知识产权是一种无形财产权，指公民或法人对其创造的智力成果和商业标记依法享有的专有的、独占性的支配权利，也称“智力成果权”。企业的知识产权包括：（1）专利权，指专利权人对特定的发明创造在一定期限内依法享有的专用权，包括发明专利权、实用新型专利权、外观设计专利权。（2）商标权，也称商标专用权，指商标权人对特定的注册商标依法享有的专用权。（3）著作权（版权），指著作权人对特定的文学、艺术或科学作品依法享有的专用权，包括著作权、著作邻接权、计算机软件著作权等。知识产权同时具有人身权利和财产权利的特征。人身权利如专利权人在其专利产品上的署名权，著作权人对其作品的署名权、发表权、修改权等，知识产权中的人身权利不得转让、赠与与继承。财产权利如专利权、商标权、著作权，知识产权中的财产权利依法可以转让、赠与或继承。企业的知识产权主要涉及财产权利的内容。非法剽窃、篡改和仿冒他人智力成果和商业标记的行为，属于侵害知识产权的行为。

二、法律权利的取得方式

权利受法律保护。公民、法人能够享有的权利由法律赋予或由章程、合同予以确认。法律赋予的权利是法定权利。企业的法定权利是其按照法律规定能够直接享有的包括民事、行政、诉讼等方面的权利。章程、合同确定的权利是约定（当事人之间协商一致确定）的权利。企业的约定权利是其根据组织章程或当事人之间的合同能够享有的民事权利，主要涉及投资和财产转让、赠与中的权利等。约定的权利是基于授权性法律规范的许可而由当事人协商确定的，并基于其合法性而受法律保护，因此，约定的权利不能与法定权利相抵触或相冲突，否则，不受法律保护。

企业依据法律规定或通过制定章程、订立合同能够享受法律权利只是一种可能性。企业要实现法律权利所保护的利益，必须通过特定的事实或行为取得权利，从而将可能的权利转变为现实的权利。

企业可以通过原始取得（法律权利首次产生）、继受取得（通过受让等方式获得原属于他人的法律权利）两种途径取得其权利。区分这两种途径的法律意义在于：原始取得权利，需要证明取得权利的行为具有合法性，例如，合法建造的房屋可以取得所有权，而非法建造的房屋（违章建筑等）不能取得所有权。继受取得权利，应当确认转让权利的人确实拥有该项权利，并且是以合法方式转让，否则，通过转让取得的权利不受法律保护，例如，购买他人被盗窃的机动车不能取得其所有权。

此外，公民和法人取得其法律权利，可以通过自己的行为亲自取得，也可以通过代理人的代理行为取得，还可以因为某些事实而自动取得。

（一）企业人身权利的取得方式

企业的名称应当在企业申请设立登记时由登记机关预先核准。企业的名称权、名誉权基于企业成立的事实（领取营业执照）而取得，基于企业解散的事实而消灭。企业的荣誉权基于国家机关、社会组织向其颁发荣誉称号的事实而取得，基于其荣誉称号被依法剥夺或企业解散的事实而消灭。由于人身权利通常不能转让和赠与，因此，企业的人身权利基本上都是通过原始取得方式获得。

（二）企业财产权利的取得方式

1. 企业物权的取得方式

（1）基于合法生产、建造等事实取得原物的所有权（原始取得）。

（2）基于添附（附和、混合、加工）等事实取得物的所有权（原始取得）。

（3）基于拥有原物所有权的事实而取得原物孳息的所有权（原始取得）。

（4）基于占有无主财产的事实取得物（该无主财产）的所有权（原始取得）。

（5）通过转让、赠与等法律行为（合同）取得他人的物的所有权，或者通过设定担保物权、用益物权的法律行为（合同）取得他人的物的定限物权（继受取得）。

（6）依据法律特别规定取得物权，如善意取得物权、依据法院判决取得物权等。

2. 企业债权的取得方式

（1）通过法律行为（合同）取得债权（合同债权）。

（2）由于他人的侵权行为取得债权（侵权损害赔偿债权）。

（3）由于他人的缔约过失行为取得债权（缔约过失损害赔偿债权）。

（4）基于形成不当得利的事实或行为取得债权（不当得利返还债权）。

（5）由于无因管理行为取得债权（无因管理垫付的必要费用返还债权）。

以上均为原始取得债权的方式。除具有人身性质的债权不得转让外，企业通过转让、赠与等方式获得他人债权的，为继受取得债权。

3. 企业知识产权的取得方式

（1）通过专利申请行为并获得专利行政部门（专利局）的授权后取得专利权。

（2）通过商标注册行为并获得商标主管部门（商标局）的核准注册后取得商标专用权。

（3）基于作品创作完成的事实自动取得著作权（版权）。

以上均为原始取得知识产权的方式。除知识产权中的人身权利不得转让外，企业通过转让、赠与等方式获得他人知识产权或许可使用授权的，为继受取得知识产权。

三、法律权利行使的原则、方式和时间限制

法律权利的行使就是权利内容的实现。公民、法人取得特定的法律权利后，只有通过

实际行使权利，才能真正获得受法律保护的利益。但是，任何人通过行使法律权利获取合法利益的同时，不能因此而损害国家利益、社会公共利益和第三人的合法利益。因此，法律权利的行使不是绝对自由的，应当受到必要的、合理的限制。

（一）法律权利行使的基本原则

法律权利的行使应当遵循诚实信用原则和禁止权利滥用原则，不得违反社会的公序良俗。

1. 诚实信用原则

诚实的本质是不欺骗。信用的本质是承守诺言。诚实信用原则强调人们行使法律权利应当怀有善意，注重信用和信誉并由此建立人们之间的相互信任关系。法律权利的行使固然是获得合法利益的必要手段，但追求自身利益应当与尊重他人利益并重，以实现社会各方利益的平衡。因此，诚实信用原则是道德准则的法律化，是建立和谐法制社会的基本原则。

法律虽然力求对人们的行为做出科学、合理的规范，但是由于各种原因，法律规范必然存在某些不完善或者漏洞，导致某些为满足私利而损害他人利益的行为难以得到有效制裁，并因此破坏了人们所追求的社会正义等价值观。例如，当事人自愿缔结合同是法律所赋予的权利，有些人以缔结合同的名义套取他人的商业秘密、脑力劳动成果，却以合同未成立而规避自己应当履行的合同义务。诚信原则要求人们行使权利不得违反社会公序良俗，保护人们基于信任而产生的信赖利益，授予司法人员自由裁量权，强制不遵守诚实信用原则的人承担相应的法律责任。

2. 权利不得滥用原则

权利不得滥用原则是诚实信用原则的延伸，同样体现了善意和公正的价值追求。权利的行使，必须有一定的界限，即追求自身利益不应以损害他人利益为代价，超越正当界限行使权利并损害他人利益的，构成权利滥用。例如，大股东滥用资本多数决规则通过损害小股东利益的股东会决议；委托代理人滥用代理权损害被代理人的利益；企业利用对关联企业的控制权以转移定价方式逃避国家的税收监管等。

权利滥用，以拥有合法的权利为前提，以明知（故意）损害他人利益为特征。权利人明知不正当行使权利会损害他人利益而依然为之，需要承担滥用权利的法律后果：一是不发生权利行使原本应当发生的法律效果，例如，大股东滥用资本多数决规则通过的股东会决议无效，委托代理人滥用代理权的代理行为无效等。二是滥用权利造成他人损害的，权利人应当承担损害赔偿责任或相应的其他民事责任。

（二）法律权利行使的方式

法律权利的行使，包括权利人自己亲自行使和由他人代理权利人行使两种方式。

1. 权利人亲自行使权利

权利人可以亲自行使其权利并承担相应的法律后果。法人（由法定代表人代表）和具有完全行为能力的公民都可以亲自行使自己的权利。例如，股东自己亲自行使其在股东会议上的表决权，选举公司的董事和监事。所有权人亲自行使其对物的处分权，将其所有的财产出售或赠与他人。企业可以由其法定代表人或主要负责人代表企业亲自行使其权利。

2. **由他人代理权利人行使权利**

无行为能力和限制行为能力的公民，需要由其法定代理人或指定代理人（监护人）代理其取得权利和行使权利，并承担由此产生的法律后果。例如，监护人以未成年子女的名义与银行订立存款合同，并获得法定孳息（利息）。具有完全行为能力的公民和法人，虽然可以通过自己的行为亲自取得权利和行使权利，但由于各种原因（时间、精力、专业知识的限制等）而不能或不愿意亲自行使权利时，可以通过委托他人代理自己行使权利，即权利人通过委托代理省略了权利行使的具体过程，却依然承担行使权利的法律后果（实现法律所保护的利益）。企业权利的代理行使仅涉及委托代理法律制度。

（三）法律权利行使的时间限制

权利受法律保护。但是，当权利人长期不主张或不行使自己特定的法律权利超过法定时间期限的，权利可以失去法律效力，即不受法律保护。对权利的行使施加时间的限制，是为了促使权利人珍惜自己的权利所体现的价值，通过积极行使权利实现法律所保护的利益，推动社会法律体系的有效运行。法律权利行使的时间限制主要由诉讼时效法律制度予以规范。

四、法律权利的保护

法律权利的保护，指法律权利受到侵害时，通过自我救济和国家救济的方式防止、减少权利所受到的侵害，或者使受到侵害的权利恢复原状。法律权利受到不法侵害后，意味着受法律保护的合法利益受到侵害，国家法律秩序的权威性受到威胁。因此，国家有义务保护公民、法人的权利免受侵害，或者在其权利受到侵害后，进行司法救济，以弥补其财产或精神上的损失。法律权利的保护，包括自我保护与国家保护两种基本途径。

（一）权利人自我保护

当权利受到不法侵害或因不可抗力遭受损害却无法及时请求国家救济时，权利人可以通过法律许可的方式并在法律允许的限度内通过自我救济保护自己的权利。我国法律规定了正当防卫和紧急避险两类自我保护权利的合法措施，即当权利人自己的权利、他人的权利或公共利益遭受不法侵害或紧急危险时，可以自行采取正当防卫措施和紧急避险措施，以保护自己的权利、他人权利或公共利益不受损害。

（二）国家保护

当权利受到不法侵害时，权利人可以通过法定的诉讼程序请求国家对其权利进行保护，即通过诉权请求国家救济以保护其权利。

诉权，是公民、法人等权利主体请求人民法院行使审判权，依靠国家强制力保护其合法利益的权利，是法律赋予权利主体在其合法权益受到侵犯，或者权利义务关系发生纠纷时，依法进行民事诉讼、行政诉讼的权能。诉权发生的前提是当事人之间发生民事纠纷或行政纠纷。诉权的法律基础是民法、行政法等实体法和民事诉讼法、行政诉讼法等程序法，因此，诉权有双重含义，即程序意义上的诉权和实体意义上的诉权。程序意义上的诉权，指权利主体按照法律程序向法院请求给予司法救济的权利，包括起诉权及应诉权、反诉权、上诉权、申诉权等。实体意义上的诉权，指权利主体请求司法机关通过审判，强制实现其权益请求，即胜诉权。

当事人通过民事诉讼方式请求国家司法机关保护自己的合法权益，是平等主体之间就是否侵害其合法权益的纠纷进行诉讼，一般情况下适用“原告负举证责任”原则，即当事人对自己提出的诉讼请求所依据的事实或者反驳对方诉讼请求所依据的事实有责任提供证据加以证明。在法律有明文规定的情况下，可以适用“举证责任倒置”原则，即由被告负举证责任。

当事人通过行政诉讼方式请求国家司法机关保护自己的合法权益，是公民、法人针对行政机关行使行政职权的行为是否侵害其合法权益的纠纷进行诉讼，一般情况下，由被告负举证责任，即由行政机关对其作出的具体行政行为的合法性负举证责任。

国家通过诉讼程序，最终以司法判决的方式强制不履行义务的人承担法律责任，以国家强制力保护权利人的合法利益得以实现。

案例 4—1

合法行使所有权还是权利滥用

甲购买某商品住宅小区高层塔楼的一套豪华公寓并办理了房屋产权证。在装修房屋期间，甲订购了一个占地面积将近 9 平方米，可盛满近 5 吨水的巨型浴缸，计划安放在其居住的第 29 层（顶层）物业内。周围业主见状担心放水后的浴缸太重，会对整栋塔楼安全构成严重威胁，自发聚集起来堵在甲公寓门口，坚决阻止装修工人安装浴缸，并与甲发生争吵。物业公司闻讯后请相关专家对安装浴缸的安全性进行调查，专家的结论是房屋楼板无法承受浴缸使用时的重量。物业公司遂要求甲停止安装浴缸并禁止装修工人运送相关的装修材料。甲认为，公寓和浴缸都是自己购买的，在属于自己的物业内，自己当然有权按照个人喜好布置房间，周围邻居和物业公司无权干涉自己装修房屋的行为。而且，所购买的浴缸已经付款，坚持要按照原计划吊装浴缸。

问：甲安装巨型浴缸的行为是合法行使所有权还是滥用权利？

案例点评

本案的核心是：甲作为公寓物业和巨型浴缸的所有权人，行使所有权是否超过了合理界限并损害了他人的利益。

1. 房屋是不动产，甲购买公寓并取得了房屋产权证，成为公寓的合法所有人。巨型浴缸是动产，甲已付款，浴缸亦交付给甲，甲成为浴缸的合法所有人。

2. 甲对属于自己的物（房屋物业、浴缸）拥有所有权，享有占有、使用、收益和处分的权利，即有权按照个人意愿支配这些物并排除他人干涉。因此，甲根据个人喜好装修房屋是合法行使所有权，但其基本前提是：业主行使权利不得危及建筑物的安全，不得损害其他业主的合法权益，即行使所有权不能超过正当界限，不能因为装修自己的房屋而损害他人利益。

3. 甲的房屋物业是高层塔楼的组成部分，甲和周围邻居对各自专有的物业（所购买的房产）享有个人所有权，同时对整栋塔楼物业共同享有所有权。根据专家结论，使用巨型浴缸会对整栋塔楼的楼板强度及承重结构造成危害，存在巨大安全隐患，必然会损害该塔楼其他业主的个人房屋所有权以及对整栋塔楼的共有权。显然，甲坚持安装巨型浴缸的行为超过了行使所有权的正当界限，并导致可能严重损害他人利益的结果，构成了权利滥用。

4. 甲应当听从物业公司的要求，自觉停止安装巨型浴缸，以避免对整栋塔楼物业安全构成威胁。如果甲拒不服从物业公司要求，周围邻居（业主）可以单独或集体向法院提起诉讼，要求甲排除妨害或消除危险，以保护自己的房屋所有权。

第2节 委托代理制度

一、代理的概念、类型与特征

（一）代理的概念

代理有三种含义：代理行为、代理关系、代理法律制度。

代理行为，指代理人在代理权限内，以被代理人（本人）的名义与第三人进行民事或商事活动，其法律后果直接归属于被代理人的行为。其中，代理人是享有代理权并以被代理人名义进行民事或商事活动的人，被代理人是承担代理行为法律后果的人，第三人是与代理人进行民事或商事活动的相对人。

代理关系，指被代理人、代理人、第三人之间的相互关系。被代理人与代理人之间是代理的内部关系，是代理权产生的基础。被代理人与第三人是代理的外部关系，他们才是法律关系的主体和法律责任的承担者。代理人与第三人之间只有代理行为，并无法律关系，但在代理行为侵害第三人利益时，也可能产生侵权损害赔偿关系。区分代理的内部和外部关系有重要意义。通常情况下，内部代理关系无效或被解除时，外部关系不一定受到影响。

代理法律制度，指规定代理权的产生、行使与法律后果的法律制度。

代理的本质是由代理人以被代理人的名义取得权利和行使法律权利，但代理的法律后果归属于被代理人，即由代理人代替被代理人完成取得权利和行使权利的过程，但不影响权利行使的结果。我国代理法律制度主要由《中华人民共和国民法通则》规定。

（二）代理的类型

1. 法定代理

代理权因法律规定（人身关系）而产生，代理人称为法定代理人。

2. 指定代理

代理权因主管机关或法院指定代理人而产生，本质上属于法定代理。

3. 委托代理

代理权由委托人（被代理人）授权而产生，受托人称为委托代理人。

由于法定代理与指定代理主要是为无民事行为能力和限制民事行为能力的公民设定的，法定代理人和指定代理人主要由监护人担任，与企业关联性不大，故在此略而不谈。委托代理在企业经营活动中有非常重要的地位、作用，与合同密切相关，故本节主要论述委托代理问题。

（三）委托代理的法律特征和意义

1. 委托代理的法律特征

（1）委托代理的行为必须有法律意义，能够使被代理人与第三人之间产生、变更或消灭权利义务关系，如受委托代订合同、进行商标注册和法人登记等。一般的受他人委托办事，如代人保管物品、整理资料等，如果与第三人无关，就不构成代理。

（2）委托代理人以被代理人的名义，并为被代理人的利益进行民事或商事活动。从本质上说，代理人是帮助被代理人取得权利并行使权利以实现权利的内容，其后果等同于被代理人本人亲自取得和行使权利，因此，代理人应当以被代理人的名义并为其利益行事。行为人若以自己的名义为他人利益活动，属于行纪或信托，而不是代理。

（3）委托代理人在代理权限内的意志和行为，体现被代理人的意志和行为。因此，被代理人仅对代理权限内的代理行为承担法律后果。理解这一点对以下两个问题非常重要：一是代理与无权代理的区别，二者的法律后果不同。二是法定代表人与委托代理人的区别。前者是法人企业的代表，与其所代表的法人是同一个主体，代表法人的权力来源于法律的直接规定，其职务行为就是法人的行为，代表权限只受法律和章程的限制。后者是与法人相独立的主体，虽然在法人（法定代表人）的授权范围内有权以法人的名义行事，但代理权限受法定代表人授权的限制。

（4）被代理人承担委托代理行为的法律后果。委托代理人在代理权限内与第三人进行民事或商事活动所产生的权利义务，由被代理人直接承受。

2. 委托代理的意义

如果没有委托代理制度，法人制度便失去存在的基础。因为法人的民事行为能力由法定代表人行使，但法人的对外业务活动非常广泛，如果每件事都必须由法定代表人亲自出面，如签订合同、代表企业参加法律诉讼、申请企业工商变更登记等，则必然导致其分身无术，无法充分履行其职权。委托代理制度允许法定代表人通过授权让众多的法人或公民代理其行使部分职权，同时又不丧失对这些代理人的控制，克服了自然人生理限制和时空障碍，提高了交易效率。代理的适用范围主要有：代理法律行为（代签合同）、代理诉讼、代理行政行为（企业登记纳税、报关等）。同时，代理只适用于合法行为，非法行为不能代理，人身行为（结婚、离婚、立遗嘱等）通常不能代理。

二、委托代理权的取得、行使、消灭

(一) 委托代理权的取得

委托代理，也称意定代理，指代理人的代理权来自被代理人的委托授权。一般将被代理人称为委托人，代理人称为委托代理人。有完全行为能力的公民、法人均可以作为委托人和委托代理人。

委托代理人的代理权由委托人的授权行为而取得，这里需要区分委托合同和授权行为。当事人之间成立委托代理关系，以委托合同为基础。合同可以是口头形式、书面形式和公证形式，无论哪种形式，都是双方达成一致意见的结果。但是，委托合同只在委托人和委托代理人之间发生法律效力，不能针对第三人。当委托代理人与第三人进行代理活动时，必须证明自己的代理人身份。显然，委托代理合同无法起到“身份证明”的作用。如前所述，委托代理人的代理权并不是直接来自委托代理合同，而是来自委托人的授权，委托授权属于被代理人单方自行决定的权利。所以，委托代理合同与委托授权是两个有关联但性质不同的行为。不过，委托授权的范围通常在委托合同中予以确定。在当事人通过委托代理合同成立代理关系的基础上，委托代理人与第三人进行代理活动时，还必须出具授权委托书，这才是对外证明委托代理人身份的正式法律文件。授权委托书的内容应当包括委托代理人的姓名或名称、代理事项、代理权限和期间、委托人的签名或盖章。授权委托书除表示授权外，还有证明委托的意义，使第三人知道与之订立合同的当事人（被代理人）是谁。

(二) 委托代理权的行使

1. 委托代理行为有效的要件

委托代理行为有效的要件是：(1) 代理人享有代理权；(2) 代理人以被代理人的名义在代理权限内进行民事或商事活动；(3) 代理行为不与法律禁止性规定相抵触；(4) 公民作为代理人的，需有完全行为能力。

2. 委托代理人对被代理人的代理义务

代理人应当忠实于被代理人的利益，在代理权限内，按照被代理人可推知的意思进行代理，因过错造成被代理人损失的，应当负赔偿责任。

3. 再代理

再代理，也称复代理、转委托，指委托代理人将被代理人委托的事项转委托给其他人代为完成，接受转委托的人是再代理人。在委托代理关系中，被代理人并不直接参与具体的民事或商事活动，却要直接承担由此产生的法律后果，所以，被代理人是以对委托代理人的人身信任为前提而授权的。正因为如此，代理人应当亲自进行代理活动以不辜负被代理人的委托。如果代理人由于特殊原因无法亲自履行代理义务，但为了被代理人的利益又必须完成委托，可以再代理，但前提条件是应事先征求被代理人同意或事后及时告知，如果被代理人不同意，则由代理人承担由此产生的法律后果。为保护代理人的善意代理活动，我国民法也规定，代理人在紧急情况下为保护被代理人的利益进行再代理，事先无法通知被代理人的，事后告知时，被代理人不得拒绝。

再代理人虽然是由委托代理人选任的，但他是被代理人的代理人，其代理权限不能超过原委托代理人的代理权限。

（三）委托代理权的消灭

委托代理权在下列情况下消灭：

（1）委托代理期间届满或委托代理事务完成；

（2）被代理人取消委托或代理人辞去委托；

（3）委托代理人丧失民事行为能力或死亡；

（4）作为被代理人或委托代理人的法人终止。

三、滥用代理权、无权代理和表见代理

（一）滥用代理权

滥用代理权，指委托代理人利用自己所享有的代理权损害被代理人利益的行为，有三种情况：

（1）自己代理，指委托代理人以被代理人的名义同自己进行代理行为，如被代理人作为甲方，委托代理人作为乙方签订买卖合同。代理行为是为了实现被代理人的利益，自己代理则将代理人置身于与被代理人发生利益冲突的地位，有可能为自己的利益而损害被代理人的利益，与代理制度的预期功能相悖。

（2）双方代理，指委托代理人同时代理当事人双方进行同一项代理行为，如同时作为甲方和乙方的委托代理人签订合同。在代理活动中，代理人应最大限度地维护被代理人的利益，但在双方代理中，代理人究竟维护哪个被代理人的利益无法确定，有可能为维护一方被代理人的利益而损害另一方被代理人的利益，与代理的本质相冲突。

（3）恶意串通代理，指委托代理人和第三人恶意串通损害被代理人利益的行为，如代理人与第三人订立合同时，恶意串通压低合同价格，给被代理人造成损失。

滥用代理权是法律所禁止的行为，其法律后果是：滥用代理权的行为无效，因此给被代理人造成损害的，追究代理人或第三人的法律责任。

（二）无权代理

无权代理，指行为人没有代理权而以被代理人名义从事的行为。无权代理包括三种情况：

（1）行为人没有代理权却以他人名义从事的行为；

（2）行为人超越代理权限从事的行为；

（3）行为人代理权已经终止后仍然以代理人身份进行的行为。

无权代理行为法律效力处于未定状态，其最终是否有效取决于本人（名义上的被代理人）是否行使追认权。无权代理的法律后果是：

（1）无权代理可以因本人追认而有效，也可以因本人拒绝而无效，是否追认由本人自行决定。无权代理被追认后，成为有效代理，本人成为被代理人，应承受因代理而产生的权利义务；无权代理被拒绝后，由无权代理人自己承担相应的法律后果。追认或拒绝的方式可以是由本人向无权代理人或第三人进行明示（明确表示），也可以是默示。例如，本人知道他人以其名义进行代理行为而不作否认表示的，视为同意。

（2）无权代理因善意第三人撤销而无效。善意第三人指不知道行为人无代理权的人。无权代理行为发生后，善意第三人有催告权与撤销权。催告权是催促本人在一定期限内答复是追认还是拒绝承认无权代理行为。撤销权是善意第三人主动要求撤销无权代理行为，使之无效。

无权代理行为只能通过本人的追认而有效，并由本人作为被代理人承担相关权利义务。但无权代理行为的无效，可能由于两种原因：一是本人拒绝承认；二是善意第三人主动撤销。此时，由无权代理人承担法律责任。

（三）表见代理

表见代理，指行为人虽然不具有代理权，但由于某些事实，善意第三人有理由相信是有效代理的行为。表见代理属于无权代理的性质，由于存在使善意第三人误信有代理权的理由，为保护善意第三人的利益，法律规定本人必须承认无权代理行为。表见代理产生的主要原因：一是本人向第三人非正式明示或默示授予行为人以代理权；二是委托代理人的代理权被撤回或终止后第三人不知情。如无权代理人持有本人开具的介绍信或其他委托证明与第三人进行代理活动，本人明知他人以自己名义实施无权代理而不作否认表示，代理人的代理权终止后仍旧实施代理行为而本人不加阻止等，都属于这种情况。

表见代理的法律后果是：本人承受因无权代理行为而产生的被代理人的权利义务。

（四）滥用代理权、无权代理、表见代理的主要区别

在滥用代理权中，代理人的代理权是真实合法的，但代理人不正当行使，损害了被代理人的利益，代理行为无效，代理人应对被代理人因此所受到的损害承担责任。

无权代理的代理权本身无合法基础，但无权代理行为不一定必然会损害被代理人的利益，因此，法律赋予本人事后追认权。无权代理行为可能有效，也可能无效，取决于本人的追认或拒绝，以及善意第三人是否撤销。此规定重在保护本人的利益。

表见代理属于无权代理的性质，但本人无权拒绝，只能承认。此规定重在保护善意第三人的利益和交易安全。

（五）被代理人、委托代理人、第三人之间的责任关系

被代理人、委托代理人、第三人之间的责任关系主要有：

（1）代理人从事违法活动，包括被代理人知道代理行为违法不表示反对，代理人知道代理事项违法仍然代理的，代理人和被代理人负连带责任。

（2）被代理人的委托书授权不明确，给第三人造成损失的，被代理人和代理人向第三

人负连带责任。

（3）代理人不履行职责，给被代理人造成损害的，应当承担民事责任。

（4）代理人和第三人恶意串通，损害被代理人利益的，由代理人和第三人负连带责任。

（5）第三人知道行为人没有代理权，仍然与其进行民事活动给他人造成损害的，由第三人和行为人负连带责任。

案例 4—2

授权不明的委托代理

某百货公司将盖有单位公章的介绍信和加盖合同专用章的空白合同书交给甲，委托其订购一批新款流行时装。甲持百货公司介绍信与空白合同书与某服装公司签订了一份购销合同。合同中约定，百货公司购买服装公司新款服装共计 500 件，总价款 10 万元；服装款式以订立合同时服装公司提供的样品为准，由百货公司自提货物；全部货物提完后 10 日内付款。合同订立后，甲代理百货公司从服装公司提走了全部服装。但百货公司发现这批服装销售情况不好，遂以这批服装并非新款流行时装，委托代理人超越代理权限为由拒付货款，并提出退货。当服装公司要求百货公司支付货款并赔偿延期付款期间银行贷款利息损失时，百货公司称，甲超越代理权限，擅自购进并非流行新款时装，应由其个人承担责任，百货公司不承担任何法律后果。

问：究竟是百货公司还是甲承担法律责任？

案例点评

本案的焦点是：百货公司对甲的授权是否明确？甲订购这批服装的行为是否构成无权代理？

1. 甲是百货公司合法的委托代理人。百货公司将盖有单位公章的介绍信和加盖合同专用章的空白合同书交给甲，这两份文件相当于对甲的授权委托书，可以证明甲确实是百货公司的委托代理人。

2. 在介绍信中，百货公司没有明确规定甲代理购买服装的品种、规格和款式等，仅笼统地说明为“新款流行时装”，表明百货公司授权不明确。我国民法规定，委托书授权不明的，被代理人应当向第三人承担民事责任，代理人负连带责任。

3. 甲持百货公司的合法文件与服装公司签订合同，该合同有效，而且，服装公司已经履行了义务，百货公司拒付货款没有法律根据，应当与代理人甲共同向服装公司承担连带赔偿责任。

4. 如果甲能够证明委托书授权不明的责任在被代理人百货公司，而且是被代理人欲转嫁市场风险（如是在服装销售情况不好时，而不是在收到服装后立即提出甲超越代理权问题等），可以依据甲和百货公司之间的委托代理合同及民法有关诚信原则的规定，要求百货公司赔偿自己因此所受到的损失。

第 3 节　诉讼时效制度

一、诉讼时效制度的概念、特征和功能

（一）诉讼时效的概念

时效，指时间的法律效力。时效制度，指一定的事实状态经过一定时间会导致相应的法律后果的制度。根据时效成立的前提与产生的法律后果不同，可以分为两种类型：一是取得时效，也称占有时效，指当事人善意占有他人财产达到法定期间后，可以取得该项财产的所有权。二是诉讼时效，也称消灭时效，指权利人不行使其特定的权利达到法定期间后，该项权利不再受法律保护。我国目前只规定了诉讼时效制度。诉讼时效的本质是对权利行使的时间限制。

诉讼时效，是法律规定的关于保障权利人以诉讼方式实现其权利的有效期限。诉讼时效的含义是，权利人的权利受到侵害后，在法定期间未向义务人主张权利或未向司法机关提起诉讼请求保护其权利，其胜诉权消灭。我国诉讼时效法律制度主要由《中华人民共和国民法通则》规定。

（二）诉讼时效的特征

诉讼时效具有如下特征：

（1）诉讼时效是消灭时效，以权利人不行使其权利的事实状态为前提，以权利人丧失胜诉权为后果。

（2）诉讼时效的期间和后果由法律明文规定，具有强制性，任何人不得单方或通过协议改变。所以，当事人不得预先抛弃时效利益。

（3）诉讼时效具有普遍性，除法律另有规定外，适用于各种民事权利。

（三）诉讼时效制度的功能

一般情况下，权利可以否定事实状态，即当事人合法权利受到不法侵害后，可以请求法律保护，以改变权利受侵害的事实状态。但是，时效制度却赋予久已存续的事实状态具有否定某种权利的作用，但这并不意味着法律所确定的权利不受法律保护，也并非为惩罚不行使权利的人。法律主要从效率角度考虑设定时效制度。诉讼时效制度的主要功能是：第一，通过诉讼时效制度，明确国家不会以强制力保护“法定期限内不行使的权利”，可以稳定法律关系，维护社会经济秩序。第二，规定了胜诉权丧失的期限，督促权利人及时行使权利。第三，维护久已存续的事实状态，以时效届满对抗证据，有利于法院在当事人举证困难的情况下，及时审结案件，提高审判效率。

二、诉讼时效的成立、期间和时效期间届满的法律后果

（一）诉讼时效成立的要件

适用诉讼时效制度需要具备两个要件：一是事实要件（事实状态），指权利人不行使其应有的权利，如在合同约定的债务偿还期过后，债权人未要求债务人还债；二是时间要件（时间经过），指权利人不行使权利的事实状态持续超过法定期间，如债权人未要求债务人还债的事实状态持续存在超过2年。如果两个要件都具备，诉讼时效制度就会产生相应的法律后果。

（二）诉讼时效的期间

1. 民法规定的诉讼时效期间

民法规定的诉讼时效期间包括两种类型的期间。

（1）普通诉讼时效期间。普通诉讼时效期间可以适用于除法律另有规定的各类民事法律关系。普通诉讼时效的期间为2年。

（2）特殊诉讼时效期间。以下四种情况的诉讼时效期间为1年：1）身体受到伤害要求赔偿的；2）出售质量不合格的商品未声明的；3）延付或拒付租金的；4）寄存财物被丢失或损毁的。

2. 其他单行法规规定的诉讼时效期间

我国《合同法》规定，国际货物买卖合同和技术进出口合同的争议提起诉讼或申请仲裁的期限为4年。《环境保护法》规定，提起环境损害赔偿诉讼的时效期间为3年。

（三）诉讼时效期间届满后的法律效力

（1）权利受到侵害的人的胜诉权消灭，但权利人的起诉权以及请求法律保护的权利本身，并不因诉讼时效届满而消灭。胜诉权是当事人请求法院依照诉讼程序强制义务人履行义务的权利。起诉权是当事人向法院提起诉讼的权利，任何时候都不会丧失。权利人请求法律保护的权利，通常是债权请求权，时效期间届满后也不会消灭，但法院不会运用强制执行程序予以保护。

当事人是否丧失胜诉权由法院认定。时效期间届满后，当事人有权向法院起诉请求法院查明有无诉讼时效中止、中断和延长的事由，以确定诉讼时效期间是否确实届满。法院查明诉讼时效确实届满后会驳回其诉讼请求，确认其胜诉权消灭。

（2）义务人可以拒绝履行义务，即当事人的义务虽然还存在，但无法律强制性，债务人不履行义务是合法的。

（3）法院不会强制义务人履行义务。当事人的权利虽存在，但失去了法律强制性保护。

（4）义务人自愿履行义务时，不受时效限制，事后也不得以时效期满为理由要求债权人返还。因为时效期间届满，只消灭债权人的胜诉权，债权本身并不消灭，当事人之间的

债权债务关系仍然存在，仅仅是法律对债权不予强制性的保护。丧失胜诉权后的原债务转化为自然债务，只能依靠当事人个人的信用和道德自觉偿还。因此，债权人接受债务人超过时效期间的自愿给付，有合法根据，并非不当得利。

三、诉讼时效期间的开始、中止、中断、延长

（一）诉讼时效期间开始

诉讼时效期间从权利人知道或应当知道其权利受到侵害时（可以行使请求权时）起开始计算。一些具体情况的起算时间如下：

（1）合同债权，明确规定合同履行期限的，从债务人不履行合同时开始计算；未规定履行期限的，一般从合同成立时起算。

（2）人身损害赔偿债权，侵害时伤害明显的，从受伤害之日起计算；侵害当时未发现伤害，后经检查确诊并能证明是由侵害引起的，从伤势确诊之日起计算。

（3）权利人知道权利被侵害的事实与知道侵权人时间不一致的，从知道侵权人时起计算。

（二）诉讼时效期间中止

诉讼时效期间中止，指在诉讼时效期间进行过程中的最后 6 个月内，因不可抗力或者其他障碍不能行使请求权的，诉讼时效中止，暂停计算诉讼时效期间。从中止时效的原因消除之日起，时效期间继续计算。诉讼时效中止属于时效期间暂停，暂停前经过的时效期间仍然有效，导致时效暂停的原因消除后，时效期间继续计算，时效暂停前后的时间合计不能超过诉讼时效的法定期间。

（三）诉讼时效期间中断

诉讼时效期间中断，指在诉讼时效期间进行过程中，因起诉（权利人向法院提起诉讼）、请求（权利人向义务人提出履行义务的要求）、认诺（义务人承认其义务或履行义务）而中断。诉讼时效期间中断后，原有诉讼期间停止计算，从中断时起，诉讼时效期间重新开始计算。

诉讼时效期间中断与中止的相同之处是，二者都是在时效期间届满前因一定的法定事由发生而产生阻碍诉讼时效完成的效力。

诉讼时效中断与中止的区别是：

（1）发生的时间不同。时效中断可发生在时效期间的任何阶段；时效中止只能发生在时效期间最后 6 个月内。

（2）法定事由不同。时效中断的法定事由是当事人主观意志可以决定的事实，如起诉、请求、认诺；时效中止的法定事由是当事人主观意志不能左右的事实，如不可抗力、债务人失踪等。

（3）法律后果不同。时效中断的法定事由发生前已经过去的时效期间不再计算，从法定事由发生后重新开始计算诉讼时效期间，实际是前后两个时效；时效中止是将中止的期

间暂停计算，待法定中止事由消除后，继续计算时效期间。

（四）诉讼时效期间延长

诉讼时效期间延长，指权利人因特殊情况确实未在法定诉讼时效期间内行使权利，时效届满后，由法院延长诉讼时效期间。时效期间延长与时效中止、中断不同，只适用于时效已经完成的情况，且延长事由由法院认定而非法律规定，延长最长不能超过 20 年。而时效中止、中断都只能发生在时效期间完成（届满）之前。

案例 4—3

诉讼时效届满后的债务

甲公司与乙公司 2010 年 1 月签订了一份保管合同，合同约定，乙公司用自己的仓库为甲公司保管瓷砖并代为发货，甲公司每年支付给乙公司 5 万元保管费。同年 10 月 25 日，乙公司因与他人合作从事房地产开发，急需瓷砖，未经甲公司同意便从仓库中提走 15 万块多种规格的瓷砖，10 月 30 日才告知甲公司此事，并希望按照出厂价支付货款。甲公司派人清点存货，提出已被乙公司提走的瓷砖按照出厂价计算价值 15 万元，但乙公司认为只值 12 万元，双方发生争议。11 月 20 日，甲公司从乙公司仓库中取走全部存货，并书面通知乙公司在 2010 年 12 月 31 日以前向甲公司支付 10 万元货款（15 万元货款扣除 5 万元保管费），但乙公司一直没有支付。后来，甲公司实行承包制，新的承包人明知乙公司欠款之事，但一直没有催讨。2013 年 5 月 10 日，甲公司更换了法定代表人，新上任的董事长立即派人向乙公司催讨 10 万元货款及迟延支付的罚息。乙公司正式答复，该笔债务已过诉讼时效，乙公司本无义务偿还，但鉴于双方长期合作关系，可以偿还 7 万元。甲公司认为 7 万元太少，遂向法院起诉。乙公司则表示，甲公司既然起诉，乙公司将不偿还其任何货款。

问：乙公司是否应偿还甲公司的货款？偿还多少？

案例点评

本案的核心是诉讼时效期间届满后的法律效力问题。

1. 甲公司与乙公司之间的法律关系。第一个是保管合同关系，乙公司对所保管的瓷砖，只有占有权，没有处分权。因此，10 月 25 日乙公司擅自提取其受委托保管的 15 万块瓷砖的行为，不仅是违约行为，还侵害了甲公司的所有权，甲公司有权要求乙公司赔偿损失。第二个是买卖瓷砖的合同关系，甲公司得知此事后，并没有要求乙公司赔偿损失，而是提出这 15 万块瓷砖的报价，应视同甲公司放弃了对乙公司的违约或侵权损害赔偿请求权，追认了乙公司的购买行为，甲、乙之间形成了买卖瓷砖的合同关系并已经履行，但因价格问题发生纠纷。

2. 诉讼时效期间的开始，应当从甲公司知道或应当知道其权利受到侵害时起计算。11 月 20 日，甲公司书面通知乙公司 12 月 31 日以前支付货款，但乙公司没有照办。到 2011 年 1 月 1 日，甲公司应当知道其债权被侵害，开始计算诉讼时效期间。

3. 诉讼时效期间届满。从 2011 年 1 月 1 日到 2013 年 5 月 10 日，甲公司一直没有向乙公司主张债权，也没有向法院起诉，期间也没有发生导致时效中止和中断的法定事由。因此，到 2013 年 1 月 2 日，诉讼时效期间届满，甲公司胜诉权消灭，乙公司有权拒绝支付这批货款。

4. 时效届满后，虽然乙公司可以合法不支付甲公司的欠款，但当甲公司要求其还债时，乙公司又承诺偿还 7 万元货款，应视同乙公司自愿抛弃时效利益（注意，时效期间届满前，当事人不得预先抛弃时效利益，但时效期间届满后，可以自行抛弃），愿意偿还甲公司的部分债务，而债权人甲公司也有权接受这笔款项，因为二者之间的债权债务关系还存在。虽然事后乙公司又反悔，但该承诺是可以强制执行的。因此，甲公司有权要求乙公司偿还 7 万元货款，否则，可以请求法院强制执行。

本章小结

本章主要介绍了法律权利取得、行使、保护的基本法律制度以及委托代理、诉讼时效、制度，其中许多原理和原则都是企业经营活动中最常遇到的问题。

法律权利的本质是受法律保护的合法利益，企业可以享受的法律权利包括人身权利（名称权、名誉权、荣誉权）和财产权利（物权、债权、知识产权）。企业在设立、经营、解散过程中涉及各种利益，企业应当了解这些利益体现在哪些法律权利之中，基于什么样的事实和行为自己可以取得这些权利；以什么方式行使权利（自己行使或由他人代理行使）能够以最低的成本、最高的效率充分实现法律权利所赋予的合法利益；行使权利应当遵循哪些基本原则；为什么需要注意行使权利的时间限制等。此外，当企业的法律权利受到侵害时，应当重视维护自身的合法权益，及时通过自我保护和请求国家保护的方式获得必要的救济。

企业法人的日常经营活动离不开委托代理，其中，法人如何授权，被代理人在出现滥用代理权、无权代理和表见代理的情形后，委托人、委托代理人和第三人分别有什么权利和义务，可以采取哪些补救措施，第三人如何确定委托代理人的合法身份和代理权限等，都是企业订立合同过程中最容易发生纠纷的环节，企业管理者熟悉与此有关的法律规定，可以起到预防和减少法律纠纷的作用。

企业因诉讼时效期间届满而丧失相关权利，并导致合法利益损失的情况并不少见，这表明许多管理者还不了解诉讼时效制度的特点和功能。为充分利用法律增进和保护自己的合法权益，企业应特别注意诉讼时效成立的要件、期限长短、期间届满后的法律后果以及诉讼时效期间的开始、中止和中断等关键因素，使法律知识能够学以致用。

关键术语

人身权利	财产权利	诚实信用原则	权利不得滥用原则
委托代理	被代理人	委托人	委托代理人
第三人	滥用代理权	无权代理	表见代理
诉讼时效中止与中断			

复习思考题

1. 企业有哪些基本的法律权利？取得这些权利的主要方式有哪些？取得权利的过程中容易发生哪些经济纠纷？有什么经验和教训？

2. 分析企业设立、经营和解散过程中哪些权利最容易受到侵害？哪些权利有必要亲自行使，哪些权利可以委托他人代理行使？如何避免滥用权利的情况发生？

3. 法人向委托代理人授权应注意哪些问题？如何监督委托代理人，减少滥用代理权、无权代理和表见代理现象的发生？

4. 诉讼时效制度的核心内容是什么？对企业管理者有什么启发？

参考阅读书目及法律、法规

1. 江平：《民法学》，北京，中国政法大学出版社，2002。

2. 王利明：《民法》（第三版），北京，中国人民大学出版社，2007。

3. 《中华人民共和国民法通则》（1986）（1986 年 4 月全国人民代表大会通过，自 1987 年 1 月 1 日起施行）。

第 5 章

物权、债权、人身权法律制度

本章重点

- 物权的基本原则与物的分类
- 所有权的法律特征和内容
- 用益物权和担保物权的法律特征和主要内容
- 物权的保护
- 债权的法律特征和取得方式
- 侵害人身权的形式和法律后果
- 一般侵权责任
- 特殊侵权责任

第1节 物　权

一、物权的法律特征

（一）物权的概念

物，指对人们具有价值与使用价值的有形物体。物权法意义上的“物”，包括动产、不动产以及法律规定可以作为物权客体的权利（如可以质押的有价证券等）。

物权，指权利人依法对特定的物享有直接支配和排他的权利，包括所有权、用益物权和担保物权。所有权称为完全物权，指权利人对标的物拥有全面支配的权利。用益物权和担保物权称为定限物权，指权利人对标的物的支配限定于特定的范围或特定的期间。

物权的种类与内容，均由法律规定。物权设立与变动遵循公示与公信原则，即不动产物权的设立、变更、转让和消灭，应当依照法律规定登记；动产物权的设立和转让，应当依照法律规定交付。我国物权法律制度主要由《中华人民共和国物权法》规定。

（二）物权的效力

（1）物权的排他效力，指在同一标的物上，不能同时成立两个以上内容相同的物权。具体表现为：第一，同一标的物上不能同时并立两个所有权；第二，同一标的物上只能设立一个占有性定限物权；第三，物权的排他效力存在差异，所有权、占有性定限物权（如不动产使用权）、非占有性定限物权（如抵押权）的排他效力依次递减，即同一标的物上绝对不可能同时并立两个所有权，但可以同时并立两个抵押权。

（2）物权的优先效力。一是物权相互之间的优先效力。通常情况下，同一标的物上存在两个以上不同性质或内容的物权时，先成立的物权优先于后成立的物权。例如，由于不动产所有权的登记错误，使同一物上并存两个以上所有权时，先登记的所有权成立；同一物上设定数个抵押权时，先设立的抵押权优先于后设立的抵押权实现。应当注意，一物之上只能有一个所有权，但可以同时或先后设立多个担保物权和债权。二是物权与债权之间的优先效力。通常情况下，同一标的物上债权与物权同时并存时，无论物权成立于债权前后，均优先于债权。例如，数人共有的房屋出租后又准备出卖，共有人与承租人都有优先购买权，根据物权优先于债权的原则，应优先卖给共有人。

（3）物权的追及效力，指物权成立后，其标的物无论辗转流入何人手中，只要占有人不具备善意取得的条件，权利人均可行使权力追及标的物。例如，机动车所有人有权要求恶意取得其被盗车辆者（明知是赃车仍然购买）无条件返回其机动车。

（4）物权请求权，指物权人在其权利受到侵害或存在被侵害的危险时，要求侵害人恢复其物权原状的权利，包括所有物原物返还请求权、排除物权妨害请求权、预防物权妨害请求权。

（三）物权的基本原则

物权是人类社会最古老与最基础的财产权利。物权人所能够支配的物的范围与内容，直接关系到物权人的切身利益以及社会物质资源的利用效率。因此，为提高交易效率，保证交易安全，物权遵循以下基本原则：

（1）物权法定原则。物权的内容、法律效力、取得、变更、消灭、保护方法等均由法律明文规定，不允许当事人自己创设。因为物权是支配权，具有排他性，除物权人以外的任何人都是义务人，物权的行使不仅涉及当事人自己的利益，还会影响他人利益和社会公共利益，所以，物权法以强制性规范规定物权的内容以及物权取得、行使和变动的方式，使物权类型化与法定化，以便公众方便地知晓物权的标准内容以及物权变动的情形，既保护物权人利益，又能防止物权人滥用支配权损害第三人利益和社会公共利益。债权不能针对第三人，债权内容通常只涉及当事人双方的利益，因此，可以由当事人自行约定。

（2）一物一权原则。一个独立的物只能设立一个所有权，不允许同时有两个以上的所有权存在于同一物之上。一物一权可以明确财产的归属，保证所有人充分按照自己的意愿独立、全面支配财产，排除他人不法干涉，获得财产收益。用益物权和担保物权都是从所有权中派生出来的权利，但这些权利只会对所有权行使产生某些限制，并不会消灭所有权。

（3）物权变动公示公信原则。公示，指以公开方式使社会公众知晓物权变动的事实。

动产变动以占有和交付标的物为公示方式，当事人善意和公开占有动产，推定为合法所有人。不动产变动以在国家主管机关办理登记为公示方式，不动产转移登记过户后才发生所有权转移的法律效力。公示的作用是将物权变动的事实向社会公开，便于社会公众察觉物权的存在与变动，不仅使物权法律关系透明、规范，还可以使社会公众知道物权的权利人，自觉履行不干预、不侵犯他人所有权的义务。公信，指物权的变动符合法定公示方式的，具有法律上可信赖的效力，即便善意第三人以公示方式占有财产没有法律上的根据，也能获得所有权。公信的作用是保护交易安全，以维护按照正常交易秩序行事的善意第三人利益。

（四）物的分类

物有多种分类方法，每种方法在确定财产能否交易及交易后所有权如何转移方面都有特定的法律意义。

1. 流通物与限制流通物

流通物，是法律允许在主体之间自由流通的物，一般商品都是流通物。限制流通物，是法律限制其流通范围或禁止其流通的物，主要包括：土地、自然资源、国家授权全民所有制企业经营管理的重要固定资产、枪支弹药、麻醉药品、金银、外汇、文物、野生动物、迷信物品、淫秽书刊等。区分二者的法律意义是，根据所交易财产的性质判断具体交易行为的法律效力。

2. 动产与不动产

在空间具有固定位置，不能移动，或移动就会损害其价值的物为不动产，如土地、房屋等建筑物和构筑物、林木等。不动产的经济价值通常比较大，故不动产的权利变动一般要履行公示程序（登记），以彰显其正式与慎重。能够在空间自由移动而不损害其价值的物为动产，不动产以外的物均属于动产，包括能够为人力所控制的电、气、光波、磁波等物。但是，货币、有价证券（包括汇票、本票、支票、提单、股票、企业债券、国库券、外汇等）属于比较特殊的动产，法律通常对货币和有价证券物权的设立与变动有专门的法律规定。机动交通工具（飞行器、汽车、摩托车、船舶等）虽然可以在空间自由移动，但其法律地位与不动产相同，即物权变动也要经过公示程序。区分二者的法律意义是：

（1）动产所有权转移通常以交付为要件；不动产所有权转移以主管部门办理登记过户手续为要件。

（2）就担保物权而言，抵押权通常设置在不动产之上，质权与留置权设定在动产之上。用益物权则只能设定于不动产之上。

（3）因动产发生的法律纠纷，司法管辖比较灵活。因不动产发生的法律纠纷，只能由不动产所在地法院管辖。

3. 特定物与种类物

特定物，指自身具有独立特征，不能以他物替代的物。种类物，指具有共同属性，可以用品种、规格等进行计量，相互替代的物。区分二者的法律意义是，原物意外灭失的法律后果不同。特定物交付之前意外灭失的，可以免除义务人实际交付原物的义务，只能要求其赔偿损失。种类物交付之前意外灭失的，不能免除义务人交付原物的义务，应当用同种类的物实际履行。

4. **主物与从物**

两个独立存在的物，相互结合才能发挥作用时，起主要作用的是主物，起辅助作用的是从物，如船与桨、锁与钥匙等。区分二者的法律意义是，在法律或合同没有相反规定的情况下，从物所有权随主物所有权转移。

5. **原物与孳息物**

原物，指依照其自然属性或法律规定可以产生新物的物。孳息物是原物所产生的物，包括天然孳息与法定孳息。母畜与幼畜是原物与天然孳息，银行存款的本金与利息是原物与法定孳息。区分二者的法律意义是，在法律没有特别规定或当事人没有特别约定时，孳息物的所有权归属于原物的所有权人。原物转让，孳息收取权一并转让。

二、物权法律制度的基本功能

物，是物质资源和社会财富的基本表现形式，是人类进行社会生产的基础，可以满足人们对物质和精神的各种需求。物权法律制度的核心内容是所有权、用益物权与担保物权。所有权是所有人对于物的使用价值与价值的全面支配权，是物权的基础。当所有人将物的使用价值交由他人支配时，产生用益物权。当所有人将物的价值交由他人支配时，产生担保物权。因此，物的所有、使用与价值相互分离，是人们有效利用物质资源创造社会财富的过程。

物权法律制度的基本功能是：确定人们对物质财产进行支配的基本原则，明确物的归属，保护物权的排他性，物权人可以通过物权的各项权能分离组合，使物的使用价值与价值得到最充分的利用，物质资源在社会范围内合理配置，财产在流转过程中不断增值。

物权法律制度通过确认和保护人们对物质资源的所有、使用与交换的权利，从以下几个方面激励人们有效率地使用物质资源：

（1）所有权的普遍性。除了现有技术和成本方面的制约外，人类社会的所有有价值的资源都应当确定所有人。无主资源容易受到无节制的利用并产生巨大的浪费。法律如果界定了所有资源的所有权，则一切资源就有可能获得有效利用。

（2）物权的排他性。排他性意味着法律界定了主体的利益边界，物权人可以合法排除他人对其如何使用资源进行干涉，也使资源的使用成本与收益更容易预测和评估，这将使物权人建立稳定的激励和预期，鼓励其对物增加投入，降低成本，追求收益最大化。

（3）物权的可分解性。物权各项权能的分解和交换，意味着物质资源从使用效率低的所有人手中，转移到使用效率高并预期收益高的用益物权人或所有人手中，从社会角度看，这种资源的重新配置会极大促进经济效益的提高。

三、物权的设立、变动和消灭

（一）不动产物权的设立、变动和消灭

1. **不动产物权的设立、变动和消灭登记制度**

不动产物权的设立、变更、转让和消灭，经依法登记，发生效力；未经登记，不发生

效力，但法律另有规定的除外，如依法属于国家所有的自然资源，所有权可以不登记。

当事人提供虚假材料申请登记，给他人造成损害的，应当承担赔偿责任。

因登记错误，给他人造成损害的，登记机构应当承担赔偿责任。登记机构赔偿后，可以向造成登记错误的人追偿。

国家对不动产实行统一登记制度。不动产登记，由不动产所在地的登记机构办理。

当事人申请登记，应当根据不同登记事项提供权属证明和不动产界址、面积等必要材料。申请登记的不动产的有关情况需要进一步证明的，登记机构可以要求申请人补充材料，必要时可以实地查看。

2. 合同效力与物权登记的关系

当事人之间订立有关设立、变更、转让和消灭不动产物权的合同，除法律另有规定或者合同另有约定外，自合同成立时生效；未办理物权登记的，不影响合同效力。

3. 不动产登记簿

不动产登记簿是物权归属和内容的根据。不动产物权的设立、变更、转让和消灭，依照法律规定应当登记的，自记载于不动产登记簿时发生效力。不动产登记簿由登记机构管理。

4. 不动产权属证书

不动产权属证书是权利人享有该不动产物权的证明。不动产权属证书记载的事项，应当与不动产登记簿一致；记载不一致的，除有证据证明不动产登记簿确有错误外，以不动产登记簿为准。

5. 不动产登记资料的查询

权利人、利害关系人可以申请查询、复制登记资料，登记机构应当提供。

权利人、利害关系人认为不动产登记簿记载的事项错误的，可以申请更正登记。不动产登记簿记载的权利人书面同意更正或者有证据证明登记确有错误的，登记机构应当予以更正。

不动产登记簿记载的权利人不同意更正的，利害关系人可以申请异议登记。登记机构予以异议登记的，申请人在异议登记之日起 15 日内不起诉，异议登记失效。异议登记不当，造成权利人损害的，权利人可以向申请人请求损害赔偿。

6. 房屋等不动产买卖的预告登记

当事人签订买卖房屋或者其他不动产物权的协议，为保障将来实现物权，按照约定可以向登记机构申请预告登记。预告登记后，未经预告登记的权利人同意，处分该不动产的，不发生物权效力。预告登记后，债权消灭或者自能够进行不动产登记之日起 3 个月内未申请登记的，预告登记失效。

（二）动产物权的设立、变动与消灭

动产物权的设立和转让，自交付时发生效力，但法律另有规定的除外，如船舶、航空器和机动车等物权的设立、变更、转让和消灭，未经登记，不得对抗善意第三人。

另外，动产物权设立和转让前，权利人已经依法占有该动产的，物权自法律行为生效

时发生效力。动产物权转让时，双方又约定由出让人继续占有该动产的，物权自该约定生效时发生效力。

（三）物权设立、变动与消灭的其他规定

因人民法院、仲裁委员会的法律文书或者人民政府的征收决定等，导致物权设立、变更、转让或者消灭的，自法律文书或者人民政府的征收决定等生效时发生效力。

因继承或者受遗赠取得物权的，自继承或者受遗赠开始时发生效力。

因合法建造、拆除房屋等事实行为设立或者消灭物权的，自事实行为成就时发生效力。

上述情形下，享有不动产物权的，处分该物权时，依照法律规定需要办理登记的，未经登记，不发生物权效力。

案例 5—1

一房两卖所有权归谁

甲于 2010 年 2 月与乙房地产公司签订商品房预售合同，预购乙公司开发的商品房一套，并按合同约定分三期向乙公司支付了购房款共计 100 万元。购房合同签订后，商品房价格节节攀升。2011 年 2 月，乙公司将这套房产以更高的价格出售给不知情的丙。2012 年 12 月该房竣工，乙公司将该房交付给丙并依法办理了房屋产权登记手续，丙获得这套房产的所有权证书。2013 年 5 月，乙公司告知甲拒绝履行已经订立的商品房预售合同，同时愿意退还甲预付的住房款 100 万元和补偿费，合计 120 万元。甲不愿接受退款和补偿费，坚持购买所预购的房屋，要求乙公司按照合同约定履行合同。

问：被先后出售给甲、丙的这套商品房的所有权应当归谁所有？

案例点评

本案的核心是两份购房合同是否有效以及不动产（商品房）物权的设立需要经过哪些法定程序。

1. 乙公司与甲签订的商品房预售合同有效。商品房预售合同本质上是附期限的买卖合同，在预购人甲未取得房屋所有权之前，乙公司未经甲同意，为谋取房价上涨的利益擅自就同一商品房与他人再次签订预售合同，违反订立合同应当遵守的诚实信用原则，构成严重违约。

2. 乙公司与丙签订的商品房预售合同也有效。虽然乙明知这套房产属于一房两卖存在明显过错，但丙是不知情的第三人，而且，乙公司与丙已经依法办理了房产的产权登记手续，丙获得这套房产的产权证书。依据不动产物权设立未经登记，不发生效力的法律规定以及出于维护财产流转安全的考虑，应当认定乙公司与善意第三人丙所签订的商品房预售合同有效，双方履行产权登记法定程序后商品房的所有权应当归丙所有。

3. 由于丙已经成为这套商品房的合法所有人，导致乙公司与甲签订的商品房预

售合同不能履行，乙公司应当对不能履行合同承担违约责任，退回甲预付的购房款并赔偿甲因为合同不能履行而造成的损失。

4. 在物权法生效实施之前，由于没有房屋等不动产买卖的预告登记制度，出现上述类似情况，为保护交易安全，法律只能依据物权变动公示公信原则，保护合法办理产权登记后获得产权证书的善意第三人，受损害的一方只能追究有过错一方的违约责任。但是，依据生效后的物权法，如果甲和乙公司签订商品房预售合同后按照约定向登记机构申请预告登记，后果将完全不同。因为预告登记后，未经预告登记的权利人同意，处分该不动产的，不发生物权效力，即经过预告登记的不动产，债权人对不动产物权变动的请求权可以对抗第三人。本案中，如果甲依法在房产登记机构申请了商品房买卖预告登记，则该房产的产权就不能归善意第三人丙所有，甲与乙公司所签订的预售房买卖合同可以继续履行。

四、所有权

（一）所有权与物权的关系

物权是指主体直接支配物并排除他人干涉的权利，包括所有权、用益物权和担保物权。

所有权，指权利人在法律限制的范围内对其所有物的全面支配权。所有权是最完整、最充分的物权，不仅体现了物权的全部基本特征，也是用益物权和担保物权产生的基础。用益物权是从所有权中分离出来的占有、使用与收益权能，指主体依法对他人所有的财产在法定或约定的范围内占有、使用和收益的权利。在我国，全民所有制企业经营权、承包权，国有土地使用权、采矿权，农村集体所有土地和其他生产资料承包权，都属于用益物权。担保物权是以所有权为基础，为担保债务履行而设定的物权，包括抵押权、质权、留置权等。

（二）所有权的一般规定

1. 所有权人的基本权能

所有权人对自己的不动产或者动产，依法享有占有、使用、收益和处分的权利。

所有权人有权在自己的不动产或者动产上设立用益物权和担保物权。用益物权人、担保物权人行使权利，不得损害所有权人的权益。

法律规定专属于国家所有的不动产和动产，任何单位和个人不能取得所有权。

2. 国家依法征收集体所有的土地和单位、个人的房屋及其他不动产

为了公共利益的需要，国家依照法律规定的权限和程序可以征收集体所有的土地和单位、个人的房屋及其他不动产。

征收集体所有的土地，应当依法足额支付土地补偿费、安置补助费、地上附着物和青苗的补偿费等费用，安排被征地农民的社会保障费用，保障被征地农民的生活，维护被征

地农民的合法权益。

国家对耕地实行特殊保护，严格限制农用地转为建设用地，控制建设用地总量。不得违反法律规定的权限和程序征收集体所有的土地。

征收单位、个人的房屋及其他不动产，应当依法给予拆迁补偿，维护被征收人的合法权益；征收个人住宅的，还应当保障被征收人的居住条件。

任何单位和个人不得贪污、挪用、私分、截留、拖欠征收补偿费等费用。

3. 国家依法征用单位、个人的不动产或者动产

因抢险、救灾等紧急需要，国家依照法律规定的权限和程序可以征用单位、个人的不动产或者动产。被征用的不动产或者动产使用后，应当返还被征用人。单位、个人的不动产或者动产被征用或者征用后毁损、灭失的，应当给予补偿。

（三）所有权的权能

所有权的权能，指所有人为实现所有权的利益而有权进行的各种支配物的行为，包括对物的占有、使用、收益和处分权能。

1. 占有权

占有权，指所有人对物的实际控制权能。现实生活中，行使物的占有权通常是所有人行使物的支配权的前提，但是，根据法律规定或合同约定，所有人的占有权可以转移给非所有人行使（占有权与所有权相互分离）却并不消灭所有权。例如，承租人依据房屋租赁合同占有出租人（所有权人）的房产，承租人对该房产的占有权与出租人对该房产的所有权均受法律保护。

2. 使用权

使用权，指所有人在不损害并不变更物的性质前提下实际使用物的权能。所有人使用物是实现物的使用价值的手段，必须以占有物为前提。因此，享有物的使用权必然享有对物的占有权。但是，特定情形下，对物享有占有权却未必享有使用权。例如，质权人对质物有占有权，无使用权。根据法律规定或合同约定，所有人的使用权可以转移给非所有人行使（使用权与所有权相互分离）却并不消灭所有权。例如，承租人依据房屋租赁合同占有出租人（所有权人）的房产，承租人对该房产享有占有权与使用权，出租人享有该房产的所有权。

3. 收益权

收益权，指所有人利用物获取经济利益的权能。收益权通常是所有人占有和使用物的直接目的，由所有人独立享有。但是，根据法律规定或合同约定，所有人的收益权可以全部或部分转移给非所有人行使（收益权与所有权相互分离）却并不消灭所有权。例如，依据承包租赁经营合同，发包人将其所有的动产或不动产的占有权、使用权与部分收益权转移给承包人，自己却依然享有所有权（部分收益权与处分权）。

4. 处分权

处分权，指所有人对物进行处置的权能，如消费、出卖、赠与等。处分权是所有权的核心权能，也是所有权与其他物权的根本区别。处分权通常由所有人自己行使，但特定情况下，也可以由非所有人行使，如留置财产拍卖，国有企业对其经营管理财产的依法处分等都属于非所有人行使财产处分权。

所有权的核心是独占的支配权，所有人为实现所有权所保护的利益，可以将所有权的部分甚至全部权能都分离出去而不丧失其所有权（如出租、承包、留置等）。实践中所有权与其权能的不断分离与回复，并不是所有权的丧失，而是所有人行使所有权的具体体现。

(四) 共有

所有人是对物（不动产与动产）拥有全面支配权的人，可以是公民、法人和国家。与此相适应，所有权可以分为个人所有权、法人所有权与国家所有权。一项物只能有一个所有权，但同一项所有权可以由两个以上的人共同享有。国家所有权只有一个权利主体（所有人是国家）。个人和法人所有权可能是一个权利主体，也可能是两个以上的权利主体。两个以上的权利主体（单位、个人）对同一项物共同享有所有权的状况称为共有。共有关系中，数个所有人称为共有人，共有人针对其共有的不动产或动产而产生的权利义务关系称为共有关系。共有关系的核心是共有人的内部关系。

共有与公有是不同的概念。一是主体不同，共有的主体必须是二人以上；公有的主体是单一的，只能是国家或集体。二是共有物没有脱离共有人，共有人退出共有关系时，必须分割共有财产；公有财产已脱离公民个人而存在，公民退出或加入公有组织，不影响公有财产的完整性。

不动产或者动产可以由两个以上单位、个人共有。共有包括按份共有和共同共有。

1. 按份共有

按份共有，指两个以上共有人对共有的不动产或者动产按照其份额享有所有权。

按份共有具有以下基本特征：

（1）在按份共有关系存续期间，共有的不动产或动产可以明确各共有人的具体份额。

（2）按份共有人按照确定的份额享受权利，承担义务。按份共有人对共有的不动产或者动产享有的份额，没有约定或者约定不明确的，按照出资额确定；不能确定出资额的，视为等额享有。

（3）按份共有人有权按照自己的意愿处分自己份额内的不动产或动产，如分割、转让、赠与和由他人继承等。按份共有人在转让自己的份额时，其他共有人在同等条件下享有优先购买的权利。

共有人对共有的不动产或者动产没有约定为按份共有或者共同共有，或者约定不明确的，除共有人具有家庭关系等外，视为按份共有。

2. 共同共有

共同共有，指两个人以上的共有人对于共有的不动产或动产，不分份额地共同享有所有权。

共同共有具有以下基本特征：

（1）共同共有关系存续期间，共有的不动产或动产财产中不能划分出每个共有人的具体份额。

（2）共同共有人对共有的不动产或动产平等享受权利，承担义务。

（3）对共有的不动产或动产的使用、分割或处分，除法律另有规定或共有人另有约定外，必须取得全体共有人的同意。部分共有人擅自处分共有的不动产或动产的，一般认定无效，但第三人善意、有偿取得共有的不动产或动产的，应保护善意第三人的利益。

3. 共有的基本管理原则

（1）共有人按照约定管理共有的不动产或者动产；没有约定或者约定不明确的，各共有人都有管理的权利和义务。

（2）处分共有的不动产或者动产以及对共有的不动产或者动产作重大修缮的，应当经占份额 2/3 以上的按份共有人或者全体共同共有人同意，但共有人之间另有约定的除外。

（3）对共有物的管理费用以及其他负担，有约定的，按照约定；没有约定或者约定不明确的，按份共有人按照其份额负担，共同共有人共同负担。

（4）共有人约定不得分割共有的不动产或者动产，以维持共有关系的，应当按照约定，但共有人有重大理由需要分割的，可以请求分割；没有约定或者约定不明确的，按份共有人可以随时请求分割，共同共有人在共有的基础丧失或者有重大理由需要分割时可以请求分割。因分割对其他共有人造成损害的，应当给予赔偿。

（5）共有人可以协商确定分割方式。达不成协议，共有的不动产或者动产可以分割并且不会因分割减损价值的，应当对实物予以分割；难以分割或者因分割会减损价值的，应当对折价或者拍卖、变卖取得的价款予以分割。共有人分割所得的不动产或者动产有瑕疵的，其他共有人应当分担损失。

（6）因共有的不动产或者动产产生的债权债务，在对外关系上，共有人享有连带债权、承担连带债务，但法律另有规定或者第三人知道共有人不具有连带债权债务关系的除外；在共有人内部关系上，除共有人另有约定外，按份共有人按照份额享有债权、承担债务，共同共有人共同享有债权、承担债务。偿还债务超过自己应当承担份额的按份共有人，有权向其他共有人追偿。

（五）国家所有权、集体所有权、私人所有权

1. 国家所有权

法律规定属于国家所有的财产，属于国家所有即全民所有。国有财产由国务院代表国家行使所有权；法律另有规定的，依照其规定。

国家所有权的范围包括：

（1）矿藏、水流、海域；

（2）城市的土地以及法律规定属于国家所有的农村和城市郊区的土地；

（3）森林、山岭、草原、荒地、滩涂等自然资源，但法律规定属于集体所有的除外；

（4）法律规定属于国家所有的野生动植物资源；

（5）无线电频谱资源；

（6）法律规定属于国家所有的文物；

（7）国防资产以及法律规定属于国家所有的铁路、公路、电力设施、电信设施和油气管道等基础设施。

国家机关对其直接支配的不动产和动产，享有占有、使用以及依照法律和国务院的有关规定处分的权利；国家举办的事业单位对其直接支配的不动产和动产，享有占有、使用以及依照法律和国务院的有关规定收益、处分的权利；国家出资的企业，由国务院、地方人民政府依照法律、行政法规规定分别代表国家履行出资人职责，享有出资人权益。

国家所有的财产受法律保护，禁止任何单位和个人侵占、哄抢、私分、截留、破坏。

2. 集体所有权

农民集体所有的不动产和动产，属于本集体成员集体所有。

城镇集体所有的不动产和动产，依照法律、行政法规的规定由本集体享有占有、使用、收益和处分的权利。

集体所有的不动产和动产的范围包括：

(1) 法律规定属于集体所有的土地和森林、山岭、草原、荒地、滩涂；

(2) 集体所有的建筑物、生产设施、农田水利设施；

(3) 集体所有的教育、科学、文化、卫生、体育等设施；

(4) 集体所有的其他不动产和动产。

行使集体所有的土地和森林、山岭、草原、荒地、滩涂等所有权的代表人分为三种情况：属于村农民集体所有的，由村集体经济组织或者村民委员会代表集体行使所有权；分别属于村内两个以上农民集体所有的，由村内各该集体经济组织或者村民小组代表集体行使所有权；属于乡镇农民集体所有的，由乡镇集体经济组织代表集体行使所有权。

为保护集体成员充分享有集体所有权的权利，法律规定下列事项应当依照法定程序经本集体成员决定：

1) 土地承包方案以及将土地发包给本集体以外的单位或者个人承包；

2) 个别土地承包经营权人之间承包地的调整；

3) 土地补偿费等费用的使用、分配办法；

4) 集体出资的企业的所有权变动等事项；

5) 法律规定的其他事项。

集体经济组织或者村民委员会、村民小组应当依照法律、行政法规以及章程、村规民约向本集体成员公布集体财产的状况。

集体所有的财产受法律保护，禁止任何单位和个人侵占、哄抢、私分、破坏。

3. 私人所有权

私人对其合法的收入、房屋、生活用品、生产工具、原材料等不动产和动产享有所有权。

私人合法的储蓄、投资及其收益受法律保护。

国家依照法律规定保护私人的继承权及其他合法权益。

私人的合法财产受法律保护，禁止任何单位和个人侵占、哄抢、破坏。

国家、集体和私人依法可以出资设立有限责任公司、股份有限公司或者其他企业。国家、集体和私人所有的不动产或者动产，投到企业的，由出资人按照约定或者出资比例享有资产收益、重大决策以及选择经营管理者等权利并履行义务。

企业法人对其不动产和动产依照法律、行政法规以及章程享有占有、使用、收益和处分的权利。

（六）业主的建筑物区分所有权

一幢建筑物为众多业主所有，称为建筑物区分所有。建筑物区分所有权包括三种权利：一是业主就建筑物内其专有部分（居室等）享有的所有权；二是业主就建筑物内外共有部分（走廊、电梯、绿地、道路等）享有共有的权利；三是业主就该建筑物及其附属设施的维护等享有共同管理的权利。

1. 业主对建筑物的专有部分与共有部分的所有权

业主对建筑物内的住宅、经营性用房等专有部分享有所有权，对专有部分以外的共有部分享有共有和共同管理的权利。

业主对其建筑物专有部分享有占有、使用、收益和处分的权利。业主行使权利不得危及建筑物的安全，不得损害其他业主的合法权益。

业主对建筑物专有部分以外的共有部分，享有权利，承担义务；不得以放弃权利不履行义务。

业主转让建筑物内的住宅、经营性用房，其对共有部分享有的共有和共同管理的权利一并转让。

建筑物及其附属设施的维修资金，属于业主共有。经业主共同决定，可以用于电梯、水箱等共有部分的维修。维修资金的筹集、使用情况应当公布。

建筑物及其附属设施的费用分摊、收益分配等事项，有约定的，按照约定；没有约定或者约定不明确的，按照业主专有部分占建筑物总面积的比例确定。

2. 建筑区划内共用设施及车库的所有权归属

建筑区划内的道路，属于业主共有，但属于城镇公共道路的除外。建筑区划内的绿地，属于业主共有，但属于城镇公共绿地或者明示属于个人的除外。建筑区划内的其他公共场所、公用设施和物业服务用房，属于业主共有。

建筑区划内，规划用于停放汽车的车位、车库应当首先满足业主的需要。

建筑区划内，规划用于停放汽车的车位、车库的归属，由当事人通过出售、附赠或者出租等方式约定。

占用业主共有的道路或者其他场地用于停放汽车的车位，属于业主共有。

3. 业主大会的职权

业主可以设立业主大会，选举业主委员会。下列事项由业主共同决定：

（1）制定和修改业主大会议事规则；

（2）制定和修改建筑物及其附属设施的管理规约；

（3）选举业主委员会或者更换业主委员会成员；

（4）选聘和解聘物业服务企业或者其他管理人；

（5）筹集和使用建筑物及其附属设施的维修资金；

（6）改建、重建建筑物及其附属设施；

（7）有关共有和共同管理权利的其他重大事项。

其中，决定（5）、（6）项规定的事项，应当经专有部分占建筑物总面积 2/3 以上的业主且占总人数 2/3 的业主同意。决定其他事项，应当经专有部分占建筑物总面积超过 1/2 的业主且占总人数超过 1/2 的业主同意。

业主大会或者业主委员会的决定，对业主具有约束力。

业主大会和业主委员会，对任意弃置垃圾、排放污染物或者噪声、违反规定饲养动物、违章搭建、侵占通道、拒付物业费等损害他人合法权益的行为，有权依照法律法规以及管理规约，要求行为人停止侵害、消除危险、排除妨害、赔偿损失。业主对侵害自己合法权益的行为，可以依法向人民法院提起诉讼。

业主大会或者业主委员会作出的决定侵害业主合法权益的，受侵害的业主可以请求人民法院予以撤销。

4. 物业公司

业主可以自行管理建筑物及其附属设施，也可以委托物业服务企业或者其他管理人管理。对建设单位聘请的物业服务企业或者其他管理人，业主有权依法更换。

物业服务企业或者其他管理人根据业主的委托管理建筑区划内的建筑物及其附属设施，并接受业主的监督。

5. 住宅改为经营性用房的限制

业主不得违反法律法规以及管理规约，将住宅改变为经营性用房。业主将住宅改变为经营性用房的，除遵守法律法规以及管理规约外，应当经有利害关系的业主同意。

（七）所有权的取得

1. 所有权的原始取得

原始取得，指物的所有权第一次产生，或不依靠原所有人的权利而取得物的所有权。所有权原始取得的主要方式是：

（1）生产，指当事人通过对自然界的占有、利用和改造所获得或所创造的物，并对这些物拥有原始所有权。如企业通过生产获得其产品的所有权，农民通过种植获得农作物所有权。

（2）孳息，指当事人通过占有由原物滋生、增值、繁衍出来的物或由原物产生的收益获得所有权，包括天然孳息和法定孳息。天然孳息是原物按照自然规律产生的收益，如果树结的果实等。天然孳息，由所有权人取得；既有所有权人又有用益物权人的，由用益物权人取得。当事人另有约定的，按照约定。法定孳息是原物按照法律关系产生的收益，如银行利息等。法定孳息是原物由非所有人使用后产生的。所有人使用自己的财产所获得的收益，不能称为法定孳息。法定孳息，当事人有约定的，按照约定取得；没有约定或者约定不明确的，按照交易习惯取得。

（3）无主财产，指当事人通过占有无主财产获得所有权。无主财产包括无人认领的遗失物、所有人不明的漂流物、埋藏物和隐藏物等。

遗失物是指他人不慎丢失的动产。遗失物不是无主财产，拾得人拾得遗失物后，应当返还权利人，包括及时通知权利人领取，或者送交公安等有关部门。有关部门收到遗失物，知道权利人的，应当及时通知其领取；不知道的，应当及时发布招领公告。遗失物的保管与返还遵循以下原则：一是拾得人在遗失物送交有关部门前，有关部门在遗失物被领取前，应当妥善保管遗失物。因故意或者重大过失致使遗失物毁损、灭失的，应当承担民事责任。二是权利人领取遗失物时，应当向拾得人或者有关部门支付保管遗失物等支出的必要费用。三是权利人悬赏寻找遗失物的，领取遗失物时应当按照承诺履行义务。四是拾得人侵占遗失物的，无权请求保管遗失物等支出的费用，也无权请求权利人按照承诺履行义务。五是遗失物自发布招领公告之日起 6 个月内无人认领的，归国家所有。

拾得漂流物或走失动物、发现埋藏物或者隐藏物的，参照前述拾得遗失物的有关规定。文物保护法等法律另有规定的，依照其规定。

（4）添附，指当事人将不同所有人的财产合并在一起，形成一种不能分离的财产，并由此获得该项新财产的所有权。添附包括混合（无法识别原所有人各自的财产，适用动产）、附合（可辨别原所有人的财产，动产、不动产均可）和加工（对他人财产进行改造，增加了价值）三种形式。

实践中，生产与孳息是当事人原始取得财产所有权的主要方式。

2. 所有权的继受取得

继受取得，指当事人取得所有权以他人对原物的所有权为基础，新所有人通过财产转让（交易）或财产赠与方式从原所有人处取得物的所有权。

实践中，财产交易是当事人继受取得所有权的主要方式。

继受取得所有权应当注意三个问题：

（1）应当注意原权利人是否有处分物的权利以及原权利的内容和范围，否则，容易出现侵犯他人所有权或所有权转移无效的情况。

（2）应当注意动产与不动产所有权的取得时间有所不同。按照合同或其他合法方式取得动产的，动产所有权从财产交付时起转移，法律另有规定或当事人另有约定的除外。交付，指将财产或所有权的凭证转移给他人占有的行为。不动产（包括房屋、建筑物、固定设施、汽车等交通工具）所有权的取得、变更和消灭，非经登记程序，不产生法律效力。在我国，不动产登记是不动产所有权转移的必备条件，是否实际交付，均不影响所有权转移的法律效力。

（3）第三人善意取得物权制度。实践中，经常出现这种情况，当事人通过正常市场交易购买了不动产或动产，但事后得知该物权属不明，面临原所有人行使追及权而需要返还原物的尴尬。为保护交易安全，维护市场秩序，协调因无权处分行为导致的善意第三人和所有人之间的利益冲突，物权法规定了善意取得物权制度。

第一，无处分权人将不动产或者动产转让给受让人的，所有权人有权追回；除法律另有规定外，符合下列情形的，受让人取得该不动产或者动产的所有权：一是受让人受让该不动产或者动产时是善意的；二是以合理的价格转让；三是转让的不动产或者动产依照法律规定应当登记的已经登记，不需要登记的已经交付给受让人。受让人依照前述规定取得不动产或者动产的所有权的，原所有权人有权向无处分权人请求赔偿损失。

当事人善意取得其他物权的，参照前述规定。

第二，所有权人或者其他权利人有权追回遗失物。该遗失物通过转让被他人占有的，权利人有权向无处分权人请求损害赔偿，或者自知道或者应当知道受让人之日起 2 年内向受让人请求返还原物，但受让人通过拍卖或者向具有经营资格的经营者购得该遗失物的，权利人请求返还原物时应当支付受让人所付的费用。权利人向受让人支付所付费用后，有权向无处分权人追偿。善意受让人取得动产后，该动产上的原有权利消灭，但善意受让人在受让时知道或者应当知道该权利的除外。

（八）所有权的行使

1. 行使所有权的一般原则

所有权的性质是支配权，但支配物不是目的，而是手段。所有人只有通过行使所有权的各项权能，才能有效率利用物并使其增值。对物的占有、使用、收益、处分是所有权的四项基本权能，也是所有人行使所有权的具体方式。

所有人行使所有权的目的，可能是自身消费，实现物的使用价值，如购买房屋并自己居住，就是行使了对房屋的占有和使用权能；也可能是获取利润，实现物的价值，如企业生产商品出售，就是行使了对企业财产的收益与处分权能。无论哪种情况，当事人行使所有权既要体现所有人的意志和利益，又不能损害第三人利益和社会公共利益。事实上，这二者之间可能会发生冲突。例如，所有人拥有某片林木的所有权，为获得利润，准备将其砍伐出售，这本是行使所有人的处分权，他人无权干预。但是，砍伐山林可能会严重破坏当地的生态环境，损害社会公共利益。为了保护自然环境，法律或山地承包合同中可以对所有人砍伐林木的期限和数量进行必要的限制，以维护社会公共利益。所以，当事人可以行使所有权，但应当受到限制，包括法律和合同的限制，以协调行使所有权过程中可能产生的各种利益冲突。

2. 所有人积极行使所有权

由所有人行使所有权的全部四项权能，固然可以为所有人创造收益，但是，拥有物的所有权与经营管理物的能力不对称是普遍存在的现象，拥有财产的人未必愿意亲自经营财产，或未必有能力使财产增值。物的所有权与经营权的分离，在法律上体现为所有人主动将所有权的四项权能进行分离与组合，由不同的人分别行使物的占有、使用、收益和处分权能，以最大限度提高物的使用效率，有效地解决拥有财产和财产经营能力不对称问题。我国经济改革实践中，企业的各种经营权、承包权、租赁权、土地和资源使用权等，都是从所有权中分离出来的某些权能所形成的用益物权，是更有效率地利用国有资产和企业财产的体现。因此，所谓资产经营，在法律上就是所有人主动将所有权的各种权能进行分离与组合，这并不会导致所有权的丧失，而是所有人积极行使所有权为自己创造利益。

3. 法律对所有权行使的限制——相邻关系

相邻关系，指两个或两个以上相互毗邻的不动产所有人或使用人行使其所有权或使用权时，根据法律规定所产生的权利义务关系。其中的权利称为“相邻权”，即其中一方基于维护自身的合法利益有请求相邻他方提供便利或接受限制的权利，相邻他方有接受对方合理请求的义务。

相邻关系的本质，是对行使所有权的限制，即相邻各方在行使所有权时，既要实现自己的合法权利，也要尊重他人的合法权利，不得因自己行使权利而损害他人利益。法律规定相邻权的目的，是规范当事人行使所有权的行为，减少相邻所有人之间的利益冲突。我国法律对相邻关系有以下几个方面的原则规定：

（1）不动产的相邻权利人应当按照有利生产、方便生活、团结互助、公平合理的原则，正确处理相邻关系。法律法规对处理相邻关系有规定的，依照其规定；法律法规没有规定的，可以按照当地习惯。

（2）不动产权利人应当为相邻权利人用水、排水提供必要的便利。对自然流水的利用，应当在不动产的相邻权利人之间合理分配。对自然流水的排放，应当尊重自然流向。

（3）不动产权利人对相邻权利人因通行等必须利用其土地的，应当提供必要的便利。

（4）不动产权利人因建造、修缮建筑物以及铺设电线、电缆、水管、暖气和燃气管线等必须利用相邻土地、建筑物的，该土地、建筑物的权利人应当提供必要的便利。

（5）建造建筑物，不得违反国家有关工程建设标准，妨碍相邻建筑物的通风、采光和日照。

（6）不动产权利人不得违反国家规定弃置固体废物，排放大气污染物、水污染物、噪声、光、电磁波辐射等有害物质。

（7）不动产权利人挖掘土地、建造建筑物、铺设管线以及安装设备等，不得危及相邻不动产的安全。

（8）不动产权利人因用水、排水、通行、铺设管线等利用相邻不动产的，应当尽量避免对相邻的不动产权利人造成损害；造成损害的，应当给予赔偿。

（九）所有权的消灭

物的所有权消灭的原因有以下几种：

（1）所有人转让或抛弃其所有的物，物的原所有权消灭；

（2）国家行政、司法机关依法采取强制措施，拍卖、征用或没收物，物的原所有权消灭；

（3）物本身毁坏或灭失，物的所有权不复存在。

案例 5—2

确认所有权

某失物招领处将招领期已过的一块瑞士罗马表以拍卖的方式卖给公民甲。公民乙将该表盗走并私下以较低价格卖给公民丙。公民丙又将表丢失，被人捡到送到失物招领处。经查，该表原为公民丁所有。现公民甲、丙、丁都向失物招领处主张该表的所有权。

问：该表所有权应当归谁所有？

案例点评

本案中数人都声称对同一项财产（一块瑞士罗马表）享有所有权。根据“一物一权”的原则，同一物上不能同时存在两个以上的所有权。所以，本案的核心是确认谁是这块手表的真正所有权人。

1. 这块表原为丁所有，但丁将其遗失，有人拾到后将其交至失物招领处。此时，丁虽然丧失了对这块表的占有、使用、处分权能，但仍然是所有权人，如在招领期内去认领，则该表自然归其所有。不过，招领期届满后他没有去认领，该表属于无主财产，所有权已经由国家原始取得，丁对该表的所有权自然消灭。

2. 甲通过公示公信方式（拍卖）继受取得该表所有权，并实际占有，是该表的合法所有权人。他在招领期内认领其被盗的表，应确认该表所有权归甲所有。

3. 乙将该表从甲处盗走，并私下以较低价格卖给丙。乙通过侵害甲的所有权非法占有该表，没有处分表的权利，丙占有该表没有合法根据，而且丙以低价私下购买，不符合公开市场交易的原则，不能以善意第三人身份取得该表的所有权。

五、用益物权

（一）用益物权的概念与特征

用益物权，指在一定范围内对他人所有的动产与不动产享有占有、使用、收益的权利。行使用益物权以实际占有他人的物为前提条件，这里的物通常是不动产（土地），因此，用益物权的核心内容是地上权与地役权。

地上权，指依照法律规定或合同约定，以在他人土地上设置或拥有建筑物或其他工作物（如隧道、沟渠、桥梁、地下通道等）为目的而使用他人土地的权利，即土地使用权，包括土地承包经营权、建设用地使用权、宅基地使用权。地上权的主要内容包括：（1）土地使用收益权；（2）依照法律或合同约定转让、抵押土地使用权；（3）土地所有人出卖土地时，享有优先购买权。地上权具有可流转性，这是地上权与一般的土地租赁关系的根本区别。

地役权，指依照合同约定，利用他人不动产，以提高自己不动产的效益的权利。地役权的发生以存在两个以上不动产为前提。他人的不动产（供自己方便与利用）为供役地，自己的不动产（享受他人方便和利益）为需役地。地役权的主要内容包括：（1）以供役地供自己的需役地使用、收益，如利用他人的土地和建筑物通行、引水、取水、输送电力和燃气等。（2）禁止供役地的某种使用，如地役权人通过合同约定，禁止供役地人在自己的土地上建造可能妨碍自己房屋采光的建筑物。（3）排除供役地所有人行使物权请求权，如地役权人通过合同约定，要求供役地人不得排放废水、废气和废物等。

地役权的内容和相邻权的内容有些类似，均与不动产的权利人行使其权利应当受到必要的限制有关。二者的主要区别是：相邻权的产生以两个以上的不动产相邻为前提；相邻权的内容（权利义务）由法律明文规定；强调不动产权利人行使权利时应当以不损害相邻权利人的合法利益为基本原则。地役权的产生虽然以存在两个以上不动产为前提，但不动产之间未必相邻；地役权的内容主要由合同约定；强调不动产权利人行使权利（提高自己不动产的效益或避免降低效益）需要其他不动产权利人配合的，可以通过合同约定彼此之间的权利和义务。

（二）用益物权的一般规定

（1）用益物权人对他人所有的不动产或者动产，依法享有占有、使用和收益的权利。

用益物权人行使权利，应当遵守法律有关保护和合理开发利用资源的规定。所有权人不得干涉用益物权人行使权利。

（2）国家实行自然资源有偿使用制度，但法律另有规定的除外。国家所有或者国家所有由集体使用以及法律规定属于集体所有的自然资源，单位、个人依法可以占有、使用和收益，例如，单位和个人依法取得的海域使用权、探矿权、采矿权、取水权和使用水域、滩涂从事养殖、捕捞的权利受法律保护。

（3）因不动产或者动产被征收、征用致使用益物权消灭或者影响用益物权行使的，用益物权人有权依照法律规定的征收、征用规定获得相应补偿。

（三）地上权

1. 土地承包经营权

（1）土地承包经营权的内容。农村集体经济组织实行家庭承包经营为基础、统分结合的双层经营体制。农民集体所有和国家所有由农民集体使用的耕地、林地、草地以及其他用于农业的土地，依法实行土地承包经营制度。国家所有的农用地也可以实行土地承包经营制度。土地承包经营权人依法对其承包经营的耕地、林地、草地等享有占有、使用和收益的权利，有权从事种植业、林业、畜牧业等农业生产。

（2）土地承包经营的法定期限。耕地的承包期为 30 年；草地的承包期为 30～50 年；林地的承包期为 30～70 年；特殊林木的林地承包期，经国务院林业行政主管部门批准可以延长。前述承包期届满，由土地承包经营权人按照国家有关规定继续承包。

（3）土地承包经营权的设立与确认。土地承包经营权自土地承包经营权合同生效时设立。县级以上地方人民政府应当向土地承包经营权人发放土地承包经营权证、林权证、草原使用权证，并登记造册，确认土地承包经营权。

（4）土地承包经营权的流转。土地承包经营权人有权依法将土地承包经营权采取转包、互换、转让等方式流转。流转的期限不得超过承包期的剩余期限。未经依法批准，不得将承包地用于非农建设。通过招标、拍卖、公开协商等方式承包荒地等农村土地的土地承包经营权人，有权依法将其土地承包经营权转让、入股、抵押或者以其他方式流转。土地承包经营权人将土地承包经营权互换、转让，当事人要求登记的，应当向县级以上地方人民政府申请土地承包经营权变更登记；未经登记，不得对抗善意第三人。

（5）土地承包经营权的保护。承包期内发包人不得调整承包地。因自然灾害严重毁损承包地等特殊情形，需要适当调整承包的耕地和草地的，应当依法办理；承包期内发包人不得收回承包地，法律另有规定的除外；承包地被征收的，土地承包经营权人有权依照法律规定的征收、征用规定获得相应补偿。

2. 建设用地使用权

（1）建设用地使用权的内容。建设用地使用权人依法对国家所有的土地享有占有、使用和收益的权利，有权利用该土地建造建筑物、构筑物及其附属设施。建设用地使用权可以在土地的地表、地上或者地下分别设立。新设立的建设用地使用权，不得损害已设立的用益物权。建设用地使用权人建造的建筑物、构筑物及其附属设施的所有权属于建设用地使用权人，但有相反证据证明的除外。

(2) 建设用地使用权的设立。设立建设用地使用权，可以采取出让或者划拨等方式。工业、商业、旅游、娱乐和商品住宅等经营性用地以及同一土地有两个以上意向用地者的，应当采取招标、拍卖等公开竞价的方式出让。严格限制以划拨方式设立建设用地使用权。采取划拨方式的，应当遵守法律、行政法规关于土地用途的规定。设立建设用地使用权的，应当向登记机构申请建设用地使用权登记。建设用地使用权自登记时设立。登记机构应当向建设用地使用权人发放建设用地使用权证书。建设用地使用权人应当合理利用土地，不得改变土地用途；需要改变土地用途的，应当依法经有关行政主管部门批准。建设用地使用权期间届满后，住宅建设用地使用权自动续期，非住宅建设用地使用权能否自动续期依照法律规定办理。该土地上的房屋及其他不动产的归属，有约定的，按照约定；没有约定或者约定不明确的，依照法律、行政法规的规定办理。集体所有的土地作为建设用地的，应当依照土地管理法等法律规定办理。

(3) 建设用地使用权出让合同。采取招标、拍卖、协议等出让方式设立建设用地使用权的，当事人应当采取书面形式订立建设用地使用权出让合同，合同主要条款包括：

1) 当事人的名称和住所；

2) 土地界址、面积等；

3) 建筑物、构筑物及其附属设施占用的空间；

4) 土地用途；

5) 使用期限；

6) 出让金等费用及其支付方式；

7) 解决争议的方法。

建设用地使用权人应当依照法律规定以及合同约定支付出让金等费用。

(4) 建设用地使用权的流转。建设用地使用权人有权将建设用地使用权转让、互换、出资、赠与或者抵押，但法律另有规定的除外。建设用地使用权的流转应当遵循以下原则：第一，建设用地使用权转让、互换、出资、赠与或者抵押的，当事人应当采取书面形式订立相应的合同。使用期限由当事人约定，但不得超过建设用地使用权的剩余期限。第二，建设用地使用权转让、互换、出资或者赠与的，应当向登记机构申请变更登记。第三，建设用地使用权转让、互换、出资或者赠与的，附着于该土地上的建筑物、构筑物及其附属设施一并处分。第四，建筑物、构筑物及其附属设施转让、互换、出资或者赠与的，该建筑物、构筑物及其附属设施占用范围内的建设用地使用权一并处分。

(5) 提前回收土地时对建设用地使用权的保护。建设用地使用权期间届满前，因公共利益需要提前收回该土地的，应当依法对该土地上的房屋及其他不动产给予补偿，并退还相应的出让金。

(6) 建设用地使用权消灭。建设用地使用权消灭的，出让人应当及时办理注销登记，登记机构应当收回建设用地使用权证书。

3. 宅基地使用权

(1) 宅基地使用权的内容。宅基地使用权人依法对集体所有的土地享有占有和使用的权利，有权依法利用该土地建造住宅及其附属设施。

(2) 宅基地使用权的取得、行使与消灭。宅基地使用权的取得、行使和转让，适用土地管理法等法律和国家有关规定。宅基地因自然灾害等原因灭失的，宅基地使用权消灭。对失去宅基地的村民，应当重新分配宅基地。已经登记的宅基地使用权转让或者消灭的，应当及时办理变更登记或者注销登记。

（四）地役权

1. 地役权的内容

地役权人有权按照合同约定，利用他人的不动产，以提高自己的不动产的效益，其中，他人的不动产为供役地，自己的不动产为需役地。

（1）供役地人的权利义务。供役地人应当按照合同约定，允许地役权人利用其土地，不得妨害地役权人行使权利。

（2）地役权人的权利义务。地役权人应当按照合同约定的利用目的和方法利用供役地，尽量减少对供役地权利人物权的限制。

2. 地役权合同

设立地役权，当事人应当采取书面形式订立地役权合同。地役权合同一般包括下列条款：

（1）当事人的姓名或者名称和住所；

（2）供役地和需役地的位置；

（3）利用目的和方法；

（4）利用期限；

（5）费用及其支付方式；

（6）解决争议的方法。

地役权自地役权合同生效时设立。当事人要求登记的，可以向登记机构申请地役权登记；未经登记，不得对抗善意第三人。

地役权的期限由当事人约定，但不得超过土地承包经营权、建设用地使用权等用益物权的剩余期限。

3. 土地所有权与地上权、地役权的关系

土地所有权人享有地役权或者负担地役权的，设立土地承包经营权、宅基地使用权时，该土地承包经营权人、宅基地使用权人继续享有或者负担已设立的地役权。土地上已设立土地承包经营权、建设用地使用权、宅基地使用权等权利的，未经用益物权人同意，土地所有权人不得设立地役权。

4. 地役权的转让、抵押

地役权不得单独转让。土地承包经营权、建设用地使用权等转让的，地役权一并转让，但合同另有约定的除外。

地役权不得单独抵押。土地承包经营权、建设用地使用权等抵押的，在实现抵押权时，地役权一并转让。

需役地以及需役地上的土地承包经营权、建设用地使用权部分转让时，转让部分涉及地役权的，受让人同时享有地役权。

供役地以及供役地上的土地承包经营权、建设用地使用权部分转让时，转让部分涉及

地役权的，地役权对受让人具有约束力。

5. 地役权消灭

地役权人有下列情形之一的，供役地权利人有权解除地役权合同，地役权消灭：

（1）违反法律规定或者合同约定，滥用地役权；

（2）有偿利用供役地，约定的付款期间届满后在合理期限内经两次催告未支付费用。

已经登记的地役权变更、转让或者消灭的，应当及时办理变更登记或者注销登记。

案例5—3

土地用途未经批准变更能否收回土地使用权

甲公司与乙县土地管理局签订《国有土地使用权有偿出让项目用地合同书》，合同规定，乙县土地管理局将该县境内一片面积为11亩的国有土地出让给甲公司开发建造一所民办学校，按照教育用地价格20万元/亩。甲公司取得这片土地使用权后，进行了基础性开发，并转手以25万元/亩的价格转让给丙公司。丙公司向甲公司支付了相应的款项后，办理了土地使用权转让登记手续，但将该片土地用于开发商品住宅。随后，乙县土地管理局发现丙公司变更了合同规定的土地用途却未经土地管理局批准，遂要求收回土地，或者丙公司按照商品住宅用地价格每亩补交土地出让金10万元（即30万元/亩），丙公司拒不同意土地管理局要求。

问：土地用途未经批准变更能否收回土地使用权？

案例点评

本案涉及两个关键问题：一是建设用地使用权的转让；二是建设用地土地用途变更。

1. 甲公司与乙县土地管理局依法签订建设用地使用权出让合同，明确规定该片土地为教育用地（建民办学校），因此，甲公司才有可能以优惠价格取得该片土地使用权。甲公司作为建设用地使用权人应当按照合同规定开发利用土地，不得擅自改变土地用途。

2. 依照法律规定，建设用地使用权转让，应当向登记机构申请变更登记。改变原有土地用途的土地使用权转让，还必须依法经有关行政主管部门（土地管理局）批准。因此，甲公司向丙公司转让土地使用权，如果不改变原来的土地用途（建民办学校），需要向登记机构申请土地使用权变更登记；如果改变土地用途（建商品住宅），还需要事先经土地管理局批准。

3. 根据物权法定原则与物权变动公示公信原则，由于甲公司向丙公司转让土地使用权已经办理转让登记手续，丙公司合法取得该片土地的使用权，但前提是丙公司应当依法继续履行原合同（建民办学校）。

4. 由于丙公司“受让”甲公司的土地使用权后未按照合同规定建立民办学校，而是建造商品住宅，属于改变土地用途，依法应当经过乙县土地管理局批准，而丙公司未履行相应的审批程序，违反了建设用地使用权的管理规定。因此，乙县土地管理局有权要求收回该片土地使用权，或者要求丙公司按照规划的土地用途转为商品住宅用地，补交土地出让金。

六、担保物权

（一）担保物权的概念与特征

担保物权，指在借贷、买卖等活动中，以担保债务清偿为目的，以债务人或者第三人的物（动产、不动产或权利）设定担保。若债务人不履行到期债务或者发生当事人约定的实现担保物权的情形，担保物权人依法享有就担保物优先受偿的权利，但法律另有规定的除外。担保物权包括抵押权、质权和留置权。

担保物权与用益物权有以下区别：

(1) 支配物的范围和目的。担保物权以支配物的价值为内容，以担保债务清偿为目的。用益物权以支配物的使用价值为内容，以占有和利用物为目的。

(2) 权利的独立性。担保物权具有从属性，以担保物权人对担保物的所有人或其关系人享有债权为前提，债权消灭，担保物权也随之消灭。用益物权为独立物权，依据当事人的约定或法律规定直接发生，不以用益物权人对物享有其他权利为前提。

(3) 权利的实现方式。担保物权必须在所担保的债务清偿期届满但未获得清偿时，才可以行使变价物的优先受偿权。用益物权人取得用益物权的时候便可以实现其权利（对物的占有、使用与收益）。

(4) 占有的状况。担保物权中，除留置权与质权必须占有物外，其他担保不需要以占有物为前提。用益物权的行使则以占有物为前提。

（二）担保物权的类型

1. 抵押权

抵押权，指为担保债务的履行，债务人或者第三人不转移物的占有，将该物抵押给债权人，债务人不履行到期债务或者发生当事人约定的实现抵押权的情形，债权人就抵押物优先受偿的权利。

2. 质权

质权，指为担保债务的履行，债务人或者第三人将其动产出质给债权人占有，债务人不履行到期债务或者发生当事人约定的实现质权的情形，债权人就该动产优先受偿的权利。

3. 留置权

留置权，指债务人不履行到期债务，债权人可以留置已经合法占有的债务人的动产，并就该动产优先受偿的权利。

有关担保物权的详细内容，参见第 7 章合同担保的内容。

七、占有

（一）占有的概念与特征

占有，指占有人对物的事实支配状态，其中，事实上支配物的人称为占有人，被实际支配的物称为占有物，包括动产与不动产。

占有、占有权（所有权的权能之一）都有事实上控制物的含义，但各自的概念有所区别。第一，占有是对物的事实支配状态，既包括合法占有，也包括非法占有；占有权是所有权的权能之一，只有合法占有及非法占有中的善意占有才能产生占有权。第二，占有是一种事实状态，占有的主体不需要具有完全行为能力；占有权是法定的权利，行使占有权的主体应当具备相应的行为能力。

（二）占有的分类

1. 有权占有与无权占有

有权占有，指基于法律规定或合同约定（合法原因）而取得的占有，如通过买卖、赠与、租赁等方式占有物。无权占有，指没有合法原因而取得的占有，如通过盗窃占有他人物、占有他人遗失物等。

区分有权占有与无权占有的法律意义在于：法律对两种状态的保护程度不同。有权占有不仅受占有制度保护，还受到物权与债权法律制度的保护。无权占有作为一种事实状态，只受占有制度的适当保护。

2. 善意占有与恶意占有

无权占有可以分为善意占有与恶意占有。善意占有，指无权占有人误认为自己有占有的权利，即无权占有他人的物时不知道或不可能知道其占有不合法，如错拿了他人的物品，错收了款项而当时未发现等。恶意占有，指无权占有人明知自己无占有的权利却仍然占有他人的物，即占有他人的物时知道或应当知道其占有行为不合法，如偷窃他人物品占为己有等。

区分善意占有与恶意占有的法律意义在于：当物脱离物权人的控制辗转流入无权占有的第三人之手时，善意占有与恶意占有的法律后果有根本区别。

（三）占有的效力

占有人在占有物上行使的权利，推定其合法享有此权利，即占有人对其占有的物的权利免负举证责任。如有人对其权利提出异议，应当举证。

基于合同关系等产生的占有，有关不动产或者动产的使用、收益、违约责任等，按照合同约定；合同没有约定或者约定不明确的，依照有关法律规定。

当物脱离物权人（权利人）的控制辗转流入无权占有的第三人之手时，应当特别注意善意占有与恶意占有的不同法律后果。

1. 善意占有人与权利人之间的权利义务

（1）善意占有人可以取得物的所有权。无处分权人将动产或者不动产（物）转让给受让人的，所有权人有权追回；除法律另有规定外，符合下列情形的，受让人取得该物的所有权：1）受让人受让该物时是善意的；2）以合理的价格转让；3）转让的物依照法律规定应当登记的已经登记，不需要登记的已经交付给受让人。受让人取得该物所有权后，原所有权人有权向无处分权人请求赔偿损失。善意受让人取得动产后，该动产上的原有权利消灭，但善意受让人在受让时知道或者应当知道该权利的除外。

（2）善意占有人可以请求权利人支付其受让物的费用。所有权人或者其他权利人有权追回遗失物。该遗失物通过转让被他人占有的，权利人有权向无处分权人请求损害赔偿，或者自知道或者应当知道受让人之日起2年内向受让人请求返还原物，但受让人通过拍卖或者向具有经营资格的经营者购得该遗失物的，权利人请求返还原物时应当支付受让人所付的费用。权利人向受让人支付所付费用后，有权向无处分权人追偿。

（3）物被占有人占有的，权利人可以请求返还原物及其孳息，但应当支付善意占有人因维护该物支出的必要费用。

2. 恶意占有人与权利人之间的权利义务

恶意占有他人动产或不动产的，权利人可以请求恶意占有人返还原物及其孳息；恶意占有遗失物的，无权请求保管遗失物等支出的费用，也无权请求权利人按照承诺履行义务；恶意占有人因使用占有的物，致使该物受到损害的，应当承担赔偿责任；占有的物毁损、灭失，该物的权利人请求赔偿的，恶意占有人应当将因毁损、灭失取得的保险金、赔偿金或者补偿金等返还给权利人；权利人的损害未得到足够弥补的，恶意占有人还应当赔偿损失。

（四）占有的保护

占有的物被侵占的，占有人有权请求返还原物；对妨害占有的行为，占有人有权请求排除妨害或者消除危险；因侵占或者妨害造成损害的，占有人有权请求损害赔偿。

占有人返还原物的请求权，自侵占发生之日起1年内未行使的，该请求权消灭。

八、物权的保护

物权受到侵害的，权利人可以通过和解、调解、仲裁、诉讼等途径解决。当事人针对物权发生争议，通常涉及确认物权的归属与确认是否侵害物权两个方面的内容。其中，确认物权的归属是解决一切纠纷的前提。因物权的归属、内容发生争议的，利害关系人可以请求确认权利。物权的保护方法包括以下方式：

（一）返还原物

他人无权占有物的，如果原物存在，权利人可以请求其返还原物，否则，只能要求赔偿损失。权利人包括物的所有人与有权占有人。返还原物的规则参照所有权善意取得和善意占有的相关规定，特别需要注意原物被第三人占有后的返还规则。如物在有权占有人合法占有期间被第三人无权占有，所有人与有权占有人都有权要求其返还原物；如有权占有期限未满，返还给有权占有人；否则，返还给所有人。

（二）排除妨害或者消除危险

他人妨害物权或者可能妨害物权的，权利人可以请求排除妨害或者消除危险，如邻人占用共用通道妨碍自己的通行权，或藏匿危险爆炸物有可能危害自己房屋的安全时，有权请求侵害人排除妨害或消除危险。所有人与有权占有人均享有排除妨害或消除危险请求权。

（三）修理、重作、更换或者恢复原状

他人造成物毁损的，权利人可以请求其修理、重作、更换或者恢复原状。这里的关键是修理、重作、更换及恢复原状都能够保持物原有的价值与使用价值。

（四）赔偿损失

他人侵害物权，造成权利人损害的，权利人可以请求损害赔偿，也可以请求承担其他民事责任。

上述物权保护方式，可以单独适用，也可以根据权利被侵害的情形合并适用。其中，赔偿损失是债权保护方法，其他都是物权保护方法。两种保护方法的主要区别是：物权保护方法只适用于保护物权，目的是恢复物权人对物的支配权，因此，无论侵权行为是否造成实际损失，均可适用。债权保护方法既可用于保护债权，也可用于保护物权，目的是弥补债权人所遭受的财产损失，因此，只有在侵权行为造成债权人实际损失的情况下才能适用。

案例5—4

善意取得诈骗物的法律后果

个体户甲欠乙商场货款30万元无力偿还。经协商，甲同意以自己价值30万元的货物抵债，其中有100床价值昂贵的羽绒被。由于当地消费水平较低，导致乙商场的羽绒被销路不好。乙商场遂与生产羽绒被的丙公司联系，希望用这批羽绒被调换一批价格低的羽绒被，丙公司立即同意。但是，当乙商场将羽绒被拉到丙公司仓库后，丙公司收下货物，却拒绝给乙商场调换价格低的羽绒被，理由是这批羽绒被是前段时间被人从丙公司骗走的，现在送上门来是物归原主。乙商场多方讨要均无结果，遂诉至法院。法院审理后查明，这批羽绒被是甲在批发市场上从个体户丁手中批发而来，丁则是通过欺诈手段从丙公司骗出这批羽绒被。

问：通过诈骗获得的羽绒被应当物归原主（返还给丙公司）还是返还给乙商场？

案例点评

本案的核心是善意取得的条件及其法律后果。

1. 丁通过欺诈手段从丙公司骗出这批羽绒被，属于无权占有中的恶意占有。权利人丙公司有权请求恶意占有人丁返还原物及其孳息。

2. 虽然丁没有这批羽绒被的所有权，无权处分（买卖）羽绒被，但是，甲是在批发市场通过正常市场交易（合理价格）从丁手中批发到这批羽绒被，为维护市场交易安全，应当认为甲购买该物时是善意的，即对羽绒被是诈骗物的事实并不知情。依照善意取得相关规定，丁将羽绒被（动产）交付给甲后，甲即获得这批羽绒被的所有权，同时，原所有人丙公司对羽绒被享有的所有权消灭。丙因此所受到的损失，有权向无处分权人（丁）请求赔偿。

3. 由于甲无力偿还欠乙商场的货款，经双方协商乙商场同意甲以货抵债，该协议有效。因此，这批羽绒被按照协议抵债交付给乙商场后，乙商场合法获得羽绒被的所有权。由于丙公司同意与乙商场调换羽绒被，视同丙公司与乙商场之间签订了调换羽绒被的合同。因此，丙公司无权扣押乙商场拥有所有权的物，而是应当依法履行合同，为乙商场调换羽绒被，否则就构成违约，应当承担法律责任。

第2节　债　权

一、债权的本质与特征

（一）债权的本质

债是按照合同约定或法律直接规定，在特定的权利主体之间请求为特定行为的民事法律关系。享有请求对方为特定行为的人是债权人；负有满足债权人的要求，应当为特定行为的人是债务人。

从上述概念可以看出，我们日常生活中所说的“债”与法律上的“债”有不同的含义。前者主要指金钱借贷关系和货币支付关系，如企业向银行贷款而发生的债权债务关系，企业之间因迟延支付货款而产生的债权债务关系等；后者泛指一切支付价金、给付财产、提供劳务或服务的行为，如交付商品、支付货款、提供劳务或服务（保管和运输等）、当事人之间因人身权和财产权受到侵害而发生的金钱赔偿关系等。因此，法律上“债”的含义更为宽泛。

在债的法律关系中，债权人和债务人往往是相对的概念，即彼此互为债权人和债务人，因此，债权和债务实际上是内容相同的不同称谓。例如，商品买卖关系是典型的债权债务关系。从卖方角度看，卖方作为债权人，有权要求买方支付货款；作为债务人，有义务向买方交付商品。从买方角度看，买方作为债权人，有权要求卖方交付商品；作为债务人，有义务向卖方支付货款。卖方的权利正是买方的义务，同样，买方的权利也是卖方的义务。由此可见，债权和债务通常是对应的，债权人和债务人的地位也是相对的。

在法律的权利和义务关系中，权利居于主导地位，义务从属于权利。既然债权和债务是对应的，因此，人们一般用债权代表全部债的关系。

财产权有多种多样的具体形式，但物权、债权、知识产权（无形财产权）是市场主体所享有的基本财产权利。企业对有形财产和无形财产的直接支配权利表现为物权和知识产权。企业作为股东基于对公司的投资而享有的对公司财产所有权衍化为股权，包括股息或红利的获取权、董事和监事的选举权和被选举权、股东会议决议表决权等。物权、知识产权在市场主体之间的流转（包括自愿的交换与非自愿的转移）表现为债权。

无论是什么原因导致财产在主体之间交换或转移，如果财产的给付和领受是同步进行的，这意味着双方当事人的利益是同时实现的，因无须行使请求权，也就不会产生债权。

然而，现实中财产的给付与领受通常并不是同步完成的，而是一个过程，这就是债权产生的基础。例如，在合同之债中，卖方已经交付货物，而买方还没有付款，则卖方对买方享有债权，即有请求买方付款的权利。或者，买卖双方都还没有履行各自的义务，则彼此之间相互享有债权，负有债务，互有请求权。此外，在法定之债中，因无因管理、不当得利和侵权行为所导致的一方财产损失或精神损失发生在先，由此产生的另一方财产补偿义务发生在后，二者不同步也导致债权产生。因此，债权的本质是信用基础上的期待利益，债权人期望债务人能够依照合同约定或法律规定履行其义务，以实现自己应当得到的利益。当债务人履行义务后，债权消灭。

债权法律制度的基本功能，是确认并规范财产交换或转移过程中的债权关系，以法律的强制力保证债权人的期待利益不致落空。我国债权法律制度主要由《中华人民共和国民法通则》、《中华人民共和国合同法》规定。

（二）债权的法律特征

1. 债权是请求权

债权的实现依赖于债务人按照债权人的请求完成特定的行为，因此，如果债务人拒不履行义务，则债权无法实现。例如，在商品买卖关系中，如果卖方已经交付商品，但买方拒不支付货款，则卖方的债权（期待利益）就无法实现，除非事先有买方提供的担保或卖方向法院提起诉讼，请求法院强制买方履行义务。所有权是最完整、最充分的物权。所有权的利益可以由所有人自己通过支配物而实现，而债权利益必须通过债务人自觉履行义务才能实现。债权实现的间接性是导致债权特别容易受到侵害的主要原因，企业日常经营活动中，债务纠纷不仅数量多，而且连环债务不易解决，都与此有关。

2. 债权只能针对债务人行使

债权总是在特定的当事人之间发生，请求权也必然具有针对性。因此，债权人只能根据债的内容对特定的债务人行使请求权，而无权对债务人以外的第三人行使权利。例如，甲企业欠银行贷款，乙企业正准备向甲企业支付货款，则银行无权要求乙企业将货款偿还给银行。因为银行只是甲企业的债权人，并非乙企业的债权人，故不得向乙企业行使偿还贷款请求权。

3. 债权具有兼容性和平等性

债权没有排他性，数个债权人可以针对同一债务人享有相同内容的债权，如不同数额的货款偿还请求权。债权的兼容性会导致债权重叠，也使债务人的财产不足清偿全部债权成为可能。数个债权人对同一债务人享有不同的债权时（不包括有担保的债权），无论债权成立的时间前后和数额大小，债权效力一律平等。例如，当债务人被宣告破产时，必须对所有的破产债权按比例清偿。

4. 所有权与债权的区别

所有权是最完整和最充分的物权，所有权与债权有以下主要区别：

（1）所有权反映静态财产关系（物的归属与利用），债权反映动态财产关系（物的流转）。

（2）从主体看，所有权的权利人是特定的，义务人是不特定的，即除所有人以外的任何人都是义务人。所以，所有人的权利可以针对一切人，是绝对权。债权的权利人和义务人都是特定的，债权人的权利不能针对第三人，是相对权。

(3) 从标的看，所有权的标的是物。债权的标的是给付（债务人的特定行为）。

(4) 从权利性质看，所有权为支配权，权利内容是法定的，所有人通过对物的直接支配与管理，无须借助义务人的行为就能实现其所有权的利益，所以，义务人只要不干涉所有人行使所有权（不作为）就是履行了义务，是消极义务，如过度干预，有可能构成侵权行为。债权为请求权，权利内容有法定的，也有约定的（合同债权），债权人的利益只能通过债务人的积极行为（给付）才能实现，所以，债务人的义务是完成债权人所要求的行为，即作为，是积极义务。

(5) 从权利的取得方式看，所有权只能通过合法行为取得。债权可以通过合法行为取得，也可以因他人的不法行为取得，还可以基于特定的自然事实取得。

二、债权的取得方式

债权的取得方式，也称债发生的原因，指市场主体通过什么方式取得债权。当事人享有什么权利、能获得什么利益是法律规定的，但要真正实现权利的内容，必须先取得权利，并行使权利，才能使法律上的权利转化为现实中的利益。

（一）因合同取得债权（合同之债）

合同可以在主体之间产生债权债务关系，是当事人取得债权的最常见、最重要的方式。合同债权的主要特点是：(1) 因由当事人的合法行为（订立合同行为）产生债权，表现了当事人主动自愿交换财产的愿望，是积极的债权（当事人希望其发生以实现交易利益）。(2) 债权产生以当事人之间的有效合同为前提。(3) 债权和债务的内容相对应。(4) 是任意债权，即债权是否发生、债权的形式与内容均由当事人在法律规定的范围内任意约定。合同的相关内容将在第7章详细论述。

（二）因他人的侵权行为取得债权（侵权损害之债）

侵权行为是指不法侵害他人合法权益，给他人造成损害的行为。侵害他人的生命权、健康权、姓名权、名誉权、荣誉权、肖像权、隐私权、婚姻自主权、监护权、所有权、用益物权、担保物权、著作权、专利权、商标专用权、发现权、股权、继承权等人身、财产权益的，侵权人应当承担侵权责任，即有义务赔偿受害人的损失，这种赔偿关系就是受害人与侵权人之间的债权债务关系，受害人是债权人，侵权人是债务人。因他人侵权行为而取得债权也是常见的方式，其复杂性和广泛性仅次于合同之债。

侵权损害债权的主要特点是：(1) 债权由侵害人的不法行为引起，是消极债权（当事人并不希望这种债权发生，财产在主体之间转移是非自愿的）。(2) 债权由侵害人单方不法行为引起，债权人和债务人之间没有合同关系。(3) 债权的内容既包括财产责任（损害赔偿，具有补偿性质），也包括非财产责任。(4) 是法定债权，侵权行为的构成要件、债权产生的方式和内容均由法律明文规定，当事人不得自行约定或改变。侵权行为及其侵权责任的相关内容将在侵害物权、债权、人身权、知识产权的法律责任中论述。

（三）因他人缔约过失取得债权（缔约过失之债）

缔约过失，指行为人在订立合同过程中因过错违反了诚实信用原则。缔约过失责任，指行为人因其缔约过失导致合同不成立、被撤销或无效，致使对方受到损失时，应向对方承担的赔偿责任，二者因此形成债权债务关系。其中，有缔约过失的人是债务人，因合同不成立或无效而受到损失的人是债权人。

缔约过失债权的主要特点与侵权损害债权有相似之处，如债权因当事人的不法行为产生，是消极债权和法定债权等。二者的主要区别是：侵权行为侵害了他人已存在的权利；缔约过失行为侵害了他人期待的权利（对合同的期待权）。有关缔约过失责任的内容将在第 7 章论述。

（四）基于形成不当得利的行为或自然事实取得债权（不当得利之债）

不当得利，指一方没有合法根据或事后丧失合法根据，自己获得利益而使他人利益受到损害的情形。由于受益人获得利益没有合法根据，有义务将这种利益返还给合法所有人或利益受到损害的人，二者之间因此产生债的关系。其中，利益受到损害的人是债权人，获得不当利益的人是债务人。例如，因征税人员的计算错误 A 企业少缴了税款，因运输部门疏忽错将甲的货物发送给乙等，A 企业和乙因此而获得的利益就属于不当得利，应当自觉将不当得利返还给利益受损人，或者当利益受损人提出返还不当得利要求时，自觉履行返还义务。

不当得利债权的主要特点是：（1）与合同债权与侵权损害债权不同，不当得利债权产生的原因既不是合法行为，也不是违法行为，通常是由于自然原因、利益受损人自己的失误或第三人误解造成的，不当得利人自己往往并没有过错，但由于获得利益没有合法根据，才产生返还问题。（2）是消极债权，当事人主观上并不希望这种债权发生。（3）是法定债权，不当得利的构成要件与债权内容由法律明文规定。

不当得利的构成要件是：（1）一方获得利益造成他方利益受到损失。双方共同获利或一方获利但他方未受到损失都不属于不当得利。（2）得利人并无违法行为。如通过违法行为获利则是侵权行为。（3）获得利益没有合法根据。合法获得的利益受法律保护，无须返还。没有合法根据通常有两种情况：一是获得利益自始无法律根据，如顾客因售货员看错商品标签而少支付了货款；二是取得利益时虽有法律根据，但事后根据消灭，如当事人因履行合同已各自交付货物，支付货款，但后来合同因被撤销无效，则原先的给付就失去了合法根据，应当作为不当得利相互返还给对方。

（五）基于因无因管理行为取得债权（无因管理之债）

无因管理，指行为人没有法定或约定的义务，自愿为他人管理事务，使他人受益或避免利益受到损害的行为。为他人管理事务的人称为无因管理人，因自己事务被他人管理而受益或利益免于受到损害的人称为本人。无因管理的事实发生后，法律认定在无因管理人与本人之间产生了债的关系，即无因管理人作为债权人有权要求受益人本人履行债务人的义务，即偿付其从事无因管理行为而支付的必要费用。例如，甲在街头看到一路人昏迷，遂叫出租车将其送到医院抢救，并垫付医药费等，此时，无因管理成立，甲是无因管理人，有权要求受益人本人偿付甲所垫付的出租车费、医药费等。

无因管理债权的主要特点是：（1）无因管理人为他人利益而垫付了费用或受到损失是债权发生的原因。（2）是消极债权，返还垫付的费用或补偿无因管理人的损失是法律上的补救措施，而不是无因管理人的主观目的。（3）是法定债权，无因管理的构成要件和债权内容由法律明文规定。

无因管理的构成要件：（1）行为人主观上有为他人管理事务的意图。为自己利益管理他人事务，或误将他人事务作为自己事务管理以及纯粹的公益事务（受益人不特定），都不成立无因管理。（2）行为人客观上有为他人管理事务的行为或事实。（3）行为人为他人管理事务无法定或约定义务。监护人为被监护人管理事务、公安部门侦破案件为失主追回失物，是法定义务，委托代理人为被代理人管理事务，是约定义务，这些都不能成立无因管理。具备上述三个要件的行为就构成无因管理，至于本人是否因此实际受益或利益免于损失，不是构成要件。法律承认无因管理之债的目的，是使热心助人者在受到社会赞扬的同时，不至因此而受到财产和人身损失，以鼓励更多的人从事这种高尚的行为。

无因管理要求无因管理人应像受益人本人管理自己事务那样尽心尽力，才有权要求受益人本人补偿其因此所受到的财产或人身损失，如无因管理人出于私利而使本人蒙受损失，不属于无因管理。

上述五种债权取得方式中，只有合同债权是积极债权和任意债权，由当事人通过订立合同主动取得。其他四种是消极债权和法定债权，取得债权并不是当事人自己的主观愿望，而是由于法律的直接规定。

三、债的种类

（一）单一之债与多数之债

这是以债的主体人数多少分类。单一之债的债权人与债务人各为一人，债权债务关系简单明确。多数之债的债权人或债务人单方或双方为二人以上，债权债务关系比较复杂，如既有债权人与债务人的关系，又有债权人之间及债务人之间的关系。

（二）按份之债与连带之债

这是在多数之债情况下，以债权人之间或债务人之间的相互关系分类。

按份之债，指债权人或债务人为二人以上，各债权人按照确定的份额享受债权，各债务人按照确定的份额承担债务的债。按份之债虽然是一个债权债务关系，但各债权人或债务人之间独立享受债权，承担债务，彼此并无牵连，其特点是：（1）按份债权人只能就自己的债权份额请求和接受清偿，无权就整个债权受偿。按份债务人仅就自己的债务份额有清偿的义务，无须对他人的债务份额负清偿责任。（2）按份债权人或债务人的法律行为原则上彼此不发生效力。

按份之债成立的要件是：（1）债权人或债务人一方为数人；（2）债权标的可分；（3）

债权人或债务人按照确定的份额分享债权、分担债务。

连带之债，指多数债权人中的任何一人有权要求债务人履行全部债务，多数债务人中的任何一人有义务清偿全部债权，且全部债权债务因一次全部清偿而消灭的债。连带之债中，有两种基本关系：一是连带债权人与连带债务人之间的关系，任一债权人均有权请求债务人全部清偿债权，任一债务人均有义务清偿全部债务，债务人的清偿行为导致连带之债的关系消灭。二是连带债权人或连带债务人之间的内部关系，任一债权人接受债务人的全部清偿，或任一债务人清偿全部债务，则连带债权转变为债权人内部的按份债权，连带债务转变为债务人内部的按份债务，各自按照确定的比例受偿与清偿。

连带之债成立的要件是：（1）债权人或债务人一方为数人；（2）债权标的具有同一性；（3）债权人或债务人之间有连带关系（债权人或债务人的法律行为相互之间发生效力）。

法律规定连带之债的目的，是使多数债务人彼此之间承担履行债务的担保责任，保证债权实现。通常只有在法律直接规定或合同明确约定的情况下，债务人之间才承担连带责任。

法律规定属于连带之债的主要情况是：（1）合伙人之间的连带责任；（2）财产共有人之间的连带责任；（3）合同保证人与债务人之间的连带责任；（4）被代理人与代理人或代理人与第三人之间的连带责任；（5）共同侵权人对受害人的连带责任；（6）法人对其法定代表人及其工作人员在执行职务过程中的违法行为承担的连带责任等。

（三）特定物之债与种类物之债

这是以债的标的物是特定物还是种类物进行的分类。

特定物是根据当事人的意思具体指定的物。特定物之债的标的物在债权发生时已经确定。因此，债务人履行债务时必须交付特定物，只有在履行前标的物灭失时，才能免除交付特定物的义务。

种类物是具有某种共同属性，可以抽象概括其特征的物。种类物之债的标的物在债权发生时尚未确定，或未存在，只有在交付时才特定化。所以，债的标的物在交付前灭失的，不免除债务人交付实物的义务（给付同等的种类物替代）。

案例 5—5

债权的取得

甲与乙商定购买家具，约定由乙向甲提供组合家具一套，价款 2 万元；甲应在 7 月 8 日以前交清货款，7 月 9 日自行提货。甲如约于 7 月 5 日向乙支付了 2 万元现金，但甲妻对此并不知晓，于 7 月 6 日向乙妻支付 2 万元现金让其转交给乙，并言明是购买家具款。7 月 9 日，甲开车提货，回家途中不小心撞伤丙，但甲未停车救助丙，而是径自开车回家。甲撞伤丙时，被丁看到，丁看到丙伤势不轻，主动将其送到医院，花去医药费 2 000 元，由丁支付。后丙左腿残废。

问：本案中甲、乙、丙、丁、甲妻与乙妻之间是什么法律关系，会产生什么法律后果？

案例点评

本案核心是判断相关行为或事实的法律性质以及相应的法律后果，即甲与乙订立购买家具的合同行为、甲妻向乙妻支付家具款的行为、甲开车撞伤丙并导致其左腿残废的行为以及丁自愿救助丙的行为，法律性质是什么，会产生什么法律后果。

本案中六个主体之间的关系都是债的法律关系。

1. 甲、乙之间是（口头）合同关系。双方互有债权债务，合同有效并已经全部履行，债的关系因此而消灭。

2. 甲妻与乙妻之间是不当得利关系。甲妻由于重大误解（误以为甲还没有支付家具款）而向乙妻重复支付家具货款，乙妻（乙）获得这笔款项没有合法根据，也造成了甲妻（甲）的财产损失，应将2万元不当得利返还给甲妻（甲）。

3. 甲与丙之间是侵权损害赔偿关系。甲侵害了丙的健康权，造成了丙人身和财产损失，甲应当赔偿丙因此所受到的损失，包括丙疗伤的医药费、误工的工资和津贴以及丧失劳动能力的补偿费。

4. 丙与丁之间是无因管理关系。丁在没有法定义务与约定义务的情况下，自愿救助丙并垫付医药费，构成无因管理，有权要求丙支付其垫付的医药费。

第3节　人身权

一、人身权的性质与类型

（一）人身权的性质

人身权，也称人身非财产权，指市场主体所享有的与人身不可分离而又没有直接财产内容的权利。人身权与权利主体的不可分离性，决定了人身权不能转让、交易或放弃，这是人身权与财产权的主要区别。不过，人身权与财产权也有一定的联系，如某些人身权的行使可以为权利主体带来财产利益，如公民转让肖像使用权，这时，人身权就间接具有财产的内容。市场主体的人身权受到侵害时，同样会遭受财产损失和精神损失，有权要求侵权人进行赔偿，如公民、法人的名誉权受到侵害，公民的健康权受到侵害等，可以要求侵权人赔偿物质损失与精神损失。我国人身权法律制度主要由《中华人民共和国民法通则》规定。

（二）人身权的类型

1. 人格权

人格权，是法律予以保护的与主体人格不可分离的权利，主要包括：生命健康权、肖像权、名誉权、荣誉权、姓名权或名称权等。人格权是人生而享有并终身享有的权利，同类主体的人格权平等。法人可以享有某些人格权。

2. **身份权**

身份权，是法律予以保护的与主体身份不可分离的权利，如亲属权、监护权、继承权等。身份权以一定的身份关系存在为前提，只有公民（自然人）才享有身份权。

二、侵害人身权的形式和法律后果

（一）侵害公民的生命健康权

公民依法享有生命不受非法剥夺、健康不受非法损害的权利。非法侵害公民生命权，会导致公民死亡后果。非法侵害公民健康权，可能导致公民临时性损伤、永久性损伤、残疾及劳动能力丧失、疾病、精神痛苦和财产损失。企业在经营活动中，因过错或非过错造成员工或第三人生命和健康权受到侵害的，根据情节轻重，分别承担民事责任和行政责任，企业相关负责人还可能承担刑事责任。

（二）侵害公民、法人的姓名权、名称权

公民姓名权、法人名称权有三方面的内容：（1）姓名、名称设定权；（2）姓名、名称专用权；（3）姓名、名称变更权（按照法定程序办理变更登记）。

常见侵害姓名权、名称权的表现方式是：假冒或盗用他人名义；恶意使用他人姓名或名称，如以侮辱方式表达他人姓名等；不当干涉他人享有或更改姓名、名称；消极行为，如应当署他人姓名而未署名等。

企业无论是否以营利为目的，侵害他人姓名权、名称权的，应当承担民事责任。

（三）侵害公民的肖像权

肖像是以公民面部为中心的形态和神态的客观表现形式，包括照片、图片、雕塑、录像、录影、计算机图像等。肖像权，是公民对自己肖像的制作与使用所享有的专有权利，主要包括：肖像制作权、肖像使用权（因执行公务与新闻报道等公益目的而使用除外）、肖像尊严权。

侵害肖像权的行为有两种类型。一是以营利为目的侵害他人肖像权的行为，包括未经权利人同意直接以其肖像制作广告、商标、商品（挂历等）或用于图书的装潢、封面等，此类情况在企业经营活动中最为常见。二是不以营利为目的侵害他人肖像权的行为，包括非法制作和拥有他人肖像、侮辱和损毁他人肖像、未经本人同意利用他人肖像等。

企业以营利为目的在经营活动中侵害他人肖像权，除承担停止侵害、恢复名誉、消除影响、赔礼道歉等民事责任外，通常还要根据获利情况对权利人进行赔偿。

（四）侵害公民、法人的名誉权和荣誉权

名誉是对特定公民、法人的人格、能力或其他品质的社会评价，具有社会性、观念性与时代性特点。不过，侵害公民名誉权，可能产生精神损害赔偿问题，而侵害法人名誉权，通常是产生财产方面的直接或间接损失。侵害他人名誉权的主要方式有：侮辱、诽

谤、诬告、揭露隐私等。荣誉，指特定公民或法人从特定组织获得的专门性和定性的积极评价。侵害荣誉权的主要方式是：不法否定荣誉称号，侵夺、毁损或灭失荣誉证书、证物等。企业经营活动中容易出现的侵权行为有：怀疑顾客或雇员有偷窃行为时的不当检查行为，对竞争对手的诋毁、诽谤行为等。企业侵害他人的名誉权或荣誉权时，受害人通常会要求侵权人赔偿精神损失。

案例5—6

确认谁是侵权人

陈某夫妇在儿子陈华周岁生日时到个体户经营的红星照相馆为儿子拍生日纪念照。照相馆老板兼摄影师刘某见陈华的形象非常可爱，便翻拍了陈华的底片，并将其出售给个体户张某做挂历。张某后来又将该底片出卖给兰星香皂公司作婴儿香皂外包装。陈某夫妇在商店购物时，无意中发现陈华周岁纪念照片出现在婴儿香皂的外包装纸上，非常生气，准备向法院提起侵害陈华肖像权的诉讼。

问：本案中谁是侵害陈华肖像权的侵权人？

案例点评

本案的关键是：刘某、张某和兰星香皂公司的行为是否构成侵害陈华肖像权的行为？

1. 陈华自出生时起便具有民事权利能力，可以用自己的名义享受权利，履行义务。

陈华由父母带领去照相馆照相，肖像权属于陈华本人。但陈华只有一岁，为无行为能力人，其肖像权由他的法定代理人（监护人）——陈某夫妇代理行使。

2. 公民本人对自己的肖像享有支配权，他人未经肖像权人许可不得擅自使用。照相馆老板刘某未经肖像权人的法定代理人陈某夫妇同意，擅自翻拍陈华底片用于营利，是侵害陈华肖像权的行为。因照相馆是个体经营，没有法人资格，故侵权人是刘某。

3. 个体户张某明知刘某不是肖像权人，也未获得陈华肖像使用权的授权委托书，原本无权转让他人肖像，仍然购买用于营利性用途，也属于侵害陈华肖像权。张某是个体户，其本人是侵权人。

4. 兰星香皂公司明知张某不是肖像权人，也没有出示有权转让陈华肖像权的授权委托书，却仍然购买并用于营利性用途，属于侵害陈华肖像权的行为。因兰星香皂公司是法人，故侵权人是兰星香皂公司。

刘某、张某和兰星香皂公司都是侵害陈华肖像权的侵权人。企业并非绝对不能使用他人肖像用于营利性用途。本案中，兰星香皂公司完全可以通过合法方式取得陈华肖像使用权。首先，寻找真正的肖像权人陈华。其次，与陈华法定代理人（陈某夫妇）或陈某夫妇的委托代理人接洽，商谈转让陈华肖像使用权的具体事宜，并就使用期限、范围和报酬等问题签订合同。最后，按照合同约定使用陈华肖像，并向权利人支付报酬。

第4节 侵害物权、债权和人身权的法律责任

一、侵权行为及侵权责任概述

（一）侵权行为及侵权责任的概念

侵权行为，指不法侵害他人民事权益的行为。民事权益涉及人身权、物权、知识产权以及其他权利，包括生命权、健康权、姓名权、名誉权、荣誉权、肖像权、隐私权、婚姻自主权、监护权、所有权、用益物权、担保物权、著作权、专利权、商标专用权、发现权、股权、继承权等人身、财产权益。行为人侵害他人的民事权益，受害人有权请求侵权人承担侵权责任，以弥补自己因被侵权而受到的财产损失和精神伤害。侵权行为危及他人人身、财产安全的，受害人可以请求侵权人承担停止侵害、排除妨碍、消除危险等侵权责任。

侵权责任属于民事责任。侵权人因同一行为应当承担行政责任或者刑事责任的，不影响依法承担侵权责任。因同一行为应当承担侵权责任和行政责任、刑事责任，侵权人的财产不足以支付的，先承担侵权责任。我国侵权责任法律制度主要由《中华人民共和国侵权责任法》规定。

（二）侵权责任法律制度的基本功能

侵权行为是违法行为，破坏了社会经济秩序，侵害了他人合法权益。为维护社会公平，提高交易效率，保护交易安全，国家必须对侵权行为进行法律制裁。

1. 惩罚功能

人们必须为自己的不法行为付出代价，才能警示他人并维护社会正常秩序。侵权责任是由侵权人对受害人的损失进行金钱赔偿和精神慰藉，这就是违法的代价。一般侵权责任，充分体现了对过错行为的惩罚功能。但是，特殊侵权的无过错责任并不体现这一功能，因为侵权人的行为本身并无违法性，承担责任并不是受到法律惩罚，而是对受害人进行补偿和对事故进行预防。

2. 遏制和预防违法行为的功能

行为人侵害他人权益是为了获得某种利益，包括物质利益与非物质利益。侵权责任法律制度的实施，使侵权损害赔偿数额等于其非法行为获得的利益数额，侵权行为已无获利的可能性。如果侵权行为还同时违反刑法和行政法，则侵权人除承担补偿性质的民事赔偿责任外，还要承担惩罚性的行政责任和刑事责任。从利益机制考虑，侵权行为是得不偿失的，这也可以起到有效遏制和预防违法行为的作用。不过，广泛实行的责任保险制度转化和分散了侵权者的赔偿责任，在某种程度上弱化了这一功能。

3. 对受害者进行补偿的功能

侵权责任是由侵权人对受害人所遭受的权益损失给予补偿，使其恢复到被侵害前的状

况（恢复原状）。侵害财产权的，通过返还财产、恢复财产原状、赔偿损失等方式恢复原状。侵害人身权的，通过消除影响、恢复名誉、赔礼道歉或赔偿损失的方式解除或减轻受害人的精神痛苦，恢复原状。

（三）确认侵权责任的原则

行为人承担侵权责任，行为人的行为与他人民事权益受到损害的事实之间存在因果联系是基本前提条件。此外，行为人的主观过错也是确认侵权责任的重要依据。

1. 过错责任

过错责任，指行为人因过错侵害他人权益并造成其财产和精神损失时，应当承担侵权责任。过错，是行为人主观心理状态，指没有达到其应当注意的程度，包括故意和过失两种情况。故意，指行为人预见到损害结果的发生，并希望或放任其发生。过失，指行为人因疏忽或轻信而丧失其应有的预见性，致使损害结果发生。因此，过错责任以“注意义务”为基础，行为人在对他人负有注意义务的场合，如果没有适当注意造成损害后果，就应当承担责任。换言之，行为虽然造成损害结果，但如果行为人主观上无过错，就不承担民事责任。

过错责任强调行为人的主观过错是承担侵权责任的基础，因而行为人的过错程度、行为人的共同过错、行为人和受害人的混合过错等对确定侵权责任范围具有重要意义，这不仅体现了法律的公平和正义，也引起人们对“注意义务”的高度重视，实现了以侵权民事责任惩罚和预防违法行为的目标。

依据过错责任原则，受害人应当证明行为人主观上存在过错，才能请求行为人承担侵权责任。

2. 过错推定

经济发展推动人类社会进步的同时，也引发了新的危害，如生产设施造成劳工的工伤、环境污染致人损害、缺陷产品致人损害等，过错责任也遇到难解的问题。例如，上述损害结果并不是行为人直接造成的，而是通过机器设备、污染的环境和缺陷产品间接造成的，这样，受害者要证明行为人有过错以及损害结果与侵权行为之间存在因果关系是相当困难的，进而导致侵权行为不能成立，受害人得不到经济补偿。由于单纯依靠过错责任原则不能有效保护容易受到侵害的社会弱势群体，过错推定原则得以确认，即特定情况下，证明过错的责任倒置，由行为人证明其主观上不存在过错，如不能举证，推定行为人有过错，应当承担民事责任。

过错推定本质上属于过错责任的性质，只是将证明过错的责任倒置，由行为人证明自己主观上有无过错。根据法律规定推定行为人有过错，行为人不能证明自己没有过错的，应当承担侵权责任。

3. 无过错责任

无过错责任，指行为人损害他人民事权益，不论其有无过错，法律规定应当承担的侵权责任。例如，因暴风雨将高压电线刮断导致行人触电身亡。虽然电力部门并无过错，但依法要对死亡者承担侵权赔偿责任。

过错推定、无过错责任的适用范围和免责条件由法律特别规定，即如果不属于法律明文规定适用过错推定、无过错责任原则的，应当适用过错责任原则。无过错责任和过错推定原则的主要功能是，保护社会弱势群体，公平分担损害后果，实现社会利益均衡，简化诉讼程序，提高诉讼效率。

(四) 承担侵权责任的主体

1. 二人以上实施的侵权行为

(1) 二人以上共同实施侵权行为，造成他人损害的，应当承担连带责任。

(2) 教唆、帮助他人实施侵权行为的，应当与行为人承担连带责任。教唆、帮助无民事行为能力人、限制民事行为能力人实施侵权行为的，应当承担侵权责任；该无民事行为能力人、限制民事行为能力人的监护人未尽到监护责任的，应当承担相应的责任。

(3) 二人以上实施危及他人人身、财产安全的行为，其中一人或者数人的行为造成他人损害，能够确定具体侵权人的，由侵权人承担责任；不能确定具体侵权人的，行为人承担连带责任。

(4) 二人以上分别实施侵权行为造成同一损害，每个人的侵权行为都足以造成全部损害的，行为人承担连带责任；二人以上分别实施侵权行为造成同一损害，能够确定责任大小的，各自承担相应的责任；难以确定责任大小的，平均承担赔偿责任。

法律规定承担连带责任的，被侵权人有权请求部分或者全部连带责任人承担责任。连带责任人根据各自责任大小确定相应的赔偿数额。难以确定责任大小的，平均承担赔偿责任。支付超出自己赔偿数额的连带责任人，有权向其他连带责任人追偿。

2. 行为人不承担侵权责任和减轻责任的情形

(1) 损害是因受害人故意造成的，行为人不承担责任。

(2) 因不可抗力造成他人损害的，不承担责任。法律另有规定的除外。

(3) 因正当防卫造成损害的，不承担责任。正当防卫超过必要的限度，造成不应有的损害的，正当防卫人应当承担适当的责任。

(4) 因紧急避险造成损害的，由引起险情发生的人承担责任。如果危险是由自然原因引起的，紧急避险人不承担责任或者给予适当补偿。紧急避险采取措施不当或者超过必要的限度，造成不应有的损害的，紧急避险人应当承担适当的责任。

(5) 损害是因第三人造成的，第三人应当承担侵权责任。

(6) 被侵权人对损害的发生也有过错的，可以减轻侵权人的责任。

3. 侵权责任主体的特殊规定

(1) 无民事行为能力人、限制民事行为能力人造成他人损害的，由监护人承担侵权责任；监护人尽到监护责任的，可以减轻其侵权责任；有财产的无民事行为能力人、限制民事行为能力人造成他人损害的，从本人财产中支付赔偿费用，不足部分，由监护人赔偿。

(2) 完全民事行为能力人对自己的行为暂时没有意识或者失去控制造成他人损害有过错的，应当承担侵权责任；没有过错的，根据行为人的经济状况对受害人适当补偿；完全民事行为能力人因醉酒、滥用麻醉药品或者精神药品对自己的行为暂时没有意识或者失去控制造成他人损害的，应当承担侵权责任。

(3) 用人单位的工作人员因执行工作任务造成他人损害的，由用人单位承担侵权责任；劳务派遣期间，被派遣的工作人员因执行工作任务造成他人损害的，由接受劳务派遣的用工单位承担侵权责任；劳务派遣单位有过错的，承担相应的补充责任；个人之间形成劳务关系，提供劳务一方因劳务造成他人损害的，由接受劳务一方承担侵权责任；提供劳务一方因劳务自己受到损害的，根据双方各自的过错承担相应的责任。

（4）网络用户、网络服务提供者利用网络侵害他人民事权益的，应当承担侵权责任。网络用户利用网络服务实施侵权行为的，被侵权人有权通知网络服务提供者采取删除、屏蔽、断开链接等必要措施；网络服务提供者接到通知后未及时采取必要措施的，对损害的扩大部分与该网络用户承担连带责任；网络服务提供者知道网络用户利用其网络服务侵害他人民事权益，未采取必要措施的，与该网络用户承担连带责任。

（5）宾馆、商场、银行、车站、娱乐场所等公共场所的管理人或者群众性活动的组织者，未尽到安全保障义务，造成他人损害的，应当承担侵权责任；因第三人的行为造成他人损害的，由第三人承担侵权责任；管理人或者组织者未尽到安全保障义务的，承担相应的补充责任。

（6）无民事行为能力人在幼儿园、学校或者其他教育机构学习、生活期间受到人身损害的，幼儿园、学校或者其他教育机构应当承担责任，但能够证明尽到教育、管理职责的，不承担责任；限制民事行为能力人在学校或者其他教育机构学习、生活期间受到人身损害，学校或者其他教育机构未尽到教育、管理职责的，应当承担责任；无民事行为能力人或者限制民事行为能力人在幼儿园、学校或者其他教育机构学习、生活期间，受到幼儿园、学校或者其他教育机构以外的人员人身损害的，由侵权人承担侵权责任；幼儿园、学校或者其他教育机构未尽到管理职责的，承担相应的补充责任。

二、一般侵权责任

（一）一般侵权行为的构成要件

一般侵权行为，指行为人因自己的过错不法侵害他人民事权益的行为。确认一般侵权责任有四个要件：一是行为具有违法性；二是有损害事实存在；三是违法行为与损害事实之间有因果关系；四是违法行为人主观上有过错。

根据以上构成要件，某些行为虽然客观上造成了他人财产或人身的损害，但该行为本身并不具有违法性，故不属于侵权行为，无须承担侵权责任。这些行为包括：

（1）执行公务行为，指行为人履行法定职责的行为。例如，消防队员为扑灭火灾，拆毁他人建筑物；警察为追捕逃犯，击伤其身体等。这些行为虽然造成他人财产和人身损害，却是合法行为。

（2）正当防卫行为，指行为人为了使公共利益、本人权利或他人权利免受正在进行的不法侵害，对不法侵害行为人实施的必要防卫行为，其本质是权利人的自我保护措施。正当防卫行为造成侵权人人身和财产损害的，不负民事责任。正当防卫必须符合以下要件：第一，保护当事人合法权益；第二，防卫措施针对正在进行的侵害行为（未发生和已经结束的侵害行为除外）；第三，防卫不得超过必要限度。正当防卫超过必要限度造成他人财产和人身不应有的损害时，仍然属于侵权行为，防卫人应承担适当的民事责任。

（3）紧急避险行为，指行为人为了使公共利益、本人权利或他人权利避免正在发生的危险造成的损害，不得已而采取的致人损害行为，其本质也是权利人的自我保护措施。紧急避险的构成要件是：第一，本人或他人财产、人身权利受到严重威胁且没有其他方法可以解除。第二，紧急避险所保全的利益大于所损害的利益。第三，紧急避险不得超过必要限度，紧急避险采取措施不当或者超过必要的限度，造成不应有损害的，仍然属于侵权行为，紧急避险人应承担适当的民事责任。因紧急避险造成损害的，由引起险情的人或有责任的第三人承担责任。如果危险是由自然原因引起的，紧急避险人不承担责任或者给予适当的补偿。

（二）一般侵权行为的归责原则

一般侵权行为的归责原则是过错责任原则，行为人的过错是承担侵权责任的基础。因此，过错在决定行为人如何承担责任方面有重要作用。过错情况包括：行为人单独过错、行为人共同过错、行为人和受害人混合过错、受害人有故意或重大过失等。一般侵权行为的免责（免除责任）条件是：虽然侵害他人权利或未履行自己的义务，但行为人没有过错，或者行为人的行为并没有违法性。

因一般侵权行为发生损害赔偿诉讼时，实行“谁主张、谁举证”的原则，即由原告（受害人）负举证责任，包括证明行为人有过错，行为人实施了侵权行为并造成损害后果，损害与侵权行为之间存在因果关系等。行为人可以用没有过错（第三人过错、受害人过错等）；存在免责或减责的法定事由；行为没有违法性（执行公务、正当防卫、紧急避险等）；自己的行为与损害事实之间没有因果关系等作为抗辩理由。

（三）一般侵权责任的类型

1. 非法侵害物权（所有权、用益物权、担保物权）、股权的责任

包括非法侵入他人土地和建筑物等不动产；非法侵占他人财产，如偷窃、强占、抢夺、非法扣押他人财产等；非法损害他人财产，如毁损他人财产并导致该财产价值和使用价值减少或完全丧失；非法处分他人财产，如非所有人或无合法授权的人擅自转让他人财产；造成他人财产危险，如将易燃易爆品放置于住宅的公共通道等；侵害相邻权和共有权等以及不法剥夺股东的股权等。物权被不法侵害后，被侵权人有权要求侵权人承担停止侵害、排除妨碍、消除危险、返还财产、恢复财产原状、赔偿财产损失等侵权责任。

2. 非法侵害人身权的责任

包括以故意伤害等方式非法侵害公民的生命健康权；盗用、假冒公民的姓名权或企业的名称权；未经权利人许可擅自使用他人肖像权；以侮辱、诽谤等方式侵害他人的荣誉权、名誉权等行为。人身权被不法侵害后，被侵权人有权要求侵权人承担停止侵害、赔偿精神损失、赔礼道歉、消除影响、恢复名誉等侵权责任。

3. 非法侵害知识产权（专利权、商标权、著作权等）和发现权的责任

包括假冒他人专利的行为；以非专利产品冒充专利产品或以非专利方法冒充专利方法的行为；擅自使用他人注册商标的行为；销售明知是假冒注册商标的商品的行为；仿冒他人注册商标的行为；剽窃和抄袭他人作品的行为；未经著作权（版权）人许可而使用其作

品的行为等。知识产权被不法侵害后，被侵权人有权要求侵权人承担停止侵害、赔偿损失、赔礼道歉、消除影响、恢复名誉等侵权责任。

三、特殊侵权责任

（一）特殊侵权行为的构成要件

特殊侵权行为，指不要求具备一般侵权行为的构成要件，也不一定直接由实施违法行为的人承担责任的侵权行为，即无论行为人是否有过错，只要行为人的行为与他人的民事权益损害事实之间存在因果关系，法律规定应当承担侵权责任的，就必须承担责任。因此，确认特殊侵权行为有两个要件：一是有法律特别规定；二是行为与损害结果有直接因果关系。有关特殊民事侵权行为的规定分布在民法通则、产品质量法、消费者权益保护法、环境保护法、国家赔偿法等相关法规中，适用范围主要是具有潜在损害的危险行为以及行为人与受害人法律地位不平等的情形。

（二）特殊侵权行为的归责原则

特殊侵权行为的归责原则是过错推定和无过错责任原则，主要适用于具有潜在损害的危险行为以及行为人与受害人法律地位不平等的情形。特殊侵权责任的相关法律规定主要分布在我国的民法通则、产品质量法、消费者权益保护法、环境保护法、国家赔偿法、侵权责任法中。

依照法律规定，行为人没有过错，其行为也不具有违法性，但损害事实存在，并且行为人活动的性质与损害事实之间的因果关系成立，就可以依法确定其承担侵权法律责任，即无过错责任。无过错责任的核心不是对违法行为进行制裁，而是公平分担社会损失，以增强责任人控制风险的意识。因为许多潜在危险直接源自企业的经济活动，只有企业具有控制这些危险的能力，同时，企业也有可能通过责任保险和商品价格体系分散赔偿风险。

依照法律规定，如果损害事实存在，但受害人获取诉讼证据存在客观上的困难，难以举证证明行为人主观上有过错的，适用过错推定原则，即行为人如果不能证明自己主观上没有过错，可以依法直接从损害事实推定行为人有过错，应当承担法律责任。

因特殊侵权行为发生损害赔偿诉讼时，通常实行举证责任倒置原则，即由被告（行为人）负举证责任，证明损害事实与自己的行为之间不存在因果关系（无过错责任）；行为人主观上没有过错（过错推定）；存在免责或减责的法定事由等。

（三）特殊侵权责任的主要类型

1. 国家机关及其工作人员职务侵权责任

国家机关及其工作人员职务侵权责任，指国家机关（行政机关、司法机关）和国家机关工作人员行使职权过程中侵犯公民、法人和其他组织的合法权益，造成其人身和财产损害的，国家依法对受害人承担的国家赔偿责任，包括行政赔偿责任和刑事赔偿责任。

（1）行政赔偿责任。

行政赔偿，是指国家行政机关及其工作人员在行使行政职权时有法定侵害人身权、财产权情形的，受害人有取得赔偿的权利。

法定侵害人身权的五种情形：违法拘留或者违法采取限制公民人身自由的行政强制措施的；非法拘禁或者以其他方法非法剥夺公民人身自由的；以殴打、虐待等行为或者唆使、放纵他人以殴打、虐待等行为造成公民身体伤害或者死亡的；违法使用武器、警械造成公民身体伤害或者死亡的；造成公民身体伤害或者死亡的其他违法行为。

法定侵害财产权的四种情形：违法实施罚款、吊销许可证和执照、责令停产停业、没收财物等行政处罚的；违法对财产采取查封、扣押、冻结等行政强制措施的；违法征收、征用财产的；造成财产损害的其他违法行为。

但是，行政机关工作人员与行使职权无关的个人行为；因公民、法人和其他组织自己的行为致使损害发生的，以及法律规定的其他情形，国家不承担赔偿责任。

（2）刑事赔偿责任。

刑事赔偿，是指国家行使侦查、检察、审判职权的机关以及看守所、监狱管理机关及其工作人员在行使职权时有法定侵害人身权、财产权情形的，受害人有取得赔偿的权利。

法定侵害人身权的五种情形：违反刑事诉讼法的规定对公民采取拘留措施的，或者依照刑事诉讼法规定的条件和程序对公民采取拘留措施，但是拘留时间超过刑事诉讼法规定的时限，其后决定撤销案件、不起诉或者判决宣告无罪终止追究刑事责任的；对公民采取逮捕措施后，决定撤销案件、不起诉或者判决宣告无罪终止追究刑事责任的；依照审判监督程序再审改判无罪，原判刑罚已经执行的；刑讯逼供或者以殴打、虐待等行为或者唆使、放纵他人以殴打、虐待等行为造成公民身体伤害或者死亡的；违法使用武器、警械造成公民身体伤害或者死亡的。

法定侵害财产权的两种情形：违法对财产采取查封、扣押、冻结、追缴等措施的；依照审判监督程序再审改判无罪，原判罚金、没收财产已经执行的。

但是，因公民自己故意作虚伪供述，或者伪造其他有罪证据被羁押或者被判处刑罚的；依照《刑法》第十七条、第十八条规定不负刑事责任的人被羁押的；依照《刑事诉讼法》第十五条、第一百四十二条第二款规定不追究刑事责任的人被羁押的；行使侦查、检察、审判职权的机关以及看守所、监狱管理机关的工作人员与行使职权无关的个人行为；因公民自伤、自残等故意行为致使损害发生的，以及法律规定的其他情形，国家不承担赔偿责任。

实施职务侵权行为的人虽然是国家机关特定的工作人员，但承担职务侵权责任的主体是国家。国家机关依法承担赔偿责任后，可以根据法律规定追究有故意或重大过失的工作人员的个人责任。

2. 产品责任

产品责任，指因产品存在缺陷造成他人财产和人身损害时的侵权责任。因产品存在缺陷造成损害的，被侵权人可以向产品的生产者请求赔偿，也可以向产品的销售者请求赔偿。

（1）生产者责任（无过错责任）。因产品缺陷造成他人损害的，由生产者承担侵权责任。产品缺陷由生产者造成的，销售者赔偿后，有权向生产者追偿。

（2）销售者责任（过错责任）。因销售者的过错使产品存在缺陷，造成他人损害的，销售者应当承担侵权责任。因销售者的过错使产品存在缺陷的，生产者赔偿后，有权向销售者追偿。销售者不能指明缺陷产品的生产者也不能指明缺陷产品的供货者的，销售者应当承担侵权责任。

（3）第三人责任（过错责任）。因运输者、仓储者等第三人的过错使产品存在缺陷，造成他人损害的，产品的生产者、销售者赔偿后，有权向第三人追偿。

（4）生产者、销售者的共同责任。因产品缺陷危及他人人身、财产安全的，被侵权人有权请求生产者、销售者承担排除妨碍、消除危险等侵权责任；产品投入流通后发现存在缺陷的，生产者、销售者应当及时采取警示、召回等补救措施。未及时采取补救措施或者补救措施不力造成损害的，应当承担侵权责任；明知产品存在缺陷仍然生产、销售，造成他人死亡或者健康严重损害的，被侵权人有权请求相应的惩罚性赔偿。

3. 机动车交通事故责任

（1）机动车驾驶人的责任。依照我国道路交通安全法的有关规定，机动车发生交通事故造成人身伤亡、财产损失的，由保险公司在机动车第三者责任强制保险责任限额范围内予以赔偿；不足部分，按照以下规定承担赔偿责任：一是机动车之间发生交通事故的，由有过错的一方承担赔偿责任；双方都有过错的，按照各自过错的比例分担责任（过错责任）。二是机动车与非机动车驾驶人、行人之间发生交通事故，非机动车驾驶人、行人没有过错的，由机动车一方承担赔偿责任；有证据证明非机动车驾驶人、行人有过错的，根据过错程度适当减轻机动车一方的赔偿责任；机动车一方没有过错的，承担不超过10%的赔偿责任（无过错责任）。

交通事故的损失是由非机动车驾驶人、行人故意碰撞机动车造成的，机动车一方不承担赔偿责任。

（2）机动车所有人与使用人并非同一人时的责任。因租赁、借用等情形机动车所有人与使用人不是同一人时，发生交通事故后属于该机动车一方责任的，由保险公司在机动车强制保险责任限额范围内予以赔偿；不足部分，由机动车使用人承担赔偿责任；机动车所有人对损害的发生有过错的，承担相应的赔偿责任。

（3）机动车转让后的责任。当事人之间已经以买卖等方式转让并交付机动车，但未办理所有权转移登记，发生交通事故后属于该机动车一方责任的，由保险公司在机动车强制保险责任限额范围内予以赔偿；不足部分，由受让人承担赔偿责任；以买卖等方式转让拼装或者已达到报废标准的机动车，发生交通事故造成损害的，由转让人和受让人承担连带责任。

（4）机动车脱离所有人控制时的责任。盗窃、抢劫或者抢夺的机动车发生交通事故造成损害的，由盗窃人、抢劫人或者抢夺人承担赔偿责任。保险公司在机动车强制保险责任限额范围内垫付抢救费用的，有权向交通事故责任人追偿。

（5）交通肇事逃逸后的责任。机动车驾驶人发生交通事故后逃逸，该机动车参加强制保险的，由保险公司在机动车强制保险责任限额范围内予以赔偿；机动车不明或者该机动车未参加强制保险，需要支付被侵权人人身伤亡的抢救、丧葬等费用的，由道路交通事故社会救助基金垫付。道路交通事故社会救助基金垫付后，其管理机构有权向交通事故责任人追偿。

4. 医疗损害责任

（1）基本原则。患者在诊疗活动中受到损害，医疗机构及其医务人员有过错的，由医疗机构承担赔偿责任。医务人员在诊疗活动中未尽到与当时的医疗水平相应的诊疗义务，造成患者损害的，医疗机构应当承担赔偿责任。

（2）医务人员的说明义务与患者的知情权。医务人员在诊疗活动中应当向患者说明病情和医疗措施。需要实施手术、特殊检查、特殊治疗的，医务人员应当及时向患者说明医疗风险、替代医疗方案等情况，并取得其书面同意；不宜向患者说明的，应当向患者的近亲属说明，并取得其书面同意；医务人员未尽到上述义务，造成患者损害的，医疗机构应当承担赔偿责任；因抢救生命垂危的患者等紧急情况，不能取得患者或者其近亲属意见的，经医疗机构负责人或者授权的负责人批准，可以立即实施相应的医疗措施。

（3）推定过错。患者有损害，因下列情形之一的，推定医疗机构有过错：1）违反法律、行政法规、规章以及其他有关诊疗规范的规定；2）隐匿或者拒绝提供与纠纷有关的病历资料；3）伪造、篡改或者销毁病历资料。

（4）产品缺陷致害责任。因药品、消毒药剂、医疗器械的缺陷，或者输入不合格的血液造成患者损害的，患者可以向生产者或者血液提供机构请求赔偿，也可以向医疗机构请求赔偿。患者向医疗机构请求赔偿的，医疗机构赔偿后，有权向负有责任的生产者或者血液提供机构追偿。

（5）医疗机构免责的条件。患者有损害，因下列情形之一的，医疗机构不承担赔偿责任：1）患者或者其近亲属不配合医疗机构进行符合诊疗规范的诊疗（但医疗机构及其医务人员也有过错的，应当承担相应的赔偿责任）；2）医务人员在抢救生命垂危的患者等紧急情况下已经尽到合理诊疗义务；3）限于当时的医疗水平难以诊疗。

（6）医疗机构的管理责任。医疗机构及其医务人员应当按照规定填写并妥善保管住院志、医嘱单、检验报告、手术及麻醉记录、病理资料、护理记录、医疗费用等病历资料。患者要求查阅、复制上述规定的病历资料的，医疗机构应当提供。医疗机构及其医务人员应当对患者的隐私保密。泄露患者隐私或者未经患者同意公开其病历资料，造成患者损害的，应当承担侵权责任。医疗机构及其医务人员不得违反诊疗规范实施不必要的检查。

医疗机构及其医务人员的合法权益受法律保护。干扰医疗秩序，妨害医务人员工作、生活的，应当依法承担法律责任。

5. 环境污染责任

因污染环境造成损害的，污染者应当承担侵权责任（无过错责任）。

因污染环境发生纠纷，污染者应当就法律规定的不承担责任或者减轻责任的情形及其行为与损害之间不存在因果关系承担举证责任。

两个以上污染者污染环境，污染者承担责任的大小，根据污染物的种类、排放量等因素确定；因第三人的过错污染环境造成损害的，被侵权人可以向污染者请求赔偿，也可以向第三人请求赔偿，污染者赔偿后，有权向第三人追偿。

6. 高度危险责任

高度危险作业，指利用现代化技术设施，从事高空、高速、高压、易燃、易爆、剧毒及放射性等对于周围人身和财产安全具有高度危险性的业务操作活动。从事高度危险作业造成他人损害的，应当承担侵权责任（无过错责任）。

民用核设施发生核事故造成他人损害的，民用核设施的经营者应当承担侵权责任，但能够证明损害是因战争等情形或者受害人故意造成的，不承担责任。

民用航空器造成他人损害的，民用航空器的经营者应当承担侵权责任，但能够证明损害是因受害人故意造成的，不承担责任。

占有或者使用易燃、易爆、剧毒、放射性等高度危险物造成他人损害的，占有人或者使用人应当承担侵权责任，但能够证明损害是因受害人故意或者不可抗力造成的，不承担责任。被侵权人对损害的发生有重大过失的，可以减轻占有人或者使用人的责任。

从事高空、高压、地下挖掘活动或者使用高速轨道运输工具造成他人损害的，经营者应当承担侵权责任，但能够证明损害是因受害人故意或者不可抗力造成的，不承担责任。被侵权人对损害的发生有过失的，可以减轻经营者的责任。

遗失、抛弃高度危险物造成他人损害的，由所有人承担侵权责任。所有人将高度危险物交由他人管理的，由管理人承担侵权责任；所有人有过错的，与管理人承担连带责任。

非法占有高度危险物造成他人损害的，由非法占有人承担侵权责任。所有人、管理人不能证明对防止他人非法占有尽到高度注意义务的，与非法占有人承担连带责任（过错推定）。

未经许可进入高度危险活动区域或者高度危险物存放区域受到损害，管理人已经采取安全措施并尽到警示义务的，可以减轻或者不承担责任。

承担高度危险责任，法律规定赔偿限额的，依照其规定。

7. 饲养动物损害责任

饲养的动物造成他人损害的，动物饲养人或者管理人应当承担侵权责任，但能够证明损害是因被侵权人故意或者重大过失造成的，可以不承担或者减轻责任（无过错责任）。

违反管理规定，未对动物采取安全措施造成他人损害的，动物饲养人或者管理人应当承担侵权责任；禁止饲养的烈性犬等危险动物造成他人损害的，动物饲养人或者管理人应当承担侵权责任。饲养动物应当遵守法律，尊重社会公德，不得妨害他人生活。

动物园的动物造成他人损害的，动物园应当承担侵权责任，但能够证明尽到管理职责的，不承担责任（过错推定）。

遗弃、逃逸的动物在遗弃、逃逸期间造成他人损害的，由原动物饲养人或者管理人承担侵权责任；因第三人的过错致使动物造成他人损害的，被侵权人可以向动物饲养人或者管理人请求赔偿，也可以向第三人请求赔偿，动物饲养人或者管理人赔偿后，有权向第三人追偿。

8. 物件损害责任

建筑物、构筑物或者其他设施及其搁置物、悬挂物发生脱落、坠落造成他人损害，所有人、管理人或者使用人不能证明自己没有过错的，应当承担侵权责任（过错推定）。所有人、管理人或者使用人赔偿后，有其他责任人的，有权向其他责任人追偿。

堆放物倒塌造成他人损害，堆放人不能证明自己没有过错的，应当承担侵权责任（过错推定）；因林木折断造成他人损害，林木的所有人或者管理人不能证明自己没有过错的，应当承担侵权责任（过错推定）；窨井等地下设施造成他人损害，管理人不能证明尽到管理职责的，应当承担侵权责任（过错推定）。

建筑物、构筑物或者其他设施倒塌造成他人损害的，由建设单位与施工单位承担连带责任。建设单位、施工单位赔偿后，有其他责任人的，有权向其他责任人追偿；因其他责任人的原因，建筑物、构筑物或者其他设施倒塌造成他人损害的，由其他责任人承担侵权责任。

从建筑物中抛掷物品或者从建筑物上坠落的物品造成他人损害，难以确定具体侵权人的，除能够证明自己不是侵权人的外，由可能加害的建筑物使用人给予补偿。

在公共道路上堆放、倾倒、遗撒妨碍通行的物品造成他人损害的，有关单位或者个人应当承担侵权责任；在公共场所或者道路上挖坑、修缮安装地下设施等，没有设置明显标志和采取安全措施造成他人损害的，施工人应当承担侵权责任。

四、承担侵权责任的方式与侵权责任赔偿原则

1. 承担侵权责任的主要方式

（1）停止侵害；

（2）排除妨碍；

（3）消除危险；

（4）返还财产；

（5）恢复原状；

（6）赔偿损失；

（7）赔礼道歉；

（8）消除影响、恢复名誉。

侵权责任包括财产责任和非财产责任。财产责任要求侵权人向被侵权人返还财产、赔偿损失。非财产责任要求侵权人实施一定的行为或不作为，以保持或恢复被侵权人财产权和人身权的原状。上述承担侵权责任的方式，可以单独适用，也可以合并适用。

2. 侵权责任赔偿原则

（1）人身损害赔偿。侵害他人造成人身损害的，应当赔偿医疗费、护理费、交通费等为治疗和康复支出的合理费用，以及因误工减少的收入；造成残疾的，还应当赔偿残疾生活辅助具费和残疾赔偿金；造成死亡的，还应当赔偿丧葬费和死亡赔偿金；因同一侵权行为造成多人死亡的，可以以相同数额确定死亡赔偿金。被侵权人死亡的，其近亲属有权请求侵权人承担侵权责任。被侵权人为单位，该单位分立、合并的，承继权利的单位有权请求侵权人承担侵权责任。侵害他人人身权益，造成他人严重精神损害的，被侵权人可以请求精神损害赔偿。被侵权人死亡的，支付被侵权人医疗费、丧葬费等合理费用的人有权请求侵权人赔偿费用，但侵权人已支付该费用的除外。

（2）财产损害赔偿。侵害他人财产的，财产损失按照损失发生时的市场价格或者其他方式计算；侵害他人人身权益造成财产损失的，按照被侵权人因此受到的损失赔偿；被侵权人的损失难以确定，侵权人因此获得利益的，按照其获得的利益赔偿；侵权人因此获得

的利益难以确定，被侵权人和侵权人就赔偿数额协商不一致，向人民法院提起诉讼的，由人民法院根据实际情况确定赔偿数额。

（3）公平负担损失。因防止、制止他人民事权益被侵害而使自己受到损害的，由侵权人承担责任。侵权人逃逸或者无力承担责任，被侵权人请求补偿的，受益人应当给予适当补偿；受害人和行为人对损害的发生都没有过错的，可以根据实际情况，由双方分担损失。

损害发生后，当事人可以协商赔偿费用的支付方式。协商不一致的，赔偿费用应当一次性支付；一次性支付确有困难的，可以分期支付，但应当提供相应的担保。

案例 5—7

谁对损害承担赔偿责任

某天，正达家具店派员工甲开车为顾客丁送家具，至十字路口时，甲违规猛转弯，致使正常行驶的公共汽车司机乙不得不紧急刹车，虽然避免了一场车祸，但站立在公共汽车内的乘客丙却被摔倒，其刚购买的价值 800 元的装饰灯被摔得粉碎，丙本人左臂骨折，花费医疗费 800 元，误工损失费 800 元。事后，乘客丙要求公共汽车司机乙赔偿其所受到的全部财产损失。乙则辩称，自己急刹车是为避免发生车祸，险情是由甲违反交通规则引起的，应当由甲承担责任。甲却认为，自己确实违反了交通规则，应当按交通法规处理，但对公共汽车的乘客丙的损失根本无法预见，既然自己没有过错，当然不应当承担责任。因甲、乙、丙三方争执不下，遂诉诸法院。

问：谁应当对乘客丙的损害承担赔偿责任？

案例点评

本案的核心是侵权行为的认定及其因果关系分析。

1. 先确定丙的损失是否由他人的侵权行为所引起，然后才能确定谁应赔偿丙的损失。根据特殊侵权行为二构成要件和一般侵权行为四构成要件分析，案例中的因果关系是：甲违规转弯——乙为躲避危险急刹车——丙被摔伤且人身和财产受损害，乙的行为与丙的损害结果有直接因果关系，但这种情况不属于法律规定的特殊侵权责任范围。此外，乙主观上没有过错（意外事件），且行为也不违法，不属于一般侵权行为。

2. 以上分析排除了乙是侵权人的可能性，但乙的行为确实是造成丙损失的原因，所以，应分析乙的行为的性质。乙为避免撞车，不得已紧急刹车，虽然导致丙人身和财产损失，但避免了可能发生的车毁人亡事故，属于紧急避险，其行为并未超过合理限度，故对丙的损失不承担责任。

3. 法律规定，因紧急避险造成损害的，由引起险情的人承担责任。本案中，险情是由甲违规转弯引起的，自然应由甲承担责任。不过，甲是正达家具店的员工，给顾客送家具属于经营活动，企业法人对其工作人员的经营活动，承担连带责任。因此，丙的损失最终应当由正达家具店负责赔偿。家具店赔偿后，可以要求有过错的甲支付部分或全部赔偿款。

本章小结

本章主要介绍了物权、债权、人身权和侵权责任的基本概念、核心内容和相关理论。物权是公民、法人和国家最重要的财产权利，物权的四项权能分离与组合、物权的转让是市场交易的基本内容。理解所有权、用益物权、担保物权之间的联系和区别，物权的特征，所有权取得、行使、消灭的方法，将有利于我们更有效率地使用财产，保护自己的物权。债权的本质和法律特征可以帮助我们深刻理解债权在市场经济中的地位与作用。债权的五种取得方式则指引我们关注如何有效利用法律增加和维护企业的合法权益。了解物权与债权的区别以及物分类的法律意义，对保护交易安全也有重要作用。人身权是企业经营活动中容易被忽视的权利，但随着企业之间竞争的加剧、公民权利意识的觉醒，企业因侵害人身权导致的经济纠纷日益增多，重视人身权的内容和保护方法，是预防侵权纠纷的最好途径。侵权责任是重要的法律制度，法律对于侵权责任的主体、一般侵权行为和特殊侵权行为的构成要件、归责原则、承担侵权责任形式、侵权损害赔偿原则都有明确规定，特别是其中的过错责任原则、过错推定原则和无过错责任原则的适用范围和举证责任，对企业判断和处理侵权纠纷有很好的指导作用。

关键术语

物权	所有权	用益物权	担保物权
动产与不动产	共有	善意取得	善意占有
债权请求权	无因管理	不当得利	连带之债（连带责任）
侵权责任	过错责任原则	过错推定原则	无过错责任原则
执行公务行为	正当防卫	紧急避险	一般侵权责任
特殊侵权责任			

复习思考题

1. 物权不同形式的分离与组合为什么可以提高财产的使用效率？

2. 企业经营活动中有哪些常见的侵害物权的行为？哪些保护物权的方法最为常用且比较有效？

3. 合同和侵权损害赔偿是企业取得债权债务的主要原因，归纳总结这两类债权债务纠纷解决过程中的难点是什么。有什么经验教训？

4. 分析连带责任的几种情况。哪些与企业密切相关？如何控制企业的连带责任？

5. 企业经营活动中有哪些常见的侵害人身权的行为？哪些保护人身权的方法最为常用并且比较有效？

6. 简要分析哪些特殊侵权行为的规定对企业有特别重要的意义。

参考阅读书目及法律、法规

1. 梁慧星、陈华彬：《物权法》（第三版），北京，法律出版社，2005。

2.《中华人民共和国物权法》（2007）（2007 年 3 月全国人民代表大会通过，自 2007 年 10 月 1 日起施行）。

3.《中华人民共和国道路交通安全法》（2007）（2003 年 10 月全国人民代表大会常务委员会通过，自 2004 年 5 月 1 日起施行。2007 年 12 月全国人民代表大会常务委员会修订）。

4.《中华人民共和国侵权责任法》（2009）（2009 年 12 月全国人民代表大会常务委员会通过，自 2010 年 7 月 1 日起施行）。

第 6 章

知识产权法律制度

本章重点

- 知识产权的性质与法律特征
- 专利权的保护范围及授予专利权的条件
- 专利权的取得程序
- 专利权的行使及强制实施许可
- 专利权的归属与专利权的行使
- 商标注册原则及商标权的取得程序
- 商标权的行使
- 著作权的形式和主要内容
- 著作权中的人身权、财产权行使和保护的区别

第1节　知识产权概述

一、知识产权的概念和性质

知识产权（intellectual property），也称智力成果权、无形财产权，指公民或法人对其创造性的智力成果和商业标记依法享有的专有的、独占性的支配权利，主要包括专利权、商标权、著作权（版权）。其中，专利权、商标权合称工业产权。计算机软件虽然也具有某些技术特征，但其内容由数字、文字和符号体现，属于文字作品，由著作权法保护。知识产权的性质与所有权相似，是对无形财产的支配权。

知识产权与所有权都是对财产的支配权，但是，智力成果和商业标记是通过人们的脑力活动创造，并以一定形式表现出来的非物质性产品，是无形财产。尽管智力成果和商业标记要通过特定的物质载体表现出来（如发明体现在产品或制造方法中，商标以文字或图形标识体现，作品以书籍或文稿等形式表现等），但其本身不占有一定的空间，无法被权

利主体客观上占有。因此，所有权与知识产权有以下区别：

（1）所有权是对有形财产（物）的直接控制，包括占有、使用、收益和处分，很多情况下，占有财产是行使所有权的前提。知识产权是对无形财产的控制，无形财产客观上不能占有，因此，权利人对知识产权的控制主要体现为对无形财产的排他性使用、收益与处分。

（2）所有权的取得和变动通常以占有为公示方法，即除法定和约定情况外，如果没有相反的证据，占有物的人推定为所有人。无形财产不能为权利人所占有，知识产权的取得和变动一般以公告为公示方法，如果没有相反的证据，或相反的证据不能成立，当事人依照法定程序获得知识产权并经国家相关行政部门公告后，被确认为合法的权利人。

（3）所有权中的使用权虽然也可以单独转让，但使用物以占有物为前提，因此，物的使用权不能同时转让给两个以上的主体。知识产权因无占有问题，所以，知识产权中的使用许可权可以同时转让给多个主体。

（4）所有权的核心是保护权利人对有形财产的占有、使用、收益和处分权。知识产权的核心是确认谁是权利人、保护权利人的专用权并排除他人未经许可使用其无形财产。

（5）对所有权的侵害，主要体现为有形财产的实际损失，容易被察觉且损失估价有客观基础。对知识产权的侵害，主要是假冒、剽窃和未经授权擅自使用或仿制，侵权行为本身不易察觉，实际损失也难以进行客观评估。因此，与有形财产保护相比，无形财产保护难度更大。

二、知识产权的法律特征

物权、债权、知识产权是现代社会三种最基本的财产权利。知识产权与物权都体现为对财产的支配权，不过，因财产的属性不同，导致知识产权具有如下法律特征。

1. 知识产权具有排他性

知识产权的排他性表现为权利人对其智力成果和商业标记的独占性和垄断性，非经权利人许可或法律强制，任何人不得擅自使用他人的知识产权，而且，同一项智力成果或商业标记，不允许同时存在两个以上相同的知识产权。由于智力成果和商业标记是容易复制的文字、符号或图像，知识产权的独占性实质是法律授予权利人复制其智力成果和商业标记的垄断权。知识产权的排他性与所有权的排他性含义有所不同。前者指同样内容和表现形式的智力成果和商业标记只能授予一次知识产权。后者指一项财产只能有一个所有权，如果是各自独立的物，虽然性质或内容相同（如批量生产的商品、外部构造和内部装修完全相同的住宅等），但各自的所有权不受重复性影响，都受到法律同样的保护。

2. 知识产权具有地域性

由于各国经济技术发展水平不同，对知识产权的保护范围和保护手段也有很大区别，各国之间目前还难以做到相互承认并保护彼此的知识产权，因此，知识产权具有地域性。原则上，在特定国家获得的知识产权，仅在该国范围内受到法律保护。如果希望在外国也受到保护，权利人需要按照外国相关法律规定再度申请知识产权。所有权没有地域性，合法的所有权在世界范围内受到同样的保护。例如，小汽车的所有人开车到世界各国旅游，他对汽车的所有权在任何国家都受到法律保护。

3. 知识产权具有时间性

知识产权具有垄断性，垄断会导致智力成果供给减少和价格提高，损害社会利益。但是，如果不允许权利人垄断其智力成果，他人就可以随意复制使用而不缴纳任何费用，最终导致智力成果的创造者投入的金钱、时间和精力等得不到回报，激励不足也同样会导致智力成果供给减少和价格提高的后果。为了兼顾智力成果创造者私人利益和社会利益，协调知识产权垄断性和促进社会使用的利益冲突，法律规定了知识产权的保护期，知识产权仅在法定期限内受到法律保护。保护期届满，智力成果成为公共产品，任何人都可以无偿使用。所有权的保护期限无法律限制，只要所有人不处分其财产，而且财产没有被毁损，所有权永远都受保护。

三、知识产权法律制度的功能

知识是信息，也是人类最重要的无形资源。知识推动技术不断进步，使经济发展有了充足的动力。同时，知识作为一种稀缺资源，其价值逐渐为社会所承认，财产属性增强，受法律保护的范围也日益广泛。知识的财产属性是技术能创造财富，作品能满足人们的精神需求，商标能减少消费者市场搜寻成本。不过，由于知识产权的界定与保护成本远高于有形财产，所以，无论是在西方国家还是在我国，知识产权界定与保护还有许多难题没有解决。

从理论上说，确定了权利主体的资源（有形财产与无形财产）才会得到有效利用。哪些资源可以确定权利主体成为法律保护的对象，取决于主体对资源的可控制程度，如果控制成本低，则法律保护权利的收益大，界定和保护权利就有实际意义；反之，如果控制成本过高，法律界定和保护权利就有很多困难。有形财产通过占有就可以直接控制，财产所有权界定与保护的成本较低，因此，所有权法律制度至今已相当完善。智力成果和商业标记的创造者无法通过占有方式控制其成果，而且，智力成果和商业标记的易模仿和易复制特性使如何界定智力成果和商业标记的真正权利人，如何发现侵权人并给予适当的惩罚在技术上存在许多困难。法律所确认的权利必须加以保护，否则，法律就失去了权威性和规范社会行为的功能。而知识产权界定与保护方面的技术性困难确实是导致知识产权法律制度不完善的主要原因。可喜的是，技术进步提高了人们对无形财产的可控制程度，降低了知识产权界定与保护成本，推动了知识产权的保护范围不断扩大，今后将有更多的智力成果和商业标记被知识产权法律制度保护。

知识产权界定与保护方面的困难还源于个人利益和社会利益的冲突。人们创造智力成果要投入大量的物力和精力，投入的高回报率能够鼓励人们主动创造智力成果，智力成果有偿使用是保证创造者有合理收益的前提。然而，智力成果是人们独创性的无形财产，彼此之间缺乏可比性，只有使用后才能判断其价值并决定付费水平，可一旦使用后，就可以不支付或少支付费用。同时，智力成果的复制费用低廉，盗用和剽窃普遍，这些都会导致发明创造者得不到必要的补偿，只好通过自行保密维持智力成果的垄断性。保密虽然可以保护发明者的利益，却阻碍了智力成果，特别是技术发明的传播与进步，对社会经济发展不利。因此，必须通过法律制度协调智力成果的独占性与智力成果推广使用之间的矛盾冲突。

知识产权法律制度的主要功能是，界定知识产权所保护的范围，明确知识产权取得的条件、程序与方法，维护知识产权人的垄断地位或独占地位，协调智力成果和商业标记创造的激励与智力成果扩散之间的利益冲突。

我国知识产权法律制度主要由《中华人民共和国专利法》、《中华人民共和国商标法》、《中华人民共和国著作权法》规定。

第2节 专利权的取得、行使与保护

一、专利权的取得

（一）专利技术与非专利技术（技术秘密）

历史上，人们普遍以保密方式对发明创造进行自我保护，这在客观上阻碍了发明创造的应用和发展。现代社会，人们通过专利制度，一方面确认和保护专利权人对其发明创造的独占权，维护发明人的合法权益，鼓励人们从事创造性活动；另一方面，以法律的公开保护与专利内容公开作为交换，鼓励发明创造在更广的范围内应用，推动科学技术迅速发展。专利的本质是技术发明创造。发明人对其技术成果拥有发明权。发明权包括人身权与财产权。人身权（荣誉权、署名权等）不可转让。财产权包括专利权与非专利技术权利，财产权可以依法转让。专利权只有在依照法律程序向国务院专利行政部门申请并被批准后才能取得。

非专利技术，也称专有技术、技术秘密，指技术拥有人所掌握的未向社会公开的技术知识、工艺流程、操作方法或管理经验等。技术秘密通常能够使企业在竞争中处于优势地位，有些技术秘密已经具备申请专利的条件，但其发明者或拥有者不愿将其内容公开，宁愿通过自我保密的方式自己垄断性使用或授权许可他人使用。所以，非专利技术与专利技术不同，专利技术内容是向社会公开的，专利权通过法律程序获得并在法定保护范围与保护期限内受到专利法保护。非专利技术内容是不公开的，当事人主要通过合同法和反不正当竞争法自我保护非专利技术的内容，而且，保护的范围与期限并非法定，而是由当事人自行约定。

（二）可以授予专利权的发明创造

专利，指依法可以被授予专利权的发明创造，包括：发明、实用新型、外观设计。符合专利要求的发明创造应当具有技术性和利用自然规律的特征。

1. 发明

发明，指对产品、方法或其改进所提出的新的技术方案。可以授予专利权的发明包括两类：一是产品发明，指用于制造产品的技术方案，包括制造品发明、材料发明等；二是方法发明，指用于获得某种物质、物品或实现某种效果的程序或手段的技术方案。

2. 实用新型

实用新型，指对产品的形状、构造或其结合所提出的适于实用的新的技术方案。与发明相比，实用新型的主要特点是：第一，实用新型仅限于有形状的产品；第二，实用新型的创造性要求较低；第三，实用新型无须进行实质性审查；第四，实用新型保护期限较短。

3. 外观设计

外观设计，指对产品的形状、图案或其结合以及色彩与形状、图案的结合所作出的富有美感并适于工业应用的新设计。外观设计与实用新型的特点基本相同，而且都只适用于有形产品，但前者仅涉及产品的外表，后者可以涉及产品的内部结构。

（三）不能授予专利权的发明创造、产品或方法

（1）对违反法律、社会公德或者妨害公共利益的发明创造，不授予专利权。但是，不包括仅其实施为法律所禁止的发明创造。

（2）对违反法律、行政法规的规定获取或者利用遗传资源，并依赖该遗传资源完成的发明创造，不授予专利权。遗传资源，是指取自人体、动物、植物或者微生物等含有遗传功能单位并具有实际或者潜在价值的材料。依赖遗传资源完成的发明创造，是指利用了遗传资源的遗传功能完成的发明创造。就依赖遗传资源完成的发明创造申请专利的，申请人应当在请求书中予以说明，并填写国务院专利行政部门制定的表格。

（3）科学发现。因不是对自然规律的利用，而是揭示自然规律本身，不具有技术性。

（4）智力活动的规则和方法。如竞赛规则、统计方法、科研方法、计算方法、学习方法等。由于没有采取技术手段，也未解决技术问题并产生技术效果，不具备技术方案的性质。

（5）疾病的诊断与治疗方法。如检查方法、手术方法、针灸疗法、诊脉方法等。为维护广大患者的利益，不宜垄断。此外，这些方法直接以有生命的人体为实施对象，无法在产业上推广使用。

（6）动物和植物品种。由于动物和植物是生命体，其繁殖难以保持可重复性，因此，对动物和植物品种不授予专利权。但动物和植物品种的生产方法可以授予专利权。

（7）用原子核变换方法获得的物质。因可能用于军事用途，不宜在专利申请过程中公开。此外，这类物质在国防、科研和社会生活中有重大作用，不宜为单位或私人垄断。

（8）对平面印刷品的图案、色彩或者二者的结合作出的主要起标识作用的设计。这类设计与著作权和商标权的保护范围有重叠。

（四）专利申请权、专利权的归属和转让

专利申请权，指自然人、法人或其他组织享有就某项发明创造向国家专利行政部门提出专利申请的权利。专利申请权通常属于发明人、设计人本人，但也有可能属于发明创造的受让人或发明人的继承人。此外，专利申请能否被批准由专利审查机关决定。因此，享有专利申请权的人不一定能够成为专利权人。但是，发明人、设计人将其发明创造的专利申请权或专利权转让他人后，其发明人、设计人的人身权（身份权）依然存在。

专利权，指自然人、法人或其他社会组织对授予专利权的发明创造在一定期限内依法享有的专用权，包括发明专利权、实用新型专利权、外观设计专利权。专利权包括人身权利和财产权利。专利权的法律效力主要体现在两个方面：一是专利权人享有独家使用其发明成果以及在专利产品上署名的权利，他人未经许可不得使用；二是他人侵害专利权人的权利时，应当承担侵权责任。

发明创造是智力劳动成果，不受自然人行为能力状况的限制。因此，无论发明创造人是否具备完全民事行为能力，都应当被认定为发明人或者设计人。

1. 职务发明创造的专利申请权、专利权

职务发明创造，指执行本单位任务或者主要是利用本单位的物质条件所完成的发明创造。职务发明创造包括：

（1）在本职工作中作出的发明创造。

（2）履行本单位交付的本职工作之外的任务所作出的发明创造。

（3）退休、调离原单位后或者劳动、人事关系终止后1年内作出的，与其在原单位承担的本职工作或原单位分配的任务有关的发明创造。

（4）主要是利用本单位（包括临时工作单位）的物质条件（资金、设备、零部件、原材料或不对外公开的技术资料等）完成的发明创造。

职务发明创造申请专利的权利属于该单位，申请被批准后，该单位为专利权人。但是，利用本单位的物质技术条件所完成的发明创造，单位与发明人或者设计人订有合同，对申请专利的权利和专利权的归属作出约定的，从其约定。发明人或者设计人，是指对发明创造的实质性特点作出创造性贡献的人。在完成发明创造过程中，只负责组织工作的人、为物质技术条件的利用提供方便的人或者从事其他辅助工作的人，不是发明人或者设计人。

被授予专利权的单位应当对职务发明创造的发明人或者设计人给予奖励。发明创造专利实施后，根据其推广应用的范围和取得的经济效益，被授予专利权的单位应当对发明人或者设计人给予合理的报酬。

2. 非职务发明创造的专利申请权、专利权

非职务发明创造，指不是执行本单位的任务或不是主要利用本单位的物质条件所完成的发明创造。

非职务发明创造的专利申请权属于发明人或设计人本人；专利申请被批准后，该发明人或设计人为专利权人。

任何单位或者个人不得压制非职务发明创造的专利申请。

3. 共同发明人的专利申请权、专利权

两个以上单位或者个人合作完成的发明创造、一个单位或者个人接受其他单位或者个人委托所完成的发明创造，除另有协议的以外，专利申请权属于完成或者共同完成的单位或者个人；申请被批准后，申请的单位或者个人为专利权人。

4. 外国人的专利申请权、专利权

根据国民待遇原则，外国人（自然人、法人和其他组织）在中国有经常居所或营业所的，其申请专利的权利与中国公民和法人的地位相同。外国人在中国没有经常居所或营业所的，依照其所属国同中国签订的协议或共同参加的国际条约，或按照互惠原则，在中国申请专利。外国人在中国申请专利和办理其他专利事务的，应当委托依法设立的专利代理机构办理。

5. 涉外专利申请权、专利权

任何单位或者个人将在中国完成（指技术方案的实质性内容在中国境内完成）的发明或者实用新型向外国申请专利的，应当事先报经国务院专利行政部门进行保密审查。保密审查的程序、期限等按照国务院的规定执行。

中国单位或者个人根据中国参加的有关国际条约提出专利国际申请的，应当遵守保密审查的规定。违反保密审查规定向外国申请专利的发明或者实用新型，在中国申请专利的，不授予专利权。

6. 专利申请权、专利权转让

专利申请权、专利权可以依法转让。

转让专利申请权或者专利权的，当事人应当订立书面合同，并向国务院专利行政部门登记，由国务院专利行政部门予以公告。专利申请权或者专利权的转让自登记之日起生效。

中国单位或者个人向外国人转让专利申请权或者专利权的，应当依照有关法律、行政法规的规定办理手续。

（五）授予专利权的原则

1. 先申请原则

由于专利权具有排他性，对于相同内容的发明创造，专利权只能授予一次。因此，同样的发明创造由两个以上的人各自独立完成并分别提出专利申请时，必须确定授予专利权的原则。目前，国际上授予专利权有两种基本原则：一是先发明原则，即专利权授予最先发明的人。在一些西方国家，如美国，适用先发明原则。从理论上讲，先发明原则比较公平与合理，但确认谁是第一个发明人需要许多原始证据，界定权利人的成本很高。二是先申请原则。我国采取先申请原则，两个以上的申请人分别就同样的发明创造申请专利的，专利权授予最先申请的人。申请日以国务院专利行政部门收到专利申请文件的日期为准，申请文件以邮寄方式送达的，以寄出的邮戳日为申请日。先申请原则的最大优点是简单易行，界定权利人的成本很低，可以提高专利授权的效率。此外，同样的发明创造只能授予一项专利权。但是，同一申请人同日对同样的发明创造既申请实用新型专利又申请发明专利，先获得的实用新型专利权尚未终止，且申请人声明放弃该实用新型专利权的，可以授予发明专利权。

国家授予专利权遵循优先原则，谁先申请，谁获得专利独占权。这种做法似乎有悖于公平与效率目标，因为先申请的人有机会获得法律承认和保护的专利权，并获得收益，后申请的人虽然同样付出了努力，却得不到法律承认和收益补偿。然而，深入思考，这正是科学技术市场化过程中存在的风险，与企业生产经营过程中的市场风险并无本质区别。企业在申请专利的过程中应当注意防范这种风险。

2. 优先权原则

优先权，指《巴黎公约》规定对成员国的专利申请所给予的优先权。优先权的基本内容是，专利申请人首次向某一成员国提出专利申请后的一定期限内，以相同主题向其他成员国再次提出专利申请时，以首次的申请日作为申请日。在优先权的期限内，任何人不得以首次申请已将发明创造内容公开为由，否认该发明的新颖性，也不得以其他人已提出了相同主题的专利申请为由对抗有优先权的申请人。专利权作为知识产权具有地域性，许多国家授予专利权实行先申请原则，优先权原则主要解决在不同国家申请专利时专利申请日和新颖性的确定标准问题。

行使优先权的条件是：第一，申请人必须在成员国之一完成了首次合格的专利申请；第二，以后的申请与首次申请的内容完全相同；第三，行使优先权不得超过法定的期限。

我国专利法规定了外国优先权和本国优先权。

（1）外国优先权（国际优先权）。申请人自发明或者实用新型在外国第一次提出专利申请之日起 12 个月内，或者自外观设计在外国第一次提出专利申请之日起 6 个月内，又在中国就相同主题提出专利申请的，依照该外国同中国签订的协议或者共同参加的国际条约，或者依照相互承认优先权的原则，可以享有优先权（发明、实用新型、外观设计均可行使优先权）。

（2）本国优先权（国内优先权）。申请人自发明或者实用新型在中国第一次提出专利申请之日起 12 个月内，又向国务院专利行政部门就相同主题提出专利申请的，可以享有优先权（仅发明和实用新型可以行使优先权）。与外国优先权有所不同，设立本国优先权制度的目的是，使专利申请人有机会完善其在先申请，实现发明与实用新型专利申请的相互转换，以及实现合案申请，等等，为在中国提出第一次专利申请的人提供了许多便利条件。

申请人要求优先权的，应当在申请的时候提出书面声明，并且在 3 个月内提交第一次提出的专利申请文件的副本；未提出书面声明或者逾期未提交专利申请文件副本的，视为未要求优先权。

（六）授予专利权的条件

发明专利和实用新型专利必须同时具备新颖性、创造性、实用性三个条件。外观设计专利只需具备新颖性一个条件。

1. 新颖性

（1）发明和实用新型的新颖性认定标准。

新颖性，指发明和实用新型应具备前所未有、未被公知公用的属性。

具体而言，新颖性是指该发明或者实用新型不属于现有技术（指申请日以前在国内外为公众所知的技术）；也没有任何单位或者个人就同样的发明或者实用新型在申请日以前向国务院专利行政部门提出过申请，并记载在申请日以后公布的专利申请文件或者公告的专利文件中。

认定新颖性的具体标准是：一是公开时间，以申请日为准（在此之前该发明或实用新型未公开）；二是公开形式，包括公开出版、公开专利申请文件、公开使用和其他方式为公众所知；三是公开的地域范围，涵盖国内外整个世界范围。

（2）外观设计新颖性认定标准。

授予专利权的外观设计，应当不属于现有设计（指申请日以前在国内外为公众所知的设计）；也没有任何单位或者个人就同样的外观设计在申请日以前向国务院专利行政部门提出过申请，并记载在申请日以后公告的专利文件中。

此外，授予专利权的外观设计与现有设计或者现有设计特征的组合相比，应当具有明显区别，而且不得与他人在申请日以前已经取得的合法权利相冲突。

（3）发明创造被公开却不丧失新颖性的情形。

发明创造虽然在申请日前 6 个月内公开，但不丧失新颖性的例外情况是：

1）在中国政府主办或者承认的国际展览会（指《国际展览会公约》规定的在国际展览局注册或者由其认可的国际展览会）上首次展出的。

2）在规定的学术会议或技术会议（指国务院有关主管部门或者全国性学术团体组织召开的学术会议或者技术会议）上首次发表的。

3）他人未经申请人同意而泄露发明创造内容的。

上述情况下，申请人在 6 个月内（自展出之日、发表之日、发明创造泄露之日起计算）提出专利申请的，该发明创造不丧失新颖性。

2. 创造性

创造性，指与现有技术相比，该发明具有突出的实质性特点和显著的进步，该实用新型具有实质性特点和进步。

创造性是审批专利申请过程中最难掌握的条件，与各国技术发展水平状况和专利审查人员自身的技术水平密切相关，相对而言，主观因素影响较大。

3. 实用性

实用性，指该发明或者实用新型能够制造或者使用，并且能够产生积极效果。实用性的含义是发明或者实用新型可以进行工业化制造或使用（而不是仅停留在实验室研究阶段），可以产生经济效益和社会效益，至于发明创造的商业价值或市场前景，与实用性无关。不过，专利申请人自己会从市场角度考虑某项发明创造是否有必要申请专利。

（七）专利申请的审查程序（专利权的取得程序）

取得专利权，要经过申请；形式审查、公布；实质审查；授权、登记、公告四步程序。

1. 申请

专利申请遵循两个基本原则：一是先申请原则；二是优先权原则。

专利申请可以由专利申请权人自己提出申请或由委托代理人提出申请。专利申请采取书面形式。

申请发明或者实用新型专利的，应当提交请求书、说明书及其摘要和权利要求书等文件。依赖遗传资源完成的发明创造，申请人应当在专利申请文件中说明该遗传资源的直接来源和原始来源；申请人无法说明原始来源的，应当陈述理由。申请外观设计专利的，应当提交请求书、该外观设计的图片或者照片以及对该外观设计的简要说明等文件。

申请人可以对其专利申请文件进行修改，但是，对发明和实用新型专利申请文件的修改不得超出原说明书和权利要求书记载的范围，对外观设计专利申请文件的修改不得超出原图片或者照片表示的范围。

申请人可以在被授予专利权之前随时撤回其专利申请。

2. 形式审查、公布

国务院专利行政部门收到发明专利申请后，经初步审查（形式审查）认为符合《专利法》要求的，自申请日起满18个月，即行公布。国务院专利行政部门也可以根据申请人的请求，早日公布其申请。专利申请公布，意味着专利申请内容向社会公开。

形式审查，重点审查专利申请内容是否属于不能授予专利权的发明创造或产品、方法，是否属于保密审查的范围，以及专利申请文件是否齐备、形式与内容是否规范等。

发明专利申请公布后，申请人可以要求实施其发明的单位或者个人支付适当的费用。

在专利申请公布或者公告前，国务院专利行政部门的工作人员及有关人员对其内容负有保密责任。

专利代理机构对被代理人发明创造的内容，除专利申请已经公布或者公告的以外，负有保密责任。

3. 实质审查

自发明专利申请之日起3年内，国务院专利行政部门可根据申请人随时提出的请求，对其申请进行实质审查；申请人无正当理由逾期不请求实质审查的，该申请即被视为撤回。国务院专利行政部门认为必要时，可以自行对发明专利申请进行实质审查。

发明专利的申请人请求实质审查的时候，应当提交在申请日前与其发明有关的参考资料。发明专利已经在外国提出过申请的，国务院专利行政部门可以要求申请人在指定期限内提交该国为审查其申请进行检索的资料或者审查结果的资料；无正当理由逾期不提交的，该申请即被视为撤回。

实质审查，重点审查发明是否具备专利所要求的新颖性、创造性和实用性。

国务院专利行政部门对发明专利申请进行实质审查后，认为不符合《专利法》规定的，应当通知申请人，要求其在指定的期限内陈述意见，或者对其申请进行修改；无正当理由逾期不答复的，该申请即被视为撤回。发明专利申请经申请人陈述意见或修改后，国务院专利行政部门认为仍然不符合《专利法》规定的，应当予以驳回。

实用新型和外观设计专利申请无须进行实质审查。

4. 授权、登记、公告

（1）发明专利的授权。

发明专利申请经实质审查没有发现驳回理由的，由国务院专利行政部门作出授予发明专利权的决定，发给发明专利证书，同时予以登记和公告。发明专利权自公告之日起生效。

自发明专利申请公布之日起至公告授予专利权之日止，任何人均可以对不符合《专利法》规定的专利申请向国务院专利行政部门提出意见，并说明理由。

（2）实用新型和外观设计的授权。

实用新型和外观设计专利申请经初步审查没有发现驳回理由的，无须实质审查，由国务院专利行政部门作出授予实用新型专利权或者外观设计专利权的决定，发给相应的专利证书，同时予以登记和公告。实用新型专利权和外观设计专利权自公告之日起生效。

（3）专利复审及专利诉讼。

专利申请人对国务院专利行政部门驳回申请的决定不服的，可以自收到通知之日起3个月内，向国务院专利行政部门内部设立的专利复审委员会请求复审。专利复审委员会复审后，作出决定，并通知专利申请人。

专利申请人对专利复审委员会的复审决定不服的，可以自收到通知之日起3个月内向人民法院起诉。

5. 异议程序与专利权被宣告无效

自国务院专利行政部门公告授予专利权之日起，任何单位或者个人认为该专利权的授予不符合《专利法》有关规定的，可以请求专利复审委员会宣告该专利权无效。

专利复审委员会对宣告专利权无效的请求应当及时审查和作出决定，并通知请求人和专利权人。宣告专利权无效的决定，由国务院专利行政部门登记和公告。宣告无效的专利权视为自始即不存在。

宣告专利权无效的决定，对在宣告专利权无效前人民法院作出并已执行的专利侵权的判决、裁定，已经履行或者强制执行的专利侵权纠纷处理决定，以及已经履行的专利实施许可合同和专利权转让合同，不具有追溯力。但是因专利权人的恶意给他人造成的损失，应当给予赔偿。依照上述规定不返还专利侵权赔偿金、专利使用费、专利权转让费，明显违反公平原则的，应当全部或者部分返还。

当事人对专利复审委员会宣告专利权无效或者维持专利权的决定不服的，可以自收到通知之日起3个月内向人民法院起诉。人民法院应当通知无效宣告请求程序的对方当事人作为第三人参加诉讼。

二、专利权的行使（专利权的内容）

（一）专利独占性使用

专利权的核心是独占支配权，包括专利权人的独占使用权和禁用权。独占使用权指专利权人对其专利产品、专利方法享有独家制造、使用和销售的权利。禁用权指除法律另有规定外，任何单位或个人未经专利权人许可，都不得实施其专利。针对发明和实用新型专利权，禁用权是指：第一，不得为生产经营目的制造、使用、许诺销售、销售、进口其专利产品。许诺销售，是指专利权人有权禁止他人进行一些销售前的推销或促销行为，以便将侵权行为消除在萌芽状态。第二，不得使用其专利方法。第三，不得使用、许诺销售、销售、进口依照该专利方法直接获得的产品。针对外观设计专利权，禁用权是指：不得为生产经营目的制造、许诺销售、销售、进口其外观设计专利产品。

（二）专利权转让

专利权人有权通过买卖、赠与、出资等方式转让其专利权。转让专利权的，当事人应当订立书面合同，并向国务院专利行政部门登记，由国务院专利行政部门予以公告。专利权的转让自登记之日起生效。

中国单位或者个人向外国人转让专利权的，应当依照有关法律、行政法规的规定办理手续。

（三）专利实施许可

实施专利，可以是专利权人自己独占性制造、使用或销售专利产品，使用专利方法，也可以是授权他人实施专利，其实质是转让专利使用权。

专利权人可以授权他人实施其专利。任何单位或者个人实施他人专利的，应当与专利权人订立实施许可合同，向专利权人支付专利使用费。被许可人无权允许合同规定以外的任何单位或者个人实施该专利。

专利权人与他人订立的专利实施许可合同，应当自合同生效之日起 3 个月内向国务院专利行政部门备案。以专利权出质的，由出质人和质权人共同向国务院专利行政部门办理出质登记。

专利权的共有人对权利的行使有约定的，从其约定。没有约定的，共有人可以单独实施或者以普通许可方式许可他人实施该专利；许可他人实施该专利的，收取的使用费应当在共有人之间分配。除上述规定的情形外，行使共有的专利权应当取得全体共有人的同意。

国有企业事业单位的发明专利，对国家利益或者公共利益具有重大意义的，国务院有关主管部门和省、自治区、直辖市人民政府报经国务院批准，可以决定在批准的范围内推广应用，允许指定的单位实施，由实施单位按照国家规定向专利权人支付使用费。

（四）专利标记权

发明人或者设计人有权在专利文件中写明自己是发明人或者设计人。

专利权人有权在其专利产品或者该产品的包装上标明专利标识。

（五）行使专利权的限制（专利实施“强制许可制度”）

1. 专利实施许可的必要性

一般情况下，他人要实施专利，必须经专利权人授权，否则就构成侵权。但是，专利权的独占性也会导致专利权人滥用权利的可能性，如垄断性申请专利，自己不在申请国实施专利，也不允许申请国其他人实施专利，使专利无法推广使用等。为防止专利权人滥用专利权，损害社会公共利益，特殊情况下，法律规定可以不经过专利权人同意，按照法定程序就可以强制实施某些专利，即专利实施“强制许可制度”。专利实施强制许可制度只适用于发明专利和实用新型专利。

2. 专利实施强制许可适用的情况

（1）专利权人自专利权被授予之日起满 3 年，且自提出专利申请之日起满 4 年，无正当理由未实施或者未充分实施其专利的。未充分实施其专利，是指专利权人及其被许可人实施其专利的方式或者规模不能满足国内对专利产品或者专利方法的需求。

（2）专利权人行使专利权的行为被依法认定为垄断行为，为消除或者减少该行为对竞争产生的不利影响的。

（3）在国家出现紧急状态或者非常情况时，或者为了公共利益的目的，国务院专利行政部门可以给予实施发明专利或者实用新型专利的强制许可。

（4）为了公共健康目的，对取得专利权的药品，国务院专利行政部门可以给予制造并将其出口到符合中华人民共和国参加的有关国际条约规定的国家或者地区的强制许可。取得专利权的药品，是指解决公共健康问题所需的医药领域中的任何专利产品或者依照专利方法直接获得的产品，包括取得专利权的制造该产品所需的活性成分以及使用该产品所需的诊断用品。

（5）从属专利实施强制许可。一项取得专利权的发明或者实用新型比以前已经取得专利权的发明或者实用新型具有显著经济意义的重大技术进步，其实施又有赖于前一发明或者实用新型的实施的，国务院专利行政部门根据后一专利权人的申请，可以给予实施前一发明或者实用新型的强制许可。在依法给予前一发明或实用新型实施强制许可的情形下，国务院专利行政部门根据前一专利权人的申请，也可以给予实施后一发明或者实用新型的强制许可。

强制许可涉及的发明创造为半导体技术的，其实施限于公共利益目的和（2）规定的情形。除（2）、（4）情形外，强制许可的实施应当主要为了供应国内市场。

3. 专利实施强制许可的程序和后果

符合法定专利实施强制许可适用情况的，国务院专利行政部门根据具备实施条件的单位或者个人的申请，可以给予实施发明专利或者实用新型专利的强制许可。请求给予强制许可的，应当向国务院专利行政部门提交强制许可请求书，说明理由并附具有关证明文件。

依据上述（1）、（5）规定，申请强制许可的单位或者个人应当提供证据，证明其以合理的条件请求专利权人许可其实施专利，但未能在合理的时间内获得许可。

国务院专利行政部门应当根据强制许可的理由，规定实施的范围和时间。强制许可的理由消除并不再发生时，国务院专利行政部门应当根据专利权人的请求，经审查后作出终止实施强制许可的决定。

国务院专利行政部门作出实施强制许可的决定后，应当及时通知专利权人，并予以登记和公告。

取得实施强制许可的单位或者个人不享有独占的实施权，并且无权允许他人实施。

取得实施强制许可的单位或者个人应当付给专利权人合理的使用费，或者依照中华人民共和国参加的有关国际条约的规定处理使用费问题。付给使用费的，其数额由双方协商；双方不能达成协议的，由国务院专利行政部门裁决。

专利权人对国务院专利行政部门关于实施强制许可决定不服的，专利权人和取得实施强制许可的单位或者个人对国务院专利行政部门关于实施强制许可使用费的裁决不服的，可以自收到通知之日起 3 个月内向人民法院起诉。

三、专利权的保护

（一）专利权的期限

1. 专利权的期限

专利权的期限，指专利权受法律保护的期限。我国发明专利权的保护期限为 20 年，实用新型和外观设计专利权的保护期限各为 10 年，均自申请日起计算。在专利权的期限内，专利权才有法律效力，受法律保护。

专利权人应当自授予专利权的当年开始缴纳专利年费，以维持专利权的法律效力。

2. 专利权的终止

专利权的终止，有两种情况：一是专利权在有效期限届满后自然终止；二是在有效期限届满前因专利权人的主观原因而终止，包括：专利权人未按照规定缴纳专利年费，专利权人以书面声明放弃其专利权。

专利权在期限届满前终止的，由国务院专利行政部门登记和公告。专利权无论何种原因终止后，原专利产品和专利方法将成为社会公共财富，任何人都可以无偿使用。

（二）专利权的保护范围

发明或实用新型专利权的保护范围以其权利要求的内容为准，说明书及附图可以用于解释权利要求。外观设计专利权的保护范围以表示在图片或者照片中的该产品的外观设计为准，简要说明可以用于解释图片或者照片所表示的该产品的外观设计。

（三）发明专利临时保护期

我国发明专利授权需要进行形式审查（初步审查）和实质审查。发明专利申请经形式审查合格后先被依法公开，通过实质审查后才能被授权公告，客观上存在从发明专利申请公开到授权公告这一期间的保护真空期。如果不对该真空期的发明专利申请进行必要的保护，意味着任何人在此期间可以免费实施该发明专利申请所公开的技术方案，其结果必然损害发明人的利益。为此，我国《专利法》规定了发明专利临时保护的规定，即发明专利申请公布后，申请人可以要求实施其发明的单位或者个人支付适当的费用。不过，在发明专利申请公开到授权公告的临时保护期内，该发明能否获得专利权处于不确定状态，发明专利申请人只是“可以”而不是“有权”要求实施其发明的单位或者个人支付适当的费用，因此，支付使用费并非实施者的义务，只能依赖其自觉履行。但是，一旦申请人获得发明专利权，专利权保护期限从申请日起算，则专利临时保护期转变为专利权有效期。专利权人有权将临时保护期的费用请求权转变为强制性支付的权利。所以，在临时保护期内，如果发明的实施人拒绝支付使用费，申请人可以保留实施的相关证据，待申请被授予专利权后，再向实施人要求支付这些费用。

（四）法定不视为侵犯专利权的行为

（1）专利产品或者依照专利方法直接获得的产品，由专利权人或者经其许可的单位、个人售出后，使用、许诺销售、销售、进口该产品的；

（2）在专利申请日前已经制造相同产品、使用相同方法或者已经做好制造、使用的必要准备，并且仅在原有范围内继续制造、使用的；

（3）临时通过中国领陆、领水、领空的外国运输工具，依照其所属国同中国签订的协议或者共同参加的国际条约，或者依照互惠原则，为运输工具自身需要而在其装置和设备中使用有关专利的；

（4）专为科学研究和实验而使用有关专利的；

（5）为提供行政审批所需要的信息，制造、使用、进口专利药品或者专利医疗器械的，以及专门为其制造、进口专利药品或者专利医疗器械的。

为生产经营目的使用、许诺销售或者销售不知道是未经专利权人许可而制造并售出的专利侵权产品，能证明该产品合法来源的，不承担赔偿责任。

（五）专利权的行政保护和司法保护

未经专利权人许可实施其专利，构成侵犯专利权的行为，引起纠纷的，由当事人协商解决；不愿协商或者协商不成的，专利权人或者利害关系人可以向人民法院起诉（司法保护），也可以请求管理专利工作的部门处理（行政保护）。

1. 行政保护

管理专利工作的部门认定侵权行为成立的，可以责令侵权人立即停止侵权行为，当事人不服的，可以自收到处理通知之日起 15 日内依法向人民法院提起行政诉讼；侵权人期满不起诉又不停止侵权行为的，管理专利工作的部门可以申请人民法院强制执行。管理专利工作的部门应当事人的请求，可以就侵犯专利权的赔偿数额进行调解；调解不成的，当事人可以依法向人民法院提起民事诉讼。

管理专利工作的部门根据已经取得的证据，对涉嫌假冒专利行为进行查处时，可以询问有关当事人，调查与涉嫌违法行为有关的情况；对当事人涉嫌违法行为的场所实施现场检查；查阅、复制与涉嫌违法行为有关的合同、发票、账簿以及其他有关资料；检查与涉嫌违法行为有关的产品，对有证据证明是假冒专利的产品，可以查封或者扣押。管理专利工作的部门依法行使上述职权时，当事人应当予以协助、配合，不得拒绝、阻挠。

2. 司法保护

专利权人或者利害关系人有证据证明他人正在实施或者即将实施侵犯其专利权的行为，如不及时制止将会使其合法权益受到难以弥补的损害的，可以在起诉前向人民法院申请采取责令停止有关行为的措施。申请人提出申请时，应当提供担保；不提供担保的，驳回申请。申请有错误的，申请人应当赔偿被申请人因停止有关行为所遭受的损失。

为了制止专利侵权行为，在证据可能灭失或者以后难以取得的情况下，专利权人或者利害关系人可以在起诉前向人民法院申请保全证据。人民法院采取保全措施，可以责令申请人提供担保；申请人不提供担保的，驳回申请。申请人自人民法院采取保全措施之日起 15 日内不起诉的，人民法院应当解除该措施。

（六）侵犯专利权的诉讼时效

侵犯专利权的诉讼时效为2年，自专利权人或者利害关系人得知或者应当得知侵权行为之日起计算。

在发明专利申请公布后至专利权授予前的专利临时保护期，使用该发明未支付适当使用费的，专利权人要求支付使用费的诉讼时效为2年，自专利权人得知或者应当得知他人使用其发明之日起计算，但是，专利权人于专利权授予之日前即已得知或者应当得知的，自专利权授予之日起计算。

案例6—1

职务发明还是非职务发明

甲为福康医院麻醉科主治医师。在给口腔病人做手术麻醉时，甲看到喉镜上没有麻醉配件，病人手术时非常痛苦，便思考能否将喉镜与麻醉系统连为一体，以减轻病人痛苦。2010年1月，甲完成了"多功能喉镜"设计构思，同年3月2日用草图向国家专利局申请"多功能喉镜"实用新型专利，并于2011年3月21日被授予专利权。2013年1月，甲准备将该专利转让给华光医疗器械公司，并达成了专利技术转让协议。福康医院得知后，派人去华光公司，说明该项专利为福康医院的职务发明，甲不是专利权人，华光公司遂终止与甲的技术转让协议。此后，福康医院领导开会并下文要求甲将专利证书上交，由医院开发利用该项专利技术，否则，对甲职称晋升、工资晋级不予申报。这种情况下，甲于2013年4月函告国家专利局，说明原由其申请的"多功能喉镜"属于职务发明，经与医院协商，同意将该专利转归福康医院所有，并填写了"权利转让登记请求书"。同年10月，甲又致函国家专利局，申明上次所为是迫于压力，并非真实意思表示，应当无效。2014年5月，福康医院从华光公司取走甲的专利证书。甲要求其返还，未果，遂向法院提起诉讼，要求医院返还其专利证书。

医院辩称，2010年2月，甲借用医院新喉镜、手柄、窥镜各一件作为构思发明草图的参考（后已归还）。4月，甲以"多功能喉镜"研制费名义向医院借款3 000元。2011年10月16日，甲又以"多功能喉镜"申请费名义向医院报销费用500元。甲使用了本单位的物质条件完成发明创造，属于职务发明，专利权应当归医院所有。

问：甲的发明是职务发明还是非职务发明？"多功能喉镜"专利权应当归谁所有？

案例点评

本案的核心是：甲完成发明创造是不是执行本单位的任务，是否主要利用了福康医院的物质条件，这是判断职务发明与非职务发明的关键。

1. 甲是麻醉医师，职责是为病人手术时实施麻醉，并没有为单位研制发明的责任和义务。而且，福康医院也从未向甲下达过研制"多功能喉镜"的任务。所以，甲的发明不属于执行本单位的任务。

2. 甲于2010年2月向本单位借用一些器械，是作为发明构思参考，而不是作为

"多功能喉镜"的零部件，并且这些器械已经归还医院，因此不属于利用单位物质条件。

3. 甲于 2010 年 4 月向单位借款 3 000 元，虽然名义上是"多功能喉镜"研制费，但是，第一，这是甲与医院的借贷关系，不是使用单位资金。第二，甲申请专利在前（3 月），借贷资金在后（4 月），这 3 000 元并非用于甲构思发明创造，与利用单位物质条件无关。

4. 甲于 2011 年 10 月以"多功能喉镜"申请费名义向医院报销费用 500 元，发生在专利申请和授予专利权之后，这些费用与发明创造本身没有直接关系。

综上所述，甲构思和研制的"多功能喉镜"，既不是执行本单位的任务，也不是主要利用本单位的物质条件完成，属于非职务发明。非职务发明的专利申请权和专利权属于发明人本人。甲迫于压力而转让专利权的行为无效，"多功能喉镜"的专利权应当归甲所有。

第 3 节　注册商标专用权的取得、行使与保护

一、注册商标专用权的取得

（一）商标、注册商标、注册商标专用权

1. 商标

商标，是用以区别不同生产者商品的一种专用标记。商标通常表现为一定的文字、图形或文字与图形的组合。商标应当有显著特征，便于识别。

商标的主要作用在于：识别不同生产经营者的商品，了解商品来源；体现商品质量，维护商品信誉；进行广告宣传，引导消费者选购商品。

2. 注册商标

注册商标，指经商标局核准注册的商标。使用注册商标，可以在商品、商品包装、说明书或者其他附着物上标明"注册商标"或者注册标记。注册标记包括㊟和®。使用注册标记，应当标注在商标的右上角或者右下角。

法律、行政法规规定必须使用注册商标的商品，必须申请商标注册，未经核准注册的，不得在市场上销售。注册商标包括以下类型：

（1）商品商标。指用于区分自然人、法人或者其他组织生产、制造、加工、拣选或者经销的商品的标志。

（2）服务商标。指用于区分自然人、法人或者其他组织所提供的服务项目的标志。

（3）集体商标。指以团体、协会或者其他组织名义注册，供该组织成员在商事活动中使用，以表明使用者在该组织中的成员资格的标志。

（4）证明商标。指由对某种商品或者服务具有监督能力的组织所控制，而由该组织以

外的单位或者个人用于其商品或者服务，以证明该商品或者服务的原产地、原料、制造方法、质量或者其他特定品质的标志。

3. 注册商标专用权

商标注册人享有注册商标专用权，受法律保护。

注册商标专用权，指自然人、法人或其他社会组织对其拥有的注册商标在一定期限内依法享有的专用权，包括商标使用权与禁用权。商标使用权指商标权人自己独占使用或处分其注册商标的权利。商标禁用权指商标权人禁止他人未经许可擅自使用其注册商标的权利。

自然人、法人或者其他组织在生产经营活动中，对其商品或者服务需要取得商标专用权的，应当向商标局申请商标注册。

两个以上的自然人、法人或者其他组织可以共同向商标局申请注册同一商标，共同享有和行使该商标专用权。

（二）禁止作为商标的标志

（1）同中华人民共和国的国家名称、国旗、国徽、军旗、勋章相同或者近似的，以及同中央国家机关所在地特定地点的名称或者标志性建筑物的名称、图形相同的；

（2）同外国的国家名称、国旗、国徽、军旗相同或者近似的，但经该国政府同意的除外；

（3）同政府间国际组织的名称、旗帜、徽记相同或者近似的，但经该组织同意或者不易误导公众的除外；

（4）与表明实施控制、予以保证的官方标志、检验印记相同或者近似的，但经授权的除外；

（5）同“红十字”、“红新月”的名称、标志相同或者近似的；

（6）带有民族歧视性的；

（7）带有欺骗性，容易使公众对商品的质量等特点或者产地产生误认的；

（8）有害于社会主义道德风尚或者有其他不良影响的。

县级以上行政区划的地名或者公众知晓的外国地名，不得作为商标。但是，地名具有其他含义或者作为集体商标、证明商标组成部分的除外；已经注册的使用地名的商标继续有效。

（三）商标注册原则

1. 诚实信用原则

申请注册和使用商标，应当遵循诚实信用原则。

未经授权，代理人或者代表人以自己的名义将被代理人或者被代表人的商标进行注册，被代理人或者被代表人提出异议的，不予注册并禁止使用。

就同一种商品或者类似商品申请注册的商标与他人在先使用的未注册商标相同或者近似，申请人与该他人具有上述代理或代表关系以外的合同、业务往来或者其他关系而明知该他人商标存在，该他人提出异议的，不予注册。

商标中有商品的地理标志，而该商品并非来源于该标志所标示的地区，误导公众的，不予注册并禁止使用，但是，已经善意取得注册的继续有效。地理标志，指标示某商品来源于某地区，该商品的特定质量、信誉或者其他特征主要由该地区的自然因素或者人文因素所决定的标志。

2. 商标标识显著性原则

任何能够将自然人、法人或者其他组织的商品与他人的商品区别开的标志，包括文字、图形、字母、数字、三维标志、颜色组合和声音等，以及上述要素的组合，均可以作为商标申请注册。申请注册的商标，应当有显著特征，便于识别，并不得与他人在先取得的合法权利相冲突。他人的在先权利主要指他人合法的其他民事权利，如姓名权、肖像权、著作权、外观设计专利权以及企业名称权等。

下列标志（缺乏显著性特征）不得作为商标注册：

（1）仅有本商品的通用名称、图形、型号的；

（2）仅直接表示商品的质量、主要原料、功能、用途、重量、数量及其他特点的；

（3）其他缺乏显著特征的。

但上述标志经过使用取得显著特征，并便于识别的，可以作为商标注册。

以三维标志申请注册商标的，仅由商品自身的性质产生的形状、为获得技术效果而需有的商品形状或者使商品具有实质性价值的形状，不得注册。

3. 自愿注册为主，强制注册例外原则

商标注册申请人必须依照法定程序与条件向商标主管机关提出注册申请，并经核准后，才能取得商标专用权。

我国商标注册实行自愿注册为主，强制注册例外的原则。强制注册，指法律规定必须使用注册商标的商品，如卷烟、人用药品等少数商品。强制注册的商品必须申请商标注册，否则，不得在市场销售。自愿注册，指除强制注册的商品外，商标使用者可自行决定其商标是否申请注册。商标无论是否注册都可以使用，但未注册商标不得使用商标禁用标志，且只有注册商标才有商标专用权，受法律保护。

4. 先申请原则

两个以上的商标注册申请人，在同一种商品或类似商品上，以相同或者近似的商标分别提出注册申请，如何确定商标权的归属？国际上有两种基本原则：先申请原则与先使用原则。我国实行先申请原则，即初步审定并公告申请在先的商标；同一天申请的，初步审定并公告使用在先的商标。

申请商标注册不得损害他人现有的在先权利，也不得以不正当手段抢先注册他人已经使用并有一定影响的商标。

5. 保护驰名商标原则

驰名商标，指在相关公众中具有广泛知名度和良好信誉的商标。

为相关公众所熟知的商标，持有人认为其权利受到侵害时，可以依法请求驰名商标保护。

驰名商标可以通过行政（工商局或商标评审委员会）认定或司法（人民法院）认定。认定驰名商标应当考虑下列因素：

（1）相关公众对该商标的知晓程度；

（2）该商标使用的持续时间；

（3）该商标的任何宣传工作的持续时间、程度和地理范围；

（4）该商标作为驰名商标受保护的记录；

（5）该商标驰名的其他因素。

就相同或者类似商品申请注册的商标是复制、摹仿或者翻译他人未在中国注册的驰名商标，容易导致混淆的，不予注册并禁止使用。

就不相同或者不相类似商品申请注册的商标是复制、摹仿或者翻译他人已经在中国注册的驰名商标，误导公众，导致该驰名商标注册人的利益可能受到损害的，不予注册并禁止使用。

（四）商标注册程序（商标专用权的取得程序）

1. 商标注册的申请

申请商标注册所申报的事项和所提供的材料应当真实、准确、完整。

申请商标注册应符合以下条件：

（1）按照规定的商品分类表填报使用商标的商品类别和商品名称，提出注册申请；

（2）一份申请可以就多个类别的商品申请注册同一商标；

（3）注册商标需要在核定使用范围之外的商品上取得商标专用权的，应当另行提出注册申请；

（4）注册商标需要改变其标志的，应当重新提出注册申请；

（5）注册商标需要变更注册人的名义、地址或者其他注册事项的，应当提出变更申请。

2. 商标注册优先权

商标权作为知识产权具有地域性，中国商标注册实行先申请原则。优先权原则，主要解决在不同国家申请商标注册时，申请日的确定标准问题。

商标注册申请人自其商标在外国第一次提出商标注册申请之日起 6 个月内，又在中国就相同商品以同一商标提出商标注册申请的，依照该外国同中国签订的协议或者共同参加的国际条约，或者按照相互承认优先权的原则，可以享有优先权。

申请人要求优先权的，应当在提出商标注册申请的时候提出书面声明，并且在 3 个月内提交第一次提出的商标注册申请文件的副本；未提出书面声明或者逾期未提交商标注册申请文件副本的，视为未要求优先权。

商标在中国政府主办的或者承认的国际展览会展出的商品上首次使用的，自该商品展出之日起 6 个月内，该商标的注册申请人可以享有优先权。申请人要求优先权的，应当在提出商标注册申请的时候提出书面声明，并且在 3 个月内提交展出其商品的展览会名称、在展出商品上使用该商标的证据、展出日期等证明文件；未提出书面声明或者逾期未提交证明文件的，视为未要求优先权。

3. 商标注册初步审定公告

对申请注册的商标，商标局应当自收到商标注册申请文件之日起 9 个月内审查完毕。

对于符合商标法规定的申请，予以初步审定公告。

在审查过程中，商标局认为商标注册申请内容需要说明或者修正的，可以要求申请人做出说明或者修正。申请人未做出说明或者修正的，不影响商标局做出的审查决定。

申请注册的商标，凡不符合《商标法》有关规定或者同他人在同一种商品或类似商品上已经注册的或者初步审定的商标相同或者近似的，由商标局驳回申请，不予公告。

两个或者两个以上的商标注册申请人，在同一种商品或者类似商品上，以相同或者近似的商标申请注册的，初步审定并公告申请在先的商标；同一天申请的，初步审定并公告使用在先的商标，驳回其他人的申请，不予公告。

对驳回申请、不予公告的商标，商标局应当书面通知商标注册申请人。商标注册申请人不服的，可以自收到通知之日起 15 日内向商标评审委员会申请复审，由商标评审委员会作出决定，并书面通知申请人。当事人对商标评审委员会的决定不服的，可以自收到通知之日起 30 日内向人民法院起诉。

4. 商标核准注册、公告、异议处理程序

对初步审定公告的商标，自公告之日起 3 个月内，当事人有权依法提出异议。公告期满无异议的，予以核准注册，发给商标注册证，并予以公告。

在先权利人、利害关系人认为初步审定公告的商标具有下列情形时，可以向商标局提出异议：

（1）侵害其驰名商标专用权；

（2）未经授权而代理人或者代表人以自己的名义将其商标进行注册；

（3）商标中的地理标志并非来源于该标志所标示的地区会误导公众；

（4）同他人在一种商品或类似商品上已经注册的或者初步审定的商标相同或者近似；

（5）违反了先申请原则；

（6）损害他人现有的在先权利，以不正当手段抢先注册他人已经使用并有一定影响的商标。

任何人认为初步审定公告的商标含有商标的禁用标志、商标标志缺乏显著性特征以及三维标志不符合商标法规定的，可以向商标局提出异议。

对初步审定公告的商标提出异议的，商标局应当听取异议人和被异议人陈述事实和理由，经调查核实后，自公告期满之日起 12 个月内做出是否准予注册的决定，并书面通知异议人和被异议人。有特殊情况需要延长的，经国务院工商行政管理部门批准，可以延长 6 个月。

商标局做出准予注册决定的，发给商标注册证，并予以公告。异议人不服的，可以依法向商标评审委员会请求宣告该注册商标无效。

商标局做出不予注册决定，被异议人不服的，可以向商标评审委员会申请复审。被异议人对商标评审委员会的决定不服的，可以向人民法院起诉。人民法院应当通知异议人作为第三人参加诉讼。

法定期限届满，当事人对商标局做出的驳回申请决定、不予注册决定不申请复审或者对商标评审委员会做出的复审决定不向人民法院起诉的，驳回申请决定、不予注册决定或者复审决定生效。

经审查异议不成立而准予注册的商标，商标注册申请人取得商标专用权的时间自初步审定公告 3 个月期满之日起计算。自该商标公告期满之日起至准予注册决定做出前，对他人在同一种或者类似商品上使用与该商标相同或者近似的标志的行为不具有追溯力；但是，因该使用人的恶意给商标注册人造成的损失，应当给予赔偿。

5. 注册商标的无效宣告

（1）任何人都有权提出异议的注册商标。

已经注册的商标，含有商标的禁用标志、商标标志缺乏显著性特征、三维标志不符合商标法规定或者是以欺骗手段或者其他不正当手段取得注册的，由商标局宣告该注册商标无效；其他单位或者个人可以请求商标评审委员会宣告该注册商标无效。

商标局做出宣告注册商标无效的决定，当事人对商标局的决定不服的，可以向商标评审委员会申请复审。当事人对商标评审委员会的决定不服的，可以向人民法院起诉。

其他单位或者个人请求商标评审委员会宣告注册商标无效的，商标评审委员会应当自收到申请之日起 9 个月内做出维持注册商标或者宣告注册商标无效的裁定。当事人对商标评审委员会的裁定不服的，可以向人民法院起诉。人民法院应当通知商标裁定程序的对方当事人作为第三人参加诉讼。

（2）在先权利人、利害关系人有权提出异议的注册商标。

已经注册的商标属于前述在先权利人、利害关系人可以向商标局提出异议的情形的，自商标注册之日起 5 年内，在先权利人或者利害关系人可以请求商标评审委员会宣告该注册商标无效。对恶意注册的，驰名商标所有人不受 5 年的时间限制。

商标评审委员会收到宣告注册商标无效的申请后，应当自收到申请之日起 12 个月内做出维持注册商标或者宣告注册商标无效的裁定。当事人对商标评审委员会的裁定不服的，可以向人民法院起诉。人民法院应当通知商标裁定程序的对方当事人作为第三人参加诉讼。

法定期限届满，当事人对商标局宣告注册商标无效的决定不申请复审或者对商标评审委员会的复审决定、维持注册商标或者宣告注册商标无效的裁定不向人民法院起诉的，商标局的决定或者商标评审委员会的复审决定、裁定生效。

宣告无效的注册商标，由商标局予以公告，该注册商标专用权视为自始即不存在。

宣告注册商标无效的决定或者裁定，对宣告无效前人民法院做出并已执行的商标侵权案件的判决、裁定、调解书和工商行政管理部门做出并已执行的商标侵权案件的处理决定以及已经履行的商标转让或者使用许可合同不具有追溯力。但是，因商标注册人的恶意给他人造成的损失，应当给予赔偿。依照上述规定不返还商标侵权赔偿金、商标转让费、商标使用费，明显违反公平原则的，应当全部或者部分返还。

二、注册商标专用权的行使（商标权的内容）

（一）商标专用权

注册商标的专用权，以核准注册的商标和核定使用的商品为限。注册商标的有效期为 10 年，自核准注册之日起计算。商标注册人对其注册商标享有排他性的支配权，可以自己独占使用，并有权禁止他人未经许可使用，包括：第一，他人不得使用与其注册商标相同或相似的商标；第二，禁止他人擅自制造或销售其注册商标标识；第三，禁止他人在相同或类似商品上将与注册商标相同或类似的文字、图形作为商品名称或商品装潢使用。

注册商标需要变更注册人的名义、地址或者其他注册事项的，应当提出变更申请。

注册商标使用人应当对其使用商标的商品质量负责。各级工商行政管理部门应当通过商标管理，制止欺骗消费者的行为。

（二）注册商标转让

与专利权相似，注册商标专用权也可以转让。不过，专利权人（特别是非职务发明专利权人）通常并不是自己直接实施专利，而是通过转让专利权或专利使用许可的方式由他人实施专利，自己收取专利使用费。商标注册人则主要是自己直接使用注册商标。

转让注册商标的，转让人和受让人应当签订转让协议，并共同向商标局提出申请。受让人应当保证使用该注册商标的商品质量。

转让注册商标的，商标注册人对其在同一种商品上注册的近似的商标，或者在类似商品上注册的相同或者近似的商标，应当一并转让。

对容易导致混淆或者有其他不良影响的转让，商标局不予核准，书面通知申请人并说明理由。

转让注册商标经核准后，予以公告。受让人自公告之日起享有商标专用权。

（三）注册商标使用许可

商标注册人可以通过签订商标使用许可合同，许可他人使用其注册商标。许可人应当监督被许可人使用其注册商标的商品质量。被许可人应当保证使用该注册商标的商品质量。

经许可使用他人注册商标的，必须在使用该注册商标的商品上标明被许可人的名称和商品产地。

许可他人使用其注册商标的，许可人应当将其商标使用许可报商标局备案，由商标局公告。商标使用许可未经备案不得对抗善意第三人。

（四）商标使用的管理

商标的使用，是指将商标用于商品、商品包装或者容器以及商品交易文书上，或者将商标用于广告宣传、展览以及其他商业活动中，用于识别商品来源的行为。

商标注册人在使用注册商标的过程中，自行改变注册商标、注册人名义、地址或者其他注册事项的，由地方工商行政管理部门责令限期改正；期满不改正的，由商标局撤销其注册商标。

注册商标成为其核定使用的商品的通用名称或者没有正当理由连续 3 年不使用的，任何单位或者个人可以向商标局申请撤销该注册商标。正当理由是指：不可抗力；政府政策性限制；破产清算；其他不可归责于商标注册人的正当理由。

注册商标被撤销、被宣告无效或者期满不再续展的，自撤销、宣告无效或者注销之日起1年内，商标局对与该商标相同或者近似的商标注册申请，不予核准。

依法必须使用注册商标的商品未申请商标注册的，由地方工商行政管理部门责令限期申请注册，并处以罚款。

将未注册商标冒充注册商标使用的，或者未注册商标含有商标禁用标志的，由地方工商行政管理部门予以制止，限期改正，并可以予以通报、处以罚款。

生产、经营者不得将“驰名商标”字样用于商品、商品包装或者容器上，或者用于广告宣传、展览以及其他商业活动中。违反上述规定的，由地方工商行政管理部门责令改正，处以罚款。

对商标局撤销或者不予撤销注册商标的决定，当事人不服的，可以向商标评审委员会申请复审。当事人对商标评审委员会的决定不服的，可以向人民法院起诉。

法定期限届满，当事人对商标局做出的撤销注册商标的决定不申请复审或者对商标评审委员会做出的复审决定不向人民法院起诉的，撤销注册商标的决定、复审决定生效。

被撤销的注册商标，由商标局予以公告，该注册商标专用权自公告之日起终止。

（五）商标和商号的区别

商号，即厂商字号，是企业的特定标志，如北京的老字号“稻香村”、“全聚德”、“同仁堂”等，企业对其商号依法享有专用权。商号的本质是企业名称，商号经核准登记后，可以在牌匾、合同及商品包装等方面使用。有些情况下，一些企业的商标和商号使用相同的图形和文字。但是，多数企业的商标和商号是分别使用的。一般而言，商标与企业提供的特定商品或服务相联系，而商号则与提供特定商品或服务的企业相联系。

我国法律明确将企业名称权作为人身权予以保护，但对于商号权尚无明确规定。商号权具有知识产权的性质，人身权的特征明显。

商号和商标具有以下主要区别：

（1）从功能看，商号用于区别企业，商标用于区别同种类的商品或服务。

（2）从权利的取得方式看，商号作为企业名称的一种形式，按照《企业名称登记管理规定》登记后取得，其商号专用权在其登记的工商行政管理机关管辖的行政区域内受法律保护。商标专用权按照《商标法》核准注册后取得，其商标专用权在全国范围内受法律保护。

（3）商号作为企业名称，只有在企业解散后才不复存在，所以，商号权受保护的年限没有法律限制。商标专用权受法律保护的期限为10年，但可以无限次续展。

企业可以依法将其商号注册为商标使用，或者将已经注册的商标变更登记为企业的商号。这种情况下，商标和商号具有外观的同一性。但是，很多商号并不具备标识的显著性特征，无法作为商标注册。

三、注册商标专用权的保护

（一）注册商标专用权的保护期限

1. 注册商标的有效期及其续展

注册商标的有效期为10年，自核准注册之日起计算。

注册商标有效期届满，需要继续使用的，商标注册人可以申请续展注册，且续展次数没有限制。每次续展注册的有效期为 10 年，自该商标上一届有效期满次日起计算。商标注册人应当在注册商标有效期届满前 12 个月内按照规定办理续展手续；在此期限内未能办理的，可以给予 6 个月的宽展期。期满未办理续展手续的，注销其注册商标。

商标局应当对续展注册的商标予以公告。

2. 注册商标专用权的终止

（1）注册商标被商标主管部门注销。有三种情况：第一，商标权人自愿放弃其商标，并向商标主管部门办理了注销手续；第二，注册商标有效期限届满，宽展期已过，商标权人未提出续展申请，或提出的续展申请未被核准，注册商标被注销；第三，作为商标注册人的企业解散或公民死亡，无人接受或继承其注册商标，注册商标被注销。

（2）注册商标被商标主管部门撤销。注册商标使用过程中，因商标注册人违反《商标法》有关注册商标使用的规定，被商标局撤销该注册商标。

（二）注册商标专用权的保护范围

注册商标的专用权，以核准注册的商标和核定使用的商品为限。下列行为均属侵犯注册商标专用权：

（1）未经商标注册人的许可，在同一种商品上使用与其注册商标相同的商标的。

（2）未经商标注册人的许可，在同一种商品上使用与其注册商标近似的商标，或者在类似商品上使用与其注册商标相同或者近似的商标，容易导致混淆的。容易导致混淆是指：在同一种商品或者类似商品上将与他人注册商标相同或者近似的标志作为商品名称或者商品装潢使用，误导公众的。

（3）销售侵犯注册商标专用权的商品的。

（4）伪造、擅自制造他人注册商标标识或者销售伪造、擅自制造的注册商标标识的。

（5）未经商标注册人同意，更换其注册商标并将该更换商标的商品又投入市场的。

（6）故意为侵犯他人商标专用权行为提供便利条件，帮助他人实施侵犯商标专用权行为的。提供便利条件是指：为侵犯他人商标专用权提供仓储、运输、邮寄、印制、隐匿、经营场所、网络商品交易平台等。

（7）给他人的注册商标专用权造成其他损害的。

将他人注册商标、未注册的驰名商标作为企业名称中的字号使用，误导公众，构成不正当竞争行为的，依照《中华人民共和国反不正当竞争法》处理。

注册商标中含有的本商品的通用名称、图形、型号，或者直接表示商品的质量、主要原料、功能、用途、重量、数量及其他特点，或者含有的地名，注册商标专用权人无权禁止他人正当使用。

三维标志注册商标中含有的商品自身的性质产生的形状、为获得技术效果而需有的商品形状或者使商品具有实质性价值的形状，注册商标专用权人无权禁止他人正当使用。

商标注册人申请商标注册前，他人已经在同一种商品或者类似商品上先于商标注册人使用与注册商标相同或者近似并有一定影响的商标的，注册商标专用权人无权禁止该使用人在原使用范围内继续使用该商标，但可以要求其附加适当的区别标识。

销售不知道是侵犯注册商标专用权的商品，能证明该商品是自己合法取得的并说明提供者的，不承担赔偿责任。能证明该商品是自己合法取得的情形：一是有供货单位合法签章的供货清单和货款收据且经查证属实或者供货单位认可；二是有供销双方签订的进货合同且经查证已真实履行；三是有合法进货发票且发票记载事项与涉案商品对应；四是其他能够证明合法取得涉案商品的情形。

（三）注册商标专用权的行政保护与司法保护

因侵犯注册商标专用权引起纠纷的，由当事人协商解决；不愿协商或者协商不成的，商标注册人或者利害关系人可以向人民法院起诉，也可以请求工商行政管理部门处理。

1. 行政保护

县级以上工商行政管理部门根据已经取得的违法嫌疑证据或者举报，对涉嫌侵犯他人注册商标专用权的行为进行查处时，可以行使下列职权：

（1）询问有关当事人，调查与侵犯他人注册商标专用权有关的情况；

（2）查阅、复制当事人与侵权活动有关的合同、发票、账簿以及其他有关资料；

（3）对当事人涉嫌从事侵犯他人注册商标专用权活动的场所实施现场检查；

（4）检查与侵权活动有关的物品，对有证据证明是侵犯他人注册商标专用权的物品，可以查封或者扣押。

工商行政管理部门依法行使职权时，当事人应当予以协助、配合，不得拒绝、阻挠。

对侵犯商标专用权的赔偿数额争议，当事人可以请求进行处理的工商行政管理部门调解，也可以向人民法院起诉。经工商行政管理部门调解，当事人未达成协议或者调解书生效后不履行的，当事人可以向人民法院起诉。

2. 司法保护

商标注册人或者利害关系人有证据证明他人正在实施或者即将实施侵犯其注册商标专用权的行为，如不及时制止，将会使其合法权益受到难以弥补的损害的，可以依法在起诉前向人民法院申请采取责令停止有关行为和财产保全的措施。为制止侵权行为，在证据可能灭失或者以后难以取得的情况下，商标注册人或者利害关系人可以在起诉前向人民法院申请保全证据。

（四）侵犯商标专用权的诉讼时效

侵犯注册商标专用权的诉讼时效为 2 年，自商标注册人或者利害关系人知道或者应当知道侵权行为之日起计算。商标注册人或者利害关系人超过 2 年起诉的，如果侵权行为在起诉时仍在持续，在该注册商标专用权有效期限内，人民法院应当判决被告停止侵权行为，侵权损害赔偿数额应当自权利人向人民法院起诉之日起向前推算 2 年计算。

案例 6—2

如何判断商标标识是否近似

中国华彩丝绸公司在其真丝染色绸、真丝提花绸等产品上使用“采菊”商标。该商标图案左侧是一村姑手挎花篮站立于菊花丛中，右上角为楷书“采菊”二字。该商标已经注册。

2013年10月，丽影丝绸公司以“翠菊”作为其绸缎产品上的商标申请注册并获得核准，获得商标专用权。该商标图案右侧是一戴草帽村姑右肩扛一篮菊花，左上角为仿宋体书“翠菊”二字。

2014年2月，华彩公司向商标评审委员会请求宣告丽影公司的“翠菊”注册商标无效，理由是丽影公司使用的“翠菊”商标与该公司在类似产品上已经注册的“采菊”商标近似，具体原因是：(1) 两种商标图案近似，主要部分均为携篮的村姑作采菊状，易导致消费者误认。(2)“翠”与“采”发音类似，在某些方言中尤难区分，译成英文后，更难为外国人辨认。(3) 这两个商标使用于同类商品。(4) 华彩公司的商标已注册十余年，并在其他许多国家注册，在国外享有一定的声誉，国家应特别保护。

丽影公司则辩称，自己的“翠菊”注册商标与华彩公司的“采菊”注册商标并不近似。其理由是：(1)“近似”的含义是两个商标标识的颜色、图案等基本相同，以致他人不易辨认。而这两个注册商标在村姑的动作、服饰、图案的结构、颜色及文字排列、字体等方面均有明显不同，不会使消费者产生误认。(2) 两个注册商标的名称也不能认为是近似，“翠”是形容词，“采”是动词。(3)“翠”和“采”两字发音在大部分地区有明显差异，只有个别地区发音不易区分。此外，华彩公司未在该商标注册初步审定公告后3个月内提出异议，现在已无权提出异议。

问：这两个商标标识是否近似？华彩公司是否有权向商标评审委员会提出宣告“翠菊”注册商标无效的请求？

案例点评

商标的基本特征是可识别性。本案的关键是两个商标的图案是否近似。如近似，华彩公司的异议可以成立，该注册商标可以被宣告无效。反之，该商标专用权受法律保护。

1. 从两个商标的发音看，虽然在某些方言中，“采”和“翠”容易混淆，但在普通话中，二者发音有明显区别，不易误认。

2. 从两个商标的构图看，有如下相似之处：(1) 以菊花和村姑为主要内容。(2) 村姑均作采菊动作。(3) 虽然村姑的位置不同（分别在图案的左侧和右侧），但在很小的商标中不容易为一般人所识别。(4)“翠菊”的含义应为“翠色之菊”，却配以村姑采菊的动作，构图与立意有差别；“采菊”商标的构图与立意是一致的。因此，“翠菊”商标有对“采菊”商标模仿之处，二者图形近似，容易造成消费者的误认。

3.《商标法》规定了在先权利人、利害关系人特定情形下的异议程序和申请宣告注册商标无效程序：自商标注册申请初步审定并公告后3个月内，在先权利人和利害关系人可以提出异议。自商标核准注册之日起5年内，在先权利人和利害关系人可以请求商标评审委员会宣告该注册商标无效。对恶意注册的，驰名商标所有人不受5年的时间限制。华彩公司确实未在“翠菊”商标注册初步审定公告后3个月内提出异议。但是，“翠菊”商标注册后，华彩公司向商标评审委员会提出宣告该注册商标无效的请求并未超过5年，故商标争议能够成立，商标评审委员会应当按照法定程序做出维持“翠菊”注册商标或者宣告“翠菊”注册商标无效的裁定。

第4节 著作权的取得、行使与保护

一、著作权的取得

（一）作品、著作权、著作权人

1. 作品

作品，指文学、艺术和科学领域内具有独创性并能以某种有形形式复制的智力成果。创作，指直接产生文学、艺术和科学作品的智力活动。为他人创作进行组织工作，提供咨询意见、物质条件，或者进行其他辅助工作，均不视为创作。

概括而言，作品应当具有原创性，属于文学、艺术和自然科学、社会科学、工程技术的范围，以及有特定的表现形式这三项基本特征。

能够取得著作权的作品，包括以下列形式创作的文学、艺术和自然科学、社会科学、工程技术等作品：

（1）文字作品。指小说、诗词、散文、论文等以文字形式表现的作品。

（2）口述作品。指即兴的演说、授课、法庭辩论等以口头语言形式表现的作品。

（3）音乐、戏剧、曲艺、舞蹈、杂技艺术作品。音乐作品，指歌曲、交响乐等能够演唱或者演奏的带词或者不带词的作品；戏剧作品，指话剧、歌剧、地方戏等供舞台演出的作品；曲艺作品，指相声、快书、大鼓、评书等以说唱为主要形式表演的作品；舞蹈作品，指通过连续的动作、姿势、表情等表现思想情感的作品；杂技艺术作品，指杂技、魔术、马戏等通过形体动作和技巧表现的作品。

（4）美术、建筑作品。美术作品，指绘画、书法、雕塑等以线条、色彩或者其他方式构成的有审美意义的平面或者立体的造型艺术作品；建筑作品，指以建筑物或者构筑物形式表现的有审美意义的作品。

（5）摄影作品。指借助器械在感光材料或者其他介质上记录客观物体形象的艺术作品。

（6）电影作品和以类似摄制电影的方法创作的作品。指摄制在一定介质上，由一系列有伴音或者无伴音的画面组成，并且借助适当装置放映或者以其他方式传播的作品。

（7）工程设计图、产品设计图、地图、示意图等图形作品和模型作品。图形作品，指为施工、生产绘制的工程设计图、产品设计图，以及反映地理现象、说明事物原理或者结构的地图、示意图等作品；模型作品，指为展示、试验或者观测等用途，根据物体的形状和结构，按照一定比例制成的立体作品。

(8) 计算机软件。指计算机程序及其有关文档。计算机程序，指为了得到某种结果而可以由计算机等具有信息处理能力的装置执行的代码化指令序列，或者可以被自动转换成代码化指令序列的符号化指令序列或者符号化语句序列，同一计算机程序的源程序和目标程序为同一作品；文档，指用来描述程序的内容、组成、设计、功能规格、开发情况、测试结果及使用方法的文字资料和图表等，如程序设计说明书、流程图、用户手册等。

(9) 法律、行政法规规定的其他作品。

基于著作权中作品的定义，下述内容不适用著作权相关规定。一是法律、法规，国家机关的决议、决定、命令和其他具有立法、行政、司法性质的文件，及其官方正式译文；二是时事新闻，即通过报纸、期刊、广播电台、电视台等媒体报道的单纯事实消息；三是历法、通用数表、通用表格和公式。此外，民间文学艺术作品的著作权保护办法由国务院另行规定。

2. 著作权（版权）

著作权，也称为版权，指自然人、法人或其他社会组织对文学、艺术和自然科学、社会科学、工程技术等作品在一定期限内依法享有的专用权。

著作权包括人身权和财产权，具体表现为下列权利：

(1) 发表权，即决定作品是否公之于众的权利；

(2) 署名权，即表明作者身份，在作品上署名的权利；

(3) 修改权，即修改或者授权他人修改作品的权利；

(4) 保护作品完整权，即保护作品不受歪曲、篡改的权利；

(5) 复制权，即以印刷、复印、拓印、录音、录像、翻录、翻拍等方式将作品制作一份或者多份的权利；

(6) 发行权，即以出售或者赠与方式向公众提供作品的原件或者复制件的权利；

(7) 出租权，即有偿许可他人临时使用电影作品和以类似摄制电影的方法创作的作品、计算机软件的权利，计算机软件不是出租的主要标的的除外；

(8) 展览权，即公开陈列美术作品、摄影作品的原件或者复制件的权利；

(9) 表演权，即公开表演作品，以及用各种手段公开播送作品的表演的权利；

(10) 放映权，即通过放映机、幻灯机等技术设备公开再现美术、摄影、电影和以类似摄制电影的方法创作的作品等的权利；

(11) 广播权，即以无线方式公开广播或者传播作品，以有线传播或者转播的方式向公众传播广播的作品，以及通过扩音器或者其他传送符号、声音、图像的类似工具向公众传播广播的作品的权利；

(12) 信息网络传播权，即以有线或者无线方式向公众提供作品，使公众可以在其个人选定的时间和地点获得作品的权利；

(13) 摄制权，即以摄制电影或者以类似摄制电影的方法将作品固定在载体上的权利；

(14) 改编权，即改变作品，创作出具有独创性的新作品的权利；

(15) 翻译权，即将作品从一种语言文字转换成另一种语言文字的权利；

(16) 汇编权，即将作品或者作品的片段通过选择或者编排，汇集成新作品的权利；

(17) 应当由著作权人享有的其他权利。

其中，（1）至（4）项是人身权，（5）至（17）项是财产权。

著作权人可以许可他人行使上述（5）至（17）项规定的权利，或者全部、部分转让上述（5）至（17）项规定的权利，并依照约定或者法律规定获得报酬。

3. 著作权人

著作权人包括：作者以及其他依法享有著作权的公民、法人或者其他组织。

外国人、无国籍人的作品根据其作者所属国或者经常居住地国同中国签订的协议或者共同参加的国际条约享有的著作权，受中国法律保护。

未与中国签订协议或者共同参加国际条约的国家的作者以及无国籍人的作品首次在中国参加的国际条约的成员国出版的（指作品的复制、发行），或者在成员国和非成员国同时出版的，受中国法律保护。

4. 著作权与专利权、商标专用权的关系

专利权、商标专用权和著作权具备知识产权的共同特征。但是，三种权利在其功能和特点方面也有明显的区别与联系。

首先，权利取得的具体方式不同。著作权自作品完成后自动取得；专利权经专利局批准授权后取得；商标专用权经商标局核准注册后取得。

其次，权利保护的内容不同。著作权保护创意的具体表现形式，并不保护创意本身。因此，同样的创意以不同的方式表现，只要是独立创作的作品，都可以受到著作权的保护，即保护“独创性”。专利权保护发明创造的构思和内容，对于同样的发明创造，专利权只能授予最先申请的人，即保护“首创性”。商标专用权保护商标的易识别性，内容相同的创意只要表现形式有明显区别并易于识别，可以受到商标专用权的保护，即保护“显著性”。

最后，著作权和商标专用权的保护对象特定情况下可能重叠，例如，注册商标设计图案可以作为商标专用权受到法律保护，也可以作为艺术作品的著作权受法律保护。此外，外观设计专利权与实用美术作品著作权的保护对象特定情况下也可能重叠。

（二）著作权的取得方式

中国公民、法人或其他组织的作品，无论是否发表，依法享有著作权。

外国人、无国籍人的作品首先在中国境内出版的，依法享有著作权。其著作权自首次出版之日起受保护。外国人、无国籍人的作品在中国境外首先出版后，30 日内在中国境内出版的，视为该作品同时在中国境内出版。

著作权自作品创作完成之日起自动产生。著作权适用自愿登记原则，即作品无论是否登记，作者或其他著作权人依法取得的著作权不受影响。因此，在我国，著作权登记并不是作者取得著作权的前提条件。但是，著作权登记可以作为版权证明的法律文件，有助于解决因著作权的归属导致的著作权纠纷，保障著作权转让或许可使用交易的安全，维护著作权人和作品使用者的合法权益。

我国各省、自治区、直辖市的版权局负责本辖区的作者或其他著作权人的作品登记工作。作品登记应当实行计算机数据库管理，并对公众开放。

此外，与著作权人订立专有许可使用合同、转让合同的，可以向版权局备案。

（三）著作权的归属

1. 基本原则

著作权属于作者，法律另有规定的除外。

创作作品的公民是作者。创作是智力劳动成果，不受公民行为能力状况的限制。因此，无论作者是否具备完全民事行为能力，都可以作为作者享有著作权。

由法人或者其他组织主持，代表法人或者其他组织意志创作，并由法人或者其他组织承担责任的作品，法人或者其他组织视为作者。

如无相反证明，在作品上署名的公民、法人或者其他组织为作者。

2. 演绎作品著作权的归属

演绎作品，指在改编、翻译、注释、整理已有作品的基础上产生的作品。演绎作品的著作权由改编、翻译、注释、整理人享有，但行使著作权时不得侵犯原作品的著作权。

3. 合作作品著作权的归属

合作作品，指两人以上合作创作的作品，不仅需要合作方主观上有共同创作的意图，还应当有共同创作的行为。合作作品的著作权由合作作者共同享有。没有参加创作的人，不能成为合作作者。

合作作品可以分割使用的，作者对各自创作的部分可以单独享有著作权，但行使著作权时不得侵犯合作作品整体的著作权。合作作品不可以分割使用的，其著作权由各合作作者共同享有，通过协商一致行使；不能协商一致，又无正当理由的，任何一方不得阻止他方行使除转让以外的其他权利，但是所得收益应当合理分配给所有合作作者。

4. 汇编作品著作权的归属

汇编作品，指汇编若干作品、作品的片段或者不构成作品的数据或者其他材料，对其内容的选择或者编排体现独创性的作品。汇编作品的著作权由汇编人享有，但行使汇编著作权时，不得侵犯原作品的著作权，即汇编他人受著作权保护的作品时，应征得原作品权利人的同意，并不得侵犯他人对作品享有的发表权、署名权、保护作品完整权等。

5. 影视作品著作权的归属

影视作品，指电影作品和以类似摄制电影方法创作的作品。影视作品的著作权由制片者享有，但编剧、导演、摄影、作词、作曲等作者享有署名权，并有权按照与制片者签订的合同获得报酬。

电影作品和以类似摄制电影的方法创作的作品中的剧本、音乐等可以单独使用的作品的作者有权单独行使其著作权。

6. 职务作品著作权的归属

职务作品，指公民为完成法人或者其他组织（单位）工作任务（指公民在该单位中应当履行的职责）所创作的作品，包括三种类型：

一是单位作品，指由单位主持和承担责任，代表法人或者其他组织意志创作，并由单位作为作者署名的作品。

二是单位有优先使用权的职务作品，指除法律、行政法规规定或者合同约定著作权由单位享有之外，著作权由作者享有，但单位有权在其业务范围内优先使用的作品。这类职务作品完成 2 年内，未经单位同意，作者不得许可第三人以与单位使用的相同方式使用该作品。作品完成 2 年内，经单位同意，作者许可第三人以与单位使用的相同方式使用该作品所获报酬，由作者与单位按约定的比例分配。该职务作品完成 2 年的期限，自作者向单位交付作品之日起计算。

三是作者享有署名权的职务作品，包括：(1) 主要是利用单位的物质技术条件（指单位为公民完成创作专门提供的资金、设备或者资料）创作，并由单位承担责任的工程设计图、产品设计图、地图、计算机软件等职务作品。(2) 法律、行政法规规定或者合同约定著作权由单位享有的职务作品。这类职务作品作者仅享有署名权（人身权），著作权的其他权利由单位享有，单位可以给予作者奖励。

7. 委托作品著作权的归属

委托作品，指作者接受他人委托而创作的作品。受委托创作的作品，著作权的归属由委托人和受托人通过合同约定。合同未作明确约定或者没有订立合同的，著作权属于受托人。

8. 原件所有权转移作品的著作权归属

绘画、书法、雕塑等美术作品原件所有权的转移（载体所有权变动），不视为作品著作权的转移，但美术作品原件的展览权由原件所有人享有。

9. 作者身份不明的作品的著作权归属

作品的作者身份不明，如作者为佚名或未使用真实姓名等，由作品原件的所有人行使除署名权以外的著作权。作者身份确定后，由作者或者其继承人行使著作权。

10. 继受取得著作权

著作权属于公民的，公民死亡后，除著作权中的人身权不能转移外，著作权中的财产权在法律规定的保护期内，依照继承法的规定转移。死亡公民著作权中的人身权（署名权、修改权和保护作品完整权）由其继承人或者受遗赠人保护。死亡公民的著作权无人继承又无人受遗赠的，其人身权由著作权行政管理部门保护。

著作权属于法人或者其他组织的，法人或者其他组织变更、终止后，其著作权中的财产权在法律规定的保护期内，由承受其权利义务的法人或者其他组织享有；没有承受其权利义务的法人或者其他组织的，由国家享有。

作者生前未发表的作品，如果作者未明确表示不发表，作者死亡后 50 年内，其发表权可由继承人或者受遗赠人行使；没有继承人又无人受遗赠的，由作品原件的所有人行使。

合作作者之一死亡后，其对合作作品享有的著作权中的财产权无人继承又无人受遗赠的，由其他合作作者享有。

二、著作权的行使

（一）著作权人的专用权

著作权人对其作品享有排他性的支配权。可以自己独占性地使用其作品，包括演绎、汇编成影视作品等，有权禁止他人未经许可使用其作品。

（二）作品使用许可

著作权人有权许可他人使用其作品。许可他人使用作品应当由著作权人和作品使用人订立许可使用合同，法律规定可以不经许可的除外。使用他人作品应当指明作者姓名、作品名称，但是，当事人另有约定或者由于作品使用方式的特性无法指明的除外。许可使用的权利是专有使用权的，应当采取书面形式，但是报社、期刊社刊登作品除外。

依照著作权法规定，使用可以不经著作权人许可的已经发表的作品（指著作权人自行或者许可他人公之于众的作品）的，不得影响该作品的正常使用，也不得不合理地损害著作权人的合法利益。

许可使用合同包括下列主要内容：

（1）许可使用的权利种类；

（2）许可使用的权利是专有使用权或者非专有使用权；

（3）许可使用的地域范围、期间；

（4）付酬标准和办法；

（5）违约责任；

（6）双方认为需要约定的其他内容。

专有使用权的内容由合同约定，合同没有约定或者约定不明的，视为被许可人有权排除包括著作权人在内的任何人以同样的方式使用作品；除合同另有约定外，被许可人许可第三人行使同一权利，必须取得著作权人的许可。

著作权人许可他人将其作品摄制成电影作品和以类似摄制电影的方法创作的作品的，视为已同意对其作品进行必要的改动，但是这种改动不得歪曲篡改原作品。

使用作品的付酬标准可以由当事人约定，也可以按照国务院著作权行政管理部门会同有关部门制定的付酬标准支付报酬。当事人约定不明确的，按照国务院著作权行政管理部门会同有关部门制定的付酬标准支付报酬。

出版者、表演者、录音录像制作者、广播电台、电视台等依照法律有关规定使用他人作品的，不得侵犯作者的署名权、修改权、保护作品完整权和获得报酬的权利。

（三）著作权转让

著作权中的财产权可以依法转让。转让著作权中的财产权时，应当订立书面合同。财产权转让合同包括下列主要内容：

（1）作品的名称；

（2）转让的权利种类、地域范围；

（3）转让价金；

（4）交付转让价金的日期和方式；

（5）违约责任；

（6）双方认为需要约定的其他内容。

以著作权出质的，由出质人和质权人向国务院著作权行政管理部门办理出质登记。

与著作权人订立专有许可使用合同、转让合同的，可以向著作权行政管理部门备案。

许可使用合同和转让合同中著作权人未明确许可、转让的权利，未经著作权人同意，另一方当事人不得行使。

（四）图书、报刊的出版

图书出版者出版图书应当和著作权人订立出版合同，并支付报酬。

1. 图书出版者的权利、义务

图书出版者对著作权人交付出版的作品，按照合同约定享有的专有出版权受法律保护，他人不得出版该作品。

图书出版者应当按照合同约定的出版质量、期限出版图书。图书出版者不按照合同约定期限出版，应当依法承担民事责任。图书出版者重印、再版作品的，应当通知著作权人，并支付报酬。

图书出版者经作者许可，可以对作品修改、删节。报社、期刊社可以对作品作文字性修改、删节。对内容的修改，应当经作者许可。

出版改编、翻译、注释、整理、汇编已有作品而产生的作品，应当取得改编、翻译、注释、整理、汇编作品的著作权人和原作品的著作权人许可，并支付报酬。

出版者有权许可或者禁止他人使用其出版的图书、期刊的版式设计。该项权利的保护期为 10 年，截止于使用该版式设计的图书、期刊首次出版后第 10 年的 12 月 31 日。

2. 著作权人的权利、义务

著作权人应当按照合同约定期限交付作品。

图书脱销（指著作权人寄给图书出版者的两份订单在 6 个月内未能得到履行）后，图书出版者拒绝重印、再版的，著作权人有权终止合同。

著作权人向报社、期刊社投稿的，自稿件发出之日起 15 日内未收到报社通知决定刊登的，或者自稿件发出之日起 30 日内未收到期刊社通知决定刊登的，可以将同一作品向其他报社、期刊社投稿。双方另有约定的除外。作品刊登后，除著作权人声明不得转载、摘编的外，其他报刊可以转载或者作为文摘、资料刊登，但应当按照规定向著作权人支付报酬。

（五）表演

使用他人作品演出，表演者（演员、演出单位）应当取得著作权人许可，并支付报酬。演出组织者组织演出，由该组织者取得著作权人许可，并支付报酬。

使用改编、翻译、注释、整理已有作品而产生的作品进行演出，应当取得改编、翻译、注释、整理作品的著作权人和原作品的著作权人许可，并支付报酬。

表演者对其表演享有下列权利：

（1）表明表演者身份；

（2）保护表演形象不受歪曲；

（3）许可他人从现场直播和公开传送其现场表演，并获得报酬；

（4）许可他人录音录像，并获得报酬；

(5) 许可他人复制、发行录有其表演的录音录像制品，并获得报酬；

(6) 许可他人通过信息网络向公众传播其表演，并获得报酬。

上述第（1）、(2) 项规定的权利的保护期不受限制。上述第（3）至第（6）项规定的权利保护期为50年，截止于该表演发生后第50年的12月31日。

被许可人以上述第（3）至第（6）项规定的方式使用作品，还应当取得著作权人许可，并支付报酬。

（六）录音录像

录音制品，指任何对表演的声音和其他声音的录制品；录像制品，指电影作品和以类似摄制电影的方法创作的作品以外的任何有伴音或者无伴音的连续相关形象、图像的录制品。

录音录像制作者（指录音制品、录像制品的首次制作人）使用他人作品制作录音录像制品，应当取得著作权人许可，并支付报酬。

录音录像制作者使用改编、翻译、注释、整理已有作品而产生的作品，应当取得改编、翻译、注释、整理作品的著作权人和原作品著作权人许可，并支付报酬。

录音制作者使用他人已经合法录制为录音制品的音乐作品制作录音制品，可以不经著作权人许可，但应当按照规定支付报酬；著作权人声明不许使用的不得使用。

录音录像制作者制作录音录像制品，应当同表演者（指演员、演出单位或者其他表演文学、艺术作品的人）订立合同，并支付报酬。

录音录像制作者对其制作的录音录像制品，享有许可他人复制、发行、出租、通过信息网络向公众传播并获得报酬的权利；权利的保护期为50年，截止于该制品首次制作完成后第50年的12月31日。

被许可人复制、发行、通过信息网络向公众传播录音录像制品，还应当取得著作权人、表演者许可，并支付报酬。

（七）广播电台、电视台播放

广播电台、电视台播放他人未发表的作品，应当取得著作权人许可，并支付报酬。

广播电台、电视台播放他人已发表的作品，可以不经著作权人许可，但应当支付报酬。

广播电台、电视台播放已经出版的录音制品，可以不经著作权人许可，但应当支付报酬。当事人另有约定的除外。

广播电台、电视台有权禁止未经其许可的下列行为：

(1) 将其播放的广播、电视转播；

(2) 将其播放的广播、电视录制在音像载体上以及复制音像载体。

上述规定的权利的保护期为50年，截止于该广播、电视首次播放后第50年的12月31日。

电视台播放他人的电影作品和以类似摄制电影的方法创作的作品、录像制品，应当取得制片者或者录像制作者许可，并支付报酬；播放他人的录像制品，还应当取得著作权人许可，并支付报酬。

（八）著作权集体管理组织

著作权集体管理组织，是指为著作权人的利益依法设立，根据著作权人授权对其著作权或者与著作权有关的权利进行集体管理的社会团体。

著作权人享有诸多受法律保护的权利，但是，表演权、放映权、广播权、出租权、信息网络传播权、复制权等权利人自己难以有效行使，由著作权集体管理组织进行集体管理可以有效维护著作权人的合法权益，降低权利行使的成本。著作权集体管理组织的主要职责包括：

（1）以自己的名义与使用者订立著作权或者与著作权有关的权利许可使用合同（许可使用合同）；

（2）向作品使用者收取使用费；

（3）向权利人转付使用费；

（4）进行涉及著作权或者与著作权有关的权利的诉讼、仲裁等。

著作权集体管理组织是非营利组织，其设立方式、权利义务、著作权许可使用费的收取和分配，以及对其监督和管理等由国务院另行规定。

（九）著作权的限制

著作权是专用权，未经著作权人许可，他人不得擅自使用有著作权的作品。但是，法律允许特定情形下，他人可以自由使用享有著作权的作品，不必征得权利人的许可，也无须支付报酬，即合理使用。通常情况下，作品合理使用的前提是非营利性，而且使用的数量和性质都不会导致损害著作权人的合法权益。

在下列情况下使用作品，可以不经著作权人许可，不向其支付报酬，但应当指明作者姓名、作品名称，并且不得侵犯著作权人依法享有的其他权利：

（1）为个人学习、研究或者欣赏，使用他人已经发表的作品；

（2）为介绍、评论某一作品或者说明某一问题，在作品中适当引用他人已经发表的作品；

（3）为报道时事新闻，在报纸、期刊、广播电台、电视台等媒体中不可避免地再现或者引用已经发表的作品；

（4）报纸、期刊、广播电台、电视台等媒体刊登或者播放其他报纸、期刊、广播电台、电视台等媒体已经发表的关于政治、经济、宗教问题的时事性文章，但作者声明不许刊登、播放的除外；

（5）报纸、期刊、广播电台、电视台等媒体刊登或者播放在公众集会上发表的讲话，但作者声明不许刊登、播放的除外；

（6）为学校课堂教学或者科学研究，翻译或者少量复制已经发表的作品，供教学或者科研人员使用，但不得出版发行；

（7）国家机关为执行公务在合理范围内使用已经发表的作品；

（8）图书馆、档案馆、纪念馆、博物馆、美术馆等为陈列或者保存版本的需要，复制本馆收藏的作品；

(9) 免费表演已经发表的作品，该表演未向公众收取费用，也未向表演者支付报酬；

(10) 对设置或者陈列在室外公共场所的艺术作品进行临摹、绘画、摄影、录像；

(11) 将中国公民、法人或者其他组织已经发表的以汉语言文字创作的作品翻译成少数民族语言文字作品在国内出版发行；

(12) 将已经发表的作品改成盲文出版。

上述规定适用于对出版者、表演者、录音录像制作者、广播电台、电视台的权利的限制。

此外，为实施九年制义务教育和国家教育规划而编写出版教科书，除作者事先声明不许使用的以外，可以不经著作权人许可，在教科书中汇编已经发表的作品片段或者短小的文字作品、音乐作品或者单幅的美术作品、摄影作品，但应当按照规定支付报酬，指明作者姓名、作品名称，并且不得侵犯著作权人依照法律享有的其他权利。

上述规定同样适用于对出版者、表演者、录音录像制作者、广播电台、电视台的权利的限制。

三、著作权的保护

(一) 著作权的保护期限

(1) 作者的署名权、修改权、保护作品完整权（人身权）的保护期不受限制。

(2) 公民的作品，其发表权、著作权中的财产权的保护期为作者终生及其死亡后50年，截止于作者死亡后第50年的12月31日；如果是合作作品，截止于最后死亡的作者死亡后第50年的12月31日。

(3) 法人或者其他组织的作品、著作权（署名权除外）由法人或者其他组织享有的职务作品，其发表权、著作权中的财产权的保护期为50年，截止于作品首次发表后第50年的12月31日，但作品自创作完成后50年内未发表的，不再受法律保护。

(4) 电影作品和以类似摄制电影的方法创作的作品、摄影作品，其发表权、著作权中的财产权的保护期为50年，截止于作品首次发表后第50年的12月31日，但作品自创作完成后50年内未发表的，不再受法律保护。

(5) 作者身份不明的作品，其著作权中的财产权保护期截止于作品首次发表后第50年的12月31日。作者身份确定后，适用前述保护期限的规定。

(二) 著作权的行政保护与司法保护

因侵害著作权引起纠纷的，由当事人协商解决或者调解解决。不愿协商、调解或协商、调解不成的，著作权人或者利害关系人可以向人民法院起诉。

1. 行政保护

侵犯著作权的行为损害公共利益的，可以由著作权行政管理部门责令停止侵权行为，没收违法所得，没收、销毁侵权复制品，并可处以罚款；情节严重的，著作权行政管理部门还可以没收主要用于制作侵权复制品的材料、工具、设备等。

2. 司法保护

著作权人或者与著作权有关的权利人有证据证明他人正在实施或者即将实施侵犯其权利的行为，如不及时制止将会使其合法权益受到难以弥补的损害的，可以在起诉前向人民法院申请采取责令停止有关行为和财产保全的措施。

为制止侵权行为，在证据可能灭失或者以后难以取得的情况下，著作权人或者与著作权有关的权利人可以在起诉前向人民法院申请保全证据。人民法院可以责令申请人提供担保；申请人不提供担保的，驳回申请。申请人在人民法院采取保全措施后15日内不起诉的，人民法院应当解除保全措施。

涉及著作权许可使用纠纷的，实行举证责任倒置原则，复制品的出版者、制作者不能证明其出版、制作有合法授权的，复制品的发行者或者电影作品或以类似摄制电影的方法创作的作品、计算机软件、录音录像制品的复制品的出租者不能证明其发行、出租的复制品有合法来源的，应当承担法律责任。

（三）侵犯著作权的诉讼时效

侵犯著作权的诉讼时效为2年，自著作权人知道或者应当知道侵权行为之日起计算。权利人超过2年起诉的，如果侵权行为在起诉时仍在持续，在该著作权保护期内，人民法院应当判决被告停止侵权行为；侵权损害赔偿数额应当自权利人向人民法院起诉之日起向前推算2年计算。

案例6—3

著作权和商标专用权之间的冲突

张乐平是我国著名的漫画家，在20世纪30—90年代创作了家喻户晓的漫画作品《三毛流浪记》、《三毛从军记》，并确立了“三毛”的经典漫画形象——大脑袋、头上只有三根头发、鼻子圆圆的小男孩。1992年张乐平去世后，其继承人（配偶及子女）发现，江苏三毛集团公司销售的产品及企业形象使用了以“三毛”漫画形象为标识的商标。进一步了解，得知该企业于1995年11月至1996年2月期间，共计向国家工商行政管理局商标局申请核准注册了31类标有“三毛”漫画形象的商标。

1996年4月，张乐平继承人向上海市法院起诉，状告江苏三毛集团公司侵害其著作权。认为“三毛”的漫画形象作为一个美术作品，其著作权属于张乐平所有。江苏三毛集团公司未经张乐平的继承人同意，擅自将“三毛”漫画形象作为其企业商标进行注册并广泛使用，构成严重侵权，要求三毛集团公司停止侵权、登报赔礼道歉，并赔偿损失。

三毛集团公司辩称，其原本名称为“江苏省江阴市第三毛纺厂”，当地人简称“三毛”。企业发展壮大后，遂将企业名称更改为“三毛集团公司”。1994年，三毛集团公司委托江阴当地一位美工设计师设计以“三毛”为主题的商标图案，该图案为穿西装、打领带的小男孩形象，还有“SANMAO”及“三毛”字样，是文字及其图形组合的商标标识。1995年，三毛集团公司以该商标标识向商标局申请商标注册，并被核准注册，取得商标专用权。

三毛集团公司认为自己并没有侵犯张乐平的著作权。首先，注册商标标识中的小男孩穿西装、打领带，与张乐平的“三毛”漫画形象并无联系。其次，注册商标标识的著作权归属于商标设计人（美工设计师），三毛公司只拥有该商标标识的使用权，即使该商标标识构成侵权，侵权人也不是善意使用的第三人（三毛公司）。第三，“三毛”商标系依法经商标局核准注册后取得商标专用权，在商标注册初步审定公告后的异议期内，张乐平著作权的继承人并没有提出异议。因此，三毛集团公司依法使用注册商标不构成侵权行为。

张乐平继承人出示证据，指出自张乐平去世后，他们以著作权继承人的身份将“三毛”漫画形象在上海市版权局进行了著作权登记。经对比版权登记文件与三毛集团公司的注册商标，该小男孩除了穿西装、打领带之外，其余特征与张乐平的“三毛”漫画形象无异。

问：三毛集团公司使用“三毛”注册商标的行为是否侵害了张乐平的著作权？

案例点评

本案例的核心是著作权和商标专用权之间存在冲突的情况下优先保护谁的权利。

1. 从知识产权的取得方式看，著作权自作者完成作品之日起自动取得，商标专用权经申请由商标局核准注册后取得。因此，张乐平依法取得其创作的“三毛”漫画形象的著作权。三毛集团公司依法取得了“三毛”注册商标的专用权。但是，著作权取得在先，商标专用权取得在后。

2. 张乐平去世后，其著作权中的财产权依法由其继承人继承，其发表权、著作权中的财产权的保护期为其死亡后50年。其著作权中的人身权不能被继承。因此，张乐平的继承人享有在著作权保护期内该作品的使用权和获得报酬的权利。

3. 根据张乐平继承人提供的著作权登记文件，可以认定“三毛”商标标识抄袭了张乐平享有著作权的漫画作品形象，未经著作权人许可而使用，构成侵犯著作权的行为。

4. 张乐平创作的“三毛”是我国公众熟悉的漫画形象，三毛集团公司理应知道擅自将该美术作品作为注册商标在其产品上使用是侵犯他人著作权的行为。虽然“三毛”商标标识设计人是美工设计师，但“三毛”注册商标的商标注册人是三毛集团公司。三毛集团公司获取了使用该注册商标的利益，自然也应当承担使用该注册商标造成的侵权法律责任。美工设计师以营利为目的抄袭张乐平的漫画形象，当然也构成侵权行为，但并不能因此否认三毛集团公司的侵权行为性质。

5. 虽然三毛集团公司申请商标注册初步审定公告后的异议期内，张乐平著作权的继承人没有提出异议，但是，《商标法》规定，在先权利人、利害关系人对已经注册的商标有争议的，可以自该商标经核准注册之日起5年内，向商标评审委员会请求宣告该注册商标无效。因此，张乐平著作权的继承人可以三毛集团公司“侵犯他人合法的在先权利（著作权）进行注册”为理由，请求商标评审委员会宣告该注册商标无效；同时，还可以直接向法院起诉，请求侵权人赔偿其因被侵权受到的损失。

6. 本案例涉及知识产权中的著作权和商标权的权利冲突问题。权利冲突，指不同权利人拥有的不同类型的知识产权在同一保护对象上发生了冲突，如张乐平继承人对“三毛”漫画形象的著作权与三毛集团公司对“三毛”注册商标标识中的“三毛”漫画图形享有商标专用权。解决权利冲突的基本原则是“权利在先”原则，即何种权利产生在先，优先保护在先的权利，而权利产生在后者视为侵权。

7. 基于上述理由，1997 年，法院依法判决：(1) 三毛集团公司未经著作权人许可将“三毛”漫画形象作为商标申请注册，侵犯张乐平继承人的著作权，应当停止在其产品、企业形象上使用“三毛”漫画作品形象。(2) 张乐平继承人继承的是著作权人的财产权，故要求三毛集团公司登报赔礼道歉请求于法无据，法院不予支持。(3) 张乐平继承人要求三毛集团公司赔偿侵权损失人民币 100 万元，但未能提供充分证据予以证实。考虑其为制止三毛集团公司的侵权行为所支付的异议费用等支出，三毛集团公司应当酌情赔偿其经济损失 10 万元。

第 5 节　侵害知识产权的法律责任

一、侵害知识产权法律责任的性质和特征

侵害知识产权所承担的法律责任包括刑事责任、行政责任、民事责任。

对保护知识产权负有责任和职权的国家机关包括：司法机关和行政管理机关（专利局、商标局、版权局、工商行政管理局等）。司法机关负责追究侵权人的刑事责任和民事责任。行政管理机关负责追究侵权人的行政责任。

就民事责任而言，侵害知识产权的行为是一般民事侵权行为，应当具备四个构成要件：行为的违法性、损害事实、因果关系、过错。在过错问题上，虽然法律并没有将以营利为目的作为确认过错的唯一原因，但实践中，绝大多数行为人都是以营利为目的而侵权，通常也是通过过错推定原则确认行为人的过错。因此，追究侵害知识产权法律责任的过程中，也会适用举证责任倒置原则。

侵害知识产权容易引起的纠纷是以什么为基础确认损害赔偿金额。通常有三种办法：第一，以侵权人因侵权所获得的利润为基础；第二，以被侵权人因被侵权所受到的损失为基础；第三，以正常转让该知识产权使用权时所获得的合理使用费为基础。

二、侵害专利权的法律责任

确认侵害专利权的民事责任，除根据一般民事侵权行为的构成要件判断外，还要考虑两个因素：一是受到不法侵害的专利权在有效期限内；二是侵权行为以营利为目的。

1. 侵害专利权的形式

一类是未经专利权人许可，实施其专利的行为，即在没有专利权人合法授权的情况下，为生产经营的目的：（1）制造、使用、许诺销售、销售和进口专利产品或者使用专利方法；（2）使用、许诺销售、销售和进口依照该专利方法直接获得的产品；（3）制造、许诺销售、销售、进口其外观设计专利产品。

另一类是假冒他人专利的行为，包括：（1）在未被授予专利权的产品或者其包装上标注专利标识，专利权被宣告无效后或者终止后继续在产品或者其包装上标注专利标识，或者未经许可在产品或者产品包装上标注他人的专利号；（2）销售上述假冒专利的产品；（3）在产品说明书等材料中将未被授予专利权的技术或者设计称为专利技术或者专利设计，将专利申请称为专利，或者未经许可使用他人的专利号，使公众将所涉及的技术或者设计误认为是专利技术或者专利设计；（4）伪造或者变造专利证书、专利文件或者专利申请文件；（5）其他使公众混淆，将未被授予专利权的技术或者设计误认为是专利技术或者专利设计的行为。

专利权终止前依法在专利产品、依照专利方法直接获得的产品或者其包装上标注专利标识，在专利权终止后许诺销售、销售该产品的，不属于假冒专利行为。

销售不知道是假冒专利的产品，并且能够证明该产品合法来源的，由管理专利工作的部门责令停止销售，但免除罚款的处罚。

2. 侵害专利权的法律责任

对专利侵权行为，专利权人或利害关系人可以请求行政管理机关处理，也可以直接向人民法院起诉，要求侵权人承担相应的民事责任、行政责任或刑事责任。

民事责任包括：停止侵害，如要求侵权人停止继续制造专利产品、使用专利方法、停止假冒行为等；赔偿损失；消除影响、恢复名誉和赔礼道歉等。

民事责任中的赔偿损失，赔偿数额按照权利人因被侵权所受到的实际损失确定；实际损失难以确定的，可以按照侵权人因侵权所获得的利益确定。权利人的损失或者侵权人获得的利益难以确定的，参照该专利许可使用费的倍数合理确定。赔偿数额还应当包括权利人为制止侵权行为所支付的合理开支。权利人的损失、侵权人获得的利益和专利许可使用费均难以确定的，人民法院可以根据专利权的类型、侵权行为的性质和情节等因素，确定给予1万元以上100万元以下的赔偿。

假冒专利的，除依法承担民事责任外，由管理专利工作的部门责令改正并予公告，没收违法所得，可以并处违法所得4倍以下的罚款；没有违法所得的，可以处20万元以下的罚款；构成犯罪的，依法追究刑事责任。

专利侵权纠纷涉及新产品制造方法发明专利的，实行举证责任倒置原则，由制造同样产品的单位或者个人提供其产品制造方法不同于专利方法的证明；涉及实用新型专利或者外观设计专利的，人民法院或者管理专利工作的部门可以要求专利权人或者利害关系人出具由国务院专利行政部门对相关实用新型或者外观设计进行检索、分析和评价后作出的专利权评价报告，作为审理、处理专利侵权纠纷的证据。

在专利侵权纠纷中，被控侵权人有证据证明其实施的技术或者设计属于现有技术或者现有设计的，不构成侵犯专利权。

三、侵害注册商标专用权的法律责任

与专利侵权民事责任相类似，确认侵害商标专用权的民事责任，除根据一般民事侵权行为的构成要件判断外，也要考虑三个因素：一是注册商标与未注册商标的区别；二是受到不法侵害的商标专用权在有效期限内；三是商标侵权行为以营利为目的。

1. 侵害商标专用权的形式

确认商标侵权行为，主要以商标专用权和禁用权为判断标准。商标专用权的法律保护范围以核准注册的商标标志为限，由商标注册人排他性支配该注册商标。商标禁用权，指商标专用权人有权禁止他人擅自在同一种商品或类似商品上使用与其注册商标相同或近似的商标。侵害商标专用权的行为主要有七种情形，详见前述注册商标专用权的保护范围相关内容。

2. 侵害商标专用权的法律责任

侵害商标专用权的民事责任：包括停止侵权行为、赔偿损失、赔礼道歉、消除影响、恢复名誉等。其中，侵犯商标专用权的赔偿数额，按照权利人因侵权所受到的实际损失确定；实际损失难以确定的，可以按照侵权人因侵权所获得的利益确定；权利人的损失或者侵权人获得的利益难以确定的，参照该商标许可使用费的倍数合理确定。对恶意侵犯商标专用权，情节严重的，可以按照上述方法确定数额的 1 倍以上 3 倍以下确定赔偿数额，赔偿数额应当包括权利人为制止侵权行为所支付的合理开支。

人民法院为确定赔偿数额，在权利人已经尽力举证，而与侵权行为相关的账簿、资料主要由侵权人掌握的情况下，可以责令侵权人提供与侵权行为相关的账簿、资料；侵权人不提供或者提供虚假的账簿、资料的，人民法院可以参考权利人的主张和提供的证据判定赔偿金额。

权利人因被侵权所受到的实际损失，侵权人因侵权所获得的利益、注册商标使用许可费难以确定的，由人民法院根据侵权行为的情节判决给予 300 万元以下的赔偿。

注册商标专用权人请求赔偿，被控侵权人以注册商标专用权人未使用注册商标提出抗辩的，人民法院可以要求注册商标专用权人提供此前 3 年内实际使用该注册商标的证据。注册商标专用权人不能证明此前 3 年内实际使用过该注册商标，也不能证明因侵权行为受到其他损失的，被控侵权人不承担赔偿责任。

商标侵权的行政责任：工商行政管理部门认定侵权行为成立的，责令立即停止侵权行为，没收、销毁侵权商品和专门用于制造侵权商品、伪造注册商标标识的工具，违法经营额 5 万元以上的，可以处违法经营额 5 倍以下的罚款，没有违法经营额或者违法经营额不足 5 万元的，可以处 25 万元以下的罚款。对 5 年内实施两次以上商标侵权行为或者有其他严重情节的，应当从重处罚。销售不知道是侵犯注册商标专用权的商品，能证明该商品是自己合法取得并说明提供者的，不承担赔偿责任，由工商行政管理部门责令停止销售。

商标侵权的刑事责任：（1）未经商标注册人许可，在同一种商品上使用与其注册商标相同的商标，构成犯罪的，除赔偿被侵权人的损失外，依法追究刑事责任；（2）伪造、擅自制造他人注册商标标识或者销售伪造、擅自制造的注册商标标识，构成犯罪的，除赔偿被侵权人的损失外，依法追究刑事责任；(3) 销售明知是假冒注册商标的商品，构成犯罪的，除赔偿被侵权人的损失外，依法追究刑事责任。

四、侵害著作权的法律责任

1. 侵害著作权的民事责任

有下列侵权行为的，应当根据情况，承担停止侵害、消除影响、赔礼道歉、赔偿损失等民事责任：

(1) 未经著作权人许可，发表其作品的；

(2) 未经合作作者许可，将与他人合作创作的作品当作自己单独创作的作品发表的；

(3) 没有参加创作，为谋取个人名利，在他人作品上署名的；

(4) 歪曲、篡改他人作品的；

(5) 剽窃他人作品的；

(6) 未经著作权人许可，以展览、摄制电影和以类似摄制电影的方法使用作品，或者以改编、翻译、注释等方式使用作品的，法律另有规定的除外；

(7) 使用他人作品，应当支付报酬而未支付的；

(8) 未经电影作品和以类似摄制电影的方法创作的作品、计算机软件、录音录像制品的著作权人或者与著作权有关的权利人许可，出租其作品或者录音录像制品的，法律另有规定的除外；

(9) 未经出版者许可，使用其出版的图书、期刊的版式设计的；

(10) 未经表演者许可，从现场直播或者公开传送其现场表演，或者录制其表演的；

(11) 其他侵犯著作权以及与著作权有关的权益的行为。

其中，赔偿损失的责任，侵权人应当按照权利人的实际损失给予赔偿；实际损失难以计算的，可以按照侵权人的违法所得给予赔偿。赔偿数额还应当包括权利人为制止侵权行为所支付的合理开支。权利人的实际损失或者侵权人的违法所得不能确定的，由人民法院根据侵权行为的情节，判决给予50万元以下的赔偿。

2. 侵害著作权的行政责任和刑事责任

下列侵权行为，应当根据情况，除承担停止侵害、消除影响、赔礼道歉、赔偿损失等民事责任外，同时损害公共利益的，可以由著作权行政管理部门责令停止侵权行为，没收违法所得，没收、销毁侵权复制品，并可处以罚款；情节严重的，著作权行政管理部门还可以没收主要用于制作侵权复制品的材料、工具、设备等；构成犯罪的，依法追究刑事责任：

(1) 未经著作权人许可，复制、发行、表演、放映、广播、汇编、通过信息网络向公众传播其作品的，法律另有规定的除外；

(2) 出版他人享有专有出版权的图书的；

(3) 未经表演者许可，复制、发行录有其表演的录音录像制品，或者通过信息网络向公众传播其表演的，法律另有规定的除外；

(4) 未经录音录像制作者许可，复制、发行、通过信息网络向公众传播其制作的录音录像制品的，法律另有规定的除外；

（5）未经许可，播放或者复制广播、电视的，法律另有规定的除外；

（6）未经著作权人或者与著作权有关的权利人许可，故意避开或者破坏权利人为其作品、录音录像制品等采取的保护著作权或者与著作权有关的权利的技术措施的，法律、行政法规另有规定的除外；

（7）未经著作权人或者与著作权有关的权利人许可，故意删除或者改变作品、录音录像制品等的权利管理电子信息的，法律、行政法规另有规定的除外；

（8）制作、出售假冒他人署名的作品的。

复制品的出版者、制作者不能证明其出版、制作有合法授权的，复制品的发行者或者电影作品或者以类似摄制电影的方法创作的作品、计算机软件、录影录像制品的复制品的出租者不能证明其发行、出租的复制品有合法来源的，应当承担法律责任。

案例6—4

如何保护自己的工业产权

甲食品公司经多年研制，发明了一种新型天然饮料——椰汁，并就其生产方法申请了发明专利。该产品投放市场后很受消费者欢迎。乙饮料公司通过某种渠道获得甲食品公司生产这种椰汁的技术资料，也开始生产这种产品，但因未掌握关键技术，产品质量较差。乙饮料公司产品的外包装与甲食品公司产品的注册商标极为相似，十分容易混淆，不仅引起消费者的不满，也影响了甲食品公司的声誉。甲食品公司的生产方法发明专利申请虽然已经公布，但尚未被批准授权，而且，某县乙饮料公司并未冒用其注册商标。

问：在这种情况下，甲食品公司可以通过哪些法律手段保护自己的合法权益？

案例点评

本案的核心是乙饮料公司是否侵害了甲食品公司的专利权与商标权。

1. 根据商标法相关规定，未经商标注册人的许可，在同一种商品或者类似商品上将与他人注册商标相同或者近似的标志作为商品名称或者商品装潢使用，误导公众的，属于侵犯商标专用权的行为。乙饮料公司产品的外包装、图案与甲食品公司产品的注册商标极为相似，十分容易混淆，侵害了甲食品公司的商标专用权。权利人甲食品公司有权要求乙饮料公司停止侵害并赔偿损失。

2. 甲食品公司专利申请尚未被批准授权，不能以专利侵权的名义请求法律保护。

3. 根据专利法相关规定，发明专利申请公布后，授权前，申请人可以要求实施其发明的单位或者个人支付适当的费用。专利审批过程大致可分为三个阶段，各阶段对专利内容的保护方法不同：第一阶段，专利申请提交国家专利行政部门后至公布前。此时，因专利申请并没有公开，专利申请内容由申请人自行保护。同时，在专利申请公布前，国务院专利行政部门的工作人员及有关人员对专利申请内容也负有保密责任。第二阶段，专利申请公布后至授权前。此时，专利申请内容已公布，但无法确定最终能否授权。由于专利权的保护期限是从申请之日起计算，而非授权之日起计算，一旦授权，这段时间也在保护期内。所以，法律为这段时间设定了临时保护期，在此期间，他人未经专利申请人许可而实施其发明的，专利申请人可要求实施者支付适当的使用费（也可参照授权后的专利使用转让费）。第三阶段，专利授权之后。他人再擅自使用专利产品或专利方法的，属于专利侵权行为，应当承担法律责任。从本案例看，甲食品公司正好处于专利申请公布后授权前的临时保护期阶段，可以要求乙饮料公司向自己支付适当的使用费。如果乙饮料公司拒不支付，待甲食品公司专利申请被批准并授权后，则以专利权人的身份要求乙饮料公司支付其专利使用费。

本章小结

知识经济正成为我们这个时代的典型特征，知识产权及其保护也成为企业经营活动中经常涉及的问题。知识产权包括专利权、商标权和著作权，兼具人身权和财产权的基本特征，但知识产品的无形性和易复制性，不仅使人们容易忽视这种权利的存在，还直接导致侵权行为的普遍性与权利保护的实际困难。因此，本章通过知识产权与所有权的比较，重点说明了知识产权的性质与法律特征，强调知识产权中的工业产权（专利权和商标权）必须通过特定的法律程序向有关行政管理机关申请，经登记并公告后，才能确定权利人，这是工业产权取得的特有方式。著作权虽然实行自愿登记制度，但登记过的著作权有助于证明权利的真实性与合法性，能够有效保障作者的合法权益。本章引用的一些案例充分证明了这一结论。

围绕知识产权的取得、行使与保护，本章介绍了专利权的类型（发明、实用新型、外观设计）、专利申请权与专利权的归属与转让原则、授予专利权的条件（新颖性、创造性、实用性）、专利权取得的程序、专利权保护期限和方法、专利实施强制许可的条件和后果、商标权的特点、商标禁用标志、商标注册原则与注册程序、商标权的保护期限和保护方法、著作权所包括的具体权利、确定著作权归属的原则、著作权的限制，以及著作权中人身权和财产权行使、保护方式和期限的区别等。此外，需要提示的是，人们习惯于从静态角度看待各种权利，本章则从动态角度（权利行使）介绍知识产权的内容，两种方式视角不同，但实质内容并无区别。

关键术语

知识产权	工业产权	专利权	专利申请权
职务发明与非职务发明	新颖性	创造性	实用性
专利实施强制许可	注册商标	商标专用权	商标注册人
商标续展权	著作权	职务作品的著作权	著作权的限制

复习思考题

1. 从专利权的取得程序和保护范围看，发明申请专利或不申请专利的利弊各是什么？

从企业经营角度看，哪些发明作为非专利技术可能比申请专利更有利？

2. 根据自己的体会，总结归纳追究专利侵权行为的难点。

3. 使用注册商标与未注册商标各有什么利弊？为什么要适时将未注册商标进行注册？

4. 如何评价“恶意抢注商标”的现象？企业管理过程中如何防止自己的商标被他人恶意抢注或以其他不正当手段注册？

5. 职务作品著作权的归属原则和使用原则对企业知识产权管理制度的建立或完善有哪些指引作用？

6. 外观设计专利权、商标权、著作权三者之间容易产生权利冲突，企业管理过程中如何注意到这种现象？如何采取有效措施产生和保护自己的“在先权利”？

参考阅读书目及法律、法规

1.《中华人民共和国专利法》(2008)（1984 年 3 月全国人民代表大会常务委员会通过，自 1985 年 4 月 1 日起施行；1992 年 9 月全国人民代表大会常务委员会第一次修正；2000 年 8 月全国人民代表大会常务委员会第二次修正；2008 年 12 月全国人民代表大会常务委员会第三次修正）。

2.《中华人民共和国专利法实施细则》(2010)（2001 年 6 月中华人民共和国国务院公布，自 2001 年 7 月 1 日起施行；2002 年 12 月国务院第一次修订；2010 年 1 月国务院第二次修订）。

3.《中华人民共和国商标法》(2013)（1982 年 8 月全国人民代表大会常务委员会通过，自 1983 年 3 月 1 日起施行；1993 年 2 月全国人民代表大会常务委员会第一次修正；2001 年 10 月全国人民代表大会常务委员会第二次修正；2013 年 8 月全国人民代表大会常务委员会第三次修正）。

4.《中华人民共和国商标法实施细则》(2014)（1983 年 3 月国务院发布并实施；1988 年 1 月国务院第一次修订；1993 年 7 月国务院第二次修订；1995 年 4 月国务院第三次修订；1999 年 4 月国务院第四次修订；2014 年 4 月国务院第五次修订）。

5.《中华人民共和国著作权法》(2010)（1990 年 9 月全国人民代表大会常务委员会通过，自 1991 年 6 月 1 日起施行；2001 年 10 月全国人民代表大会常务委员会第一次修正；2010 年 2 月全国人民代表大会常务委员会第二次修正）。

6.《中华人民共和国著作权法实施条例》(2013)（2002 年 8 月国务院公布，自 2002 年 9 月 15 日起施行；2011 年 1 月国务院第一次修订；2013 年 1 月国务院第二次修订）。

第 7 章

合同与担保法律制度

本章重点

- 合同的形式和主要内容
- 要约、承诺的法律效力
- 确认合同法律效力的标准
- 合同履行的基本原则
- 合同担保的主要形式
- 合同变更、转让的主要区别
- 承担违约责任的方式

第1节　合同法律制度的特征与功能

一、商品交易与合同

商品交易是社会通过专业分工配置资源的主要方式。不过，商品交易能否有效率地配置资源取决于两个基本前提：一是国家对个人、组织（法人）财产权的确认与保护。市场主体享有物权和知识产权是商品交易的起点与基础，分散的权利人自愿交换其物权与知识产权是保持一定规模或数量交易活动的必要条件。二是有比较完备的市场，包括合乎经济逻辑的需求与供给机制以及公平的市场交易规则。例如，如果完全依靠计划或行政命令调节供需，就不存在自愿交易的可能性。商品交易的本质是财产权利的转移，有即时交易与承诺交易。前者，双方的权利义务同时实现，交易即时清结，交易过程基本上没有风险，但只能是简单的小规模交易活动。后者，交易发生、完成必须经历一个过程，买卖行为在时间和空间上是分离的，交易双方实现权利、履行义务并非同步进行，通常是复杂的大规模交易活动。显然，在承诺交易中，交易双方必须向对方作出做什么行为或不做什么行为的承诺。承诺是未来实现的，未来充满了变数，存在对方采取损人利己机会主义行为和发生意外风险的可能性。实现承诺或交易过程时间越长，发生机会主义行为和风险的可能性越大，这就需要当事人通过合同（契约）合理分配商品交易过程中的风险，约束交易者的机会主义行为。所以，合同是促进并保护商品交易正常进行的工具。商品交易越发达，合同法律制度越完善。

合同是法律上有效的承诺。一方不履行诺言，就是违约，另一方有权要求对方实际履约或获得某种法律补救。合同的基础是当事人之间的合意（意思表示一致），只有自愿的交易才有可能是公平与有效率的。所以，无论市场主体的实际政治与经济地位有何差别，在订立合同时，当事人法律地位一律平等，任何一方都不得强迫另一方签订或不签订合同，以保证市场交易活动的自愿与公平性质。

二、合同法律制度的特征和功能

合同法律制度的目标是，保护合理正当的财产权交易，促进社会资源有效率使用。合同的本质是承诺，承诺使当事人相信期待的交易利益可以实现，但是，交易过程中存在的交易成本、机会主义行为和各种意外风险都是完成交易的障碍。合同法的主要功能是减少交易成本，预防并惩罚合同当事人的机会主义行为，合理分配交易过程中的市场风险，以保护交易安全，提高交易效率。

首先，在合同订立和履行过程中，存在一系列交易成本，包括寻找交易对象的成本、讨价还价的谈判成本、监督履行合同的成本等。合同法有助于减少这些交易成本。例如，规范的合同订立程序可以使潜在的交易者确认谁希望进行交易，如何告诉对方交易的愿望和条件，并通过讨价还价过程达到合意，以便合同确实能反映当事人的共同意愿。合同法中规定的各种交易规范与标准术语，使当事人在合同订立与履行过程中有法可依，可以减少反复推敲合同条款所需要的成本。合同法所规定的违约责任制度可以使交易者充分了解交易的各种条件以及合同行为的后果，防止或减少违约及由此产生的各种成本。

其次，即使当事人订立合同时充分考虑了各种可能性，但履行合同过程中仍然会出现当事人无法预料的各种意外事件，导致交易双方的利益分配格局发生变化，出现市场风险。虽然当事人可以通过细化合同条款来解决这一问题，但也会带来过高的合同成本，以致合同无法签订。合同法区分了不同事件的性质及法律后果，规定了合理分配市场风险的机制和原则。例如，市场因素变化（如法律和政策变化、价格变化、生产能力变化等）与不可抗力（如自然灾害、战争等）所导致的市场风险性质不同，当事人分担风险的原则与方法也有所区别。

最后，合同法中的违约责任规定，可以有效减少或防止合同履行过程中的机会主义行为。例如，市场价格变化可能会改变合同订立时当事人期待的利益分配方式，为了转嫁损失、追求更大的收益，交易者可能采取机会主义行为拒绝履行合同，违背当事人之间明示或默认的市场风险分担原则。违约责任可以使履约与违约的利益对比关系更有利于守约一方，以规制机会主义行为。

合同法中有两个核心问题。第一，什么样的合同应当履行？这是合同的法律效力问题。有效的合同才受到法律保护，以国家强制力保证履行。合同是否有效涉及合同当事人主体资格、意思表示以及合同成立程序、合同内容合法性等有关法律规定。第二，违背有效合同应给予什么样的赔偿？损害赔偿是违约的法律补救方式之一，涉及违约赔偿的原则、范围、方法等法律规定。理解合同，必须理解合同的法律效力与违约责任这两个核心问题。实践中，最容易发生合同纠纷的环节是：合同是否成立、合同是否具有法律效力、合同是否履行、合同担保、违约责任等，企业管理者在这些方面应予以特别的注意。

我国合同与担保法律制度主要由《中华人民共和国合同法》、《中华人民共和国担保法》规定。

第2节　合同的订立

一、订立合同的基本要求

（一）合同的概念及其种类

合同是平等主体的自然人、法人和其他组织之间设立、变更、终止民事权利义务关系的协议。

政府与企业之间的行政管理关系，企业内部管理关系，婚姻、收养、监护等有关身份关系的协议，均不适用合同法，而是适用相关行政管理法规、公司法和企业法、民法和婚姻家庭法等法律规定。

按照合同的性质，我国有统一名称的合同共15种，分别是：买卖合同；供用电、水、气、热力合同；赠与合同；借款合同；租赁合同；融资租赁合同；承揽合同；建设工程合同；运输合同；技术合同；保管合同；仓储合同；委托合同；行纪合同；居间合同。此外，无统一名称的合同也由合同法规范。

（二）订立合同的基本原则

订立合同的基本原则有：（1）合同当事人法律地位平等，一方不得将自己的意志强加给另一方。（2）当事人依法享有自愿订立合同的权利，任何单位和个人不得非法干预。（3）当事人应当遵循公平原则确定各方的权利和义务。（4）当事人行使权利、履行义务应当遵循诚实信用原则。（5）当事人订立、履行合同，应当遵守法律、行政法规，尊重社会公德，不得扰乱社会经济秩序，损害社会公共利益。

上述原则中，核心是合同自愿（契约自由）与遵守法律、维护道德原则。合同当事人法律地位平等是契约自由与公平分配合同权利义务的前提，遵守法律、道德和诚实信用原则是契约自由的必要补充。契约自由的基本含义是：（1）订立合同自由。是否订立合同及合同是否成立完全依照双方当事人自由意愿而定。（2）选择合同当事人的自由。向谁发出要约，是否承诺，完全由当事人自行决定。（3）合同内容自由决定。除法律明文禁止的内容外，合同条款由当事人自行商定。

但是，随着社会经济的发展，国家有必要对私人之间订立合同的自由进行限制和干预，以维护社会公共利益。例如，禁止订立不正当限制竞争的合同，禁止订立不公平的经营方法的合同，对合同的格式条款进行适当的限制等。国家限制合同自由的基本精神是：约定的内容不得违背法律的明文规定，公共秩序和善良风俗优先于合同自由。具体而言，各国法律对合同自由的限制体现在以下方面：（1）对订立合同自由的限制。在公共事业、医疗服务等垄断性行业或关乎人的生命健康领域，只要当事人提出要约的内容属于国家拟定的业务范围，提供服务的单位或个人都应该承诺，不得以合同自由为名拒绝订立合同。（2）对选择合同当事人的限制，如企业不得拒绝雇用工会会员等，不得拒绝向特定客户提供商品或服务等。（3）对合同内容自由的限制，如反不正当竞争法、反托拉斯法、合同法等都对合同的内容进行了必要的限制。（4）对订立合同方式进行限制，如规定某些合同必须采用书面形式，有些要经过登记、批准等程序才生效等。

（三）合同的形式

1. 书面形式

书面形式，指用文字形式订立的合同，包括正式的合同书、信件、数据电文（包括电报、电传、传真、电子数据交换和电子邮件）等可以有形地表现所载内容的形式。

书面形式包括一般书面形式和特殊书面形式。前者指以一般的文字方式表达订立合同的意愿，体现合同的内容。后者主要指公证形式，即由公证机关在合同书上加盖公证印章，证明合同真实、合法，具有法律效力。

书面形式合同的优点是可以长期保存，发生合同纠纷时有据可查，便于当事人举证和主张权利。通常情况下，书面形式合同可以产生四种不同的法律效力：（1）证据效力。书面形式作为合同的证明。（2）成立效力。书面形式作为合同成立的要件。（3）生效效力。书面形式作为合同生效的要件。（4）对抗第三人的效力。书面形式作为对抗第三人的要件。

2. 口头形式

口头形式，指用语言方式订立的合同，包括用当面交谈、电话交谈等形式表达订立合同的愿望与合同的具体内容。口头形式合同的最大优点是简单、方便、易行，订立合同成本很低，但“口说无凭”，发生合同争议时难以举证，合同履行成本可能很高。因此，大宗和复杂的交易合同通常采用书面形式。

3. 其他形式

其他形式，指用行为表示订立合同的意愿，体现合同的内容，包括推定行为、默示等。推定行为是用积极的行为表达订立合同的愿望与合同内容，如当事人之间有长期供货合同，合同期限届满后，一方继续供货，另一方继续接受货物并支付货款，可以从供货与接受货物的行为中推定双方达成了延长合同期限的协议。默示是用沉默不语的方式表达订立合同的愿望与合同内容，如产品试用期限届满时，试用人未声明拒绝购买（沉默），视为同意购买，则购买合同成立、生效。

原则上，当事人可以自由选择合同形式，但法律、行政法规规定应当采用书面形式的，当事人约定采用书面形式的，应当采用书面形式。

（四）合同的内容

合同的内容由当事人约定，一般包括以下条款。

1. 合同当事人的名称或者姓名和住所

表明合同主体的身份及住所，是确认合同主体资格的主要依据。公民个人签订合同应当有其个人签名或个人姓名图章。法人或其他组织签订合同应当有合同专用公章或单位公章，并有法定代表人、组织负责人或委托代理人的个人签章。法人或其他组织的住所是其主要办事机构的所在地的，一般都要在工商登记机关进行登记。

2. 标的

标的是合同当事人权利义务所指向的对象，没有标的的合同无法成立，标的不明的合同难以履行。常见的标的记载方法有：(1) 不动产，应记载房屋的名称、坐落、层次、种类、构造、面积、权利范围等。如仅买卖或租赁不动产的一部分，最好附图标明位置或记载四周界标；如果面积是以实际测量的数据而非登记的为准，也应注明。(2) 机械类，应记载牌号、商品名称、制造日期、型式、号码，如果有附属零部件，也应一并记入合同或另立清单。(3) 车辆类，应记载厂牌、型式、年份、颜色、行车执照号码、牌照号码、引擎号码。(4) 无形财产，专利权应记载专利证书号码、物品名称、取得专利权的时间、权利范围、专利期间；商标权应记载商标注册号码、商标名称、专用商品类别、专用期限，如果有附图说明更好；著作权应记载著作名称、册数、著作权人姓名、著作权年限等。(5) 有价证券，票据应记载发票人、发票日、票面金额、到期日、账号、票号。(6) 不特定物，金钱只记载币类、数额；其他不特定物，如粮食等，应记载种类、品质、数量。

合同标的条款不完备主要有四种情况：一是合同没有标的条款，则合同不能成立。二是合同虽然有标的条款，但不明确，多数表现为体现合同标的重要特征的数量和质量等条款不明确，应按照合同法的有关规定，协商补充或按照有关履行规则履行，否则，合同不成立。三是合同标的违反国家和社会公共利益，则合同无效，还要追究当事人的法律责任。四是合同标的是客观自始不能的给付，则合同无效。

3. 数量

数量是对标的的计量，以数字和计量单位表示，如产品数量、完成的工作量等。多数情况下，以标的物长度、面积、体积、重量及货币量表现。有些采用实物折合的方法计算，如棉纱用“支”。有的用复合单位计算，如拖拉机用“台/马力”等。产品数量忌用含糊不清的标准，如“一打”、“一捆”、“一车”等。具体的计量方法，应当按照国家或主管部门规定的计量方法执行。无上述规定的，由双方商定；同时，应商定交货数量的正负尾差、合理磅差和在途自然减（增）量的规定及计算方法。对机电设备，必要时应在合同中明确规定随主机的辅机、附件、配套的产品、易损耗备件、配件和安装修理工具等。对成套供应的产品，应明确成套供应的范围，并提出成套供应清单。总之，签订数量条款时，应明确数量、计量单位和计量方法。

4. 质量

质量，是合同标的内在品质和外观形象的优劣状况。在确定标的质量时，有国家强制性标准或行业强制标准的，应按照这些标准确定，但应该写明这些标准的具体颁布日期、标准代号、编号和标准名称。如无上述标准，则由双方当事人协商确定，但也应在合同中写明具体的验收标准或封存样品。对劳务或精神产品也应尽可能具体商定质量标准。

合同质量纠纷产生的主要原因有：(1) 质量标准规定不具体，如只写“质量合格”。

(2) 不规定质量标准（未写明质量要求）。(3) 对质量要求的规定有错误。(4) 质量标准规定不全面，未将全部指标写入质量条款。解决质量纠纷的关键是技术鉴定，而这需要有合理的鉴定标准。实践中最难以处理的质量纠纷主要有两种情况：一是无国家强制性标准或行业强制标准，则需要由有关技术部门或权威科研单位合理确定；二是在当事人协商确定质量标准时，因合同中写明的质量要求与封存的样品不一致，发生纠纷。处理这类纠纷经常采用的方法：一是以双方封存的样品为验收标准；二是按照合同中写明的标的物标准履行；三是按照合同的解释规则处理，即根据有关法律规定、合同目的和公平正义原则作出符合当事人真实意思的解释。

5. 价款或者报酬

价款或报酬，也称合同酬金，有偿合同都必须有价款或报酬的约定。价款是指一方当事人向以货物为交付标的的另一方所支付的货币。报酬是对完成一定劳务和实现一定劳动成果的人所支付的酬金。执行政府定价或指导价格的合同，价款或报酬按照国家有关规定执行。一般情况下，由合同双方当事人协商确定合同价款或报酬。

导致合同价款或报酬纠纷的主要原因：一是市场供求关系的变化，导致合同签订时与合同履行时价款或报酬不一致，一方当事人要求变动，另一方拒绝；二是一方当事人为降低合同酬金，借口质量不合格，拒收货物，引起酬金纠纷；三是合同本身对酬金条款规定不明确而产生纠纷。

6. 履行期限、地点和方式

履行期限是当事人履行合同义务的起止时间。由于合同可以一次履行，也可以分期分批履行，所以，合同的履行期限必须在合同中明确规定，这是衡量合同是否按时履行或迟延履行的客观标准。履行期限届满，不能履行合同的一方要承担违约责任。履行期限不仅决定债权人何时能够请求履行，还决定债务人何时可以开始履行，还是确定当事人是否违约的主要标准。

履行地点，指当事人按照合同行使权利和履行义务的地方。确定合同履行地的法律意义在于：(1) 是确定承担违约责任的基础；(2) 是确定法院地域管辖权的基础；(3) 是确定清偿范围的基础（如大宗货物的运输费用原则上由债务人承担）。

履行方式，指当事人以什么样的方式方法履行合同所规定的义务。如是提供劳务还是转移财产的所有权；是一次性履行还是分期履行；是由当事人亲自履行还是由他人代为履行；是需方自提还是供方送货或代办托运等。

7. 违约责任

违约，指当事人没有按照合同约定的标的、数量、质量、价款或报酬、履行期限、履行地点与方式履行合同义务的行为。多种多样的违约行为可以归纳为两种基本形式：一是完全不履行合同，即当事人没有履行任何合同义务；二是不适当履行合同，即当事人虽然实施了履行合同义务的行为，但不符合合同约定的条件。违约责任，指合同当事人完全不履行合同或不适当履行合同时应承担的法律责任。违约责任的形式通常由法律直接规定，但违约责任的具体内容一般由当事人自行约定。

8. 解决争议的办法

解决争议的办法，指当事人在合同订立与履行过程中发生争议后，以什么方法解决这些争议。解决合同争议的基本方法有两种：一是非法律程序的解决方法，包括协商与调解，其特点是当事人自愿协商或接受调解，但协商或调解结果不可以强制执行；二是法律程序的解决方法，包括仲裁与诉讼，其特点是当事人可以自愿选择仲裁或非自愿接受诉讼，仲裁或诉讼结果可以由法院强制执行。

二、订立合同的程序

（一）合意过程的本质

订立合同，是潜在交易者就合同的主要条款达成合意的过程。

合意过程分为要约（offer）和承诺（acceptance）两个阶段。要约是当事人一方愿意进入交易的明确表示，承诺是另一方对要约的无条件接受，如果是有条件的接受，就构成新要约。有效的要约和承诺完成，意味着合同成立。合意过程本质上是潜在交易者就合同的主要内容相互协商，讨价还价，相互妥协直至达成一致意见的过程，在订立合同的程序上表现为要约—新要约—新要约—承诺（合意）。合意过程是合同自由的充分体现，正是合同当事人反复的讨价还价行为，才能保证交易的自愿与公平，保证交易结果是当事人双方都愿意接受的。

合同订立程序要解决两个基本问题：一是如何认定要约的有效性，这涉及要约人是否接受要约的法律约束问题；二是如何确认承诺时间，这涉及合同是否成立问题。

（二）要约

1. 要约和要约邀请

要约是希望与他人订立合同的意思表示。要约应当符合两个基本规定：一是要约的内容具体明确，应包含订立合同的基本条款；二是表明经受要约人承诺，要约人即受该意思表示约束，合同即告成立。提出要约的一方称为要约人，接收要约的一方称为受要约人。

要约邀请是希望他人向自己发出要约的意思表示。寄送的价目表、拍卖公告、招标公告、招股说明书、商业广告等为要约邀请。商业广告的内容符合要约规定的，视为要约。

要约和要约邀请有以下区别：（1）性质不同。前者是订立合同的意思表示，也是合同程序的组成部分；后者是合同程序之前的准备工作。（2）法律约束力不同。前者对要约人有法律约束力；后者没有。（3）目的不同。前者希望得到对方的承诺；后者希望对方向自己发出要约，由自己决定是否承诺。（4）对象不同。前者针对特定人发出；后者向社会公众发出。

实践中，区分要约和要约邀请一般遵循以下原则：一是是否提出了订立合同的全部必要条款；二是按照当地的习惯及当事人之间的通常做法确定；三是依法律规定确定。

广告是否构成要约，一般要分析广告的具体内容。如果广告所列明的条件明确具体，无任何讨价还价余地，就构成要约，对该要约的承诺就导致合同成立。

2. 要约生效时间

要约发出后，受要约人有承诺或不承诺的权利（不承诺无须答复要约人）。为了保护受要约人承诺的权利，法律要求要约人必须接受要约的约束，即不得随意撤销或撤回要约。确认要约生效时间，对于确认要约人何时受要约的法律约束，保护受要约人承诺的权利有重要意义。

要约一般向特定的受要约人发出，要约到达受要约人时生效。

对于如何确定要约生效时间，各国法律有两种不同规定：一是发信主义，指要约脱离要约人实际控制后（如书面要约投入邮筒或交付电信部门）即生效。二是受信主义，指要约到达受要约人时生效。我国采用“受信主义”原则。

如何确定要约到达时间？口头合同和其他形式的合同，以受要约人了解要约内容为准。书面合同，以书面要约到达受要约人为准。“到达”指要约到达受要约人可以实际控制的地方，不以受要约人实际接收为前提。例如，给法人的要约发送到法人住所后，即为到达，无论法定代表人实际上是否接收。以数据电文形式订立的合同，收件人指定系统接收数据电文的，该数据电文进入该特定系统的时间，视为到达时间；未指定特定系统的，该数据电文进入收件人任何系统的首次时间，视为到达时间。

从要约生效时起到承诺期限结束，要约人受要约的约束，这就是要约的法律约束力。包括：除非符合要约撤回或撤销的条件，不得撤回或撤销要约或者变更要约的内容；受要约方如果按期承诺，要约人必须与对方订立合同；以特定物为标的的要约，不得以此标的物再向第三人发出要约。

3. 要约撤回和撤销

要约可以撤回。撤回要约的通知应当在要约到达受要约人之前或者与要约同时到达受要约人，即要约撤回只能发生在要约生效之前的阶段。

要约可以撤销。撤销要约的通知应当在受要约人发出承诺通知之前到达受要约人，即要约撤销只能发生在要约生效之后，合同成立之前的阶段。

以下两种情况下，要约不得撤销：（1）要约人确定了承诺期限或者以其他形式明示要约不可撤销；（2）受要约人有理由认为要约不可撤销，并已经为履行合同做了准备工作。

要约撤回与要约撤销有以下区别：要约撤回是撤回要约的通知先于要约或与要约同时到达受要约人，此时，要约还没有生效，要约人可以不受要约的限制。要约撤销是撤销要约的通知先于受要约人发出承诺通知之前到达，此时，要约已经生效，要约人应当受要约的限制。

4. 要约失效

要约失效，指要约失去法律约束力。要约失效后，要约人不再受要约的约束，受要约人也失去了承诺的权利。要约失效的原因有：（1）受要约人拒绝要约的通知到达要约人；（2）要约人依法撤销要约；（3）承诺期限届满，受要约人未作出承诺；（4）受要约人对要约内容作出实质性变更。

（三）承诺

1. 承诺的含义与法律效力

承诺是受要约人同意要约的意思表示。承诺的内容应当与要约的内容一致。承诺应当以通知的方式作出，但根据交易习惯或要约表明可以通过行为作出承诺的除外。以行为进行承诺的，一般应是积极的推定行为，沉默原则上不能视为承诺的一种方式。

受要约人对要约的内容作出实质性变更的，不是承诺，而是新要约。对要约内容的实质性变更是指有关合同标的、数量、质量、价款或报酬、履行期限、履行地点和方式、违约责任、解决争议方法等方面的变更。承诺对要约的内容作出非实质性变更的，除要约人及时表示反对或要约表明承诺不得对要约内容作出任何变更以外，该承诺有效，合同的内容以承诺的内容为准。

承诺一旦作出并送达要约人，合同即告成立，要约人不得加以拒绝。

2. 承诺的期限和生效时间

要约规定了承诺期限的，承诺应当在要约确定的期限内到达要约人。

要约没有规定承诺期限的，如果要约是以对话方式作出的，应当即时作出承诺，但当事人另有约定的除外。如果要约是以非对话方式作出的，承诺应当在合理期限内到达要约人。合理期限通常根据交易习惯、交易性质及要约传送的速度确定。要约以信件或电报作出的，承诺期限自信件载明的日期或电报交发之日起计算；信件未载明日期时，自投寄该信件的邮戳日期开始计算。要约以电话或传真等快速通信方式作出的，承诺期限自要约到达受要约人时开始计算。

承诺通知到达要约人时生效。承诺不需要通知的，根据交易习惯或要约的要求作出承诺的行为时生效。承诺生效时合同成立。

3. 承诺撤回

承诺可以撤回。撤回承诺的通知应当在承诺通知到达要约人之前或者与承诺通知同时到达要约人。承诺撤回有以下特点：(1) 只能发生在合同成立之前的阶段。(2) 只有书面承诺才能撤回，口头承诺与行为承诺因要约人听到或看到后即发生法律效力，不存在撤回问题。(3) 承诺只能撤回，不能撤销。承诺到达要约人后，合同即告成立，任何人无权单方撤销合同，只能依据合同变更、解除的相关规定处理。

4. 逾期承诺和承诺逾期到达

受要约人超过承诺期限发出承诺的，为逾期承诺。逾期承诺不能使合同成立，视为新要约，但如果要约人及时通知受要约人该承诺有效时，视为按期承诺，合同成立。

受要约人在承诺期限内发出承诺，按照通常的情形能够及时到达要约人，但因其他原因承诺到达要约人时超过承诺期限的，为承诺逾期到达。逾期到达的承诺应视为有效，合同成立。但如果要约人及时通知受要约人承诺超过期限不接受时，承诺无效，合同不成立。

(四) 合同成立

1. 合同成立的时间

当事人对合同的主要条款协商一致，要约和承诺依法完成，合同即告成立。如果当事人已就合同的主要条款达成了一致协议，尽管合同内容不够明确，合同可以成立。反之，如果当事人就合同的主要条款未达成一致协议，则合同不能成立。

承诺生效时间为合同成立的时间。当事人采用合同书形式订立合同的，自双方当事人签字或者盖章时合同成立。当事人采用信件、数据电文等形式订立合同的，可以在合同成立之前要求签订确认书。签订确认书时合同成立。确认书是合同订立过程中，受要约人以书面形式对合同条款予以最终的认可，等同于以书面形式作出的承诺。

2. 合同成立的地点

合同成立地点与确定法院诉讼管辖权有密切联系。因合同纠纷提起诉讼，原则上由被告住所地或者合同履行地人民法院管辖。合同当事人也可以在书面合同中协议选择被告住所地、合同履行地、合同签订（成立）地、原告住所地、标的物所在地人民法院管辖，但不得违反有关级别管辖和专属管辖的规定。

承诺生效的地点为合同成立的地点。当事人采用合同书形式订立合同的，双方当事人签字或盖章地点为合同成立的地点。当事人采用数据电文形式订立合同的，收件人的主营业地为合同成立的地点；没有主营业地的，其经常居住地为合同成立的地点。当事人另有约定的，按照其约定。

3. 推定合同成立

法律、行政法规规定或者当事人约定采用书面形式订立合同，当事人未采用书面形式但一方已经履行主要义务，对方接受的，该合同成立。

采用合同书形式订立合同，在签字或者盖章之前，当事人一方已经履行主要义务，对方接受的，该合同成立。

三、合同的格式条款

（一）合同格式条款的概念和特点

合同的格式条款，也称为格式合同（standard form contract）、标准合同，是当事人为了重复使用而预先拟定，并在订立合同时未与对方协商的条款。百货商店里的商品标签是最简单的格式合同，保险公司的保险单是典型的格式合同。

合同的格式条款主要应用于两个领域：一是消费合同，一方为经营者，另一方为普通消费者。因消费者缺乏对专业信息的了解，订立合同时通常直接接受对方提供的合同条款，导致消费者的意愿完全依附或服从于经营者的意愿。二是商业合同，虽然是经营者之间订立的合同，但由于一方实力强大，或双方长期进行同类交易，合同逐渐标准化或格式化，合同条款遂由占优势地位一方单独提供，且长期不变。

格式条款的基本特点是：(1) 内容相同的合同要约向社会公众广泛发出。(2) 合同条款具有不可协商的性质。提出格式条款的一方当事人在交易之前已经确定合同的全部条款，另一方只能选择同意或拒绝，不能提出任何新要约，即没有讨价还价的余地。(3) 合同当事人在经济或法律地位上事实上不平等。提出格式条款的一方当事人通常是拥有行业垄断地位的经营者（如交通、保险、金融、供电、供热、供水、供气等行业的经营者），可以凭借其经济优势将自己的意志强加于对方当事人，这是导致合同当事人缔约能力事实上不平等的主要原因。

在大量同类交易十分频繁的情况下，合同的格式条款可以简化合同成立过程，避免一事一议所产生的不确定性，减少交易成本，提高交易效率。然而，由于格式条款剥夺了当事人一方参与合同协商的权利，背离了合同自愿与合意的本质，强迫处于不利经济地位的弱势群体接受不公平的合同条款，破坏了交易公平与自愿的原则。因此，各国法律在允许使用合同格式条款的前提下，都以国家干预的方式力图减少合同格式条款的弊端。国家干预有三种基本形式：（1）立法规制。国家通过民法、合同法、消费者权益保护法、反不正当竞争法限制合同格式条款的运用，如不公平的合同格式条款无效，对格式条款的解释应当偏向于保护接受格式条款合同当事人的利益等。（2）行政规制。建立政府管制机构，负责监督垄断性行业的产品服务定价及质量控制标准，防止其利用垄断地位损害消费者利益。（3）司法规制。发生合同格式条款的争议后，由司法机关依法确定格式条款的限制是否合理。

（二）常见的不公平合同格式条款

（1）直接限制或免除一方当事人责任的条款，如声明不承担某些方面的法律责任。

（2）赋予经营者不受法律约束任意解除合同权利的条款。

（3）限制或排除对方主要权利，加重对方责任的条款。

（4）就与契约无关的事项限制对方权利的条款，如限制对方只能与自己交易等。

（5）放弃权利条款，如强行要求对方放弃自己的某些合法权利。

（6）限制消费者寻求法律救济手段的条款，如规定合同争议不得提交仲裁或诉讼解决，只能与经营者协商解决等。

（三）我国对合同格式条款的法律规制

我国现行合同法、消费者权益保护法都对合同的格式条款进行了立法规制。合同法主要从格式条款提供者的主要义务、无效的格式条款、格式条款的解释原则三个方面，对格式合同的应用进行立法规制。

1. 格式条款提供者的主要义务

一是提出格式条款的一方应当遵循公平原则确定当事人之间的权利和义务。二是采取合理方式（能引起对方注意的方式）提请对方注意免除责任或者限制其责任的条款。三是对方对免责条款有疑义时，提供格式条款的一方应当按照对方的要求，对该条款予以解释说明。

2. 无效的格式条款

合同中的格式条款具有合同无效和可以变更或可以撤销的情形的，或者提供格式条款一方免除其责任，加重对方责任、排除对方主要权利的，该条款无效。

3. 格式条款的解释原则

对格式条款的理解发生争议的，应当按照通常的理解（通行专业知识）予以解释。

对格式条款有两种以上解释的，应当作出不利于提供格式条款一方的解释。

格式条款和非格式条款不一致的，应当采用非格式条款。当合同格式条款未能包括合同的全部条款时，当事人通常另行签订一份非格式条款的书面协议，以弥补格式条款的不足。合同履行过程中如果发现格式条款与非格式条款有不一致之处，应当采用非格式条款。

四、缔约过失责任

缔约过失责任，指合同的缔约过程中，因一方当事人的过错导致合同不成立或者合同无效并给对方造成损失时应承担的法律责任。缔约过失责任的本质是诚实信用原则在缔约过程中的适用。缔约过失责任与违约责任不同。违约责任，指合同有效成立后当事人不履行合同而承担的法律责任，但在合同成立之前，因一方过错使另一方蒙受损失时，不能追究违约责任，只能追究侵权责任或缔约过失责任。由于侵权责任在过错举证和诉讼时效上对受害人相对不利，缔约过失责任可以更有效地保护当事人的合法权益。

缔约过失责任是基于合同法而产生的责任，不是根据合同产生的责任。所以，缔约过失是法定债权产生的依据，即无论合同是否成立，只要订立合同过程中当事人一方出现法定过错情形造成对方损失的，可以直接根据法律规定追究有过错方的法律责任。法律规定缔约过失责任的根据在于，准备订立合同并进行谈判的当事人之间互相负有诚信义务，并据此产生信赖关系，当事人一方因过错违反诚实信用原则导致合同不成立时，应赔偿对方基于信赖而产生的损害。应当注意的是，缔约过失责任与违约责任在损害赔偿的性质上有区别，它不包括期待合同利益的赔偿，只是所丧失利益的赔偿。而且，只有当符合法律规定的缔约过失条件时，才能要求行为人承担缔约过失责任。

当事人在订立合同过程中有下列行为之一，并给对方造成损失的，应当承担损害赔偿责任（缔约过失责任）：（1）假借订立合同，恶意进行磋商。恶意磋商指一方当事人本无意与对方签订合同，却开始或继续与对方进行合同谈判。（2）故意隐瞒与订立合同有关的重要事实或者提供虚假情况。隐瞒重要事实，指故意不告知对方足以影响其决定是否订立合同的重要事项。提供虚假情况，指故意向对方提供不符合实际情况的资料和信息。（3）其他违背诚实信用原则的行为。

此外，当事人在订立合同过程中知悉的商业秘密，无论合同是否成立，不得泄露或者不正当地使用。泄露或者不正当地使用该商业秘密给对方造成损失的，应当承担损害赔偿责任。

案例 7—1

该合同是否成立

甲省冶炼公司得知乙省物资公司有 1 000 吨优质铁矿石后，立即派业务员丁洽谈购买事宜。物资公司报价每吨 4 000 元，并告知丁：如想买，7 天内来车提货。丁提出价格太贵，回去与领导商量后再定，如果 7 天内不来提货，铁矿石可以另卖他人。丁走后的第 3 天，又有一些单位来物资公司购买铁矿石。物资公司发现铁矿石是畅销货，遂在几家单位中选择出价最高的丙省冶炼公司，以每吨 4 500 元的价格成交。第 5 天，丁代表甲省冶炼公司带车前来提货，同意每吨 4 000 元的价格，但物资公司已经无货可供。甲省冶炼公司要求物资公司赔偿自己因此所受到的经济损失，物资公司拒绝赔偿，双方发生纠纷。

问：物资公司是否应承担赔偿责任？

案例点评

本案的关键是如何理解新要约与承诺的区别。

1. 乙省物资公司向甲省冶炼公司提出一个口头要约，其中，合同价格是每吨4 000元，承诺期限是7天内，合同履行方式是买方自行来车提货。

2. 甲省冶炼公司的业务员（该冶炼公司的委托代理人）丁当时并没有完全同意要约的内容，即没有立即承诺，但也没有更改或拒绝要约，而是进一步确认了乙省物资公司的要约："如果7天内不来提货，铁矿石可以另卖他人。"合同法规定，要约以对话方式作出的，应当即时承诺，但当事人另有约定的除外。乙省物资公司提出7天内来车提货，丁予以确认同意，视同当事人双方均认可7天之内承诺是有效的。

3. 第5天，在乙省物资公司规定的承诺期限内，丁同意乙省物资公司提出的每吨4 000元报价，并带车前来提货，可以推定甲省冶炼公司完全接受了乙省物资公司要约的内容，并以积极的行为进行承诺。该承诺被乙省物资公司了解后生效，合同成立。

4. 乙省物资公司向甲省冶炼公司发出要约后，在要约的有效期限内（承诺期限内），必须受要约的法律约束，丁代理甲省冶炼公司承诺，乙省物资公司就负有与丁签订合同的义务。因此，乙省物资公司与甲省冶炼公司的合同成立并生效，乙省物资公司不能履行合同，应当对甲省冶炼公司承担违约责任（损害赔偿责任）。

第3节　合同的法律效力

确定合同法律效力的原则是合同法的核心问题，有法律效力的合同才需要国家强制力保证履行。合同订立程序从形式上给予当事人平等协商订立合同的机会，但并不能从实质上保证合同能够反映当事人的真实意愿。例如，包含格式条款的合同，尽管也通过要约与承诺程序订立，但一方当事人实际上丧失参与合同谈判的可能性，合同中的不公平条款并不反映其真实意愿，履行合同反而会损害其合法权益。此外，当事人恶意串通签订的损人利己合同，虽然经过要约承诺程序，也反映了当事人的真实意愿，但履行合同会损害国家公共利益与第三人利益。因此，合同法需要明确判断合同法律效力的原则，从实质上确定哪些合同受法律保护，必须履行，哪些合同无须履行，不同情况下合同当事人应承担什么权利和义务，以保证履行的合同能够实现当事人和国家预期的经济目标，维护正常的市场交易秩序。合同的法律效力有两种状况：有法律效力的合同（有效合同）、无法律效力的合同（无效合同）。此外，可撤销合同的法律效力处于不稳定状态，被撤销之前是有效合同，撤销之后成为无效合同。

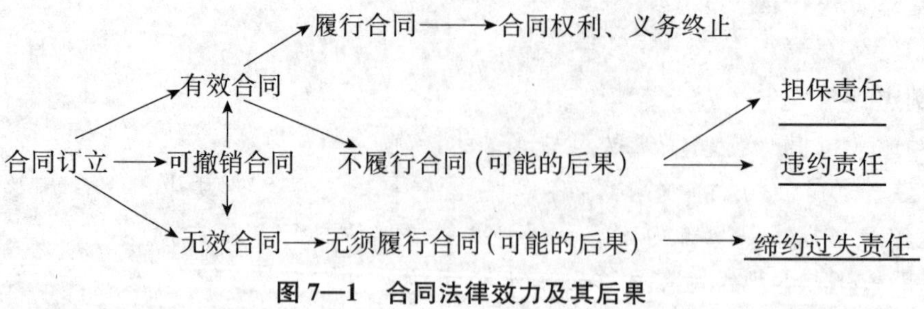

图 7—1 合同法律效力及其后果

一、有法律效力的（有效）合同

（一）合同有效的基本要件

1. 订立合同的当事人有合法资格

自然人订立合同应当具有完全民事行为能力。其中，个体工商户必须依法经工商行政管理机关核准登记，取得营业执照，并在核准登记的业务范围内订立合同。

法人应当具备国家法律规定的法人条件，并依法取得法人资格。其中企业法人必须依法经工商行政管理机关核准登记，取得营业执照，并在核准登记的业务范围内订立合同。法定代表人是法人组织的合法代表人，全权代表法人对外订立合同。法定代表人签订合同时，应当出示身份证明以及法人营业执照或法人项目证明。

其他组织，如法人的分支机构、个人独资企业及合伙企业等，也必须依法经工商行政管理机关或其他主管机关核准登记，取得合法资格。这些组织的负责人依法代表本单位对外签订合同。

代理人代订合同，必须事先取得委托人的授权委托书，并在授权范围内以委托人的名义签订，才对委托人直接产生权利和义务。理论上，认定代理人有无签订合同代理资格的唯一依据是授权委托书（委托证明），但实践中注重足以证明其代理资格的书面凭证，如介绍信、盖有合同专用章或公章的空白合同等。不过，介绍信的基本功能是证明一种关系，起一定的介绍和证明作用，是人们交往的媒介，并不完全具备代理证书的性质、特点和内容，容易为他人利用进行经济诈骗活动。

此外，当事人订立合同，应当对合同的标的拥有合法的权利（物权、知识产权等）。例如，当事人交易没有合法所有权的盗窃物，其主体资格不合法。

2. 当事人意思表示真实，没有损害国家、集体、第三人的利益以及社会公共利益

意思表示是当事人将与对方订立合同的意愿表现于外部的行为，应当是当事人自主、自由、自愿表达的真实意志。只有当事人在订立合同的过程中，对合同的内容表达了其真实的意思，合同才受法律保护。因此，通过欺诈、胁迫等手段迫使对方当事人进行不真实的意思表示订立的损害国家利益的合同，或者当事人恶意串通、利用合同规避法律和行政法规的适用，以合法形式掩盖非法目的而订立的合同，损害国家、集体、第三人的利益以及社会公共利益的合同均无法律效力。

3. 合同的内容、形式和订立程序不违法（不违反法律、行政法规的强制性规定）

合同的内容不得违反法律法规的强制性规定（如法律法规明令禁止从事的活动）；法律法规规定必须采用特定形式或必须经过公证、鉴证或批准、登记后才能生效的合同，必须符合特定的形式或履行特定程序后才能生效。

（二）有效合同的法律效力

1. 有效合同的概念

有效合同是符合上述全部有效要件的合同，具有法律约束力。有效合同的法律约束力体现在以下方面：（1）双方当事人应承担相应的法律义务；（2）双方当事人不得擅自变更或解除合同；（3）合同受国家强制力保障。

2. 合同生效的时间

合同有效，是对合同性质的判断，表明合同是否有必要履行。但有效合同从什么时候开始发生法律效力，则必须通过合同生效时间予以确认。合同生效时间有以下几种情况：（1）合同成立时即发生法律效力，如一般的合同签字盖章后即成立生效；（2）合同中有特别约定，如约定条件、期限、交付定金等，则条件成就或者期限到来，或交付定金时，合同生效；（3）法律规定或当事人约定要经过鉴证、公证、登记或批准后才能生效的合同，经上述程序后，合同生效。

3. 合同效力终止的时间

合同效力终止，有以下情况：（1）合同全部履行；（2）合同依法解除；（3）当事人双方通过协商达成变更合同有效期或终止合同的协议。

4. 合同成立与合同有效的关系

合同成立与合同有效是不同的概念。合同成立后才涉及合同有无法律效力，从何时发生法律效力的问题。签订合同时，当事人的意思表示一致合同即告成立，但已成立的合同如果缺乏合同有效的要件，则合同虽然成立，但仍属于无效合同。所以，合同成立是合同有效的基础，已订立的合同必须符合合同的有效要件，才有法律效力。通常所说的依法成立的合同，是指完全符合合同有效要件的合同。

（三）附条件的合同

当事人对合同的效力可以约定附条件。附生效条件的合同，自条件成就时生效。附解除条件的合同，自条件成就时失效。

附条件的合同，指该合同法律效力的发生或终止取决于特定的条件成就或不成就（约定的事实发生与不发生）。作为对合同法律效力有限制作用的条件，是未来客观上不确定的事实，包括事件和行为两种情况。条件必须符合下列要求：（1）在签订合同时，该事实没有发生。过去和现在已经发生的事实不能作为条件。（2）该事实将来有可能发生。（3）事实是否发生，当事人无法预知。（4）条件是当事人选定的，而不是法律规定的。（5）条件的内容不得违法。

条件的作用是限制合同效力的发生或存续。因此，条件可以分为两种类型：一是生效条件，其作用是限制合同法律效力的发生，即条件成就时，合同生效；条件不成就时，合同无效。如甲、乙签订房屋租赁合同，约定自合同签订之日起一年内，甲如果出国，则房屋租赁合同生效。一年之内，甲出国，条件成就，合同生效；如果甲没有出国，条件不成就，合同无效。附生效条件的合同虽然已经成立，当事人的权利义务关系也已经明确，但合同没有生效，待条件成就时，合同才发生法律效力。二是解除条件，其作用是限制合同法律效力的存续，即条件成就时，合同失效；条件不成就时，合同继续有效。如甲、乙签订的房屋租赁合同已经生效，同时约定自合同生效之日起五年之后，甲如果回国，则房屋租赁合同失效。五年之后，甲回国，条件成就，合同失效；如果甲没有回国，条件不成就，合同继续有效。附解除条件的合同已经生效，当事人也已经享受权利、履行义务，但条件成就时，合同失去法律效力。

当事人不得为了自己的利益恶意地促成或阻碍条件的成就。当事人为自己的利益不正当地阻止条件成就的，视为条件已成就；不正当地促成条件成就的，视为条件不成就。

（四）附期限的合同

当事人对合同的效力可以约定附期限。附生效期限的合同，自期限届满时生效。附终止期限的合同，自期限届满时失效。

附期限的合同，指该合同法律效力的发生或终止取决于一定期限的到来。作为对合同法律效力有限制作用的期限，是未来确定发生的事实。期限指明特定时期的，称为期日；指明特定时间经过的，称为期间。

期限与条件一样，都是限制合同效力的发生或存续。因此，期限也可以分为两种类型：一是生效期限，其作用是限制合同法律效力的发生，即期限到来时，合同生效；期限未到来时，合同无效。如甲、乙签订房屋租赁合同，约定自合同签订之日起一年后生效。一年之后期限到来时，合同生效；期限未到来之前，合同无效。二是终止期限，其作用是限制合同法律效力的存续，即期限到来时，合同失效；期限未到来时，合同继续有效。

期限和条件虽然都对合同的法律效力有限制作用，但期限的到来是可以确定的，而条件是否成就，当事人是无法确定的。

（五）特殊情况下生效的合同

1. 经法定代理人/被代理人追认的合同

限制民事行为能力人订立的合同，经法定代理人追认后，该合同有效，但纯获利益的合同或者与其年龄、智力、精神健康状况相适应而订立的合同，不必经法定代理人追认。

行为人没有代理权、超越代理权或者代理权终止后以被代理人名义订立的合同，经被代理人追认后，该合同有效。未经被代理人追认，对被代理人不发生效力，由行为人承担责任。

上述情况下，相对人可以催告法定代理人/被代理人在一个月内予以追认。法定代理人/被代理人未作表示的，视为拒绝追认。合同被追认之前，善意相对人有撤销的权利，撤销应当以通知的方式作出。

2. 表见代理合同

行为人没有代理权、超越代理权或者代理权终止后以被代理人名义订立的合同，相对人有理由相信行为人有代理权的，该代理行为有效。

3. 组织机构负责人越权订立的合同

法人或者其他组织的法定代表人、负责人超越权限订立的合同，除相对人知道或者应当知道其超越权限的以外，该代表行为有效。

4. 无合同标的物处分权的人订立的合同

无处分权的人处分他人财产的，经权利人追认或者无处分权的人订立合同后取得处分权的，该合同有效。

二、无法律效力的（无效）合同

（一）无效合同的特征

无效合同，是指当事人之间已经成立的合同因不具备合同的有效要件而没有法律效力。无效合同不受法律保护，也无须履行，但当事人因过错导致合同无效并因此损害国家、集体、第三人利益或社会公共利益的，应当承担法律责任。

无效合同具有以下特征：(1) 不具备合同有效的基本要件。(2) 因意思表示不真实而损害了国家、集体、第三人利益或公共利益。(3) 无效合同从成立时起就没有法律效力。(4) 无效合同的确认权由人民法院和仲裁机构行使。

（二）无效合同的类型

1. 因当事人无合法资格而无效

如无行为能力和限制行为能力的自然人订立的，并且未经其法定代理人同意或追认的合同；没有代理权或超越授权范围订立的，并且未经被代理人追认的合同；没有法人资格却以法人名义订立的合同；对合同标的物没有处分权的人订立的合同等。

2. 因当事人意思表示不真实并因此损害国家、集体、第三人利益或公共利益而无效

(1) 一方以欺诈、胁迫的手段订立的合同，并且损害了国家利益。欺诈，指当事人一方故意告知对方虚假情况或隐瞒真实情况的行为。一般通过积极作为，如虚构、编造事实等表现出来。不作为，如沉默，并不当然构成欺诈行为。但是，如果按照法律、合同、交易习惯、诚实信用原则当事人有告知事实的义务而表示沉默，则认为是隐瞒真实情况的行为，构成欺诈。胁迫，指当事人因不当预告将来加以祸害并使他人陷于恐怖的行为。如以给个人或单位的荣誉、名誉和财产造成损害为要挟等。欺诈与胁迫的合同因当事人一方的意思表示不真实、不自愿，并且履行合同会损害国家利益而无效。

(2) 当事人恶意串通订立的合同，损害了国家、集体或者第三人利益。恶意串通，指当事人串通合谋利用合同形式实施的损人利己行为，强调双方通谋，如当事人为牟取暴利，订立生产或销售仿冒名牌产品的合同，损害了真正的品牌所有人的合法权益。当事人恶意串通订立的合同由于意思表示不真实（当事人的真实意思与合同内容不一致），并且

履行合同会损害国家、集体或者第三人利益而无效。

（3）以合法形式掩盖非法目的的合同。这类合同具有明显的伪装性，并且不以当事人恶意通谋为前提。例如，企业为逃避破产还债，在破产宣告之前将其财产无偿赠送或低价出卖给其关联企业等。以合法形式掩盖非法目的的合同由于当事人意思表示不真实，并且真实目的非法而无效。

3. 因合同的内容、形式、订立程序违法（违反法律、行政法规的强制性规定）而无效

如借贷合同的内容涉及非法的高利贷；法律规定必须采用书面形式的合同未采用书面形式；法律规定必须经过审批才能生效的合同未经过审批程序等。此外，当事人超越经营范围订立合同，人民法院不因此认定合同无效，但违反国家限制经营、特许经营以及法律、行政法规禁止经营规定的除外。如果合同中规定，造成对方人身伤害以及因故意或重大过失造成对方财产损失时可以免予承担法律责任时，该免责条款也无效。

（三）无效合同的法律后果

（1）无效合同自成立时起就没有法律约束力。合同部分无效，不影响其他部分效力的，其他部分仍然有效。

（2）合同无效，不影响合同中独立存在的有关解决争议方法的条款的效力。

（3）合同无效，因该合同取得的财产，应当予以返还（单方返还、双方相互返还）；不能返还或者没有必要返还的，应当折价补偿。有过错的一方应当赔偿对方因此所受到的损失。双方都有过错的，应当各自承担相应的法律责任。总之，通过返还财产、折价补偿、赔偿损失等方法使当事人的财产恢复到订立合同之前的状态。

（4）当事人恶意串通，损害国家、集体或者第三人利益的，因此取得的财产收归国家所有或者返还集体、第三人。

（四）合同不成立与合同无效的区别

合同不成立，指合同当事人就合同的主要条款未达成一致意见，即因意思表示不一致而合同未订立，包括要约和承诺的内容和方式不符合法律规定。合同不成立时，当事人经过再度协商，对合同条款进行补充和修改，合同仍然有成立生效的可能性。

合同无效，指已经成立的合同因不符合合同有效要件，法律不予承认和保护。无效合同从订立时起就没有法律效力。

（五）有效合同与无效合同的区别

有效合同，当事人的合同利益受法律保护，履行合同是实现合同利益的唯一途径。因此，合同当事人必须按照合同约定全面履行合同义务，如果不履行或未全面履行，法律可以强制义务人履行合同义务，或通过强制义务人承担违约责任的方式，弥补守约方所受到的利益损失，包括预期合同利益的损失。因此，违反有效合同应赔偿当事人预期的合同利益损失。

无效合同，当事人预期的合同利益不受法律保护，合同不必履行。即使已经履行，法律也要采取补救措施强制当事人将已经得到的合同利益返还。所以，因合同无效而承担赔

偿责任时，不赔偿预期的合同利益损失。

三、可以变更或者撤销的合同

（一）可变更或可撤销合同的特征

可以变更或撤销的合同，是指因当事人意思表示不真实而损害了另一方当事人合法权益的合同。一方以欺诈、胁迫的手段或者乘人之危，使对方在违背真实意思的情况下订立的合同，受损害方有权请求人民法院或者仲裁机构变更或者撤销。

可变更或可撤销合同的特征是：具备合同有效的两个要件——订立合同的当事人具有合法的主体资格，合同的内容、形式和订立程序不违法，但不符合当事人意思表示真实的要件，而且意思表示不真实的后果仅损害了一方当事人的利益。如果意思表示不真实的后果是损害国家、集体、第三人利益或社会公共利益，属于无效合同。

（二）可变更或可撤销合同类型

（1）违背当事人真实意思的合同，包括欺诈的合同、胁迫的合同、乘人之危的合同三种情况。欺诈和胁迫在无效合同中已经论述。乘人之危，指一方当事人乘对方处于危难之机，为谋取不正当利益，迫使对方作出不真实的意思表示，严重损害对方利益。一方以欺诈、胁迫的手段订立合同，损害国家利益的，属于无效合同；一方以欺诈、胁迫手段或者乘人之危，使对方在违背真实意思的情况下订立的可能损害其利益的合同，属于可撤销的合同，受损害方有权请求人民法院或者仲裁机构变更或者撤销。

（2）意思表示有瑕疵（部分意思表示不真实或不自愿）的合同，包括重大误解的合同与显失公平的合同两种情况。重大误解，指行为人因对合同性质、合同内容、合同标的物的质量、数量、品种、规格或合同当事人产生重大误解而进行了不真实的意思表示。基于重大误解，当事人意思表示有瑕疵（意思表示的内容与其真实意思相悖）；意思表示有瑕疵是由于当事人自己或其他原因造成的，而不是由于对方欺诈或胁迫；重大误解导致合同当事人一方遭受重大损失。显失公平，指一方当事人利用优势或者利用对方没有经验，导致双方的权利义务明显违背公平、等价有偿原则。重大误解和显失公平的合同，当事人一方有权请求人民法院或者仲裁机构变更或者撤销。

（三）可变更或可撤销合同的法律后果

意思表示不真实的合同，如果生效履行，可能会损害一方当事人的合法权益，因此，当事人可以提出变更或撤销这类合同。变更或撤销合同的权力由人民法院和仲裁机构行使。合同被撤销后，成为无效合同，其法律后果与无效合同相同。

可撤销合同的性质是相对无效，即合同被撤销后无效，在撤销之前，是有效合同。在一方当事人可以行使撤销权的期间内，这类合同的法律效力是不稳定的。当事人申请变更合同的，经法院或仲裁机构宣布变更后，变更后的合同有效。当事人申请撤销合同的，经法院或仲裁机构宣布撤销后，该合同自订立时起无效。如果当事人一方不申请撤销或申请未被批准的，合同仍然有效。当事人请求变更的，人民法院或仲裁机构不得撤销。

合同撤销权因以下事由消灭：（1）具有撤销权的当事人自知道或者应当知道撤销事由之日起 1 年内没有行使撤销权的；（2）具有撤销权的当事人知道撤销事由后明确表示或者以自己的行为放弃撤销权的。

（四）无效合同与可撤销合同的区别

合同被依法撤销后，自合同成立时起无效，其法律后果与无效合同相同。但二者也有明显区别：

（1）无效合同的法律后果是绝对无效，自合同成立时起便无效，因此，它始终不产生任何法律效力。可撤销合同的法律后果是相对无效，即合同被撤销之前是有效合同，经撤销后是无效合同，而合同是否撤销，由因合同而利益受到损害的一方当事人自行决定。当事人在法定期限内向法院或仲裁机构提出撤销合同申请，并经裁决撤销后，合同才无效（自始无效）。但在合同被依法撤销之前以及有合同撤销权的人超过法定期限未行使撤销权时，合同有效。

（2）无效合同，人民法院和仲裁机构依职权就可以宣布其无效，不一定要经合同当事人提出申请。可撤销合同，必须要经合同当事人向法院或仲裁机构提出撤销申请，并经裁决后才能依法撤销。

案例 7—2

谁是合同的主体

甲公司建房后，剩余一批水泥，遂请乙公司采购员刘某代为寻找买主，声明可以平价售出。刘某找到丙公司负责人说："有一批水泥放在甲公司仓库，愿平价出售。"丙公司正需水泥，便持刘某所写的介绍信，将该批水泥直接从甲公司仓库提走，并将水泥的货款汇给乙公司。甲公司知道此事后，与刘某和乙公司交涉。刘某承认，在向丙公司提供信息时，未把水泥的所有权人说清楚，以致丙公司将货款错付给乙公司。乙公司则声称，该款是由丙公司汇来的，并未写明是甲公司的水泥货款，且丙公司与乙公司素有业务往来，故不能将这笔货款返还给甲公司。甲公司又转向丙公司追索货款，丙公司认为，原以为水泥是乙公司的，才将货款汇给该公司，既然是甲公司的水泥，甲公司应直接向乙公司索要。为此，甲公司向法院起诉，要求丙公司支付货款并赔偿逾期付款的银行利息。

问：此案应如何处理？

案例点评

本案的核心是：谁是这笔水泥买卖合同的主体？根据什么法律规定解决合同纠纷？

1. 甲公司委托乙公司的刘某推销剩余水泥，与刘某之间形成委托代理关系。

2. 刘某代理甲公司与丙公司签订合同时未明确要约人的身份，导致丙公司对合同的主体发生重大误解，误以为是同乙公司订立合同。具体根据是，刘某是乙公司的采购员，向丙公司发出要约时未声明是甲公司的水泥，且丙公司是持刘某的介绍信直接从甲公司仓库提货的，使丙公司误以为是购买乙公司的水泥并向其支付了货款。这是丙公司对合同当事人有重大误解。

3. 因重大误解而订立的合同是可以撤销的合同，故丙公司有权向法院或仲裁机构申请撤销与乙公司之间的合同（虽然合同已经履行完毕），被撤销的合同从订立合同时起无法律效力。

4. 合同被依法撤销后无效，丙公司有权请求乙公司返还其因对合同主体产生重大误解而向丙公司支付的水泥款（请求返还不当得利）。乙公司如拒不返还，构成侵害丙公司法定债权的行为。此外，如果丙公司怠于行使自己对乙公司的债权给甲公司造成损害的，甲公司可以向人民法院请求行使代位权，以自己的名义代位丙公司要求乙公司返还不当得利。

5. 丙公司获得乙公司返还的水泥货款后，再支付给甲公司。由于甲公司与乙公司之间没有合同关系，原则上甲公司不能直接向乙公司追索货款，乙公司也只能将不当得利返还给丙公司，而不能直接交付给甲公司。但在甲公司行使代位权的情况下，乙公司有义务将水泥款直接返还给甲公司。

6. 甲公司与丙公司因此所受到的损失，有权要求甲公司的委托代理人刘某赔偿（前提是刘某为有偿代理，并且未充分履行代理的职责）。

第 4 节　合同履行

一、合同履行的原则

（一）合同履行的重要性

合同成立并生效后，后续就是合同履行。有效合同中当事人预期的合同利益受法律保护，履行合同是实现预期合同利益的唯一途径。然而，尽管合同是当事人合意的产物，但任何合同都是不完备的。在合同履行过程中，当事人可能对合同条款的理解出现歧义，导致纠纷；可能因市场因素变化改变了预期合同利益分配格局，而不愿意履行合同；还可能因为出现意外事件，使合同履行成为不可能。因此，合同法需要明确规定合同履行的原则并保护债权人的利益，区分不同事件和行为的性质，确定哪些情况下不履行合同应当承担违约责任，哪些情况下不履行合同可以免除责任，保证市场交易活动顺利完成。

（二）合同履行的基本原则

1. 诚实信用履行原则

诚实信用，指当事人在履行合同时，应当遵循诚实信用原则，根据合同的性质、目的和交易习惯履行通知、协助、保密等义务。通知、协助与保密义务是合同双方当事人的共同义务，而不仅仅是债务人一方的义务。

2. 全面履行合同原则

全面履行，指当事人应当按照合同约定的主体、标的、数量、质量、价款或报酬、履行期限、履行地点和履行方式，全面履行合同义务。

3. 当事人变动不影响合同履行原则

合同生效后，当事人不得因姓名、名称的变更或者法定代表人、负责人、承办人的变动而不履行合同义务。当事人一方是法人合并或分立的，由合并或分立后的法人继续承担履行合同的义务。

（三）合同条款有缺陷时的履行原则

合同条款有缺陷时，应当遵循下述原则履行：

（1）通过新的协议补充合同，使之明确，便于履行。合同生效后，当事人就质量、价款或报酬、履行地点等内容没有约定或者约定不明确的，可以通过协议补充。

（2）根据合同法或交易习惯补充合同。合同主要条款不明确，当事人不能达成补充协议的，按照合同有关条款或交易习惯确定合同的履行原则。

（3）质量要求不明确的，按照国家标准、行业标准履行；没有国家标准、行业标准的，按照通常标准或符合合同目的的特定标准履行。

（4）价款或者报酬不明确的，按照订立合同时履行地的市场价格履行；依法应当执行政府定价或政府指导价的，按照规定履行。

（5）履行地点不明确的，给付货币的，在接受货币一方所在地履行；交付不动产的，在不动产所在地履行；其他标的，在履行义务一方所在地履行。

（6）履行期限不明确的，债务人可以随时履行，债权人也可以随时要求履行，但应当给对方必要的准备时间。

（7）履行方式不明确的，按照有利于实现合同目的的方式履行。

（8）履行费用负担不明确的，由履行义务一方负担。

（四）执行政府定价或政府指导价合同的履行原则

执行政府定价或政府指导价的，在合同约定的交付期限内政府价格调整时，按照交付时的价格计价。逾期交付标的物的，遇价格上涨时，按照原价格执行；价格下降时，按照新价格执行。逾期提取标的物或逾期付款的，遇价格上涨时，按照新价格执行；价格下降时，按照原价格执行。总之，由违约方承担价格变动造成的损失。

（五）涉及第三人的合同履行原则

当事人约定由债务人向第三人履行债务的，债务人未向第三人履行债务或者履行债务不符合约定，应当向债权人承担违约责任。

当事人约定由第三人向债权人履行债务的，第三人不履行债务或者履行债务不符合约定，债务人应当向债权人承担违约责任。

二、合同履行抗辩权

（一）同时履行合同抗辩权

当事人互负债务，没有约定履行先后顺序，或根据交易习惯也无法确定履行先后顺序的，当事人应当同时履行自己的义务。一方在对方履行之前有权拒绝其履行要求。

（二）拒绝履行合同抗辩权

当事人互负债务，有先后履行顺序，先履行一方未履行的，后履行一方有权拒绝其履行要求。此外，无论是否有先后履行顺序，只要一方当事人履行债务不符合约定的，另一方当事人有权拒绝其相应的履行要求。

（三）中止履行合同抗辩权

1. 因债权人住所不明中止履行合同

债权人分立、合并或变更住所没有通知债务人，导致履行债务发生困难的，债务人可以中止履行合同或者将标的物提存。这一规定强调债权人协作履行合同的义务。不过，中止履行合同仅仅是暂停履行义务，暂停因素消失后（如债权人将变更后的住所告知债务人），债务人应当继续履行合同。

2. 因债权人商誉恶化中止履行合同

应当先履行债务的当事人，有确切证据证明对方有下列情形之一的，可以中止履行合同：（1）经营状况严重恶化；（2）转移财产、抽逃资金，以逃避债务；（3）丧失商业信誉；（4）有丧失或者可能丧失履行债务能力的其他情形。

当事人没有确切证据中止履行的，应当承担违约责任。

当事人依据上述原因中止履行合同的，应当及时通知对方。对方提供适当担保时，应当恢复履行合同。对方在合理期限内未恢复履行能力也未提供适当担保的，中止履行一方可以解除合同。

法律设立这三种抗辩权的目的是，维持合同中当事人之间利益关系的平衡，并预防因情势变更使一方遭受损失。

三、合同履行过程中债权人的主要权利

（一）拒绝债务人提前履行

债权人可以拒绝债务人提前履行债务，但提前履行不损害债权人利益的除外。债务人提前履行给债权人增加的费用，由债务人负担。

（二）拒绝债务人部分履行

债权人可以拒绝债务人部分履行债务，但部分履行不损害债权人利益的除外。债务人

部分履行给债权人增加的费用，由债务人负担。

（三）代位行使债务人的债权

因债务人怠于行使其到期债权，对债权人造成损害的，债权人可以向人民法院请求以自己的名义代位行使债务人的债权，但该债权专属于债务人自身（指基于扶养关系、抚养关系、赡养关系、继承关系产生的给付请求权和劳动报酬、退休金、养老金、抚恤金、安置费、人寿保险、人身伤害赔偿请求权等权利）的除外。代位权的行使范围以债权人的债权为限。债权人行使代位权的必要费用，由债务人负担。

代位权指债权人以自己的名义代替债务人的位置向第三人行使权利。代位权扩张了债权人的债权范围，突破了债权不能针对第三人的传统观念，对防范合同欺诈、保证合同履行具有非常重要的意义。

（四）撤销债务人的行为

因债务人放弃其到期债权或者无偿转让财产，对债权人造成损害的，债权人可以请求人民法院撤销债务人的行为。债务人以明显不合理的低价转让财产，对债权人造成损害，并且受让人知道该情形的，债权人也可以请求人民法院撤销债务人的行为。

撤销权，指债权人对于债务人所做的危害债权的行为，请求人民法院予以撤销的权利。

撤销权的行使以债权人的债权为限。债权人行使撤销权的必要费用，由债务人负担。

撤销权自债权人知道或者应当知道撤销事由之日起 1 年内行使。自债务人的行为发生之日起 5 年内没有行使撤销权的，该撤销权消灭。

案例 7—3

合同履行中的抗辩权

红光工艺品公司与新华百货商场签订了一份地毯买卖合同。合同约定，红光工艺品公司向新华百货商场供应 100 块优质地毯，总价款 60 万元，由红光工艺品公司直接将货物运送到百货商场仓库，交货和付款时间均在 7 月，但未规定彼此的先后顺序。合同生效后，红光工艺品公司准备用 7 月得到的货款购买一批原料，遂在 6 月与原料供应商甲公司签订了原料供应合同。合同约定，甲公司应当于 7 月 28 日交付原料，红光工艺品公司收货后立即付款，任何一方违约，应向对方支付 3 000 元违约金。此后，因红光工艺品公司销售人员的过错，至 7 月 28 日，红光工艺品公司未向新华百货商场交付地毯，对方也未支付货款，但甲公司却按照合同约定将原料送到红光工艺品公司。红光工艺品公司因无钱支付甲公司的原料款，为避免支付违约金，于收到原料当日要求新华百货商场先履行合同义务，对方则以红光工艺品公司未交付地毯为由拒绝付款。红光工艺品公司向甲公司支付违约金后，要求新华百货商场先履行合同并赔偿其向甲公司支付违约金的损失，新华百货商场则拒绝履行合同和赔偿其损失。

问：此合同纠纷应当如何处理？

案例点评

本案的核心是：新华百货商场是否有拒绝先履行合同的权利。

1. 红光工艺品公司与新华百货商场签订地毯购买合同，双方互相负有债务（交货、付款）。合同履行期限在 7 月，但未约定履行合同的先后顺序。

2. 合同法规定，当事人互负债务，没有约定履行先后顺序，或根据交易习惯也无法确定履行先后顺序的，当事人应当同时履行自己的义务。一方在对方履行之前有权拒绝其履行要求。由于先交货或先付款都是交易习惯，因此，当事人应当同时履行合同义务。

3. 在本案中，新华百货商场没有先履行合同的义务，红光工艺品公司在自己没有履行合同的情况下，无权要求新华百货商场先履行合同。所以，新华百货商场拒绝履行合同有法律依据，红光工艺品公司支付违约金的损失应当自行承担。

第 5 节　合同担保

一、合同担保的作用与特征

合同担保，指合同双方当事人，为确保合同履行，依照法律规定或者当事人约定而采取的具有法律效力的保证措施。债权人在借贷、买卖、货物运输、加工承揽等民事活动中，为保障实现其债权，可以依法设定担保。担保形式包括：保证、抵押、质押、留置、定金。其中，保证是以人的信誉做担保（人保），其余是以物做担保（物保）。保证、抵押、质押、定金是约定担保，需要当事人在主合同之外另行订立担保合同或在主合同中设立担保条款。留置是法定担保，当事人无须另行订立担保合同。

（一）合同担保的作用

合同关系中的当事人通常是相互享有债权、负有债务。合同履行过程就是合同债权（预期合同利益）的实现过程。合同担保的作用是促进合同履行，保证债权实现和市场交易安全。债权具有平等性，无论债权成立先后，均平等地受到清偿。债权的非排他性导致债务清偿存在潜在风险，即债的无限成立，以致出现债务人财产不能清偿债务的可能性。担保法律制度的目的是，以特定人的信誉或财产作为履行合同债务的保证，一方面，当债务人不能清偿债务时，由担保人代为清偿或通过担保财产的变换价金优先获得清偿，以增加债权实现的可能性；另一方面，如果当事人一方不履行合同，守约方追究其违约责任大多通过法律诉讼程序进行。诉讼程序不仅耗时费日，诉讼成本颇高，还可能因被告无财产可以强制执行而导致胜诉的官司失去实际意义。不过，同样是在当事人一方违约的情况下，担保法律制度使债权人可以不通过诉讼程序而直接从担保人或担保财产获得赔偿，交易安全有了极大的保证。

（二）合同担保的特征

合同担保具有以下三个特征：

（1）附属性。担保合同是依附于主合同的从属合同，以有效主合同的存在为前提。主合同无效，担保合同必然无效。主合同有效，担保合同可能有效，也可能无效，关键取决于其是否符合合同的有效要件。担保合同（保证合同、抵押合同、质押合同、定金合同）可以是单独订立的书面合同（包括当事人之间具有担保性质的信函、传真等），也可以是主合同中的担保条款。

（2）预防性。设立担保的作用是预防合同当事人违约；或者，在对方违约后，可以不必通过司法程序而直接从担保中获得补偿。因此，如果当事人依法履行合同，担保便不发生作用。

（3）选择性。当事人可以根据合同的性质和特点自行选择是否设立担保、采取什么担保形式及担保金额。

（三）合同担保的一般规定

1. 反担保

第三人为债务人向债权人提供担保的，可以要求债务人提供反担保。反担保适用担保物权及担保法的相关规定。

2. 担保合同无效的法律后果

设立担保，应当依法订立担保合同。担保合同是主债权债务合同的从合同。主债权债务合同无效，担保合同无效，但法律另有规定的除外。担保合同被确认无效后，债务人、担保人、债权人有过错的，应当根据其过错各自承担相应的民事责任。

3. 担保范围

担保范围包括主债权及其利息、违约金、损害赔偿金、保管担保财产和实现担保物权的费用。当事人另有约定的，按照约定。

4. 担保财产毁损、灭失或者被征收后的受偿原则

担保期间，担保财产毁损、灭失或者被征收等，担保物权人可以就获得的保险金、赔偿金或者补偿金等优先受偿。被担保债权的履行期未届满的，也可以提存该保险金、赔偿金或者补偿金等。

5. 债务转移时的担保责任

第三人提供担保，未经其书面同意，债权人允许债务人转移全部或者部分债务的，担保人不再承担相应的担保责任。

6. 物保、人保并存时担保实现的优先顺序

被担保的债权既有物的担保又有人的担保的，债务人不履行到期债务或者发生当事人约定的实现担保物权的情形，债权人应当按照约定实现债权；没有约定或者约定不明确，债务人自己提供物的担保的，债权人应当先就该物的担保实现债权；第三人提供物的担保

的，债权人可以就物的担保实现债权，也可以要求保证人承担保证责任，提供担保的第三人承担保证责任后，有权向债务人追偿。

7. 担保物权消灭的原因

一是主债权消灭；二是担保物权实现；三是债权人放弃担保物权；四是法律规定担保物权消灭的其他情形。

二、合同担保的形式（1）——保证

（一）保证和保证合同

保证，指保证人和债权人约定，当债务人不履行债务时，保证人按照约定履行债务或承担责任的行为。保证的基本方式是书面保证合同。

保证是以他人的信誉为履行债务的担保，其实质是将债权扩展到第三人，以增加债权的受偿机会。保证涉及债权人、保证人和债务人三方当事人，有两个主要合同关系：一是债权人和债务人之间的主合同关系，规定了双方的债权债务，这是保证关系产生的基础。二是债权人和保证人之间的保证合同，规定了保证人的保证内容，这是保证的核心。

保证合同应当包括：被保证的主债权种类、数额；债务人履行债务的期限；保证的方式；保证担保的范围；保证的期间等。在债务人不履行合同时，保证人有义务按照保证合同的约定代为履行合同或承担赔偿责任。在各种担保形式中，只有保证有可能代为履行合同。

保证合同属于从合同，主合同无效，保证合同当然无效。但是，即使主合同有效，保证合同也可能无效。

保证合同无效有以下几种情况：（1）保证人不合格，包括：国家机关担任保证人的保证合同；不具有法人资格的企业分支机构，以自己的名义对外签订的保证合同等。（2）主合同双方当事人恶意串通，欺骗、胁迫第三人为保证人的。如保证人因此受到损失，主债权人和主债务人为连带责任人。（3）保证人与被保证人恶意串通，欺骗主债权人的。（4）主合同无效，导致被保证合同无效。

（二）保证人资格

保证人必须是具有代为清偿债务能力的法人、其他组织或者公民。一般情况下，国家机关（经国务院批准为使用外国政府或国际经济组织贷款进行转贷的除外），学校、幼儿园、医院等以公益为目的的事业单位或社会团体，企业法人的分支机构（分支机构有法人书面授权的，可以在授权范围内提供担保）和内部职能部门，限制行为能力和无行为能力的自然人不能成为保证人。

（三）保证方式

保证分为一般保证和连带责任保证，当事人应当在合同中明确约定保证方式。

一般保证，指保证人承担补充责任，即只有在债务人不能履行债务时，保证人才承担保证责任，在主合同纠纷未经审判或仲裁，并就债务人财产依法强制执行仍然不能履行债务前，保证人对债权人可以拒绝承担保证责任。但债务人住所变更，导致债权人要求其履行发生重大困难的，人民法院受理债务人的破产案件中止执行程序和保证人以书面形式放弃这一权利的情况除外。

连带责任保证，指保证人与债务人承担连带责任，即只要债务人到期不履行合同，保证人就有义务承担保证责任。债务人在主合同规定的债务履行期限届满没有履行债务，债权人可以要求债务人履行债务，也可以要求保证人在其保证范围内承担保证责任。

当事人对保证方式没有约定或者约定不明确的，推定为连带责任保证。

（四）保证责任

1. 保证担保的范围

保证担保的范围包括主债权及利息、违约金、损害赔偿金及实现债权的费用（保证合同另有约定的除外）。对保证范围无约定或约定不明的，推定为对全部债务承担责任。

2. 保证期间

保证期间由保证人与债权人在合同中约定。未约定的，为主债务履行期限届满之日起6个月。保证期间届满，保证人的保证责任消灭。一般保证期间内，债权人未对债务人提起诉讼或申请仲裁的，保证人免除保证责任。债权人提起诉讼或申请仲裁的，保证期间适用诉讼时效中断的规定。连带责任保证期间内，债权人未要求保证人承担保证责任的，保证人免除保证责任。

3. 多人保证的保证责任

同一债务有两个以上保证人的，保证人应当按照合同约定的保证份额承担保证责任。未约定保证份额的，保证人之间承担连带责任。

4. 主债权变动时的保证责任

（1）保证期间，债权人依法将主债权转让给第三人的，保证人在原保证范围内继续承担保证责任。保证合同另有约定的，从其约定。

（2）保证期间，债权人许可债务人转让债务的，应当取得保证人书面同意，保证人对未经其同意转让的债务，不再承担保证责任。

（3）债权人与债务人协议变更主合同的，应当取得保证人书面同意，未经保证人书面同意的，保证人不再承担保证责任。保证合同另有约定的，从其约定。

5. 多重担保的保证责任

同一债权既有保证又有物的担保的，保证人对物的担保以外的债权承担保证责任。债权人放弃物的担保的，保证人在债权人放弃权利的范围内免除保证责任。

6. 越权担保的法律责任

企业法人分支机构未经法人书面授权或超出授权范围与债权人订立的保证合同，该合同无效或超出授权范围的部分无效。债权人和企业法人有过错的，应当根据其过错各自承担相应的民事责任。债权人无过错的，由企业法人承担民事责任。

（五）保证人的抗辩权和追偿权

抗辩权，指债权人行使债权时，债务人根据法定事由（可免除义务的事由）对抗债权人行使请求权的权利。保证人享有债务人的抗辩权。债务人放弃对债务的抗辩权的，保证人仍有权抗辩。

保证人承担保证责任后，有权向债务人追偿，或者要求承担连带责任的其他保证人清偿其应当承担的份额。人民法院受理债务人破产案件后，债权人未申报债权的，保证人可以参加破产财产分配，预先行使追偿权。

（六）保证人免责的规定

保证人免责的情况有：一是主合同当事人双方串通，骗取保证人提供保证的；二是主合同债权人采取欺诈、胁迫等手段，使保证人在违背真实意思的情况下提供保证的。上述情况下，保证人不承担民事责任。

案例 7—4

保证人的抗辩权

甲商场（甲）与乙家用电器公司（乙）签订购买 500 台洗衣机的合同，合同总价款 40 万元，由丙公司（丙）作为甲的保证人。保证合同中约定，丙对主债务承担保证责任，但对因主债务而产生的利息、违约金等其他费用不承担保证责任。因该批洗衣机质量存在问题，严重滞销，导致甲回款困难，无法按期清偿欠乙的 40 万元货款。此后，乙致函丙，要求丙履行保证人的义务，代甲清偿主债务。丙提出，甲无法按期履行合同是由于洗衣机质量有问题，要求先解决甲、乙之间的主合同纠纷。甲、乙之间合同中曾约定，如果因洗衣机质量问题影响销售，甲可以退货并相应扣除价款。但此时，甲明确表示放弃此项权利。乙遂以甲已经放弃权利为由要求丙履行主债务，丙拒绝。

问：此合同纠纷如何处理？

案例点评

本案的核心是：丙应当以何种保证方式承担保证责任？在甲放弃追究乙的合同责任后，丙是否还要承担保证责任？

1. 保证合同中虽然约定了丙承担保证责任的范围，但未约定保证方式。担保法规定，当事人对保证方式没有约定或约定不明确的，按照连带责任保证承担保证责任。所以，丙应当对主债务承担连带保证责任。

2. 根据连带保证责任的有关规定，甲不能按期履行合同债务时，债权人乙可以要求债务人甲履行，也可以要求保证人丙履行。因此，乙要求丙履行主债务有法律根据。

3. 保证人享有债务人的抗辩权。债务人甲按照合同约定享有对乙的抗辩权（因产品质量问题影响销售可要求退货并减少主债务），保证人丙也同样享有此项权利。尽管甲明确表明放弃对乙的抗辩权，但依据担保法规定，丙仍然享有对乙的抗辩权。

4. 在甲放弃对乙的抗辩权后，丙依法还应承担保证责任，但有权要求乙先行承担合同责任，即接受有质量问题的洗衣机退货并减少应支付的货款。保证人丙仅对 40 万元主债务中扣除乙合同责任的部分承担连带保证责任。

三、合同担保的形式（2）——抵押

（一）抵押与抵押关系的当事人

抵押，指为担保债务的履行，债务人或第三人不转移财产的占有，将该财产抵押给债权人。债务人不履行到期债务或者发生当事人约定的实现抵押权的情形，债权人有权依法以该财产折价或者以拍卖、变卖该财产的价款优先受偿。在抵押关系中，债务人或第三人为抵押人，债权人为抵押权人，提供担保的财产为抵押财产。抵押财产可以是债务人的财产，也可以是第三人的财产。

抵押是提供财产以担保合同债务履行的行为。抵押权是债权人因抵押而享有的权利，有三个特征：（1）是由债务人或第三人就特定财产设定的担保物权；（2）抵押权并不转移抵押人对抵押财产的占有；（3）抵押权是抵押权人就抵押物的变价优先受偿的权利。

（二）抵押财产

抵押财产，通常是可以进入市场交易，产权明确，抵押后不会损害社会公共利益的财产。

1. 可以抵押的财产

指债务人或者第三人有权处分的财产，包括：

（1）建筑物和其他土地附着物；

（2）建设用地使用权；

（3）以招标、拍卖、公开协商等方式取得的荒地等土地承包经营权；

（4）生产设备、原材料、半成品、产品；

（5）正在建造的建筑物、船舶、航空器；

（6）交通运输工具；

（7）法律、行政法规未禁止抵押的其他财产。

抵押人可以将上述所列财产一并抵押。

关于抵押财产，应当注意以下问题：第一，经当事人书面协议，企业、个体工商户、农业生产经营者可以将现有的以及将有的生产设备、原材料、半成品、产品抵押，债务人不履行到期债务或者发生当事人约定的实现抵押权的情形，债权人有权就实现抵押权时的动产优先受偿。第二，以建筑物抵押的，该建筑物占用范围内的建设用地使用权一并抵押。以建设用地使用权抵押的，该土地上的建筑物一并抵押。抵押人未按照规定一并抵押的，未抵押的财产视为一并抵押。第三，乡镇、村企业的建设用地使用权不得单独抵押。以乡镇、村企业的厂房等建筑物抵押的，其占用范围内的建设用地使用权一并抵押。

2. 不得抵押的财产

（1）土地所有权；

（2）耕地、宅基地、自留地、自留山等集体所有的土地使用权，但法律规定可以抵押的除外；

（3）学校、幼儿园、医院等以公益为目的的事业单位、社会团体的教育设施、医疗卫生设施和其他社会公益设施；

（4）所有权、使用权不明或者有争议的财产；

（5）依法被查封、扣押、监管的财产；

（6）法律、行政法规规定不得抵押的其他财产。

（三）抵押合同

以抵押作为履行合同担保的，抵押人和抵押权人应当签订书面抵押合同。抵押合同一般包括以下条款：

（1）被担保债权的种类和数额；

（2）债务人履行债务的期限；

（3）抵押财产的名称、数量、质量、状况、所在地、所有权归属或者使用权归属；

（4）担保的范围。

抵押权人在债务履行期届满前，不得与抵押人约定债务人不履行到期债务时抵押财产归债权人所有。

（四）抵押登记

抵押登记，是物权变动公示的基本形式。抵押登记并非任何财产抵押权设立的法定程序。因此，有些财产的抵押权自登记时设立，另外一些财产的抵押权则自抵押合同生效时设立。

1. 不动产抵押权设立

下列财产（不动产）应当办理抵押登记。抵押权自登记时设立。不动产抵押未登记的，不产生抵押权的效力。

（1）建筑物和其他土地附着物；

（2）建设用地使用权；

（3）以招标、拍卖、公开协商等方式取得的荒地等土地承包经营权；

（4）正在建造的建筑物。

2. 动产和交通工具抵押权设立

下列财产的抵押权自抵押合同生效时设立（自愿登记），未经登记，不得对抗善意第三人。

（1）生产设备、原材料、半成品、产品；

（2）正在建造的船舶、航空器；

（3）交通运输工具。

善意第三人包括以下几类：一是善意受让人，即因买卖关系（支付对价）取得抵押物的所有权人；二是质权人，因其对质物实际占有可以对抗未登记的动产抵押权；三是登记的动产抵押权人；四是先租赁后抵押的租赁权人。

企业、个体工商户、农业生产经营者将现有的以及将有的生产设备、原材料、半成品、产品等动产设定抵押的，应当向抵押人住所地的工商行政管理部门办理登记。上述财产依法办理抵押的，不得对抗正常经营活动中已支付合理价款并取得抵押财产的买受人。

办理抵押物登记时，应当向登记部门提供主合同、抵押合同以及抵押物所有权或使用权证书的文件或其复印件。登记部门登记的材料，应当允许查阅、抄录或复印。

（五）抵押的效力

1. 对抵押权人的效力

（1）收取抵押物的孳息。债务人不履行到期债务或者发生当事人约定的实现抵押权的情形，导致抵押财产被人民法院依法扣押的，自扣押之日起抵押权人有权收取该抵押财产的天然孳息或者法定孳息，但抵押权人未通知应当清偿法定孳息的义务人的除外。孳息应当先充抵收取孳息的费用。

（2）保全抵押物价值。抵押人的行为足以使抵押财产价值减少的，抵押权人有权要求抵押人停止其行为。抵押财产价值减少的，抵押权人有权要求恢复抵押财产的价值，或者提供与减少的价值相应的担保。抵押人不恢复抵押财产的价值也不提供担保的，抵押权人有权要求债务人提前清偿债务。

（3）限制抵押人对抵押物的处分权。抵押期间，抵押人未经抵押权人同意，不得转让抵押财产，但受让人代为清偿债务消灭抵押权的除外。

抵押期间，抵押人经抵押权人同意转让抵押财产的，应当将转让所得的价款向抵押权人提前清偿债务或者提存。转让的价款超过债权数额的部分归抵押人所有，不足部分由债务人清偿。

（4）限制抵押权的转让。抵押权不得与债权分离而单独转让或者作为其他债权的担保。债权转让的，担保该债权的抵押权一并转让，但法律另有规定或者当事人另有约定的除外。

（5）放弃抵押权的利益。抵押权人可以放弃抵押权或者抵押权的顺位。抵押权人与抵押人可以协议变更抵押权顺位以及被担保的债权数额等内容，但抵押权的变更，未经其他抵押权人书面同意，不得对其他抵押权人产生不利影响。债务人以自己的财产设定抵押，抵押权人放弃该抵押权、抵押权顺位或者变更抵押权的，其他担保人在抵押权人丧失优先受偿权益的范围内免除担保责任，但其他担保人承诺仍然提供担保的除外。

已经设定抵押的财产被采取查封、扣押等财产保全或者执行措施的，不影响抵押权的效力。

2. 对抵押人的效力

抵押期间，抵押人并不丧失抵押物的所有权与占有权，但对抵押物的处分权受到限制。抵押人转让已办理登记的抵押物的，应当取得抵押权人的同意。

3. 对第三人的效力

订立抵押合同前抵押财产已出租的，原租赁关系不受该抵押权的影响，即原租赁合同继续有效。抵押权设立后抵押财产出租的，该租赁关系不得对抗已登记的抵押权，即担保物权优先于债权，抵押权人有权保留或解除原租赁关系。

抵押权人实现抵押权时，抵押权人和承租人的优先购买权之间可能存在冲突，即抵押期间届满，债务人未能清偿债务，抵押权人想取得抵押物的所有权，但承租人要行使对抵押物的优先购买权，抵押物的所有权应当优先转移给谁？一是财产先租赁后抵押。由于抵押权只是优先受偿的权利，承租人行使优先购买权并不影响抵押财产价值的实现，因此，承租人的优先购买权优先于抵押人的抵押权。二是财产先抵押后租赁。已登记的抵押权可以对抗该租赁关系，即抵押权优先于承租人的优先购买权。未登记的抵押权不能对抗后成立的租赁权，即只承认承租人的优先购买权。

（六）抵押权的实现

法律禁止抵押权人与抵押人约定债务人不履行到期债务时抵押财产直接归债权人所有，以防止抵押物价值高于债权数额时，会严重损害债务人的利益。因此，抵押权实现的方式有三种：折价、拍卖、变卖。

1. 抵押权人的优先受偿权

债务人不履行到期债务或者发生当事人约定的实现抵押权的情形，抵押权人可以与抵押人协议以抵押财产折价或者以拍卖、变卖该抵押财产所得的价款优先受偿。协议损害其他债权人利益的，其他债权人可以在知道或者应当知道撤销事由之日起1年内请求人民法院撤销该协议。抵押权人与抵押人未就抵押权实现方式达成协议的，抵押权人可以请求人民法院拍卖、变卖抵押财产。抵押财产折价或者变卖的，应当参照市场价格。

抵押人所担保的债权超出其抵押物价值的，超出的部分不具有优先受偿的效力。

抵押财产折价或者拍卖、变卖后，其价款超过债权数额的部分归抵押人所有，不足部分由债务人清偿。

2. 经营性动产抵押权的实现

设定抵押权的目的是确保债权实现，因此，抵押财产必须是可以明确估计价值的现有的特定化的物。以非特定的动产抵押的，确定特定时点抵押财产的范围使之特定化（确定抵押财产），是实现抵押权的先决条件。按照法律规定，企业、个体工商户、农业生产经营者将现有的以及将有的生产设备、原材料、半成品、产品抵押等动产设定抵押的，抵押财产自下列情形之一发生时确定：（1）债务履行期届满，债权未实现；（2）抵押人被宣告破产或者被撤销；（3）当事人约定的实现抵押权的情形；（4）严重影响债权实现的其他情形。

3. 抵押权实现的顺位

同一财产向两个以上债权人抵押的，拍卖、变卖抵押财产所得的价款依照下列规定清偿：（1）抵押权已登记的，按照登记的先后顺序清偿；顺序相同的，按照债权比例清偿；（2）抵押权已登记的先于未登记的受偿；（3）抵押权未登记的，按照债权比例清偿。

4. 建设用地使用权实现抵押权的特别规定

建设用地使用权抵押后，该土地上新增的建筑物不属于抵押财产。该建设用地使用权实现抵押权时，应当将该土地上新增的建筑物与建设用地使用权一并处分，但新增建筑物所得的价款，抵押权人无权优先受偿。

5. 实现抵押权不得改变土地所有权的性质和土地用途

以招标、拍卖、公开协商等方式取得的荒地等土地承包经营权抵押的以及以乡镇、村企业的厂房等建筑物占用范围内的建设用地使用权一并抵押的，实现抵押权后，未经法定程序，不得改变土地所有权的性质和土地用途。

6. 抵押权行使的期间

抵押权人应当在主债权诉讼时效期间行使抵押权；未行使的，人民法院不予保护。

（七）最高额抵押

最高额抵押，指为担保债务的履行，债务人或者第三人对一定期间内将要连续发生的债权提供担保财产的，债务人不履行到期债务或者发生当事人约定的实现抵押权的情形，抵押权人有权在最高债权额限度内就该担保财产优先受偿。

最高额抵押具有以下特点：第一，所担保的债权虽然期限可以确定，但数额并不确定，因此需要通过最高债权数额限定担保责任。第二，仅适用于连续发生的债权，如债权人与债务人就某项商品在一定期间内连续发生交易而签订的合同附设了最高额抵押。第三，最高额抵押具有相对独立性。一般抵押具有附属性的特点，主债权存在是抵押设定的前提，主债权消灭，抵押权也随之消灭。但是，最高额抵押权设定并不以主债权存在为前提，即最高额抵押权设定时，主债权可以是已经发生的，也可以是未来发生的。

1. 最高额抵押债权的转让

最高额抵押权设立前已经存在的债权，经当事人同意，可以转入最高额抵押担保的债权范围。最高额抵押担保的债权确定前，部分债权转让的，最高额抵押权不得转让，但当事人另有约定的除外。

2. 最高额抵押担保的变更

最高额抵押担保的债权确定前，抵押权人与抵押人可以通过协议变更债权确定的期间、债权范围以及最高债权额，但变更的内容不得对其他抵押权人产生不利影响。

3. 最高额抵押债权的实现

有下列情形之一的，抵押权人的债权确定（确定最高额抵押债权）：

（1）约定的债权确定期间届满；

（2）没有约定债权确定期间或者约定不明确，抵押权人或者抵押人自最高额抵押权设立之日起满2年后请求确定债权；

（3）新的债权不可能发生；

（4）抵押财产被查封、扣押；

（5）债务人、抵押人被宣告破产或者被撤销；

（6）法律规定债权确定的其他情形。

四、合同担保的形式（3）——质押

（一）动产质权的概念和特征

动产质权，指为担保债务的履行，债务人或者第三人将其动产出质给债权人占有，债务人不履行到期债务或者发生当事人约定的实现质权的情形，债权人有权就该动产优先受偿。其中，债务人或者第三人为出质人，债权人为质权人，交付的动产为质押财产。但是，法律、行政法规禁止转让的动产不得出质。

（二）动产质权合同

设立质权，当事人应当采取书面形式订立质权合同。质权合同一般包括下列条款：

（1）被担保债权的种类和数额；

（2）债务人履行债务的期限；

（3）质押财产的名称、数量、质量、状况；

（4）担保的范围；

（5）质押财产交付的时间。

出质人与质权人可以协议设立最高额质权。最高额质权适用质权及最高额抵押的相关法律规定。

质权人在债务履行期届满前，不得与出质人约定债务人不履行到期债务时质押财产归债权人所有。

（三）动产质权人的权利与义务

质权自出质人交付质押财产时设立。

1. 动产质权人的权利

（1）质权人有权收取质押财产的孳息，但合同另有约定的除外。孳息应当先充抵收取孳息的费用。

（2）因不能归责于质权人的事由可能使质押财产毁损或者价值明显减少，足以危害质权人权利的，质权人有权要求出质人提供相应的担保；出质人不提供的，质权人可以拍卖、变卖质押财产，并与出质人通过协议将拍卖、变卖所得的价款提前清偿债务或者提存。

（3）质权人可以放弃质权。债务人以自己的财产出质，质权人放弃该质权的，其他担保人在质权人丧失优先受偿权益的范围内免除担保责任，但其他担保人承诺仍然提供担保的除外。

2. 动产质权人的义务

（1）质权人在质权存续期间，未经出质人同意，擅自使用、处分质押财产，给出质人造成损害的，应当承担赔偿责任。

（2）质权人负有妥善保管质押财产的义务；因保管不善致使质押财产毁损、灭失的，应当承担赔偿责任。质权人的行为可能使质押财产毁损、灭失的，出质人可以要求质权人将质押财产提存，或者要求提前清偿债务并返还质押财产。

（3）质权人在质权存续期间，未经出质人同意转质，造成质押财产毁损、灭失的，应当向出质人承担赔偿责任。

（4）债务人履行债务或者出质人提前清偿所担保的债权的，质权人应当返还质押财产。

（四）动产质权实现

（1）债务人不履行到期债务或者发生当事人约定的实现质权的情形，质权人可以与出质人协议以质押财产折价，也可以就拍卖、变卖质押财产所得的价款优先受偿。质押财产折价或者变卖的，应当参照市场价格。

（2）出质人可以请求质权人在债务履行期届满后及时行使质权；质权人不行使的，出质人可以请求人民法院拍卖、变卖质押财产。出质人请求质权人及时行使质权，因质权人怠于行使权利造成损害的，由质权人承担赔偿责任。

（3）质押财产折价或者拍卖、变卖后，其价款超过债权数额的部分归出质人所有，不足部分由债务人清偿。

动产质权的基本性质与抵押相似，但由于质押财产由质权人占有（抵押物不由抵押权人占有），由此产生以下特征：第一，质权担保的范围增加了质押财产的保管费用。第二，质权人增加了妥善保管质押财产的义务。因保管不善致使质物灭失或毁损的，质权人应当承担民事责任。第三，债务履行期限届满，债务人履行债务的，或出质人提前清偿所担保的债权的，质权人应当返还质押财产。

（五）权利质权的概念和特征

权利质权，指为担保债务的履行，债务人或者第三人将其所拥有的合法财产权利（权利证书）出质给债权人占有，债务人不履行到期债务或者发生当事人约定的实现质权的情形，债权人可以通过支配财产权利实现担保债权优先受偿。

设立质权的当事人应当订立书面合同，并由相应的行政管理部门（证券登记机构；商标、专利、版权管理机构）办理出质登记。多数情况下，出质登记是权利质权设立的法律依据。财产权利出质后，未经质权人与出质人协商同意，不得转让。质权存在期间，财产权利人处分出质权利获得的价款，应当向质权人提前清偿债务或者提存。

1. 可以出质的财产权利

债务人或者第三人有权处分的下列权利可以出质：

（1）汇票、支票、本票；

（2）债券、存款单；

（3）仓单、提单；

（4）可以转让的基金份额、股权；

（5）可以转让的注册商标专用权、专利权、著作权等知识产权中的财产权；

（6）应收账款；

（7）法律、行政法规规定可以出质的其他财产权利。

2. 权利质权的设立

（1）以汇票、支票、本票、债券、存款单、仓单、提单出质的，当事人应当订立书面合同。质权自权利凭证交付质权人时设立；没有权利凭证的，质权自有关部门办理出质登记时设立。上述财产权利的兑现日期或者提货日期先于主债权到期的，质权人可以兑现或者提货，并与出质人协议将兑现的价款或者提取的货物提前清偿债务或者提存。

（2）以基金份额、股权出质的，当事人应当订立书面合同。以基金份额、证券登记结算机构登记的股权出质的，质权自证券登记结算机构办理出质登记时设立；以其他股权出质的，质权自工商行政管理部门办理出质登记时设立。

基金份额、股权出质后，不得转让，但经出质人与质权人协商同意的除外。出质人转让基金份额、股权所得的价款，应当向质权人提前清偿债务或者提存。

（3）以注册商标专用权、专利权、著作权等知识产权中的财产权出质的，当事人应当订立书面合同。质权自有关主管部门办理出质登记时设立。

知识产权中的财产权出质后，出质人不得转让或者许可他人使用，但经出质人与质权人协商同意的除外。出质人转让或者许可他人使用出质的知识产权中的财产权所得的价款，应当向质权人提前清偿债务或者提存。

（4）以应收账款出质的，当事人应当订立书面合同。质权自信贷征信机构办理出质登记时设立。

应收账款出质后，不得转让，但经出质人与质权人协商同意的除外。出质人转让应收账款所得的价款，应当向质权人提前清偿债务或者提存。

五、合同担保的形式（4）——留置

（一）留置的概念和特征

留置，指债务人不履行到期债务，债权人可以留置已经合法占有的债务人的动产，并有权就该动产优先受偿。其中，享有留置权的债权人称为留置权人，占有的动产为留置财产。

留置权的特征：第一，是法定担保形式，当事人无须另外订立留置合同，只要符合法律规定的条件就可以发生担保效力，但当事人可以在合同中约定排除留置权。其他四种担保形式都是约定担保，当事人需要另外订立担保合同。第二，留置的财产是动产。第三，留置权人对留置财产只有占有权，无所有权。因此，因保管留置财产而支付的必要费用，有权请求债务人偿还。同时，留置权人有妥善保管留置财产的义务。因保管不善致使留置财产灭失或者毁损的，留置权人应当承担民事责任。

（二）留置权适用的范围

因保管合同、运输合同、加工承揽合同发生的债权，债务人不履行债务的，债权人有留置权。留置担保的范围包括主债权及利息、违约金、损害赔偿金、留置物保管费用和实现留置权的费用。

（三）留置权成立的要件

（1）债权人按照合同约定已经占有债务人的财产。

（2）债权人留置的动产，应当与债权属于同一法律关系，但企业之间留置的除外。法律规定或者当事人约定不得留置的动产，不得留置。留置财产为可分物的，留置财产的价值应当相当于债务的金额。

（3）债权清偿期已经届满。

（四）留置权人的权利与义务

留置权人有权收取留置财产的孳息。孳息应当先充抵收取孳息的费用。

留置权人负有妥善保管留置财产的义务；因保管不善致使留置财产毁损、灭失的，应当承担赔偿责任。

（五）留置权的实现

（1）留置权人与债务人应当约定留置财产后的债务履行期间；没有约定或者约定不明确的，留置权人应当给债务人2个月以上履行债务的期间，但鲜活易腐等不易保管的动产除外。债务人逾期未履行的，留置权人可以与债务人协议以留置财产折价，也可以就拍卖、变卖留置财产所得的价款优先受偿。留置财产折价或者变卖的，应当参照市场价格。

（2）债务人可以请求留置权人在债务履行期届满后行使留置权；留置权人不行使的，债务人可以请求人民法院拍卖、变卖留置财产。

（3）留置财产折价或者拍卖、变卖后，其价款超过债权数额的部分归债务人所有，不足部分由债务人清偿。

（4）同一动产上已设立抵押权或者质权，该动产又被留置的，留置权人优先受偿。同一动产法定登记的抵押权与质权并存时，抵押权人优先于质权人受偿。

（六）留置权的消灭

债权消灭，留置权消灭。留置权人对留置财产丧失占有或者留置权人接受债务人另行提供担保的，留置权消灭。

六、合同担保的形式（5）——定金

（一）定金的概念和特征

定金，是合同当事人一方在合同成立之后、履行之前，为证明合同的成立和保证合同的履行，在应支付的合同金额内，预先支付一定数额的款项作为债权的担保。债务人履行债务后，定金应当抵作价款或收回。定金担保遵循定金罚责，即给付定金的一方不履行债务的，无权要求返还定金。收受定金的一方不履行债务的，应当双倍返还定金。因此，定金的担保作用是通过定金罚则实现的。

定金应当以书面形式约定。当事人在定金合同中应当约定交付定金的期限和定金数额。定金的数额由当事人约定，但不得超过主合同标的额的20%。定金合同从实际交付定金之日起生效。

（二）定金与预付款的主要区别

定金与预付款都具有先行给付的性质，但性质不同：（1）定金的主要作用是担保，预付款是履行合同部分给付义务；（2）定金具有惩罚性，预付款无惩罚性，不发生丧失和双倍返还的情况。

案例7—5

抵押权、质权是否有效

甲为个体工商户，因资金周转需要分别向朋友乙、丙借款5万元、10万元。乙、丙碍于情面同意借款给甲，但要求甲提供借款担保。甲与乙签订了5万元的借款合同，并以自己的劳力士手表设定担保。然而，当乙要求甲交付该手表由自己保管时，甲以担保期间自己需要使用手表为由恳求乙同意自己继续使用手表，并承诺若到期不能偿还债务，愿将手表作为质物变卖还债。甲与丙签订了10万元借款合同，并以自己的住房一间设定担保。然而，甲以房产证暂不由自己保管为由恳请丙不进行房产抵押权登记，并承诺如欠债不还，丙仍然享有优先于其他债权人获得清偿的权利。乙、丙同意了甲的请求。后来，甲与乙、丙之间的两笔借款均超过清偿期而不能偿还，乙、丙要求按照甲的承诺行使质权与抵押权，但遭到甲的拒绝。

问：乙、丙的质权与抵押权是否有效？

案例点评

本案的核心是：口头约定的质权与抵押权是否具备担保物权的效力。

1. 根据物权法定原则，物权的设立方式、物权的种类和内容，均由法律规定，不得由当事人随意创设或通过协议（书面或口头等形式）自行规定。

2. 甲与乙、丙自愿签订借款合同，并承诺提供自己的动产（劳力士手表）作为担保财产，不动产（房产）作为抵押财产，两份借款主合同与抵押合同均合法、有效。

3. 依照物权法与担保法相关规定：(1) 劳力士手表属于动产，动产质押应当将动产出质给债权人占有，质权自出质人交付质押财产时设立。甲并未将承诺作为质押财产的劳力士手表交付给乙占有。由于甲、乙未按照法定方式设定质权，乙对甲的劳力士手表不拥有质权。(2) 不动产（建筑物）抵押应当办理抵押登记。抵押权自登记时设立。由于甲、丙未按照法定方式（登记）设定抵押权，丙对甲的不动产（房产）不拥有抵押权。

4. 由于甲与乙、丙之间的质押行为与抵押行为没有按照法定的质权和抵押权设定方式进行，乙、丙对甲的动产与不动产不享有担保物权。但是，乙、丙仍然是甲的普通债权人，有权要求甲依法偿还到期债务。若甲不偿还，乙、丙可以在诉讼时效期间内向法院起诉，通过法院判决强制执行甲的财产获得债权清偿。

第6节 合同变更、转让、终止

一、合同变更

(一) 合同变更的含义

合同变更，指合同依法成立并生效后，当事人在合同没有履行或没有完全履行之前，根据当事人之间的协议或法律规定，对原合同内容进行修订或补充。合同变更并没有完全取消原有的债权债务关系。

（二）合同变更的基本原则

（1）当事人协商一致，可以变更合同。法律、行政法规规定变更合同应当办理批准、登记等手续的，依照其规定。

（2）当事人对合同变更的内容约定不明确的，推定为未变更。

（3）当事人在变更合同的协议未达成之前，原合同仍然有效。

（4）当事人一方的法定代表人或承办人的变动，不能成为变更合同的理由。

（三）合同变更的程序

合同变更程序与合同订立程序相同，都要经过要约、承诺两个阶段。其中，按照特殊程序签订的合同，其变更也要经过相同的程序。

二、合同转让

（一）合同转让的含义

合同转让，指合同依法成立并生效后，当事人在合同没有履行或没有完全履行之前，根据当事人之间的协议或法律规定，变更合同的主体，即原合同的权利、义务全部或部分转让给第三人。合同转让并不改变原合同的内容。

当事人一般可自由转让合同，但下列情形除外：一是根据合同的性质不得转让，如从合同不得单独转让。二是按照当事人约定不得转让。三是依照法律规定不得转让。

（二）合同转让的基本原则

1. 合同权利（债权）转让

（1）债权人转让债权的，应当通知债务人。未经通知，该转让对债务人不发生效力。债权人转让权利的通知不得撤销，但经受让人同意的除外。

（2）债权人转让债权的，受让人取得与债权有关的从权利，但该从权利专属于债权人自身的除外。

（3）债务人接到债权转让通知后，对让与人的抗辩可以向受让人主张，对让与人享有的债权（先于或同时与所转让的债权到期），可以向受让人主张抵销。

2. 合同义务（债务）转让

（1）债务人将合同的义务全部或者部分转移给第三人的，应当经债权人同意。

（2）新债务人可以主张原债务人对债权人的抗辩权。

（3）新债务人应当承担与主债务相关的从债务，但从债务专属于债务人自身的除外。

3. 合同权利、义务共同转让

当事人一方经对方同意，可以将自己在合同中的权利和义务一并转让给第三人。

法律、行政法规规定转让权利或转移义务应当办理批准登记手续的，应当办理这些手续。

当事人订立合同后合并的，由合并后的法人或者其他组织行使合同权利，履行合同义务。当事人订立合同后分立的，除债权人和债务人另有约定的以外，由分立的法人或者其他组织对合同的权利和义务享有连带债权，承担连带债务。

三、合同终止

（一）合同权利、义务终止的原因

（1）债务已经按照约定履行。

（2）合同解除。

（3）债务相互抵销。当事人互负到期债务，该债务的标的物种类、品质相同的，任何一方可以将自己的债务与对方的债务抵销，但依照法律规定或合同性质不得抵销的除外。不具备上述特征的相互债务，经当事人协商一致，也可以抵销。当事人主张抵销债务的，应当通知对方，通知自到达对方时生效。抵销不得附条件或附期限。

（4）债务人依法将标的物提存。债务人难以履行债务的，可以向提存部门申请提存标的物，具体情况包括：第一，债权人无正当理由拒绝受领；第二，债权人下落不明；第三，债权人死亡未确定继承人或者丧失民事行为能力未确定监护人；第四，法律规定的其他情形。标的物提存后，除债权人下落不明的以外，债务人应当及时通知债权人或者债权人的继承人、监护人。

标的物不适于提存或者提存费用过高的，债务人依法可以拍卖或者变卖标的物，提存所得的价款。

标的物提存后，毁损、灭失的风险由债权人承担。提存期间，标的物的孳息归债权人所有，提存费用由债权人负担。

债权人可以随时领取提存物，但债权人对债务人负有到期债务的，在债权人未履行债务或者提供担保之前，提存部门根据债务人的要求应当拒绝其领取提存物。

债权人领取提存物的权利，自提存之日起 5 年内不行使而消灭，提存物扣除提存费用后归国家所有。

（5）债权人免除债务。

（6）债权债务同归于一人（涉及第三人利益的除外）。

（7）法律规定或者当事人约定终止的其他情形。

（二）合同解除

1. 解除合同的概念

合同解除，指合同有效成立后，在没有履行或没有完全履行之前，当事人根据约定或法律规定，提前终止合同的权利义务关系。

2. 解除合同的形式

（1）协议解除，指当事人双方通过协商一致达成协议，同意解除合同，包括事先在合同中约定合同的解除条件或事后达成解除合同的协议。

事先约定解除，指当事人在合同中约定一方解除合同的条件，解除合同的条件成就时，有解除权人可以解除合同。事后协议解除，指当事人在特定的事由发生后，协议解除合同。无论为事先约定或事后协议，均为当事人协商一致同意解除合同。

（2）法定解除，即合同的解除条件由法律直接规定。法律、行政法规规定解除合同应当办理批准、登记等手续的，依照其规定。

3. 法定解除合同的条件

有下列情形之一的，当事人可以解除合同：

（1）因不可抗力致使不能实现合同目的；

（2）在履行期限届满之前，当事人一方明确表示或者以自己的行为表明不履行主要债务；

（3）当事人一方迟延履行主要债务，经催告后在合理期限内仍未履行；

（4）当事人一方迟延履行债务或者有其他违约行为致使不能实现合同目的。

4. 解除合同的通知义务

当事人事先约定的合同解除条件成就的，法定解除合同的情形出现的，主张解除合同的当事人应当通知对方。合同自通知到达对方时解除。对方有异议的，可以请求人民法院或者仲裁机构确认解除合同的效力。

5. 合同解除权的行使及消灭

当法定或约定的解除合同条件出现后，享有合同解除权的当事人在履行通知义务的前提下，可以直接解除合同，不需要对方当事人同意。事后协议解除合同，实质上是当事人之间又订立了一个新的合同，故事后协议解除合同，其程序与订立合同的程序相同，需要经过要约、承诺，当事人达成一致意见。

法律规定或者当事人约定解除权行使期限的，期限届满当事人不行使的，该权利消灭。法律没有规定或者当事人没有约定解除权行使期限，经对方催告后在合理期限内不行使的，该权利消灭。

6. 合同解除后的法律后果

（1）不再履行合同。合同解除后，尚未履行的，终止履行。

（2）采取补救措施。已经履行的合同，根据履行情况和合同性质，当事人可以要求恢复原状、采取其他补救措施，并有权要求赔偿损失。

（三）合同终止后的特殊规定

（1）合同的权利、义务终止后，当事人应当遵循诚实信用原则，根据交易习惯履行通知、协助、保密等义务。

（2）合同的权利、义务终止，不影响合同中结算和清理条款的效力。

第 7 节　违约责任

一、违约责任的形式和特征

（一）违约责任的形式

违约行为，指合同当事人未履行或未完全履行其合同义务的行为。在没有任何免责条件下，当事人部分或完全不履行合同，就构成违约，这时，违约一方必须承担损害赔偿责任。承担违约责任不以当事人有过错为前提条件。违约责任有以下形式。

1. 继续履行

当事人一方未支付价款或报酬的，对方可要求其支付价款或报酬。当事人一方不履行非金钱债务或履行非金钱债务不符合约定的，对方可以要求其继续履行合同，但下列情形除外：一是法律或事实上不能履行；二是债务标的不适于强制履行或履行费用过高；三是债权人在合理期限内未要求履行。

2. 采取补救措施

债务人履行合同质量不符合约定的，应当按照当事人的约定承担违约责任。无约定或约定不明确，又无法通过协议或交易习惯确定质量标准的，受损害方可以根据标的的性质及损失的大小，合理选择要求对方承担修理、更换、重作、退货、减少价款或报酬等违约责任。

3. 赔偿损失

当事人一方不履行合同义务或履行合同义务不符合约定的，在履行义务或采取补救措施后，对方还有其他损失的，还应赔偿对方损失。

（二）违约责任与侵权责任、缔约过失责任的区别

1. 违约责任与侵权责任的区别

违约责任是违约方向守约方承担的财产责任。违约责任与侵权责任共同构成民事责任，但二者有以下区别：

（1）保护的民事权利不同。违约责任保护合同当事人的债权。侵权责任保护当事人合同关系以外的合法权利，如物权、人身权、知识产权等。

（2）责任产生的前提不同。违约责任，以当事人违背有效合同的约定为前提。侵权责任，侵害人和受害人之间不存在合同关系，侵权责任直接产生于法律规定。

（3）责任内容不同。违约责任的内容和范围主要由当事人自行约定。侵权责任的形式、内容及承担责任的条件，均由法律直接规定，当事人不得自行约定。

（4）承担责任方式和范围不同。违约责任，是单纯的财产责任，赔偿损失的范围只包括守约方财产方面的直接损失和间接损失。侵权责任，既有财产责任，也有非财产责任，如停止侵害、消除影响、恢复名誉和赔礼道歉等，赔偿损失的范围包括受害人财产和人身

的直接损失和间接损失，还包括精神损失和死者生前扶养的人的必要生活费。

（5）责任主体不同。违约责任的主体，只能是有效合同的债务人。侵权责任的主体，可以是任何人，包括无行为能力人和限制行为能力的自然人。

（6）司法诉讼管辖不同。违约行为，由合同的签订地、履行地、标的物所在地法院管辖。侵权责任，一般由侵权行为地法院管辖。

2. 违约责任与缔约过失责任的区别

缔约过失责任的功能是弥补合同订立过程中因一方违反诚实信用原则而造成的另一方信赖利益的损失。违约责任与缔约过失责任有以下区别：

（1）性质不同。违约责任以当事人之间存在合法有效的合同为前提，是违约方承担的约定责任。缔约过失责任是因一方当事人的缔约过失导致合同不成立，或虽然成立但因为不符合法定生效要件而被确认无效或被撤销时承担的法定责任，当事人之间不存在合法有效的合同关系。

（2）确认责任的根据不同。确认违约责任的根据是未能按照合同约定全面履行合同义务。确认缔约过失责任的根据是缔约过程中违反诚实信用原则并构成缔约过失。

（3）赔偿范围不同。违约责任赔偿的范围包括现有利益的实际损失和期待利益（合同履行后获得的利益）损失。缔约过失责任赔偿的范围是信赖利益的损失，即无过错的一方当事人因合同不成立、无效而受到的实际损失。

（4）责任方式不同。违约责任的具体形式可以由合同当事人自行约定，包括赔偿损失、继续履行合同或采取补救措施等。缔约过失责任只能是弥补性的赔偿损失责任。

二、确认违约责任的基本原则

（一）承担违约责任的根据

（1）违约责任的归责原则是严格责任原则，只有不可抗力才可以免责。

（2）当事人一方不履行合同义务或者履行合同义务不符合约定，应当承担违约责任。

（3）当事人一方明确表示或者以自己的行为表明不履行合同义务，对方可以在履行期限届满之前要求其承担违约责任。

（4）当事人双方都违反合同的，应当各自承担相应的责任。

（5）当事人一方因第三人的原因造成违约的，应当向对方承担违约责任。当事人一方和第三人之间的纠纷，依照法律规定或者按照约定解决。

（二）违约损失赔偿的原则

（1）金钱等价原则。违约方的赔偿额应当与守约方的损失额相等，以使守约方不因对方违约而情况恶化。

（2）可避免后果原则。一方违约后，另一方有权中止履行合同，并采取适当措施防止损失扩大，以避免造成更大的损失。

（3）可预见性损失赔偿原则。违约损失的数额应当有可预见性。

(三) 违约损失赔偿的范围

当事人一方不履行合同义务或者履行合同义务不符合约定，给对方造成损失的，损失赔偿额应当相当于因违约所造成的损失，包括合同履行后可以获得的利益，但不得超过违反合同一方订立合同时预见到或者应当预见到的因违反合同可能造成的损失。

经营者对消费者提供商品或者服务有欺诈行为的，依照《中华人民共和国消费者权益保护法》的规定承担损害赔偿责任。

当事人一方违约后，对方应当采取适当措施防止损失的扩大；没有采取适当措施致使损失扩大的，不得就扩大的损失要求赔偿。当事人因防止损失扩大而支出的合理费用，由违约方承担。

(四) 违约金与赔偿金

1. 违约金的特点

违约金，指合同当事人订立合同时预先约定一方违约时支付给对方的金额。当事人可以约定一方违约时应当根据违约情况向对方支付一定数额的违约金，也可以约定因违约产生的损失赔偿额的计算方法。所以，是否订立违约金条款，以及承担违约金责任的条件、数额、比例都由当事人自行约定。当事人就迟延履行约定违约金的，违约方支付违约金后，还应当继续履行债务。

2. 违约金数额的调整

由于违约金是在订立合同时事先约定的，因此，违约金数额与违约发生后所造成的实际损失可能并不一致。因此，约定的违约金低于或过分高于违约行为造成的损失的，当事人可以请求人民法院或者仲裁机构予以增加或适当减少。

3. 赔偿金

赔偿金，是指合同一方当事人因违约而给对方造成损失时，应当赔偿对方的实际损失。支付赔偿金以违约行为造成对方实际损失为前提。因此，守约方应当证明自已因违约行为确实受到了实际损害。

4. 违约金与赔偿金的关系

凡合同中约定违约金的，一方违约时，即使没有造成另一方实际损失，或实际损失小于违约金，守约方都有权要求其支付违约金。当实际损失大于违约金数额时，还有权要求违约方支付赔偿金补足其差额，违约金与赔偿金之和应等于守约方所受到的实际损失。当然，约定的违约金数额过分高于违约行为造成的损失的，当事人可以请求人民法院或仲裁机构予以适当减少。合同中没有违约金条款，则只有在违约行为造成守约方实际损失时，违约方才有义务赔偿对方的实际损失。

违约金与赔偿金有以下主要区别：

(1) 适用范围不同。违约金是约定的，因此，无约定不能适用违约金条款。损害赔偿是法定的，无论当事人是否在合同中有约定，只要违约行为造成实际损失，受损害方就有权要求对方支付赔偿金。

(2) 性质不同。违约金在订立合同时约定，此时，合同还没有履行，不涉及对方是否违约问题，而且，违约金支付不以违约行为造成实际损失为前提。因此，违约金具有预防违约的惩罚性赔偿性质。赔偿金是在违约行为导致实际损失发生后确定的，具有事后补偿损失的性质。

(3) 数额不同。违约金数额由当事人自行约定，由于是违约行为发生之前确定的，与违约行为发生后产生的实际损失会有出入，因此，有关机构可以应当事人的请求，根据实际损失的情况对违约金的数额进行调整。赔偿金是在违约行为导致的实际损失发生后确定的，应当能够与实际损失数额相当。

（五）违约金和定金

1. 定金支付原则

当事人约定一方向另一方给付定金作为债权的担保，债务人履行债务后，定金应当抵作价款或者收回。给付定金的一方不履行债务的，无权要求返还定金；收受定金的一方不履行债务的，应当双倍返还定金（定金罚则）。

2. 违约金与定金的区别

二者都是由当事人自行选定的，对违约行为都具有一定的惩罚性，具有预防违约的功能，但二者有以下区别：一是性质不同。违约金虽然有一定的惩罚性，但本质是预定赔偿额的性质，因此有依法调整的可能性。定金是合同担保性质，具有明显的惩罚性（丧失定金所有权或双倍返还定金），为了防止定金的惩罚性滥用，法律规定定金数额不得超过主合同标的额的20%。二是违约金在违约行为发生后才支付；定金在违约行为发生之前预先支付。

3. 违约金和定金的选择

由于违约金和定金对违约行为都具有一定的惩罚性，因此，当一方违约时就可能发生违约金责任和定金责任竞合的情形。我国法律规定，当事人在合同中既约定违约金，又约定定金的，一方违约时，对方可以选择适用违约金或者定金条款，即只能选择其一，但可以选择对自己最有利的救济方式。守约方选择违约金条款时，并不影响要求违约方返还其先行支付的定金的权利。

三、违约责任的免除

因不可抗力不能履行合同的，根据不可抗力的影响，部分或者全部免除违约责任，但法律另有规定的除外。

不可抗力，指不能预见、不可避免并不能克服的客观情况。通常包括：(1) 自然灾害，由自然原因造成，如火灾、水灾、旱灾、地震、风灾等。在合同中订立不可抗力条款时，一般均列出这些事件。(2) 社会事件，由社会原因造成，如战争、社会动乱、政策改变等。不可抗力的界定及适用范围，通常在合同中明确约定。

当事人迟延履行后发生不可抗力的，不能免除责任。

当事人一方因不可抗力不能履行合同的，应当及时通知对方，以减轻可能给对方造成的损失，并应当在合理期限内提供证明。

四、违约责任和侵权责任竞合

（一）违约责任和侵权责任竞合的含义

违约责任和侵权责任竞合，指当事人同一行为既符合违约责任的构成要件，也符合侵权责任的构成要件，导致应对受害人同时承担违约责任和侵权责任的事实。现实生活中，有时侵权责任和违约责任很难截然分开，往往是两种责任都可以适用。如因产品质量不合格、建筑工程质量低劣造成的损害，同时具备了违约责任和侵权责任的构成要件，这种情况就是违约责任和侵权责任竞合。

（二）违约责任和侵权责任竞合时的选择权

由于两种责任的内容和赔偿范围等有区别，适用哪种责任对当事人利益有重大甚至截然相反的影响。如何选择责任形式，各国立法和实践中有不同的原则：一是规定权利人可以自由选择对自己最有利的责任形式；二是优先适用违约责任；三是优先适用侵权责任。但其共同原则是：不能同时追究同一行为的两种责任，以避免受害人因对方违法和违约行为而获得额外利益。

我国实行第一种原则——因当事人一方的违约行为同时侵害对方人身、财产权益的，受损害方有权选择对自己最有利的救济方式，即要求其承担违约责任或侵权责任。

案例7—6

违约责任和侵权责任竞合

甲机械公司与乙电机销售公司签订一份购买电机的合同。合同约定，电机应符合行业质量标准，如果电机质量不合格，乙公司应当接受退货并赔偿给甲公司因此造成的停产损失。合同生效并履行后，甲公司将购入的电机安装使用。使用当天，操作电机的职工因触电身亡。后经省技术监督部门鉴定，该电机运行过程中，因启动器中接触口进线有一相接触不良，造成该相断路，引起电机两相运行，电流增大，使本不该带电的部件带电，导致该职工操作时触电死亡。甲公司遂要求乙公司接受退货、赔偿甲公司停产损失并承担死亡职工的抚恤费、丧葬费、死者亲属误工工资及死者生前扶养的人的生活费等。乙公司则声称，其电机产品是经过该市技术监督部门检验确认合格的产品，对于甲公司职工触电身亡不应承担责任。甲公司在多次请求均遭拒绝的情况下，向法院提起诉讼，要求乙公司承担前述法律责任。受诉法院查明，乙公司销售的电机虽然有某市技术监督部门颁发的产品质量合格证书，但经有关部门鉴定为质量不合格产品，甲公司职工操作符合规章，其触电身亡是由于电机质量不合格所致。乙公司又提出，电机质量不合格，只是违约行为，乙公司根据合同应只承担接受退货和赔偿甲公司停产损失的责任，其他损失概不负责。

问：乙公司应当承担哪些赔偿责任？

案例点评

本案的核心是：乙公司出售质量不合格电机致人触电死亡的行为应分别承担侵权责任、违约责任还是侵权责任和违约责任竞合?

1. 甲公司与乙公司之间有合同关系，乙公司出售质量不合格产品，违反合同中关于产品质量的保证，构成违约行为，应当对甲公司承担违约责任。

2. 我国法律规定，因产品质量不合格造成他人财产、人身损害的，产品制造者、销售者应当依法承担民事责任。乙公司因出售质量不合格产品造成甲公司职工死亡，侵害了该职工的生命权，构成侵权行为，应当对该职工承担侵权责任。

3. 乙公司销售不合格产品的行为既构成对甲公司的违约，又构成对甲公司职工的侵权（生命健康权），但甲公司和甲公司职工是不同的法律主体，所以，乙公司应承担的法律责任不具备违约责任和侵权责任竞合的性质。只有在当事人一方实施违约行为，同时还是侵害对方人身、财产权益的原因时，才可能产生违约责任和侵权责任竞合，才能适用受害人自行选择最有利的救济方式问题。例如，若是甲公司职工直接与乙公司订立买卖电机合同并因电机质量问题而触电身亡，就会出现违约责任和侵权责任竞合问题。

4. 综上所述，乙公司应分别向甲公司承担违约责任，向甲公司死亡职工承担侵权责任，即接受甲公司退货并赔偿因电机质量不合格给甲公司造成的停产损失；按照法律规定向甲公司死亡职工家属支付丧葬费、死者生前扶养的人的生活费等。此外，乙公司对甲公司死亡职工承担侵权损害赔偿责任与甲公司向因工死亡职工支付抚恤金是两种不同性质的责任，并不发生责任竞合问题。

第8节 几种基本合同的主要规定

一、涉外合同

（一）合同准据法的选择

涉外合同的当事人可以选择处理合同争议所适用的法律，但法律另有规定的除外。涉外合同的当事人没有选择的，适用与合同有最密切联系的国家的法律。

合同文本采用两种以上文字订立并约定具有同等效力的，对各文本使用的词句推定具有相同含义。各文本使用的词句不一致的，应当根据合同的目的予以解释。

在中华人民共和国境内履行的中外合资经营企业合同、中外合作经营企业合同、中外合作勘探开发自然资源合同，适用中华人民共和国法律。

（二）涉外合同的诉讼时效

因国际货物买卖合同和技术进出口合同争议提起诉讼或者申请仲裁的期限为4年，自当事人知道或者应当知道其权利受到侵害之日起计算。

二、买卖合同

（一）买卖双方的主要权利义务

买卖合同是出卖人转移标的物的所有权于买受人，买受人支付价款的合同。

买卖合同的内容除前述基本条款外，还可以包括包装方式、检验标准和方法、结算方式、合同使用的文字及其效力等条款。

买卖合同出卖的标的物，应当属于出卖人所有或出卖人有权处分。出卖具有知识产权的计算机软件等标的物的，除法律另有规定或当事人另有约定外，该标的物的知识产权不属于买受人。

买卖合同标的物所有权自标的物交付时起转移，但法律另有规定或当事人另有约定的除外。当事人可以在买卖合同中约定买受人未履行支付价款或者其他义务的，标的物的所有权属于出卖人。

1. 出卖人的主要义务

出卖人应当按照合同约定的期限、地点交付标的物。出卖人履行向买受人交付标的物或交付提取标的物的单证，并转移标的物所有权的义务，还应当按照约定或交易习惯交付上述单证以外的其他单证和资料。此外，出卖人还负有保证第三人不得就交付的标的物向买受人主张任何权利的义务，但法律另有规定，或买受人订立合同时知道或应当知道第三人对标的物享有权利的除外。买受人有确切证据证明第三人可能就标的物主张权利的，可以中止支付相应的价款，但出卖人提供适当担保的除外。

2. 买受人的主要义务

买受人应当按照合同约定的时间、地点和数额支付价款。买受人收到标的物时应当在约定的检验期内检验，并在检验期内将标的物不合约定的情况通知出卖人。买受人怠于通知的，视为标的物数量或质量符合约定。当事人未约定检验期的，买受人应当在发现或应当发现标的物不合约定的合理期间内通知出卖人。买受人在合理期间内或自收到标的物之日起 2 年内未通知出卖人的，视为标的物符合约定。但对标的物有质量保证期的，适用质量保证期。此外，出卖人知道或应当知道提供的标的物不符合约定的，买受人不受上述通知时间限制。

（二）买卖合同标的物灭失、毁损的风险承担

标的物毁损、灭失的风险（简称风险）随标的物所有权转移而转移，即在标的物交付之前由出卖人承担，交付之后由买受人承担，但当事人另有约定的除外。出卖人按照约定未交付有关标的物单证和资料的，不影响风险的转移。

1. 买受人承担风险

（1）因买受人的原因致使标的物不能按照约定的期限交付的，买受人自违反约定之日起承担风险。

（2）出卖人出卖交由承运人运输的在途标的物，除当事人另有约定外，买受人自合同成立时起承担风险。

（3）当事人未约定交付地点或交付地点约定不明确，依法应由出卖人将标的物交付给第一承运人以运送给买受人的，出卖人将标的物交付给第一承运人后，买受人承担风险；依法在出卖人订立合同时的营业地交付标的物，买受人违反约定没有收取的，买受人自违反约定之日起承担风险。

2. 出卖人承担风险

因标的物不符合质量要求，致使不能实现合同目的的，买受人可以拒绝接受标的物或解除合同。这种情况下，由出卖人承担风险。此外，买受人承担风险，不影响因出卖人履行债务不符合约定，要求出卖人承担违约责任的权利。

3. 特殊买卖合同

（1）分期付款买卖合同。分期付款买受人未支付到期价款金额达到全部价款 1/5 的，出卖人可以要求买受人支付全部价款或解除合同。出卖人解除合同的，可以要求买受人支付该标的物的使用费。

（2）凭样品买卖合同。凭样品买卖，当事人应当封存样品，并可以对样品质量予以说明。出卖人交付的标的物应当与样品及说明的质量相同。买受人不知道样品有隐蔽瑕疵的，即使交付的标的物与样品相同，出卖人交付的标的物的质量仍应当符合同种物的通常标准。

（3）试用买卖合同。当事人可以约定标的物的试用期间，没有约定或约定不明确，也无法经协商或按照交易习惯明确的，由出卖人确定。试用期内，买受人可以购买，也可以拒绝购买标的物。试用期届满，买受人对是否购买标的物未作表示的，视为购买。

三、借款合同

（一）借款合同的主要规定

借款合同是借款人向贷款人借款，到期返还借款并支付利息的合同。借款合同采用书面形式，但自然人之间借款另有约定的除外。订立借款合同，借款人应当按照贷款人的要求提供与借款有关的业务活动和财务状况的真实情况。

借款合同的内容包括借款种类、币种、用途、数额、利率、期限和还款方式等条款。

借款的利息不得预先在本金中扣除。利息预先在本金中扣除的，应当按照实际借款数额返还借款并计算利息。

自然人之间的借款合同对支付利息没有约定或约定不明确的，视为不支付利息。约定支付利息的，利率不得违反国家有关限制借款利率的规定。

（二）贷款人和借款人的主要义务

1. 贷款人的主要义务

贷款人未按照约定的日期、数额提供借款，造成借款人损失的，应当赔偿损失。

2. 借款人的主要义务

(1) 按照约定日期、数额收取借款，否则，应当按照约定的日期、数额支付利息。

(2) 按照约定接受贷款人对借款使用情况的检查、监督，向贷款人定期披露财务信息（提供有关财务会计报表等）。

(3) 按照约定的借款用途使用借款，否则，贷款人可以停止发放借款、提前收回借款或解除借款合同。

(4) 按照约定日期返还借款，否则，应按照约定或国家规定支付逾期利息。借款人提前偿还借款的，除当事人另有约定外，应当按照实际借款期间计算利息。

四、租赁合同

(一) 租赁合同的主要规定

租赁合同是出租人将租赁物交付承租人使用、收益，承租人支付租金的合同。

租赁合同的内容包括租赁物的名称、数量、用途、租赁期限、租金及其支付期限和方式、租赁物维修等条款。

租赁期限不得超过 20 年。超过 20 年的，超过部分无效。租赁期间届满，当事人可以续订租赁合同，但约定的租赁期限自续订之日起不得超过 20 年。租赁期限 6 个月以上的，当事人应当以书面形式订立租赁合同，未采用书面形式的，视为不定期租赁。

租赁物在租赁期间发生所有权变动的，不影响租赁合同的效力。

经出租人同意，承租人可以将租赁物转租给第三人。转租时，承租人与出租人的租赁合同继续有效。第三人造成租赁物损失的，承租人应当赔偿损失。承租人未经出租人同意转租的，出租人可以解除租赁合同。

在租赁期间因占有、使用租赁物获得的收益，归承租人所有，但当事人另有约定的除外。

因不可归责于承租人的事由，致使租赁物部分或全部毁损、灭失的，承租人可以要求减少租金或不支付租金，由此导致不能实现租赁合同目的的，承租人可以解除合同。

租赁物危及承租人的安全或健康的，即使承租人订立合同时明知该租赁物质量不合格，仍然可以随时解除合同。

承租人在房屋租赁期间死亡的，与其生前共同居住的人可以按照原租赁合同租赁该房屋。

租赁期间届满，承租人继续使用租赁物，出租人没有提出异议的，原租赁合同继续有效，但租赁期限为不定期，当事人可随时解除合同，但出租人解除合同应当在合理期限之前通知承租人。

(二) 出租人和承租人的主要义务

1. 出租人的主要义务

(1) 按时交付租赁物。出租人应当按照约定将租赁物交付承租人，并在租赁期间保持租赁物符合约定的用途。

（2）履行租赁物的维修义务，但当事人另有约定的除外。承租人可以要求出租人在合理期限内维修租赁物，出租人未履行维修义务的，承租人可自行维修，维修费用由出租人负担。因维修租赁物影响承租人使用的，应相应减少租金或延长租期。

（3）租赁物权利瑕疵担保。因第三人主张对租赁物的权利，致使承租人不能对租赁物使用、收益的，承租人可以要求减少租金或不支付租金。第三人主张权利的，承租人应当及时通知出租人。

（4）出卖租赁房屋的通知义务。出租人出卖租赁房屋的，应当在出卖之前的合理期限内通知承租人，承租人在同等条件下有优先购买权。

2. 承租人的主要义务

（1）按照约定的方法或租赁物的性质使用租赁物。按照上述方法使用租赁物致使租赁物受到损耗的，承租人不承担损害赔偿责任，反之，造成租赁物损失的，出租人可以解除合同并要求赔偿损失。

（2）妥善保管租赁物。因保管不善造成租赁物毁损、灭失的，应当承担损害赔偿责任。经出租人同意，承租人可以对租赁物进行改善或增设他物。未经出租人同意，承租人进行上述行为的，出租人可要求承租人恢复原状或赔偿损失。

（3）按照约定期限和数额支付租金。承租人无正当理由未支付或迟延支付租金的，出租人可以要求承租人在合理期限内支付，承租人逾期不支付的，出租人可以解除合同。

（4）租赁期间届满，承租人应当返还租赁物。返还的租赁物应当符合按照约定或租赁物的性质使用后的状态。

五、技术合同

（一）技术合同的一般规定

技术合同是当事人就技术开发、转让、咨询或服务订立的确定相互之间权利和义务的合同。技术合同的内容由当事人约定，一般包括以下条款：

（1）项目名称；

（2）标的的内容、范围和要求；

（3）履行的计划、进度、期限、地点、地域和方式；

（4）技术情报和资料的保密；

（5）风险责任的承担；

（6）技术成果的归属和收益的分成方法；

（7）验收标准和方法；

（8）价款、报酬或使用费及其支付方式；

（9）违约金或损害赔偿的计算方法；

（10）解决争议的方法；

（11）名词和术语的解释。

与履行合同有关的技术背景资料、可行性论证和技术评价报告、项目任务书和计划书、技术标准、技术规范、原始设计和工艺文件，以及其他技术文档，按照当事人的约定可以作为合同的组成部分。

技术合同涉及专利的，应当注明发明创造的名称、专利申请人和专利权人、申请日期、申请号、专利号以及专利权的有效期限。

技术合同价款、报酬或者使用费的支付方式由当事人约定，可以采取一次总算、一次总付或者一次总算、分期支付，也可以采取提成支付或者提成支付附加预付入门费的方式。

约定提成支付的，可以按照产品价格、实施专利和使用技术秘密后新增的产值、利润或者产品销售额的一定比例提成，也可以按照约定的其他方式计算。提成支付的比例可以采取固定比例、逐年递增比例或者逐年递减比例。约定提成支付的，当事人应当在合同中约定查阅有关会计账目的办法。

（二）技术开发合同

1. 技术开发合同的一般规定

技术开发合同指当事人之间就新技术、新产品、新工艺或新材料及其系统的研究开发所订立的合同。技术开发合同应当采用书面形式。

因作为技术开发合同标的的技术已经由他人公开，致使技术开发合同履行没有意义的，当事人可以解除合同。

技术开发合同履行过程中，因出现无法克服的技术困难，致使研究开发失败或部分失败的，该风险责任由当事人约定。无约定或约定不明确，经协商后仍然不能确定的，风险责任由当事人合理分担。当事人一方发现可能致使研究开发失败或部分失败的情形的，应当及时通知另一方并采取适当措施减少损失，否则，致使损失扩大的，应当就扩大的损失承担责任。

技术开发完成的技术秘密成果使用权、转让权以及利益的分配办法，由当事人约定，无约定或约定不明确，经当事人协商仍然不能确定的，当事人均有使用和转让的权利。但委托开发中，研究开发人向委托人交付研究开发成果之前，不得将研究开发成果转让给第三人。

技术开发合同包括委托开发合同与合作开发合同两种类型。

2. 委托开发合同

委托开发合同，指当事人一方委托另一方进行技术研究开发所订立的合同。

（1）委托人的主要义务有：按照约定支付研究开发经费和报酬；提供技术资料、原始数据；完成协作事项；接受研究开发成果。委托人违反约定造成研究开发工作停滞、延误或失败的，应承担违约责任。

（2）研究开发人的主要义务有：按照约定制定和实施研究开发计划；合理使用研究开发经费；按期完成研究开发工作，交付研究开发成果，提供有关的技术资料和必要的技术指导，帮助委托人掌握研究开发成果。研究开发人违反约定造成研究开发工作停滞、延误或失败的，应承担违约责任。

（3）委托开发成果的专利申请权和专利权。委托开发完成的发明创造，除当事人另有约定外，申请专利的权利属于研究开发人。研究开发人取得专利权的，委托人可以免费实施该专利。研究开发人转让专利申请权的，委托人在同等条件下享有优先受让的权利。

3. 合作开发合同

合作开发合同，指当事人各方共同进行技术研究开发所订立的合同。

合作开发合同的当事人应当按照约定进行投资，如以技术进行投资；分工参与研究开发工作；协作配合研究开发工作，等等。

合作开发合同的当事人违反约定造成研究开发工作停滞、延误或者失败的，应当承担违约责任。

合作开发完成的发明创造，除当事人另有约定外，申请专利的权利属于合作开发的当事人共有。当事人一方转让其共有的专利申请权的，其他各方在同等条件下享有优先受让的权利。合作开发当事人一方声明放弃其共有的专利申请权的，可以由另一方单独申请或由其他各方共同申请，取得专利权后，放弃申请权的一方可以免费实施该专利。

合作开发的当事人一方不同意申请专利的，另一方或其他各方不得申请专利。

（三）技术转让合同

技术转让合同包括专利权转让合同、专利申请权转让合同、技术秘密转让合同、专利实施许可合同。技术转让合同应当采用书面形式。

1. 技术转让合同的一般规定

当事人可以在技术转让合同中约定实施专利或使用技术秘密的范围，但不得限制技术竞争和技术发展。让与人应当保证自己是所提供技术的合法拥有者，并保证所提供的技术完整、无误、有效，能够达到约定的目标。受让人应当按照约定的范围和期限，对让与人提供的技术中尚未公开的秘密部分承担保密义务。

让与人未按照约定转让技术的，应当退还部分或全部使用费，并承担违约责任。

受让人未按照约定支付使用费的，应当补交使用费并按照约定支付违约金，否则，应停止实施专利或使用技术秘密，交还技术资料，承担违约责任。

让与人、受让人实施专利或使用技术秘密超越约定范围，违反约定的保密义务，或违反约定擅自许可第三人实施专利或技术秘密的，应停止违约行为，承担违约责任。违反约定的保密义务的，应当承担违约责任。

受让人按照约定实施专利、使用技术秘密侵害他人合法权益的，由让与人承担责任，但当事人另有约定的除外。

当事人可以约定实施专利、使用技术秘密后续改进的技术成果的分享办法。无约定或约定不明确的，一方后续改进的技术成果，其他各方无权分享。

2. 专利实施许可合同

专利实施许可合同只在该专利权存续期间内有效。专利权有效期限届满或者专利权被宣布无效的，专利权人不得就该专利与他人订立专利实施许可合同。让与人应当按照约定许可受让人实施专利，交付实施专利有关的技术资料，提供必要的技术指导。受让人应当按照约定实施专利，不得许可约定以外的第三人实施该专利；受让人应当按照约定支付使用费。

3. 技术秘密转让合同

让与人应当按照约定提供技术资料，进行技术指导，保证技术的实用性、可靠性，承担保密义务。受让人应当按照约定使用技术，支付使用费，承担保密义务。

（四）技术咨询和技术服务合同

技术咨询合同包括就特定技术项目提供可行性论证、技术预测、专题技术调查、分析评价报告等的合同。在合同的履行过程中，受托人利用委托人提供的技术资料和工作条件完成的新的技术成果，属于受托人。委托人利用受托人的工作成果完成的新的技术成果，属于委托人。当事人另有约定的，从其约定。

技术咨询合同的委托人按照受托人符合约定要求的咨询报告和意见作出决策所造成的损失，除当事人另有约定外，由委托人承担。委托人未按照约定提供必要的资料和数据，影响工作进度和质量，不接受或逾期接受工作成果的，支付的报酬不得追回，未支付的报酬应当支付。受托人未按期提出咨询报告或提出的咨询报告不符合约定的，应当承担减收或免收报酬等违约责任。

技术服务合同，指当事人一方以技术知识为另一方解决特定技术问题所订立的合同，不包括建设工程合同和承揽合同。

技术服务合同的委托人不履行合同义务或履行义务不符合约定，影响工作进度和质量，不接受或逾期接受工作成果的，支付的报酬不得追回，未支付的报酬应当支付。受托人未按照合同约定完成服务工作的，应当承担减收或免收报酬等违约责任。

本章小结

合同是商品交易的工具，合同法律制度是市场交易的基本规则。企业经营活动与合同有着最密切的联系，了解合同法律制度的特点和功能，深入理解合同的本质、合同法的核心问题，能够提高企业管理者自觉遵守合同法律制度的意识。订立合同、履行合同是完成商品交易的两个核心环节，订立合同是前提，履行合同是目的。合同条款是否明确完善，是合同能否顺利履行的基础。合同法律制度明确了订立合同的基本原则，规范了合同的内容、形式、订立的程序，为当事人在订立合同的过程中充分表达自己的意愿、平等协商、公平交换提供了法律保证。确认合同的法律效力是合同法律制度中的核心问题。履行有效的合同既能够实现合同当事人的经济利益，又能够促进社会分工和经济发展，应当以法律强制力保证其履行。被撤销的合同和无效合同因缺乏合同生效的要件不受法律保护，也无须履行，以避免因其履行而产生的消极后果。理解有效合同、无效合同、可变更与可撤销合同的概念、构成要件、特点、性质及其相互区别，对于防范合同纠纷与合同欺诈、保障合同履行有非常重要的作用。履行合同是实现合同债权的保证，在我国目前信用基础薄弱、拖欠债务严重、合同履约率低的情况下，严格规范合同履行过程和行为，加强对合同债权人利益的保护已经刻不容缓。合同履行原则、合同履行中的抗辩权、合同履行过程中债权人的权利等具体规定都体现了合同法注重合同履行的立法倾向，使我国的合同法律制度更加趋于完善。担保是确保合同履行、对违约行为的后果进行自我救济的有效工具。保证、抵押、质押、留置、定金五种担保形式各有特定的适用范围和功效，选择最适宜的合同担保方式是企业管理者应熟悉的技巧。合同订立之后、履行之前，因各种情况的变化，可能会导致合同发生变动（变更、转让及提前终止），并直接影响合同的履行过程与方式。明确合同变更、转让、终止（特别是解除合同）的前提与条件，规范其变动程序，合理分配变动的风险和责任，对于建立合同当事人之间的信赖关系、提高交易效率有不可替代的作用。当事人一方不履行合同，违约责任是对守约方最后的法律救济手段。违约责任的形式，违约责任和侵权责任及缔约过失责任之间的区别，违约损失赔偿的原则和范围，违约金与赔偿金和定金的区别，违约责任与侵权责任竞合，这些熟悉或陌生的名词术语将使企业管理者对违约责任的性质、特点、功能有更深入的理解。最后，有关涉外合同、买卖合同、借款合同、租赁合同、技术合同等几种常见合同的核心内容和特点的归纳，丰富、补充和具体化了合同的一般原理，对企业有更强的针对性和实用性。

关键术语

合同	标的	要约邀请	要约
承诺	合同格式条款	有效合同	缔约过失责任
无效合同	可变更或可撤销合同	抗辩权	保证
抵押	质押	留置	定金
合同解除	违约金	赔偿金	违约责任
违约责任与侵权责任竞合			

复习思考题

1. 合同是企业之间、企业与消费者之间交易活动的联系纽带，企业在订立合同与履行合同过程中最常见的难题是什么？由于什么原因而难以解决？

2. 合同法中的缔约过失责任、合同的格式条款、可撤销合同、履行合同抗辩权、侵权责任与违约责任竞合等规定对企业合同管理有什么影响？

3. 分析总结企业中各种合同担保形式的使用频率，哪些担保形式的效果最好（合同履约率与违约赔偿率最高）。

4. 合同法中的违约金和定金都具有惩罚性，根据违约责任的确定原则，思考签订合同约定违约责任时应注意哪些问题？如何利用违约金、定金和赔偿金的特点使违约赔偿的范围和计算方法更具有可操作性？

参考阅读书目及法律、法规

1.《中华人民共和国合同法》(1999)（1999 年 3 月全国人民代表大会通过，自 1999 年 10 月 1 日起施行）。

2.《中华人民共和国担保法》(1995)（1995 年 6 月全国人民代表大会常务委员会通过，自 1995 年 10 月 1 日起施行）。

3.《中华人民共和国物权法》(2007)（2007 年 3 月全国人民代表大会通过，自 2007 年 10 月 1 日起施行）。

第 8 章

市场行政监督管理法律制度

本章重点

- 产品质量监督检查制度
- 一般产品责任和缺陷产品责任
- 不正当竞争行为特点和类型
- 垄断行为的特点和类型
- 消费者的权利和经营者的义务
- 防治环境污染和其他公害制度

第 1 节　产品质量监督检查法律制度

一、产品质量责任

（一）国家直接监督产品质量的必要性

产品是劳动产品中的物质产品（不包括精神产品和自然产物，如农产品和猎物等）。现实生活中的产品一般指工业产品，包括有形制成品和无形制成品，如电力、煤气等。土地、畜牧渔业产品和猎物经过加工的，也算产品。产品质量，指产品满足人们需要的适用性、安全性、可靠性、经济性等特征的总和。适用性是产品质量的最重要特征，包括功能适用性、使用适用性和销售适用性。安全性指产品能够安全使用，不存在危害人身、财产安全的不合理危险。可靠性指产品在规定条件下实现预定功能的能力。经济性指产品性能价格比，同等性能前提下，价格越低越好。提高产品质量，最大限度地满足消费者丰富的需求，是企业生存与发展的基础。从市场机制作用看，企业之间的竞争可以自发推动企业监督产品质量，增强市场竞争能力。但是，理论和实践都证明，由于市场失灵的情况客观存在，仅靠市场自身力量并不能保证企业自觉增强质量意识，改善产品质量。例如，竞争地位不利的经营者在追逐利润动机的驱使下，可能会生产假冒伪劣产品以牟取暴利；有竞争优势的大企业也可能迫于市场竞争压力，将未臻成熟的产品提前投入市场，将缺陷产品推销给消费者。因此，无论是市场经济不够成熟的发展中国家，还是市场经济非常发达的西方国家，国家干预市场、直接监督产品质量都是通行做法，其基本方式就是制定产品质量监督检查法律制度（主要是产品质量法），运用法律手段明确经营者的产品质量责任，引导、督促经营者加强产品质量管理，保证产品质量监督效果。

（二）产品责任的特征——严格责任

产品质量监督管理法律制度的核心是明确经营者产品质量责任（产品责任）。产品责任主要指因产品缺陷产生损害后果时经营者应当承担的财产责任。不过，产品缺陷与产品质量不合格并非同一个概念。因为许多产品，特别是新产品可能并无国家或行业质量标准，但可能存在缺陷，所以，缺陷比质量不合格的含义更为广泛，它是一种不合理的危险，可能危及人身和财产安全。产品责任虽然也有过错责任，但多数情况下其性质与违约责任类似，都是严格责任（但免责条件有所区别）。因此，消费者因购买和使用产品导致人身或财产损失的，通常只要证明是在正常使用产品过程中受到损害，无论经营者是否有过错，都有权要求其承担赔偿责任。严格责任的功能是让生产有缺陷的产品并将其投入市场的经营者承担因产品缺陷引起的损害后果，而不是由自我保护能力弱的消费者承担缺陷产品造成的损失，以更有效率地提高产品质量，维护社会公平和正义。

从西方发达国家产品质量法律制度的发展历史看，产品责任经历了从过错责任过渡到严格责任的演变过程。在大规模工业化生产产品的早期，产品功能单一，产品构造简单，消费者凭经验和感觉，就可以从产品外观判断产品是否有缺陷。由于缺陷容易发现，消费者判断产品质量的成本很低，而且生产者与消费者之间直接签订合同，容易确定谁是责任人，因此，产品责任归责原则采用过错责任原则，消费者因使用产品受到损害，需要举证说明作为被告的经营者没有采取必要措施发现和消灭产品缺陷，或预防产品使用中可能引起的伤害。然而，随着科学技术的进步，产品的功能和结构越来越复杂，流通环节增多，生产者与消费者直接交易的机会越来越少，二者之间往往没有合同关系。消费者仅凭经验和外观很难判断出产品质量高下，也难以获得有关产品设计、制造和销售缺陷及可采取的预防措施方面的信息，更难确定谁是责任人。由于消费者获得产品质量信息成本过高，证明经营者有过错非常困难，不利于遏制产品责任事故的发生，为更有效地保护消费者利益，严格责任原则得以确认。严格责任不需要认定经营者是否有过错，诉讼程序简单，客观上鼓励消费者追究经营者的产品责任。比较严格责任与过错责任的功能，严格责任促使经营者积极强化产品质量，减少缺陷产品的产出以降低缺陷产品事故发生率。过错责任促使消费者消极减少购买产品的数量以避免损失。显然，让经营者承担产品缺陷责任更有效率。

严格责任比过错责任更为合理的原因在于：经营者比消费者更容易获得产品事故发生原因及预防措施方面的信息，可以用较低成本进行有效预防。首先，经营者承担产品责任的前提是产品有缺陷。产品缺陷有三种形式：设计缺陷、制造缺陷、营销缺陷（未对产品安全使用提供适当的警示与说明）。经营者控制着产品设计和生产工序，最有可能认识到产品所出现的特定危险，由其采取预防措施所花费的成本比消费者少。其次，经营者比消费者有更强的控制市场能力和谈判能力，有可能以较少的投资改善产品，减少对消费者的损害，并通过价格转移风险。最后，由经营者单方面承担预防缺陷产品事故的成本，可以刺激其努力提高产品质量，消除事故隐患，以最小的社会成本增大社会利益。

（三）产品责任的免责条件和抗辩理由

严格产品责任制度对保护消费者利益、促使经营者积极采取措施预防产品责任损失有重要作用。但仅强调经营者单方面预防，忽视消费者一方预防，也会导致消费者对产品判断和使用失去应有的谨慎，或产生利用产品责任诉讼高价索赔的畸形心理，存在一些消极的影响。例如，在产品责任最严格的美国，个别消费者针对大公司提出的产品责任诉讼层出不穷，索赔数额动辄数十万美元或上百万美元，导致经营者应付诉讼和赔偿的费用迅速增长，经营者责任保险费用大幅提高，一方面损害了企业发明新产品的积极性，另一方面保险费或赔偿费由商品价格转移，也使广大消费者真正受到损害。因此，严格责任走到极端，也会损害效率。事态的发展变化使人们认识到，由经营者和消费者双方共同预防产品缺陷应当更有效率，法律制度的设计应当兼顾经营者与消费者的利益平衡。目前，为纠正或避免严格责任存在的某些局限，西方发达国家法律制度除规定法定免责条件外（如产品未投入流通，投入流通时产品缺陷不存在，或当时技术水平不可能发现缺陷存在等），还为经营者设定了三种抗辩理由：一是自愿承担风险。特定情况下，当消费者已经发现产品有缺陷和危险，但仍然不合理地使用该产品而受到损害时，一般不能要求被告赔偿损失。二是产品误用。消费者非正常使用产品或误用、滥用产品使自己受到损害的，被告可以免除责任。三是不安全因素不可避免。如药品有副作用众所周知，但权衡药品对社会的利弊，经营者只要证明这些药品是合理制造和加工，并提醒消费者注意这些副作用，就可能免责。

产品质量和产品责任与每个经营者利益攸关，《中华人民共和国产品质量法》和其他相关行政法规是我国政府对产品质量进行直接监督检查的主要法律依据。

二、产品质量监督检查的主要内容

（一）产品质量监督检查的范围

产品，指经过加工、制作，用于销售的产品。未经加工的天然产品，如原煤、谷物、畜牧渔产品等，因质量非人为可以控制；经加工、制作的生活自用品等，因不用于销售，均不属于国家直接监督的产品。建设工程不是一般商品，国家依据建设法另行监督，但建设工程使用的建筑材料、建筑构配件和设备，具备产品特征的，仍然属于国家直接监督管理的产品。药品和食品质量由政府有关职能管理部门依据药品管理法、食品卫生法进行监督检查。

产品质量监督检查的范围，指哪些经营者经营的产品需要接受国家的质量监督检查。产品经营活动有四个主要环节：生产、运输、仓储和销售。我国产品质量法规定，在中华人民共和国境内从事产品生产、销售活动的经营者，都必须遵守产品质量法。因此，产品生产者和销售者应当接受国家对产品质量的监督，也是承担产品责任的主体。运输和仓储过程中发生的产品质量问题，应当由生产者和销售者根据运输合同或保管合同向运送人或保管人要求赔偿，而不是由国家直接进行产品质量监督。

（二）产品质量监督主管部门

国务院产品质量监督管理部门（国家质量监督检验检疫总局），主管全国产品质量监督工作。国务院有关部门（如工商管理部门）在各自的职责范围内负责产品的质量监督工作。

县级以上地方人民政府质量监督部门主管本行政区域内的产品质量监督工作。地方政府其他有关部门在各自的职责范围内负责产品的质量监督工作。

产品质量监督部门在执法过程中的主要职权有：（1）针对涉嫌从事违反产品质量法的生产、销售活动的场所实施现场检查；（2）向当事人的法定代表人、主要负责人和其他有关人员调查、了解与涉嫌从事违反产品质量法的生产、销售活动的有关情况；（3）查阅、复制当事人的书面证据（合同、发票、账簿及其他资料等）；（4）查封或扣押有严重质量问题的产品及其相关原辅料、包装物、生产工具。

（三）产品质量监督检查制度

1. 合格产品的含义

合格产品，指依据有关产品标准对产品进行检验后，符合标准的产品。产品质量应当检验合格，不得以不合格产品冒充合格产品。

产品标准有多种类型。可能危及人体健康和人身、财产安全的工业产品，必须符合保障人体健康和人身、财产安全的国家标准、行业标准；未制定国家标准、行业标准的，必须符合保障人体健康和人身、财产安全的要求。这类工业产品主要包括电器产品、压力容器产品、医疗器械和医用卫生材料、化妆品。

国家标准与行业标准是有关产品的全国性或行业性强制执行的统一技术标准，与产品质量直接有关的强制性标准包括：（1）药品标准、食品标准、兽药标准；（2）产品及产品生产、储运、使用中的安全、卫生及劳动安全标准；（3）环境保护的污染物排放标准和环境质量标准；（4）国家需要控制的通用的实验、检验方法标准；（5）国家需要控制的重要产品质量标准。

禁止生产、销售不符合保障人体健康和人身、财产安全标准和要求的工业产品。目前，主要通过两种方式实现这一目的：一是对上述工业产品实行生产许可证制度，强化对生产企业的资质审查，完善市场准入制度；二是严格执行国家和行业的强制性标准，加强对这类产品质量的监督检查力度。

2. 产品质量监督抽查

产品质量监督抽查，是国家和地方产品质量监督部门按照产品质量监督计划，定期在流通领域抽取产品样本进行质量监督检查，按期发布产品质量监督抽查公报，并对抽查产品不合格的企业采取处理措施的国家监督活动。

国家对产品质量实行以抽查为主要方式的监督检查制度，其主要内容是：（1）抽查重点。重点抽查的产品：一是可能危及人体健康和人身、财产安全的产品；二是影响国计民生的重要工业产品；三是用户、消费者、有关组织反映有质量问题的产品。（2）抽查方法。抽查的样品应当在市场上或企业成品仓库内的待销产品中随机抽取。（3）抽查原则。国家监督抽查的产品，地方不得另行重复抽查。上级监督抽查的产品，下级不得另行重复抽查。（4）抽查产品检验。需要对抽查产品进行检验的，检验抽取样品的数量不得超过检验的合理需要，并不得向被检查人收取检验费用。（5）抽查争议处理。生产者、销售者对抽查检验结果有异议的，可以自收到检验结果之日起15日内向实施监督抽查的部门申请复检，由受理复检的产品质量监督部门作出复检结论。

对依法进行的产品质量监督检查，生产者和销售者不得拒绝。

3. 产品质量检验机构职责

产品质量检验机构必须具备相应的检测条件和能力，经省级以上人民政府产品质量监督管理部门或者其授权的部门考核合格后，方可承担产品质量的检验工作，并必须依法按照有关标准，客观、公正地出具检验结果。从事产品质量检验、认证的社会中介机构必须依法设立，不得与行政机关和其他国家机关存在隶属关系或其他利益关系。

（四）企业质量体系认证制度

企业质量体系认证，也称为企业认证，指由国家认可的质量认证机构，根据企业申请，按照国际通用的质量管理和质量保证系列标准，对企业的质量体系进行审核，并对合格者颁发质量体系认证证书的活动。企业质量体系认证有四个主要特征：一是认证的依据是国际通用的质量管理标准，即ISO 9000系列国际标准，也是我国的国家标准（“质量管理和质量保证”系列标准）。二是认证原则为自愿原则，企业自行决定是否申请认证。三是认证机构为经过国家质量监督管理部门认可的专业企业质量体系认证机构。四是认证对象是企业生产经营的职权、职责、生产过程、目标和企业的组织系统，认证标志只能用于企业，不能用于产品。

质量体系认证合格的企业，国际上被称为合格供应商，在政府采购和国内外招标项目的贸易中，通常被作为优先考虑的对象。

国家根据国际通用的质量管理标准，推行企业质量体系认证制度。企业根据自愿原则，可以向国务院产品质量监督管理部门或者国务院产品质量监督管理部门授权的部门认可的认证机构申请企业质量体系认证。经认证合格的，由认证机构颁发企业质量体系认证证书。

（五）产品质量认证制度

产品质量认证，指依照规定的产品标准和相应的技术要求，由国家认可的质量认证机构，根据企业申请，对企业产品质量进行检查认证，并对合格者颁发产品质量认证证书。产品质量认证分为安全认证和合格认证两种类型，其功能和特点与企业质量体系认证相似，但只能用于产品。

国家参照国际先进的产品标准和技术要求，推行产品质量认证制度。企业根据自愿原则，可以向国务院产品质量监督管理部门或者国务院产品质量监督管理部门授权的部门认可的认证机构申请产品质量认证。经认证合格的，由认证机构颁发产品质量认证证书，准许企业在产品或者其包装上使用产品质量认证标志。

认证机构必须依法按照有关标准，客观、公正地出具认证证明，并对准许使用认证标志的产品进行认证后的跟踪检查。对不符合认证标准而使用认证标志的，要求其改正；情节严重的，取消其使用认证标志的资格。

三、生产者、销售者的产品质量义务

产品质量法主要调整产品制造者、产品销售者和消费者之间因为侵权行为所引起的人身和财产损害赔偿关系。消费者，指购买产品的客户。产品质量法中的许多义务规定是强制性的，双方当事人不得在订立合同时事前排除或变更。

（一）生产者的产品质量义务

1. 保证产品质量，对其所生产的产品质量负责

产品质量应当符合下列要求：

（1）不存在危及人身、财产安全的不合理的危险，有保障人体健康，人身、财产安全的国家标准、行业标准的，应当符合该标准。

（2）具备产品应当具备的使用性能，但是，对产品存在使用性能的瑕疵作出说明的除外。

（3）符合在产品或者其包装上注明采用的产品标准，符合以产品说明、实物样品等方式表明的质量状况。

2. 产品或者其包装上的标识必须真实、完备

产品或其包装上的标识，应当符合下列要求：

（1）有产品质量检验合格证明。

（2）有中文标明的产品名称、生产厂厂名和厂址。

（3）根据产品的特点和使用要求，需要标明产品规格、等级、所含主要成分的名称和含量的，用中文相应予以标明。需要事先让消费者知晓的，应当在外包装上标明，或预先向消费者提供有关资料。

（4）限期使用的产品，应当在显著位置清晰地标明生产日期和安全使用期或者失效日期。

（5）使用不当，容易造成产品本身损坏或者可能危及人身、财产安全的产品，应当有警示标志或者中文警示说明。

裸装的食品和其他根据产品的特点难以附加标识的裸装产品，可以不附加产品标识。

（6）易碎、易燃、易爆、有毒、有腐蚀性、有放射性等危险物品以及储运中不能倒置和有其他特殊要求的产品，其包装质量必须符合相应要求，依照国家有关规定张贴警示标志或者作出中文警示说明，标明储运注意事项。

3. 生产者的禁止性义务

（1）不得生产国家明令淘汰的产品。

（2）不得伪造产地，不得伪造或者冒用他人的厂名、厂址。

(3) 不得伪造或者冒用认证标志等质量标志。

(4) 生产的产品，不得掺杂、掺假，不得以假充真、以次充好，不得以不合格产品冒充合格产品。

(二) 销售者的产品质量义务

销售者的产品质量义务是：

(1) 应当建立并执行进货检查验收制度，验明产品合格证明和其他标识。

(2) 应当采取措施，保持销售产品的质量。

(3) 不得销售国家明令淘汰并停止销售的产品和失效、变质的产品。

(4) 销售的产品标识应符合对生产者的标识要求。

(5) 不得伪造产地，不得伪造或者冒用他人的厂名、厂址。

(6) 不得伪造或者冒用认证标志等质量标志。

(7) 销售的产品，不得掺杂、掺假，不得以假充真、以次充好，不得以不合格产品冒充合格产品。

四、生产者、销售者的产品责任

(一) 一般产品责任 (侵权民事责任)

一般产品责任，也称瑕疵担保责任，指销售者违反明示或默示的关于产品质量保证或承诺，给消费者造成损失时应承担的法律责任。产品瑕疵，指不存在危及人身、财产安全的不合理危险，但有以下瑕疵的产品：

(1) 不具备产品应当具备的使用性能而事先未作说明的；

(2) 不符合在产品或者其包装上注明采用的产品标准的；

(3) 不符合以产品说明、实物样品等方式表明的质量状况的。

销售者出售瑕疵产品的，应当负责修理、更换、退货；给购买产品的消费者造成损失的，销售者应当赔偿损失。

销售者依法负责修理、更换、退货、赔偿损失后，属于生产者的责任或者属于向销售者提供产品的其他销售者（供货者）的责任的，销售者有权向生产者、供货者追偿。

销售者未依法给予修理、更换、退货或者赔偿损失的，由产品质量监督部门或者工商行政管理部门责令改正。

一般产品责任是合同责任，以销售者与消费者之间有合同为前提，因此，由销售者而不是生产者承担责任。

生产者之间、销售者之间、生产者与销售者之间订立的买卖合同、承揽合同有不同约定的，按照合同约定执行。

(二) 缺陷产品责任 (侵权民事责任)

1. 缺陷产品责任的类型

产品缺陷，指产品存在危及人身、他人财产安全的不合理危险或不符合有关保障人体健康，人身、财产安全的国家标准和行业标准。

因产品存在缺陷造成他人损害的，生产者应当承担赔偿责任（严格责任）。

因销售者的过错使产品存在缺陷，造成他人损害的，销售者应当承担赔偿责任（过错责任）。

产品缺陷由生产者造成的，销售者赔偿后，有权向生产者追偿。因销售者的过错使产品存在缺陷的，生产者赔偿后，有权向销售者追偿。

因运输者、仓储者等第三人的过错使产品存在缺陷（过错责任），造成他人损害的，产品的生产者、销售者赔偿后，有权向第三人追偿。

销售者不能指明缺陷产品的生产者，也不能指明缺陷产品的供货者的，销售者应当承担侵权责任（过错推定）。

产品投入流通后发现存在缺陷的，生产者、销售者应当及时采取警示、召回等补救措施。未及时采取补救措施或者补救措施不力造成损害的，应当承担侵权责任。

2. 缺陷产品责任的形式

（1）人身伤害赔偿责任。因产品存在缺陷造成受害人人身伤害的，侵害人应当赔偿医疗费、治疗期间的护理费、因误工减少的收入等费用；造成残疾的，还应当支付残疾者生活自助具费、生活补助费、残疾赔偿金以及由其扶养的人所必需的生活费等费用；造成受害人死亡的，还应当支付丧葬费、死亡赔偿金以及由死者生前扶养的人所必需的生活费等费用。

（2）财产损失赔偿责任。因产品存在缺陷造成受害人财产损失的，侵害人应当恢复原状或者折价赔偿。受害人因此遭受其他重大损失的，侵害人应当赔偿损失。

明知产品存在缺陷仍然生产、销售，造成他人死亡或者健康严重损害的，被侵权人有权请求相应的惩罚性赔偿。

3. 被侵权人行使赔偿请求权的原则

因产品缺陷危及他人人身、财产安全的，被侵权人有权请求生产者、销售者承担排除妨碍、消除危险等侵权责任。

因产品存在缺陷造成损害的，被侵权人可以向产品的生产者请求赔偿，也可以向产品的销售者请求赔偿。

缺陷产品责任是侵权责任，不以侵权人与消费者之间有合同关系为前提，因此，生产者、销售者都是承担责任的主体。

4. 缺陷产品责任的诉讼时效

因产品存在缺陷造成损害要求赔偿的诉讼时效期间为2年，自当事人知道或者应当知道其权益受到损害时起计算。

因产品存在缺陷造成损害要求赔偿的请求权，在造成损害的缺陷产品交付最初消费者满10年丧失。但是，尚未超过明示的安全使用期的除外。

5. 缺陷产品的免责条件

生产者能够证明有下列情形之一的，不承担赔偿责任：

（1）未将产品投入流通的；

（2）产品投入流通时，引起损害的缺陷尚不存在的；

（3）将产品投入流通时的科学技术水平尚不能发现缺陷的存在的。

（三）行政责任和刑事责任

生产者、销售者违反产品质量监督检查法律制度的，根据情节轻重，应承担的行政责任包括：责令停止生产、销售缺陷产品；没收违法生产、销售的缺陷产品；责令改正；行政罚款；没收违法所得；停业整顿；吊销营业执照。构成犯罪的，追究刑事责任。

应当承担民事赔偿责任和缴纳罚款、罚金，但其财产不足以同时支付的，先承担民事赔偿责任。

案例 8—1

谁应当承担损害赔偿责任

甲从宏胜电器商店购买一台彩电，拿回家后，其父指责其乱花钱而大发脾气，坚持让其退掉彩电。甲嫌退货麻烦，与邻居乙协商后，同意以原价将彩电转让给乙。乙付款后将彩电拿回自家，一个星期后，某日彩电突然爆炸，将正在乙家看电视的甲左眼炸伤，乙的脸部炸伤。乙认为，甲卖给自己的电视机质量有问题，甲应当赔偿自己脸部被炸伤的医疗费和整容费。甲认为，彩电的所有权已经转移，乙的电视机炸伤了自己的左眼，乙应当赔偿自己的医疗费和残疾人补助金等费用。二人各执一词，争执不休。

问：谁应当对甲、乙的人身伤害承担赔偿责任？

案例点评

本案的核心是：因彩电爆炸导致甲、乙人身伤害，应当由谁承担法律责任？承担什么性质的法律责任？

1. 首先应确认导致甲、乙人身伤害的原因，以确认损害事实与侵权行为之间的因果关系。显然，甲、乙受伤的直接原因是彩电爆炸，而不是甲或乙的侵权行为，因为甲、乙之间转让彩电的行为是合法行为，也不是导致损害后果的直接原因。所以，甲、乙之间不存在承担法律责任的问题。二人争执不下，是弄错了侵权人（责任主体）。

2. 彩电爆炸危害人身安全，无论是由于彩电存在危及他人人身、财产安全的不合理危险造成的，还是由于彩电不符合有关保障人体健康，人身、财产安全的国家标准和行业标准造成的，都是产品质量问题，应当承担产品责任中的缺陷产品责任。产品责任的主体只能是经营者（生产者与销售者），不可能是消费者。从这一角度看，作为消费者的甲和乙也不可能对彩电爆炸的损害后果承担法律责任。

3. 缺陷产品责任是严格责任，除非具备免责条件，无论生产者是否有过错，只要是消费者正常使用产品过程中造成人身和财产损害的，生产者就应当承担侵权责任。如果是销售者过错使产品存在缺陷造成他人损害的，销售者应当承担侵权责任。如果销售者不能指明缺陷产品生产者或供货者的，销售者应当承担侵权责任。所以，彩电的生产者和销售者应当根据上述原则确定各自对甲、乙的人身伤害所承担的侵权责任。

4. 因产品质量造成他人人身和财产损害的，被侵权人可以要求生产者赔偿，也可以要求销售者赔偿。由于追究缺陷产品责任不以经营者与消费者之间有合同为前提，因此，甲、乙都有权要求彩电生产者和销售者赔偿其损失。如果不知道彩电的生产者，可以用购买彩电的发票为凭证，要求销售者先行赔付。销售者赔付后如果能够证明自己对损害后果不应当承担责任，有权向彩电生产者追偿。

第 2 节　维护市场公平竞争法律制度

一、市场竞争与不正当竞争、垄断

自愿、平等、公平、诚实信用、遵守公认商业道德是市场交易的基本原则，以上述原则为基础建立的市场秩序将是有效率的。市场秩序的作用是确定经营者之间的竞争规则（游戏规则），以保证每一个经营者在机会均等的前提下进行公平竞争。能够以最少资源投入获得最大产出的经营者将取得竞争优势，低效率的经营者将被排挤出市场。因此，竞争是市场机制作用的形式，它可以推动企业不断创新，使交易双方同时获益，保证最有效率的企业活跃在市场上，保持经济充满活力。

公平竞争是符合市场交易规则，遵守市场秩序的竞争。公平竞争促使经营者运用正当手段获得竞争利益，如不断改善企业管理，采用新技术开发新产品，通过提高产品和服务质量，赢得消费者的满意，扩大市场份额。在公平竞争的压力下，效益好的企业会争取更好，效益差的企业为避免被淘汰的命运，会努力提高效益，所以，公平竞争能以积极方式推动全体企业共同进步，增加社会总福利，产生效率。

尽管竞争是市场机制作用的形式，但市场本身并不具备维护公平竞争的机制。由于改善企业管理和开发新产品需要较高的投入，也存在较大的市场风险，远不如采取不正当手段投机取巧获利容易。在暴利引诱下，经营者以不正当手段非法剥夺他人竞争优势的不正当竞争行为屡禁不绝，严重侵害了其他经营者和消费者的合法权益。因此，国家有义务通过法律手段规范经营者的经营活动，建立市场竞争秩序，维护市场公平竞争。

经营者，指从事商品生产、经营或者提供服务的自然人、法人和其他组织。经营者妨碍公平竞争的行为包括不正当竞争行为、垄断行为。

不正当竞争，指经营者通过不正当手段谋取竞争利益，损害其他经营者合法权益，扰乱社会经济秩序的行为。

垄断，指违反国家法律及损害公共利益，通过合谋性协议、滥用经济优势地位，排斥或控制其他正当的经营活动，在某些经济领域内实质上限制竞争的行为。

不正当竞争、垄断是以损人利己的消极方式增加自己的竞争利益，会减少社会总福利，既不公平，也损害效率。因此，必须严格规范市场主体经营活动，坚决禁止不正当竞争行为和垄断行为，以保证市场机制正常发挥作用。我国维护市场公平竞争法律制度主要由《中华人民共和国反不正当竞争法》、《中华人民共和国反垄断法》规定。

二、不正当竞争行为的类型

（一）假冒或仿冒行为

（1）假冒他人的注册商标；

（2）擅自使用知名商品特有的名称、包装、装潢，或者使用与知名商品近似的名称、包装、装潢，造成和他人的知名商品相混淆，使购买者误认为是该知名商品；

（3）擅自使用他人的企业名称或者姓名，使人误认为是他人的商品；

（4）在商品上伪造或者冒用认证标志、名优标志等质量标志，伪造产地，对商品质量作引人误解的虚假表示。

上述假冒或仿冒行为的共性是采用各种虚假手段误导和欺骗消费者，将假冒或仿冒产品充当名优产品出售，严重违背了诚实信用的交易原则。一方面，假冒仿冒者采用不正当手段利用竞争对手的竞争优势；另一方面，败坏了竞争对手的产品声誉和商业信誉，直接损害其竞争优势。

（二）商业贿赂行为

商业贿赂，指经营者为获得交易机会，通过秘密给付财物或其他不正当利益的方式收买能够影响交易活动的相关人员的行为。商业贿赂的特征是给付财物或利益以秘密方式进行；贿赂主体可以是买方或卖方；形式多种多样，除金钱回扣、赠送财物外，还包括提供免费旅游或度假的机会、房屋装修、高档宴席和娱乐消费等。

经营者不得采用财物或者其他手段进行贿赂以销售或者购买商品。在账外暗中给予对方单位或者个人回扣的，以行贿论处；对方单位或者个人在账外暗中收受回扣的，以受贿论处。

经营者销售或者购买商品，可以以明示方式给对方折扣，可以给中间人佣金。经营者给对方折扣、给中间人佣金的，必须如实入账。接受折扣、佣金的经营者必须如实入账。所以，给付或接受正常商业折扣和佣金是合法的，但必须以明示方式进行并如实入账。折扣应当支付给交易者一方，而不是支付给其经办人或代理人。通常情况下，独立中间人可以合法赚取佣金。无独立地位的中间人，如公务人员、交易双方的雇员、中间商的雇员等不能接受佣金。

商业贿赂的后果是使其他经营者失去了公平竞争的机会，败坏社会风气，诱发犯罪。如果是不正当推销伪劣产品，还同时损害了消费者的利益。

（三）引人误解的虚假宣传行为

广告和其他宣传企业产品的形式是商品促销手段，也是消费者选择商品的重要依据。引人误解的虚假宣传行为会使诚实的经营者失去客户，导致不公平竞争。

经营者不得利用广告或者其他方法，对商品的质量、制作成分、性能、用途、生产者、有效期限、产地等作引人误解的虚假宣传。

广告的经营者不得在明知或者应知的情况下，代理、设计、制作、发布虚假广告。

虚假广告是内容与事实严重不符的推销商品行为。对于虚假广告，广告主、广告经营者、广告发布者都是承担法律责任的主体。

（四）侵犯商业秘密的行为

商业秘密，是指不为公众所知悉、能为权利人带来经济利益、具有实用性并经权利人采取保密措施的技术信息和经营信息。包括：交易秘密，如合同往来函件、客户名单、买卖意向等；经营秘密，如产品定价、市场分析、广告策略等资料；管理秘密，如电脑控制程序、财务资料、人事薪金资料等；技术秘密，如开发中的产品、图纸、模具、作业蓝图、工程设计图、制造程序和技术、产品配方、化学公式、尚未申报专利的发明等。

经营者不得采用下列手段侵犯商业秘密：

（1）以盗窃、利诱、胁迫或者其他不正当手段获取权利人的商业秘密；

（2）披露、使用或者允许他人使用以前项手段获取的权利人的商业秘密；

（3）违反约定或者违反权利人有关保守商业秘密的要求，披露、使用或者允许他人使用其所掌握的商业秘密。

第三人明知或者应知前款所列违法行为，获取、使用或者披露他人的商业秘密，视为侵犯商业秘密。

商业秘密通常是企业核心竞争力的优势所在，侵害他人商业秘密，是直接攫取他人竞争优势和竞争潜力的非法行为，破坏了市场竞争秩序。

（五）不正当削价竞销行为

不正当削价竞销行为，指以排挤竞争对手为目的，低于成本价格的销售行为（倾销）。价格竞争与质量竞争是市场竞争的主要方式，低于成本价销售属于倾销，目的是挤垮竞争对手，操纵市场，获取垄断性利润。企业倾销主要有两种方式：一是在其经营的众多商品中，选择一种商品倾销；二是在数个销售地区中，选择一个地区倾销。

经营者不得以排挤竞争对手为目的，以低于成本的价格销售商品。但有下列情形之一的，不属于不正当竞争行为：

（1）销售鲜活商品；

（2）处理即将到期的商品或者其他积压的商品；

（3）季节性降价；

（4）因清偿债务、转产、歇业降价销售商品。

（六）强行搭售和附条件交易行为

强行搭售和附条件交易，指经营者利用其竞争优势，违背自愿、平等、诚实信用原则，出售商品时，强迫对方购买其指定的商品或接受某种服务，或将自己提出的不合理条件作为交易前提，谋取额外利益的行为，如限制购买方向第三方销售或购买，限制转销价格等。强行搭售和附条件交易，不仅限制了买方的经营自主权和消费者的自由选择权，破坏了公平竞争的市场秩序，还可能非正常地影响市场供求关系变化，误导生产和消费。

经营者销售商品，不得违背购买者的意愿搭售商品或者附加其他不合理的条件。

（七）不正当有奖销售行为

有奖销售是促销活动，即经营者销售商品或提供服务时，附带向购买者提供物品、金钱或其他经济利益，如附赠式有奖销售（奖励所有购买者）和抽奖销售（奖励部分购买者）。有奖销售本身并不违法，但欺骗性有奖销售与巨奖销售是非法的不正当竞争行为，其实质是利用消费者的投机心理引诱其购物，不仅会影响消费者正常选择商品，还可能构成对消费者的欺诈。此外，只有大企业才有能力进行巨奖销售，这会严重损害中小企业利益，导致不公平竞争。

经营者不得从事下列有奖销售：

（1）采用谎称有奖或者故意让内定人员中奖的欺骗方式进行有奖销售；

（2）利用有奖销售的手段推销质次价高的商品；

（3）抽奖式的有奖销售，最高奖的金额超过 5 000 元。

（八）诋毁竞争对手的行为

诋毁竞争对手的行为，指故意制造、散布有损竞争对手商业信誉的虚假信息，以阻碍其从事正常市场交易活动，削弱其竞争优势的行为。诋毁竞争对手的行为不仅违反商业道德，侵害他人名誉权，还误导消费者的选择，破坏市场公平竞争秩序。

经营者不得捏造、散布虚伪事实，损害竞争对手的商业信誉、商品声誉。

（九）串通投标行为

串通投标有两种情况：一是招标人与投标人相互勾结，目的是排挤其他竞争对手，共同损害其他投标人的利益，如投标人通过行贿获得有关标书信息，招标人故意让特定人中标等；二是投标人之间互相串通，共同损害招标人的利益，如通谋压低投标报价或抬高投标报价，约定彼此轮流中标等。

投标者不得串通投标，抬高标价或者压低标价。

投标者和招标者不得相互勾结，以排挤竞争对手的公平竞争。

（十）行业垄断限制竞争行为

行业垄断限制竞争行为，主要指公用企业和同时具有行政管理权力的企业，利用其独占的优势限制竞争的行为，如强制用户购买其指定的商品或服务等。具有垄断地位的公用事业企业或大企业，如电信、煤气、自来水公司等容易出现类似行为。利用独占优势获得利益是不公平的，不仅压制了其他经营者，损害了消费者的利益，还是产生腐败的根源。

公用企业或者其他依法具有独占地位的经营者，不得限定他人购买其指定的经营者的商品，以排挤其他经营者的公平竞争。

（十一）滥用行政权力干预竞争行为

滥用行政权力干预竞争行为，指直接或间接从事市场管理的行政部门，为保护地方利益或小集团的利益，违反法律和公平竞争规则，非法干预市场活动，妨碍正常市场竞争的行为。

政府及其所属部门不得滥用行政权力，限定他人购买其指定的经营者的商品，限制其他经营者正当的经营活动，或限制外地商品进入本地市场及本地商品流向外地市场。

案例8—2

是否侵害商业秘密

2011年，甲受聘担任光明食品有限责任公司总经理助理，公司与甲分别签订了劳动合同与保密协议。保密协议规定，甲在公司任职期间不得泄露公司机密，并在离职2年内不得在经营类似产品或与该公司有竞争关系的企业中工作。2013年11月，甲辞职，双方解除劳动合同，光明公司给予甲一定数额的补偿费。同年12月，甲到当地另一家中外合资兴发食品有限责任公司任常务副总经理。2014年4月，兴发公司向市场推出一种新型乳品饮料，其产品外观造型和口感与光明公司主要产品——巧克力饮品类似。光明公司发现这一情况后，向法院提起诉讼，认为甲在该公司任职期间主管生产工作，负责管理巧克力饮品的全部技术资料及配方，公司为此与甲签订了保密协议。现在，甲利用光明公司的技术秘密在兴发公司生产与其巧克力饮品类似的产品，严重侵害其商业秘密，请求甲承担违约责任并赔偿因侵害光明公司商业秘密所造成的损失。甲则辩称，自己在光明公司任职期间从未管理过巧克力饮品的技术资料及配方。兴发公司生产的是乳品饮料，配方也与光明公司的巧克力饮品不同，不属于类似产品或竞争产品。保密协议的主要条款剥夺其劳动就业权利，违反我国法律有关规定，应认定无效。

问：甲在兴发公司任职是否构成违约？甲的行为是否侵害了光明公司的商业秘密？

案例点评

本案的核心是：光明公司与甲签订的保密协议是否有效？根据什么理由认定甲的行为侵害了光明公司的商业秘密？

1. 保密协议有效。企业有权通过协议约定雇员保守公司的商业秘密，包括离职后一定年限内就业范围的限制（竞业禁止）。光明公司限制甲就业范围的期限为2年，并支付了补偿费，没有剥夺甲的就业权利。甲辞职后未满2年便到有竞争关系的兴发公司工作，构成违约，应根据保密协议向光明公司支付违约金或赔偿损失。

2. 商业秘密，是指不为公众所知悉、能为权利人带来经济利益、具有实用性并经权利人采取保密措施的技术信息和经营信息。确定巧克力饮品配方是否为商业秘密，关键看光明公司是否对该配方采取了保密措施，如制定企业内部保密制度、档案加密、与相关人员订立保密合同、设定保密区域等，如果采取了保密措施，可以认定为商业秘密。如果保密协议中明确规定公司机密中包括产品配方，甲就对该配方负有保密义务。

3. 确认甲是否违反保密协议或反不正当竞争法的规定，应当依据甲是否披露、使用或者允许他人使用其所掌握的商业秘密的事实。任何人都负有不得侵害他人商业秘密的法律义务，如果甲在其职权范围内有权了解或使用产品配方，并与光明公司签订了保密协议，则甲还负有约定的保守商业秘密的合同义务。光明公司要证明甲带走商业秘密，应当提供商业秘密及侵权行为存在的有关证据，如甲有获取产品配方的条件，兴发公司的产品配方与自己的配方一致等。而甲需要提供兴发公司的配方是合法获得或使用的证据，如不能或拒不提供这些证据，法院可以根据有关证据，认定甲有侵权行为。

4. 如果法院确认甲属于侵害光明公司商业秘密，兴发公司作为第三人，若明知或者应知甲行为的性质，仍然获取、使用该商业秘密，也视为商业秘密的侵权人。

三、垄断行为的特征与类型

经济学意义上的垄断有三种形式：一是自然垄断，指由于行业的自然属性及产品生产和技术特征决定的规模经济效应，由少数生产者垄断经营资源配置效率更高，如公用事业中的水、电、煤气等经营需要大量管网铺设，独家经营可以更有效地规划管网布局。二是市场垄断，指经营者由于拥有技术或管理优势，在市场竞争过程中获得排他性的市场地位，如美国的微软公司在我国计算机操作系统软件市场中具有的支配性地位。三是行政垄断，也称法定垄断，指政府通过法律限制经营者行业准入资格，只允许经过政府授权的经营者排他性经营特定的产品或服务，如我国的烟草专卖制度。

大型企业或生产集中可以形成规模经济和范围经济效应，提高效率，并不等于垄断。经营者可以通过公平竞争，自愿联合，依法实施集中，扩大经营规模，提高市场竞争力。而且，国有经济占控制地位的关系国民经济命脉和国家安全的行业及依法实行专营专卖的行业，国家对其经营者的垄断经营地位及合法经营活动予以保护，并对经营者的经营行为及其商品和服务的价格依法实施监管和调控，维护消费者利益，促进社会进步。同时，具有合法垄断经营资格的经营者，应当依法经营，诚实守信，严格自律，接受社会公众的监督，不得利用其控制地位或者专营专卖地位损害消费者利益。

垄断行为的本质特征是经营者利用市场支配地位优势，以协议、共谋或其他方式排斥竞争，以获取高额垄断利润，但其后果严重破坏了市场公平竞争秩序，损害了其他经营者和消费者的合法权益。因此，需要以反垄断法对垄断行为进行有效制裁。

反垄断法意义上的垄断，指法律禁止的三种垄断行为：

（1）经营者达成垄断协议；

（2）经营者滥用市场支配地位；

（3）具有或者可能具有排除、限制竞争效果的经营者集中。

这里的垄断行为，不仅包括我国境内的垄断行为，也包括我国境外对境内市场竞争产生排除、限制影响的垄断行为。

经营者依照有关知识产权的法律、行政法规规定行使知识产权的行为，不适用反垄断法的规定，但是，经营者滥用知识产权，排除、限制竞争的行为，适用反垄断法。

农业生产者及农村经济组织在农产品生产、加工、销售、运输、储存等经营活动中实施的联合或者协同行为，不适用反垄断法。

（一）垄断协议

垄断协议，指排除、限制竞争的协议、决定或者其他协同行为。反垄断法禁止经营者达成下列三种垄断协议。

1. 有竞争关系的经营者之间达成的横向垄断协议

（1）固定或者变更商品价格（限价）；

（2）限制商品的生产数量或者销售数量（限量）；

（3）分割销售市场或者原材料采购市场（划分市场）；

（4）限制购买新技术、新设备或者限制开发新技术、新产品（限制技术创新）；

（5）联合抵制交易（集体抵制行动）；

（6）国务院反垄断执法机构认定的其他垄断协议。

2. 经营者与交易相对人（上下游企业）之间达成的纵向垄断协议

（1）固定向第三人转售商品的价格；

（2）限定向第三人转售商品的最低价格；

（以上两种情形，包括制造商、批发商限定下游零售商的统一售价、最低限价等，其后果是限制了零售商之间的价格竞争。）

（3）国务院反垄断执法机构认定的其他垄断协议。

3. 行业协会通过章程、决议或其他协同行动形成的事实垄断协议

行业协会不得组织本行业的经营者从事法律所禁止的垄断行为。

4. 法定不属于垄断协议的情形

经营者能够证明所达成的协议属于下列情形之一的，不适用上述横向与纵向垄断协议的规定：

（1）为改进技术、研究开发新产品的；

（2）为提高产品质量、降低成本、增进效率，统一产品规格、标准或者实行专业化分工的；

（3）为提高中小经营者经营效率，增强中小经营者竞争力的；

（4）为实现节约能源、保护环境、救灾救助等社会公共利益的；

（5）因经济不景气，为缓解销售量严重下降或者生产明显过剩的；

（6）为保障对外贸易和对外经济合作中的正当利益的；

（7）法律和国务院规定的其他情形。

属于第（1）～（5）项情形，经营者还应当证明所达成的协议不会严重限制相关市场的竞争，并且能够使消费者分享由此产生的利益。

（二）滥用市场支配地位

1. 市场支配地位的定义

市场支配地位，是指经营者在相关市场内具有能够控制商品价格、数量或者其他交易条件，或者能够阻碍、影响其他经营者进入相关市场能力的市场地位。相关市场，是指经营者在一定时期内就特定商品或者服务（以下统称商品）进行竞争的商品范围和地域范围。

2. 滥用市场支配地位的垄断行为

（1）以不公平的高价销售商品或者以不公平的低价购买商品；

（2）没有正当理由，以低于成本的价格销售商品；

（3）没有正当理由，拒绝与交易相对人进行交易；

（4）没有正当理由，限定交易相对人只能与其进行交易或者只能与其指定的经营者进行交易；

（5）没有正当理由搭售商品，或者在交易时附加其他不合理的交易条件；

（6）没有正当理由，对条件相同的交易相对人在交易价格等交易条件上实行差别待遇；

（7）国务院反垄断执法机构认定的其他滥用市场支配地位的行为。

3. 认定经营者具有市场支配地位的考虑因素

（1）该经营者在相关市场的市场份额，以及相关市场的竞争状况；

（2）该经营者控制销售市场或者原材料采购市场的能力；

（3）该经营者的财力和技术条件；

（4）其他经营者对该经营者在交易上的依赖程度；

（5）其他经营者进入相关市场的难易程度；

（6）与认定该经营者市场支配地位有关的其他因素。

4. 推定经营者具有市场支配地位的情形

（1）一个经营者在相关市场的市场份额达到 1/2；

（2）两个经营者在相关市场的市场份额合计达到 2/3；

（3）三个经营者在相关市场的市场份额合计达到 3/4。

上述第（2）、第（3）种情形，其中有的经营者市场份额不足 1/10 的，不应当推定该经营者具有市场支配地位。被推定具有市场支配地位的经营者，有证据证明不具有市场支配地位的，不应当认定其具有市场支配地位。

（三）经营者集中

1. 经营者集中的定义

经营者集中包括三种情形：一是经营者合并（公司吸收合并、分立合并等）；二是经营者通过取得股权或者资产的方式（资产、股份并购）取得对其他经营者的控制权；三是经营者通过合同等方式取得对其他经营者的控制权或者能够对其他经营者施加决定性影响（协议控制）。由于经营者集中存在排除、限制竞争效果的可能性，因此需要运用申报、审查法律程序确认特定的经营者集中情形是否事实上形成了垄断。

2. 经营者集中申报

经营者集中达到国务院规定的申报标准的，经营者应当事先向国务院反垄断执法机构申报，提交规定的文件与资料，未申报的不得实施集中。申报标准如下：

（1）参与集中的所有经营者上一会计年度在全球范围内的营业额合计超过 100 亿元人

民币，并且其中至少两个经营者上一会计年度在中国境内的营业额均超过4亿元人民币；

（2）参与集中的所有经营者上一会计年度在中国境内的营业额合计超过20亿元人民币，并且其中至少两个经营者上一会计年度在中国境内的营业额均超过4亿元人民币。

营业额的计算，应当考虑银行、保险、证券、期货等特殊行业、领域的实际情况，具体办法由国务院商务主管部门会同国务院有关部门制定。

经营者集中未达到上述申报标准，但按照规定程序收集的事实和证据表明该经营者集中具有或者可能具有排除、限制竞争效果的，国务院商务主管部门应当依法进行调查。

经营者集中法定可以不申报的情形：一是参与集中的一个经营者拥有其他每个经营者50%以上有表决权的股份或者资产；二是参与集中的每个经营者50%以上有表决权的股份或者资产被同一个未参与集中的经营者拥有。

3. 经营者集中申报审查

国务院反垄断执法机构应当自收到经营者依法提交的文件、资料之日起30日内，对申报的经营者集中进行初步审查，作出是否实施进一步审查的决定，并书面通知经营者。国务院反垄断执法机构作出决定前，经营者不得实施集中。

国务院反垄断执法机构作出不实施进一步审查的决定或者逾期未作出决定的，经营者可以实施集中。

国务院反垄断执法机构决定实施进一步审查的，应当自决定之日起90日内审查完毕，作出是否禁止经营者集中的决定，并书面通知经营者。作出禁止经营者集中的决定，应当说明理由。审查期间，经营者不得实施集中。

有下列情形之一的，国务院反垄断执法机构经书面通知经营者，可以延长上述规定的审查期限，但最长不得超过60日：

（1）经营者同意延长审查期限的；

（2）经营者提交的文件、资料不准确，需要进一步核实的；

（3）经营者申报后有关情况发生重大变化的。

国务院反垄断执法机构逾期未作出决定的，经营者可以实施集中。

经营者集中具有或者可能具有排除、限制竞争效果的，国务院反垄断执法机构应当作出禁止经营者集中的决定。但是，经营者能够证明该集中对竞争产生的有利影响明显大于不利影响，或者符合社会公共利益的，国务院反垄断执法机构可以作出对经营者集中不予禁止的决定。对不予禁止的经营者集中，国务院反垄断执法机构可以决定附加减少集中对竞争产生不利影响的限制性条件。

国务院反垄断执法机构应当将禁止经营者集中的决定或者对经营者集中附加限制性条件的决定，及时向社会公布。

对外资并购境内企业或者以其他方式参与经营者集中，涉及国家安全的，除依照法律规定进行经营者集中审查外，还应当按照国家有关规定进行国家安全审查。

4. 审查经营者集中的考虑因素

（1）参与集中的经营者在相关市场的市场份额及其对市场的控制力；

（2）相关市场的市场集中度；

（3）经营者集中对市场进入、技术进步的影响；

（4）经营者集中对消费者和其他有关经营者的影响；

（5）经营者集中对国民经济发展的影响；

（6）国务院反垄断执法机构认为应当考虑的影响市场竞争的其他因素。

（四）滥用行政权力排除、限制竞争

1. 滥用行政权力限制自由经营、购买和使用商品

行政机关和法律法规授权的具有管理公共事务职能的组织不得滥用行政权力，限定或者变相限定单位或者个人经营、购买、使用其指定的经营者提供的商品。

2. 滥用行政权力妨碍商品自由流通

行政机关和法律法规授权的具有管理公共事务职能的组织不得滥用行政权力，实施下列行为，妨碍商品在地区之间的自由流通：

（1）对外地商品设定歧视性收费项目、实行歧视性收费标准，或者规定歧视性价格；

（2）对外地商品规定与本地同类商品不同的技术要求、检验标准，或者对外地商品采取重复检验、重复认证等歧视性技术措施，限制外地商品进入本地市场；

（3）采取专门针对外地商品的行政许可，限制外地商品进入本地市场；

（4）设置关卡或者采取其他手段，阻碍外地商品进入或者本地商品运出；

（5）妨碍商品在地区之间自由流通的其他行为。

3. 滥用行政权力排斥、限制外地经营者在本地的招投标活动

行政机关和法律法规授权的具有管理公共事务职能的组织不得滥用行政权力，以设定歧视性资质要求、评审标准或者不依法发布信息等方式，排斥或者限制外地经营者参加本地的招标投标活动。

4. 滥用行政权力排斥、限制外地经营者在本地的投资、经营活动

行政机关和法律法规授权的具有管理公共事务职能的组织不得滥用行政权力，采取与本地经营者不平等待遇等方式，排斥或者限制外地经营者在本地投资或者设立分支机构。

5. 滥用行政权力的其他行为

行政机关和法律法规授权的具有管理公共事务职能的组织不得滥用行政权力，强制经营者从事法律所禁止的垄断行为。行政机关不得滥用行政权力，制定含有排除、限制竞争内容的规定。

四、行政机关对不正当竞争行为、垄断行为的监管

1. 对不正当竞争行为的监管

县级以上人民政府工商行政管理部门负责监督检查不正当竞争行为。

监督检查部门在监督检查不正当竞争行为时，有权行使下列职权：

（1）调查询问权。按照规定程序询问被检查的经营者、利害关系人、证明人，并要求提供证明材料或者与不正当竞争行为有关的其他资料。

（2）查询、复制权。有权查询、复制与不正当竞争行为有关的协议、账册、单据、文

件、记录、业务函电和其他资料。

（3）检查财物权。有权检查与假冒、仿冒有关的财物，提取物证。

（4）采取强制措施权。必要时可以责令被检查的经营者说明该商品的来源和数量，暂停销售，听候检查，不得转移、隐匿、销毁该财物。

2. 对垄断行为的监管

国务院设立反垄断委员会，负责组织、协调、指导反垄断工作。

国务院反垄断执法机构包括：国家发改委（查处价格垄断）、国家工商总局（查处垄断协议、滥用市场支配地位、滥用行政权力排除限制竞争）、商务部（审查经营者集中）。

根据工作需要，国务院反垄断执法机构可以授权省、自治区、直辖市人民政府相应的机构，依法负责有关反垄断执法工作。

对涉嫌垄断行为，任何单位和个人有权向反垄断执法机构举报。反垄断执法机构应当为举报人保密。举报采用书面形式并提供相关事实和证据的，反垄断执法机构应当进行必要的调查。

反垄断执法机构调查涉嫌垄断行为，可以采取下列措施：

（1）进入被调查的经营者的营业场所或者其他有关场所进行检查；

（2）询问被调查的经营者、利害关系人或者其他有关单位或者个人，要求其说明有关情况；

（3）查阅、复制被调查的经营者、利害关系人或者其他有关单位或者个人的有关单证、协议、会计账簿、业务函电、电子数据等文件、资料；

（4）查封、扣押相关证据；

（5）查询经营者的银行账户。

采取上述规定措施，应当向反垄断执法机构主要负责人书面报告，并经批准。

反垄断执法机构及其工作人员对执法过程中知悉的商业秘密负有保密义务。

反垄断执法机构对涉嫌垄断行为调查核实后，认为构成垄断行为的，应当依法作出处理决定，并可以向社会公布。

对反垄断执法机构调查的涉嫌垄断行为，被调查的经营者承诺在反垄断执法机构认可的期限内采取具体措施消除该行为后果的，反垄断执法机构可以决定中止调查。中止调查的决定应当载明被调查的经营者承诺的具体内容。

反垄断执法机构决定中止调查的，应当对经营者履行承诺的情况进行监督。经营者履行承诺的，反垄断执法机构可以决定终止调查。

有下列情形之一的，反垄断执法机构应当恢复调查：一是经营者未履行承诺的；二是作出中止调查决定所依据的事实发生重大变化的；三是中止调查的决定是基于经营者提供的不完整或者不真实的信息作出的。

五、违反市场公平竞争法律制度的法律责任

1. 刑事责任

经营者从事不正当竞争行为、垄断行为，情节严重，构成犯罪的，责任人应承担刑事

责任。

2. 行政责任

针对不正当竞争行为，包括罚款；没收违法所得；责令停止违法行为；责令消除违法后果；停业整顿；吊销营业执照等。

针对垄断行为，包括罚款；责令停止违法行为；没收违法所得；责令停止实施集中、限期处分股份或者资产、限期转让营业以及采取其他必要措施恢复到经营者集中之前的状态；撤销行业协会登记；由上级机关责令滥用行政权力，实施排除、限制竞争行为的下级机关改正，对直接负责的主管人员和其他直接责任人员依法给予处分。

经营者主动向反垄断执法机构报告达成垄断协议的有关情况并提供重要证据的，反垄断执法机构可以酌情减轻或者免除对该经营者的处罚。

3. 民事责任

经营者从事不正当竞争行为，给被侵害的经营者造成损失的，应当承担损害赔偿责任。损害赔偿难以计算的，赔偿额为侵权人在侵权期间因侵权所获得的利润，及受侵害的经营者为调查其不正当经营行为所支付的合理费用。

经营者实施垄断行为，给他人造成损失的，依法承担民事责任。

案例 8—3

奇虎与腾讯两大公司之间的反垄断、反不正当竞争诉讼

北京奇虎科技公司（以下简称奇虎）成立于 2005 年 9 月，主营以 360 安全卫士、360 杀毒、360 安全浏览器为代表的免费网络安全平台，是中国最大的互联网安全公司之一。在线广告、网络游戏及互联网增值业务是公司利润的主要来源。

腾讯控股有限公司（以下简称腾讯）成立于 1998 年 11 月，总部位于广东深圳，业务范围横跨即时通信、新闻资讯、网络安全、云服务、电子商务、社交媒体、搜索引擎等行业内重点领域，是中国最大的互联网信息服务提供商之一。以即时通信产品（QQ、微信等）为代表的互联网增值服务、在线广告、网络游戏是公司利润的主要来源。

2010 年 5 月 31 日，腾讯推出新版“QQ 电脑管家”软件，增加了云查杀木马、清理插件等功能，涵盖了奇虎的 360 安全卫士软件所有主流功能，用户体验与 360 极其类似。

9 月 27 日，奇虎提示用户“某聊天软件”在未经用户许可的情况下偷窥用户个人隐私文件和数据，暗示 QQ 存在各种窥视用户隐私的行为，并推出直接针对 QQ 的“360 隐私保护器”软件，宣称其能实时监测曝光“某聊天软件”的行为。此举引发网民对于 QQ 客户端的担忧和恐慌。腾讯当天低调回应奇虎对腾讯 QQ 安全功能的误解。

10 月 11 日，奇虎再度发布《用户隐私保护白皮书》，又一次暗示腾讯 QQ 软件“不够安全”。当晚，腾讯发表官方声明，严厉驳斥奇虎的指责，同时宣布将采取法律手段维权。

10 月 29 日，奇虎推出一款名为“360 扣扣保镖”的安全工具，称该工具全面保

护QQ用户的安全，包括阻止QQ查看用户隐私文件、防止木马盗取QQ以及给QQ加速、过滤广告等功能。72小时内下载量突破2 000万，并且持续迅速增加。腾讯对此作出强烈说明，称360扣扣保镖是“外挂”行为。

2010年11月3日，腾讯发布公开信，宣称将在装有360软件的电脑上停止运行QQ软件，声明用户必须卸载360软件才可登录QQ。此举引发业界震动，认为腾讯实际上在强制用户作出二选一的选择。据称因此被迫卸载的360软件用户达到6 000万。

奇虎与腾讯之间的严重对峙导致国家政府机关的强力介入。此后，奇虎宣布召回360扣扣保镖，QQ和360恢复兼容。

双方对峙虽然平息，但双方的反不正当竞争、反垄断法律诉讼随之开始。

第一起：2010年11月，腾讯向北京朝阳区法院提起诉讼，指控奇虎“360隐私保护器”不正当竞争。2011年，法院一审、终审判决奇虎360捏造事实的行为损害了腾讯的竞争优势，构成不正当竞争。奇虎败诉。

第二起：2012年4月，腾讯向广东省高级人民法院起诉，指控奇虎“360扣扣保镖”不正当竞争，索赔1.25亿元。腾讯认为，360扣扣保镖打着保护用户利益的旗号，自动对QQ进行体检，进而宣布QQ存在严重健康问题，污蔑、破坏和篡改腾讯QQ软件的功能。同时通过虚假宣传，鼓励和诱导用户删除腾讯QQ软件中的增值业务插件、屏蔽其客户广告，同时将360自己的产品和服务嵌入QQ软件界面，借机宣传和推广奇虎自己的产品。上述行为破坏了腾讯合法经营模式，导致其产品和服务的完整性和安全性以及商业信誉和商品声誉受到严重损害，构成不正当竞争。奇虎辩称，“扣扣保镖”是一款适合用户需求的反捆绑、保护用户隐私的工具软件。一方面为用户提供了“反捆绑”和“改善体验”的功能，另一方面抵制了腾讯滥用市场支配地位的不正当竞争行为。“扣扣保镖”的选择、安装和使用都是在用户充分知情和充分选择的情况下主动完成的，这正是尊重用户、保护用户权益的最大体现。

2013年4月，广东高院一审判定奇虎360的“扣扣保镖”在推广过程中破坏腾讯QQ产品的商业模式并在产品宣传中措辞不当，贬损了QQ软件，对腾讯构成不正当竞争，赔偿腾讯经济损失500万元，奇虎败诉。奇虎不服判决上诉。2014年2月，最高人民法院终审判决，驳回奇虎360的上诉，维持一审法院原判。

第三起：2012年11月，奇虎向广东省高级人民法院起诉，指控腾讯滥用在即时通信软件及服务相关市场的市场支配地位，构成垄断，索赔超过1.5亿元。奇虎认为，腾讯在即时通信软件及服务市场中具有市场支配地位，腾讯要求用户在QQ和360软件之间“二选一”，采取技术手段，阻止安装了360浏览器的用户访问QQ空间，导致360大量用户流失。此外，腾讯将QQ软件管家与即时通信软件相捆绑，以升级QQ软件管家的名义安装QQ医生，构成捆绑销售。腾讯上述行为构成滥用市场支配地位，排除、妨碍竞争，违反了反垄断法的规定。腾讯辩称，即时通信市场进入壁垒和扩张阻碍很小，不仅市场参与者众多，互联网技术更新换代和新类型产品不断涌现，市场竞争异常激烈，腾讯不具备控制用户的能力，不具有市场支配地位。奇虎指控的捆绑销售实际上是行业规则，软件整合下载和安装是国际惯例，因为确实方便了用户。

2013 年 3 月，广东高院一审判决，腾讯公司不构成垄断。理由是原告（奇虎）对本案相关产品市场界定错误，其所提供的证据不足以证明被告（腾讯）在相关产品市场上具有垄断地位，故驳回原告全部诉讼请求，奇虎败诉。奇虎不服判决上诉到最高人民法院，目前尚未进行终审判决。

问：认定奇虎是否构成不正当竞争行为、腾讯是否构成垄断行为的依据是什么？

案例点评

1. 认定奇虎的“360 扣扣保镖”是否构成不正当竞争行为，首先需要确认奇虎与腾讯之间是否存在竞争关系。由于奇虎与腾讯两公司之间在网络服务范围、用户市场、广告市场等网络整体服务市场中具有竞争利益，二者具有竞争关系。确认腾讯是否滥用市场支配地位构成垄断，首先需要界定即时通信软件及服务相关市场的范围，在此基础上判断腾讯是否在该市场具有市场支配地位，并滥用市场支配地位实施垄断行为。

2. 判断奇虎的行为是否构成不正当竞争，核心是奇虎在竞争过程中是否实施了法律所禁止的不正当竞争行为，并损害了腾讯的合法权益。第一起诉讼中，奇虎提出 QQ 软件存在窥视用户隐私行为的说法已被法院认定为捏造事实。奇虎针对腾讯的 QQ 软件专门开发了 360 扣扣保镖，声称该软件可以阻止 QQ 软件查看隐私，不符合客观事实，构成引人误解的虚假宣传行为。360 扣扣保镖给 QQ 体检故意打极低的分数，构成诋毁竞争对手的不正当竞争行为。奇虎为达到其商业目的，诱导并提供工具积极帮助用户改变 QQ 软件的运行方式，其根本目的在于依附 QQ 软件用户群，并通过对 QQ 软件及其服务进行贬损的手段来推销、推广 360 安全卫士，从而增加自己的市场交易机会并获取市场竞争优势，此行为本质上属于不正当地利用他人市场成果，为自己谋取商业机会从而获取竞争优势的行为，构成不正当竞争并应承担相应的法律责任。

3. 认定腾讯的行为是否构成垄断，需要确认以下问题：(1) 如何界定腾讯 QQ 的相关市场。奇虎认为，QQ 的相关商品市场，为即时通信软件及服务市场。相关地域市场，为中国大陆市场。但一审法院认定，微博、SNS、社交网络、电子邮箱等对即时通信构成很强竞争和替代关系，而且在全球范围内充分竞争，因此，相关市场不应局限于即时通信软件及服务，而是全球平台级产品组成的市场。(2) 腾讯在相关市场中是否具有市场支配地位。奇虎提出，腾讯的 QQ 活跃账户数达到 7.982 亿，在即时通信市场中具有支配地位。但一审法院认定，即便在即时通信市场腾讯市场份额超过 50%，依据上述相关市场的界定，在全球市场中，腾讯 QQ 并不具有市场支配地位。此外，QQ 并非单纯的聊天工具，已经是具有娱乐、商务办公、客户服务等特性的综合化信息平台，奇虎、百度、阿里、新浪等都是强大的竞争对手。(3) 腾讯是否滥用市场支配地位。由于几乎所有的即时通信都是免费的，腾讯不具备控制商品价格、数量或其他交易条件的能力。同时，该市场进入门槛低，市场阻碍小，腾讯也不具备阻碍及影响其他经营者进入这个市场的能力。(4) 腾讯强迫用户“二选一”是否属于滥用市场支配地位的行为。一审法院认为，腾讯强迫用户“二选一”的行为超过了必要的限度，但用户是否卸载360软件是其自身固有的权利，腾讯不能代替用户作出选择。

第3节　消费者权益保护法律制度

一、消费者权益保护的意义与方式

保护消费者权益，指消费者在购买商品和服务时，其合法权益受到法律保护。现代工业化社会中，有控制市场能力的经营者与分散的消费者之间经济实力对比不均衡，有关商品与服务的专业信息不对称，消费者在经济上处于弱者地位，他们在购买商品或服务时，个人权利容易受到侵害。而且，原告的举证责任、昂贵的诉讼费用都导致消费者无力与经营者抗衡，其利益受到侵害后只能忍气吞声，客观上纵容了经营者的非法行为和不符合商业道德的行为。为实现法律公平与正义的目标，为弱者争取权利，各国都通过立法对消费者进行特别保护，即制定完备的消费者权益保护法律制度。

保护消费者权益，有三种基本方式：一是法律保护，即国家通过立法、行政执法和司法各种手段保护消费者。二是社会保护，主要通过消费者组织保护消费者，使无组织和分散的消费者组织起来，增强与经营者抗衡的能力，如消费者协会可以受理消费者的投诉并代表消费者起诉不法经营者，维护消费者的合法权益。三是消费者自我保护，即消费者正当权益受到侵害后，应积极进行自我保护，向经营者主张权利，这是法律救济与社会救济的基础。如果消费者消极对待自己的权利，受到侵害后沉默不语，则任何对消费者的法律保护和社会保护都无法实现。

《中华人民共和国消费者权益保护法》是我国系统、全面保护消费者的法律制度。

二、消费者的权利

消费者，是与经营者相对的概念，指为生活消费需要购买、使用商品或接受服务的人。

农民购买、使用直接用于农业生产的生产资料也视为生活消费。

消费者具有以下权利。

1. 保障安全权

消费者在购买、使用商品和接受服务时享有人身、财产安全不受损害的权利。有权要求经营者所提供的商品和服务，符合保障人身、财产安全的要求。

2. 知悉真情权

消费者享有知悉其购买、使用的商品或接受的服务的真实情况的权利。

消费者有权根据商品或者服务的不同情况，要求经营者提供商品的价格、产地、生产者、用途、性能、规格、等级、主要成分、生产日期、有效期限、检验合格证明、使用方法说明书、售后服务，或者服务的内容、规格、费用等有关情况。

3. 自主选择权

消费者享有自主选择商品或者服务的权利，包括自主选择提供商品或者服务的经营者，自主选择商品品种或者服务方式并进行比较、鉴别和挑选，自主决定购买或者不购买任何一种商品、接受或者不接受任何一项服务。

4. 公平交易权

消费者享有公平交易的权利，在购买商品或者接受服务时，有权获得质量保障、价格合理、计量正确等公平交易条件，有权拒绝经营者的强制交易行为。

5. 依法求偿权

消费者因购买、使用商品或者接受服务受到人身、财产损害的，享有依法获得赔偿的权利。

6. 依法结社权

消费者享有依法成立维护自身合法权益的社会团体的权利。

7. 获得消费专业知识权

消费者享有获得有关消费和消费者权益保护方面的知识的权利。消费者应当努力掌握所需商品或者服务的知识和使用技能，正确使用商品，提高自我保护意识。

8. 维护尊严权

消费者在购买、使用商品和接受服务时，享有其人格尊严、民族风俗习惯得到尊重的权利，享有个人信息依法得到保护的权利。

9. 监督批评权

消费者享有对商品和服务以及保护消费者权益工作进行监督的权利。

消费者有权检举、控告侵害消费者权益的行为和国家机关及其工作人员在保护消费者权益工作中的违法失职行为，有权对保护消费者权益工作提出批评、建议。

三、经营者的义务

经营者，指为消费者提供其生产、销售的商品或者提供服务的人，包括生产者、销售者和提供服务者。经营者应承担以下义务。

1. 依照法律或约定履行义务

经营者向消费者提供商品或者服务，应当依照我国法律、法规的规定履行义务。经营者和消费者有约定的，应当按照约定履行义务，但双方的约定不得违背法律、法规的规定。经营者向消费者提供商品或者服务，应当恪守社会公德，诚信经营，保障消费者的合法权益，不得设立不公平、不合理的交易条件，不得强制交易。

2. 接受消费者监督

经营者应当听取消费者对其提供的商品或者服务的意见，接受消费者的监督。

3. 保障消费者人身和财产安全

经营者应当保证其提供的商品或者服务符合保障人身、财产安全的要求。对可能危及人身、财产安全的商品和服务，应当向消费者作出真实的说明和明确的警示，并说明和标明正确使用商品或者接受服务的方法以及防止危害发生的方法。

宾馆、商场、餐厅、银行、机场、车站、港口、影剧院等经营场所的经营者，应当对消费者尽到安全保障义务。

经营者发现其提供的商品或者服务存在缺陷，有危及人身、财产安全危险的，应当立即向有关行政部门报告和告知消费者，并采取停止销售、警示、召回、无害化处理、销毁、停止生产或者服务等措施。采取召回措施的，经营者应当承担消费者因商品被召回支出的必要费用。

4. 提供商品和服务的真实信息

经营者向消费者提供有关商品或者服务的质量、性能、用途、有效期限等信息，应当真实、全面，不得作引人误解的虚假宣传，针对消费者就其提供的商品或者服务的质量和使用方法等问题提出的询问，应当作出真实、明确的答复。

经营者提供商品或者服务应当明码标价。

5. 标明经营者真实名称和标记

经营者，包括租赁他人柜台或者场地的经营者，应当标明其真实名称和标记。

6. 出具购货凭证或服务单据

经营者提供商品或者服务，应当按照国家有关规定或者商业惯例向消费者出具发票等购货凭证或者服务单据；消费者索要发票等购货凭证或者服务单据的，经营者必须出具。

7. 保证商品或者服务质量

经营者应当保证在正常使用商品或者接受服务的情况下，其提供的商品或者服务应当具有的质量、性能、用途和有效期限，但消费者在购买该商品或者接受该服务前已经知道其存在瑕疵，且存在该瑕疵不违反法律强制性规定的除外。

经营者以广告、产品说明、实物样品或者其他方式表明商品或者服务的质量状况的，应当保证其提供的商品或者服务的实际质量与表明的质量状况相符。

经营者提供的机动车、计算机、电视机、电冰箱、空调器、洗衣机等耐用商品或者装饰装修等服务，消费者自接受商品或者服务之日起 6 个月内发现瑕疵，发生争议的，由经营者承担有关瑕疵的举证责任（举证责任倒置）。

经营者提供的商品或者服务不符合质量要求的，消费者可以依照国家规定、当事人约定退货或者要求经营者履行更换、修理等义务。没有国家规定和当事人约定的，消费者可以自收到商品之日起 7 日内退货；7 日后符合法定解除合同条件的，消费者可以及时退货，不符合法定解除合同条件的，可以要求经营者履行更换、修理等义务。消费者依照上述规定进行退货、更换、修理的，经营者应当承担运输等必要的费用。

8. 远程购物消费者无理由退货

经营者采用网络、电视、电话、邮购等方式销售商品，消费者有权自收到商品之日起

7 日内退货，且无须说明理由，但下列商品除外：

（1）消费者定做的；

（2）鲜活易腐的；

（3）在线下载或者消费者拆封的音像制品、计算机软件等数字化商品；

（4）交付的报纸、期刊。

除上述所列商品外，其他根据商品性质并经消费者在购买时确认不宜退货的商品，不适用无理由退货。

消费者退货的商品应当完好。经营者应当自收到退回商品之日起 7 日内返还消费者支付的商品价款。退回商品的运费由消费者承担；经营者和消费者另有约定的，按照约定。

9. 购物信息全面披露

采用网络、电视、电话、邮购等方式提供商品或者服务的经营者，以及提供证券、保险、银行等金融服务的经营者，应当向消费者提供经营地址、联系方式、商品或者服务的数量和质量、价款或者费用、履行期限和方式、安全注意事项和风险警示、售后服务、民事责任等信息。

10. 不得以格式条款等方式排除或限制消费者的权利

经营者在经营活动中使用格式条款的，应当以显著方式提请消费者注意商品或者服务的数量和质量、价款或者费用、履行期限和方式、安全注意事项和风险警示、售后服务、民事责任等与消费者有重大利害关系的内容，并按照消费者的要求予以说明。

经营者不得以格式条款、通知、声明、店堂告示等方式，作出排除或者限制消费者权利，减轻或者免除经营者责任，加重消费者责任等对消费者不公平、不合理的规定，不得利用格式条款并借助技术手段强制交易。格式条款、通知、声明、店堂告示等含有上述内容的，其内容无效。

11. 合法、正当收集和使用消费者个人信息

经营者收集、使用消费者个人信息，应当遵循合法、正当、必要的原则，明示收集、使用信息的目的、方式和范围，并经消费者同意。经营者收集、使用消费者个人信息，应当公开其收集、使用规则，不得违反法律法规的规定和双方的约定收集、使用信息。

经营者及其工作人员对收集的消费者个人信息必须严格保密，不得泄露、出售或者非法向他人提供。经营者应当采取技术措施和其他必要措施，确保信息安全，防止消费者个人信息泄露、丢失。在发生或者可能发生信息泄露、丢失的情况时，应当立即采取补救措施。经营者未经消费者同意或者请求，或者消费者明确表示拒绝的，不得向其发送商业性信息。

12. 不得侵犯消费者人格权

经营者不得对消费者进行侮辱、诽谤，不得搜查消费者的身体及其携带的物品，不得侵犯消费者的人身自由。

四、对消费者合法权益的保护

（一）国家对消费者合法权益的保护

国家制定有关消费者权益的法律、法规、规章和强制性标准，应当听取消费者和消费者协会等组织的意见。

有关行政部门应当听取消费者和消费者协会等组织对经营者交易行为、商品和服务质量问题的意见，及时调查处理，在各自的职责范围内，应当定期或不定期对经营者提供的商品和服务进行抽查检验，并及时向社会公布抽查检验结果。消费者向有关行政部门投诉的，该部门应当自收到投诉之日起7个工作日内，予以处理并告知消费者。

有关行政部门发现并认定经营者提供的商品或者服务存在缺陷，有危及人身、财产安全危险的，应当立即责令经营者采取停止销售、警示、召回、无害化处理、销毁、停止生产或者服务等措施。

有关国家机关应当依照法律法规的规定，惩处经营者在提供商品和服务中侵害消费者合法权益的违法犯罪行为。人民法院应当采取措施，方便消费者提起诉讼。对符合起诉条件的消费者权益争议，必须受理，及时审理。

（二）消费者组织对消费者合法权益的保护

1. 消费者组织的性质

保护消费者的合法权益是全社会的共同责任。消费者协会和其他消费者组织是依法成立的对商品和服务进行社会监督的保护消费者合法权益的社会组织。

2. 消费者协会的公益性职责

（1）向消费者提供消费信息和咨询服务，提高消费者维护自身合法权益的能力，引导文明、健康、节约资源和保护环境的消费方式；

（2）参与制定有关消费者权益的法律、法规、规章和强制性标准；

（3）参与有关行政部门对商品和服务的监督、检查；

（4）就有关消费者合法权益的问题，向有关部门反映、查询，提出建议；

（5）受理消费者的投诉，并对投诉事项进行调查、调解；

（6）投诉事项涉及商品和服务质量问题的，可以委托具备资格的鉴定人鉴定，鉴定人应当告知鉴定意见；

（7）就损害消费者合法权益的行为，支持受损害的消费者提起诉讼或者依法提起诉讼；

（8）对损害消费者合法权益的行为，通过大众传播媒介予以揭露、批评。

对侵害众多消费者合法权益的行为，中国消费者协会以及在省、自治权、直辖市设立的消费者协会，可以向人民法院提起诉讼。

各级人民政府对消费者协会履行职责应当予以必要的经费等支持。

3. 消费者协会的自律

消费者协会应当认真履行保护消费者合法权益的职责，听取消费者的意见和建议，接受社会监督。消费者组织不得从事商品经营和营利性服务，不得以收取费用或者其他牟取利益的方式向消费者推荐商品和服务。

五、消费争议的解决途径

消费者和经营者发生消费者权益争议的，可以通过下列途径解决：

（1）与经营者协商和解；

（2）请求消费者协会或者依法成立的其他调解组织调解；

（3）向有关行政部门投诉；

（4）根据与经营者达成的仲裁协议提交仲裁机构仲裁；

（5）向人民法院提起诉讼。

六、侵害消费者权益的法律责任

（一）承担法律责任的主体

1. 生产者、销售者、服务者承担责任

消费者在购买、使用商品时，其合法权益受到损害的，可以向销售者要求赔偿。销售者赔偿后，属于生产者的责任或者属于向销售者提供商品的其他销售者的责任的，销售者有权向生产者或者其他销售者追偿。

消费者或者其他受害人因商品缺陷造成人身、财产损害的，可以向销售者要求赔偿，也可以向生产者要求赔偿。属于生产者责任的，销售者赔偿后，有权向生产者追偿。属于销售者责任的，生产者赔偿后，有权向销售者追偿。

消费者在接受服务时，其合法权益受到损害的，可以向服务者要求赔偿。

消费者在购买、使用商品或者接受服务时，其合法权益受到损害，因原企业分立、合并的，可以向变更后承受其权利、义务的企业要求赔偿。

2. 非法使用和提供营业执照者承担责任

使用他人营业执照的违法经营者提供商品或者服务，损害消费者合法权益的，消费者可以向其要求赔偿，也可以向营业执照的持有人要求赔偿。

3. 展销会举办者、柜台出租者承担责任

消费者在展销会、租赁柜台购买商品或者接受服务，其合法权益受到损害的，可以向销售者或者服务者要求赔偿。展销会结束或者柜台租赁期满后，也可以向展销会的举办者、柜台的出租者要求赔偿。展销会的举办者、柜台的出租者赔偿后，有权向销售者或者服务者追偿。

4. 网络交易平台提供者承担责任

消费者通过网络交易平台购买商品或者接受服务，其合法权益受到损害的，可以向销售者或者服务者要求赔偿。网络交易平台提供者不能提供销售者或者服务者的真实名称、地址和有效联系方式的，消费者也可以向网络交易平台提供者要求赔偿；网络交易平台提供者作出更有利于消费者的承诺的，应当履行承诺。网络交易平台提供者赔偿后，有权向销售者或者服务者追偿。

网络交易平台提供者明知或者应当知道销售者或者服务者利用其平台侵害消费者合法权益，未采取必要措施的，依法与该销售者或者服务者承担连带责任。

5. 虚假广告的广告主、经营者承担责任

消费者因经营者利用虚假广告或者其他虚假宣传方式提供商品或者服务，其合法权益

受到损害的，可以向经营者要求赔偿。广告经营者、发布者发布虚假广告的，消费者可以请求行政主管部门予以惩处。广告经营者、发布者不能提供经营者的真实名称、地址和有效联系方式的，应当承担赔偿责任。

广告经营者、发布者设计、制作、发布关系消费者生命健康商品或者服务的虚假广告，造成消费者损害的，应当与提供该商品或者服务的经营者承担连带责任。

社会团体或者其他组织、个人在关系消费者生命健康商品或者服务的虚假广告或者其他虚假宣传中向消费者推荐商品或者服务，造成消费者损害的，应当与提供该商品或者服务的经营者承担连带责任。

（二）民事责任

1. 经营者承担民事责任的情形

经营者提供的商品或者服务有下列情形之一的，除法律另有规定外，依法承担民事责任：

（1）商品或者服务存在缺陷的；

（2）不具备商品应当具备的使用性能而出售时未作说明的；

（3）不符合在商品或者其包装上注明采用的商品标准的；

（4）不符合商品说明、实物样品等方式表明的质量状况的；

（5）生产国家明令淘汰的商品或者销售失效、变质的商品的；

（6）销售的商品数量不足的；

（7）服务的内容和费用违反约定的；

（8）对消费者提出的修理、重作、更换、退货、补足商品数量、退还货款和服务费用或者赔偿损失的要求，故意拖延或者无理拒绝的；

（9）法律法规规定的其他损害消费者权益的情形。

经营者对消费者未尽到安全保障义务，造成消费者损害的，应当承担侵权责任。

2. 经营者对消费者人身伤害和死亡承担的民事责任

经营者提供的商品或者服务，造成消费者或其他受害人人身伤害的，应当赔偿医疗费、护理费、交通费等为治疗和康复支出的合理费用，以及因误工减少的收入。造成残疾的，还应当赔偿残疾生活辅助具费和残疾赔偿金。造成死亡的，还应当赔偿丧葬费和死亡赔偿金。

3. 经营者侵害消费者人身权益承担的民事责任

经营者侵害消费者的人格尊严、人身自由或者个人信息依法得到保护的权利的，应当停止侵害、恢复名誉、消除影响、赔礼道歉，并赔偿损失。

经营者有侮辱诽谤、搜查身体、侵犯人身自由等侵害消费者或者其他受害人人身权益的行为，造成严重精神损害的，受害人可以要求精神损害赔偿。

4. 经营者违反产品瑕疵担保义务时应承担的民事责任

经营者提供商品或者服务，造成消费者财产损害的，应当依照法律规定或者当事人约定承担修理、重作、更换、退货、补足商品数量、退还货款和服务费用或者赔偿损失等民事责任。经营者以预收款方式提供商品或者服务的，应当按照约定提供。未按照约定提供的，应当按照消费者的要求履行约定或者退回预付款，并应当承担预付款的利息、消费者必须支付的合理费用。依法经有关行政部门认定为不合格的商品，消费者要求退货的，经营者应当负责退货。

5. 经营者有欺诈行为时的惩罚性赔偿民事责任

经营者提供商品或者服务有欺诈行为的，应当按照消费者的要求增加赔偿其受到的损失，增加赔偿的金额为消费者购买商品的价款或者接受服务的费用的 3 倍；增加赔偿的金额不足 500 元的，为 500 元。法律另有规定的，从其规定。

经营者明知商品或者服务存在缺陷，仍然向消费者提供，造成消费者或者其他受害人死亡或者健康严重损害的，受害人有权要求经营者赔偿其人身伤害、严重精神损害、残疾或死亡的损失，并有权要求所受损失 2 倍以下的惩罚性赔偿。

（三）行政责任

经营者有下列情形之一，除承担相应的民事责任外，其他法律、法规对处罚机关和处罚方式有规定的，从其规定。未作规定的，由工商行政管理部门或者其他有关行政部门责令改正，可以根据情节单处或者并处警告、没收违法所得、处以违法所得 1 倍以上 10 倍以下的罚款，没有违法所得的，处以 50 万元以下的罚款；情节严重的，责令停业整顿、吊销营业执照：

（1）提供的商品或者服务不符合保障人身、财产安全要求的；

（2）在商品中掺杂、掺假，以假充真、以次充好，或者以不合格商品冒充合格商品的；

（3）生产国家明令淘汰的商品或销售失效、变质的商品的；

（4）伪造商品的产地，伪造或冒用他人的厂名、厂址，篡改生产日期，伪造或冒用认证标志等质量标志的；

（5）销售的商品应当检验、检疫而未检验、检疫或者伪造检验、检疫结果的；

（6）对商品或服务作虚假或者引人误解的宣传的；

（7）拒绝或者拖延有关行政部门责令对缺陷商品或者服务采取停止销售、警示、召回、无害化处理、销毁、停止生产或者服务等措施的；

（8）对消费者提出的修理、重作、更换、退货、补足商品数量、退还货款和服务费用或者赔偿损失的要求，故意拖延或者无理拒绝的；

（9）侵害消费者人格尊严、人身自由或者个人信息依法得到保护的权利的；

（10）法律法规规定的对损害消费者权益应当予以处罚的其他情形。

经营者有上述情形的，除依法予以处罚外，处罚机关应当记入信用档案，向社会公布。

经营者违法应当承担民事赔偿责任和缴纳罚款、罚金，其财产不足以同时支付的，先承担民事赔偿责任。

经营者对行政处罚决定不服的，可以依法申请行政复议或者提起行政诉讼。

（四）刑事责任

经营者违法提供商品或者服务，侵害消费者合法权益，构成犯罪的，依法追究刑事责任。

案例8—4

侵害消费者的名誉权

甲、乙结伴到某超级市场购物。二人购物后欲离开超市时，该超市一工作人员追出询问："小姐，你们是否拿错了东西？"二人告知所购物品货款已经结清，并未多拿超市商品。但工作人员表示怀疑，指示二人看超市张贴在收银台边的告示："本公司保留在收银处检查带进本店的各类包、袋的权利。"甲、乙遂气愤地将随身携带的手袋打开让超市工作人员搜查，并与其发生争执。因工作人员并未检查出二人携带未付款的商品，遂向二人道歉并放行。甲、乙感到人格受到侮辱，遂向法院提起诉讼，要求该超市承担侵害其名誉权的民事责任。该超市声称，已在店堂明显处张贴告示，保留检查各类包、袋的权利，因此，超市工作人员对甲、乙采取的行为不构成侵权，不应承担民事责任。

问：该超市对甲、乙的检查行为是否侵害了消费者的合法权益？

案例点评

本案的核心是：超市店堂的公开告示内容是否合法？超市工作人员搜查甲、乙手袋的行为侵害了消费者的哪些权利？

1. 超市店堂的公开告示内容不合法。消费者权益保护法规定，经营者不得以格式条款、通知、声明、店堂告示等方式作出对消费者不公平、不合理的规定，店堂告示等含有上述内容的，其内容无效。经营者不得搜查消费者的身体及其携带的物品，不得侵犯消费者的人身自由是法定的义务。超市保留随意检查顾客包、袋的权利，是对消费者不公平的规定，是违法行为，应认为无效。

2. 超市工作人员搜查甲、乙手袋的行为侵害了消费者的人格尊严权。消费者权益保护法规定，消费者在购买、使用商品和接受服务时，享有其人格尊严、民族风俗习惯得到尊重的权利。超市工作人员搜查手袋行为是基于怀疑顾客偷窃商品而为，在并无充分证据的情况下，严重侵害了消费者的人格尊严权。

3. 经营者（该超市）应向消费者承担恢复名誉、消除影响、赔礼道歉及赔偿经济损失的侵权民事责任。

第4节　环境保护法律制度

一、环境保护与环境保护法律制度

（一）环境与环境问题

环境，指影响人类生存和发展的各种天然的和经过人工改造的自然因素的总体，包括大气、水、海洋、土地、矿藏、森林、草原、野生生物、自然遗址、人文遗址、自然保护区、风景名胜区、城市和乡村等。良好的环境是人类文明存在与发展的基础。现代科学技术发展使人类具备了征服自然和改造自然的能力，人类活动对环境的影响与日俱增。

环境问题，指由于人类活动作用于环境而引起的环境破坏与环境污染问题。环境破坏，指不合理地开发利用自然资源所导致的环境破坏，如毁灭草原和山地植被、砍伐森林、围湖造田等。环境污染，指城市化和工农业大规模生产而引起的废水、废气、废渣（三废）、粉尘、放射性物质、噪声、振动、电磁波辐射、农药残余物对环境的污染和破坏。环境破坏和环境污染直接威胁着人类生存与健康，降低了人类的生活水平，已经引起我国政府的高度重视，通过法律手段预防、控制、减少和消除环境问题是我国当前面临的紧迫任务。

（二）环境污染损害的特点与赔偿难点

环境污染能够造成他人财产和人身的损害，但这种损害具有如下特点：

（1）侵权行为与损害事实因果关系的复杂性。因侵权行为并非直接加害于他人人身和财产，而是以环境污染为中介造成损害，加之现有科技水平的限制，确认侵权人及侵权行为与损害事实之间的因果关系并非易事。

（2）损害的潜伏性。环境污染损害的后果通常要经过一段时间才能充分显现。

（3）损害的广泛性。环境污染会导致不特定的多数人同时受到损害。显然，以多头和分散的行政管理部门承担保护环境的重任，以民法中的诉讼时效制度、一般民事侵权责任（原告举证与过错责任原则）制裁环境污染违法行为并不容易奏效。因此，有必要制定统一的环境保护法，由专门的环境保护机构负责执行环境保护与监督的职能，并综合运用刑事、行政和民事法律手段有效保护环境。

（三）我国环境保护法律制度的基本原则

《中华人民共和国环境保护法》规定了我国环境保护的基本制度和主要原则，对有效保护和改善我国环境具有重要意义。

我国环境保护法律制度确立了以下基本原则：

（1）环境保护与经济建设和社会发展相协调。保护环境是国家的基本国策。国家采取有利于节约和循环利用资源、保护和改善环境，促进人与自然和谐的经济、技术政策和措施，使经济社会发展与环境保护相协调。每年的6月5日为世界环境日。

（2）保护优先、预防为主、综合治理、公众参与、损害担责。

（3）保护环境人人有责。一切单位和个人都有保护环境的义务。地方各级人民政府应当对本行政区域的环境质量负责。企业事业单位和其他经营者应当防止、减少环境污染和生态破坏，对所造成的损害依法承担责任。公民应当增强环境保护意识，采取低碳、节俭的生活方式，自觉履行环境保护义务。人民政府对保护和改善环境有显著成绩的单位和个人给予奖励。

（4）加大财政投入，提高环境保护科学技术水平。国家支持环境保护科学技术研究、开发和应用，鼓励环境基准研究和环境保护产业发展，加大防治污染和其他公害地财政投入。

（5）加强环境保护宣传和普及工作。各级人民政府、社会组织、环境保护志愿者应积极开展环境保护法律法规和环境保护知识的宣传。教育部门应当培养学生的环境保护意识，新闻媒体应当对环境违法行为进行舆论监督。

二、环境监督管理制度

（一）监督管理机关

国务院环境保护主管部门，对全国环境保护工作实施统一监督管理；县级以上地方人民政府环境保护主管部门，对本行政区域环境保护工作实施统一监督管理。县级以上人民政府有关部门和军队环境保护部门，依法对资源保护和污染防治等环境保护工作实施监督管理。

县级以上人民政府环境保护主管部门及其委托的环境监察机构和其他负有环境保护监督管理职责的部门，有权对排放污染物的企业事业单位和其他生产经营者进行现场检查。被检查者应当如实反映情况，提供必要的资料。实施现场检查的部门、机构及其工作人员应当为被检查者保守商业秘密。

企业事业单位和其他生产经营者违反法律法规规定排放污染物，造成或者可能造成严重污染的，县级以上人民政府环境保护主管部门和其他负有环境保护监督管理职责的部门，可以查封、扣押造成污染物排放的设施、设备。

（二）编制环境保护规划

县级以上人民政府应当将环境保护工作纳入国民经济和社会发展规划。

国务院环境保护主管部门会同有关部门，根据国民经济和社会发展规划编制国家环境保护规划，报国务院批准并公布实施。

县级以上地方人民政府环境保护主管部门会同有关部门，根据国家环境保护规划的要求，编制本行政区域的环境保护规划，报同级人民政府批准并公布实施。

环境保护规划的内容应当包括生态保护和污染防治的目标、任务、保障措施等，并与主体功能区规划、土地利用总体规划和城乡规划等相衔接。

（三）制定国家环境保护相关制度与标准

1. 制定国家和地方环境质量标准

国务院环境保护主管部门制定国家环境质量标准。

省、自治区、直辖市人民政府对国家环境质量标准中未作规定的项目，可以制定地方环境质量标准；对国家环境质量标准中已作规定的项目，可以制定严于国家环境质量标准的地方环境质量标准。地方环境质量标准应当报国务院环境保护主管部门备案。

2. 制定国家和地方污染物排放标准

国务院环境保护主管部门根据国家环境质量标准和国家经济、技术条件，制定国家污染物排放标准。

省、自治区、直辖市人民政府对国家污染物排放标准中未作规定的项目，可以制定地方污染物排放标准；对国家污染物排放标准中已作规定的项目，可以制定严于国家污染物排放标准的地方污染物排放标准。地方污染物排放标准应当报国务院环境保护主管部门备案。

3. 建立健全环境监测制度

国务院环境保护主管部门制定环境监测规范，会同有关部门组织监测网络，统一规划国家环境质量监测站（点）的设置，建立监测数据共享机制，加强对环境监测的管理。监测机构应当使用符合国家标准的监测设备，遵守监测规范。监测机构及其负责人对监测数据的真实性和准确性负责。

（四）开发利用规划和建设项目进行环境影响评价

省级以上人民政府应当组织有关部门或者委托专业机构，对环境状况进行调查、评价，建立环境资源承载能力监测预警机制。

编制有关开发利用规划，建设对环境有影响的项目，应当依法进行环境影响评价（提交环境影响报告书）。未依法进行环境影响评价的开发利用规划，不得组织实施；未依法进行环境影响评价的建设项目，不得开工建设。

（五）联合防治协调机制与环境保护政绩考核

国家建立跨行政区域的重点区域、流域环境污染和生态破坏联合防治协调机制，实行统一规划、统一标准、统一监测、统一的防治措施。上述规定以外的跨行政区域的环境污染和生态破坏的防治，由上级人民政府协调解决，或者由有关地方人民政府协商解决。

地方各级人民政府应当根据环境保护目标和治理任务，采取有效措施，改善环境质量。未达到国家环境质量标准的重点区域、流域的有关地方人民政府，应当制定限期达标规划，并采取措施按期达标。

国家实行环境保护目标责任制和考核评价制度。县级以上人民政府应当将环境保护目标完成情况纳入对本级人民政府负有环境保护监督管理职责的部门及其负责人和下级人民政府及其负责人的考核内容，作为对其考核评价的重要依据。考核结果应当向社会公开。

县级以上人民政府应当每年向本级人民代表大会或者人民代表大会常务委员会报告环境状况和环境保护目标完成情况，对发生的重大环境事件应当及时向本级人民代表大会常务委员会报告，依法接受监督。

三、环境保护和改善制度

1. 划定生态保护红线

国家在重点生态功能区、生态环境敏感区和脆弱区等区域划定生态保护红线，实行严格保护。各级人民政府对具有代表性的各种类型的自然生态系统区域，珍稀、濒危的野生动植物自然分布区域，重要的水源涵养区域，具有重大科学文化价值的地质构造、著名溶洞和化石分布区、冰川、火山、温泉等自然遗迹，以及人文遗迹、古树名木，应当采取措施予以保护，严禁破坏。

2. 保护生物多样性

开发利用自然资源，应当合理开发，保护生物多样性，保障生态安全，依法制定有关生态保护和恢复治理方案并予以实施。引进外来物种以及研究、开发和利用生物技术，应当采取措施，防止对生物多样性的破坏。

3. 建立健全生态保护补偿制度

国家加大对生态保护地区的财政转移支付力度。有关地方人民政府应当落实生态保护补偿资金，确保其用于生态保护补偿。国家指导受益地区和生态保护地区人民政府通过协商或者按照市场规则进行生态保护补偿。

4. 农业环境的保护与改善

各级人民政府应当加强对农业环境的保护，促进农业环境保护新技术的使用，加强对农业污染源的监测预警，统筹有关部门采取措施，防治土壤污染和土地沙化、盐渍化、贫瘠化、石漠化、地面沉降以及防治植被破坏、水土流失、水体富营养化、水源枯竭、种源灭绝等生态失调现象，推广植物病虫害的综合防治。

5. 海洋环境的保护与改善

国务院和沿海地方各级人民政府应当加强对海洋环境的保护。向海洋排放污染物、倾倒废弃物，进行海岸工程和海洋工程建设，应当符合法律法规规定和有关标准，防止和减少对海洋环境的污染。

6. 环境保护与改善的综合治理

国家加强对大气、水、土壤等的保护，建立和完善相应的调查、监测、评估和修复制度。城乡建设应当结合当地自然环境的特点，保护植被、水域和自然景观，加强城市园林、绿地和风景名胜区的建设与管理。

国家鼓励和引导公民、法人和其他组织使用有利于保护环境的产品和再生产品，减少废弃物的产生。国家机关和使用财政资金的其他组织应当优先采购和使用节能、节水、节材等有利于保护环境的产品、设备和设施。地方各级人民政府应当采取措施，组织对生活废弃物的分类处置、回收利用。公民应当遵守环境保护法律法规，配合实施环境保护措施，按照规定对生活废弃物进行分类放置，减少日常生活对环境造成的损害。

国家建立健全环境与健康监测、调查和风险评估制度；鼓励和组织开展环境质量对公众健康影响的研究，采取措施预防和控制与环境污染有关的疾病。

四、防治污染和其他公害制度

1. 促进清洁生产和资源循环利用

国务院有关部门和地方各级人民政府应当采取措施，推广清洁能源的生产和使用。企业应当优先使用清洁能源，采用资源利用率高、污染物排放量少的工艺、设备以及废弃物综合利用技术和污染物无害化处理技术，减少污染物的产生。

2. 强制使用防治污染设施

建设项目中防治污染的设施，应当与主体工程同时设计、同时施工、同时投产使用。

防治污染的设施应当符合经批准的环境影响评价文件的要求，不得擅自拆除或者闲置。

3. 排放污染物单位的义务

排放污染物的企业事业单位和其他经营者，应当采取措施，防治在生产建设或其他活动中产生的废水、废气、废渣、医疗废物、粉尘、恶臭气体、放射性物质以及噪声、振动、光辐射、电磁辐射等对环境的污染和危害。

排放污染物的企业事业单位，应当建立环境保护责任制度，明确单位负责人和相关人员的责任。重点排污单位应当按照国家有关规定和监测规范安装使用监测设备，保证监测设备正常运行，保存原始监测记录。

严禁通过暗管、渗井、渗坑、灌注或者篡改、伪造监测数据，或者不正常运行防治污染设施等逃避监管的方式违法排放污染物。

4. 排污许可管理制度及严重污染环境的工艺、设备和产品淘汰制度

国家依法实行排污许可管理制度。实行排污许可管理的企业事业单位和其他生产经营者应当按照排污许可证的要求排放污染物；未取得排污许可证的，不得排放污染物。

国家对严重污染环境的工艺、设备和产品实行淘汰制度。任何单位和个人不得生产、销售或者转移、使用严重污染环境的工艺、设备和产品。禁止引进不符合我国环境保护规定的技术、设备、材料和产品。

5. 排污收费及重点污染物排放总量控制制度

排放污染物的企业事业单位和其他生产经营者，应当按照国家有关规定缴纳排污费。排污费应当全部专项用于环境污染防治，任何单位和个人不得截留、挤占或者挪作他用。

依照法律规定征收环境保护税的，不再征收排污费。

国家实行重点污染物排放总量控制制度。重点污染物排放总量控制指标由国务院下达，省、自治区、直辖市人民政府分解落实。企业事业单位在执行国家和地方污染物排放标准的同时，应当遵守分解落实到本单位的重点污染物排放总量控制指标。对超过国家重点污染物排放总量控制指标或者未完成国家确定的环境质量目标的地区，省级以上人民政府环境保护主管部门应当暂停审批其新增重点污染物排放总量的建设项目环境影响评价文件。

6. 突发环境事件预警及应急管理制度

各级人民政府及其有关部门和企业事业单位，应当依法做好突发环境事件的风险控制、应急准备、应急处置和事后恢复等工作。

县级以上人民政府应当建立环境污染公共监测预警机制，组织制定预警方案；环境受到污染，可能影响公众健康和环境安全时，依法及时公布预警信息，启动应急措施。

企业事业单位应当按照国家有关规定制定突发环境事件应急预案，报环境保护主管部门和有关部门备案。在发生或者可能发生突发环境事件时，企业事业单位应当立即采取措施处理，及时通报可能受到危害的单位和居民，并向环境保护主管部门和有关部门报告。

突发环境事件应急处置工作结束后，有关人民政府应当立即组织评估事件造成的环境影响和损失，并及时将评估结果向社会公布。

7. 农业、农村污染防治制度

各级人民政府及其农业等有关部门和机构应当指导农业生产经营者科学种植和养殖，

科学合理施用农药、化肥等农业投入品，科学处置农用薄膜、农作物秸秆等农业废弃物，防止农业面源污染。禁止将不符合农用标准和环境保护标准的固体废物、废水施入农田。施用农药、化肥等农业投入品及进行灌溉，应当采取措施，防止重金属和其他有毒有害物质污染环境。

畜禽养殖场、养殖小区、定点屠宰企业等的选址、建设和管理应当符合有关法律法规的规定。从事畜禽养殖和屠宰的单位和个人应当采取措施，对畜禽粪便、尸体和污水等废弃物进行科学处置，防止污染环境。

县级人民政府负责组织农村生活废弃物的处置工作。各级人民政府应当在财政预算中安排资金，支持农村饮用水水源地保护、生活污水和其他废弃物处理、畜禽养殖和屠宰污染防治、土壤污染防治和农村工矿污染治理等环境保护工作。

8. 其他规定

生产、储存、运输、销售、使用、处置化学物品和含有放射性物质的物品，应当遵守国家有关规定，防止污染环境。

各级人民政府应当统筹城乡建设污水处理设施及配套管网，固体废物的收集、运输和处置等环境卫生设施，危险废物集中处置设施、场所以及其他环境保护公共设施，并保障其正常运行。

国家鼓励投保环境污染责任保险。

五、信息公开和公众参与制度

1. 基本原则

公民、法人和其他组织依法享有获取环境信息、参与和监督环境保护的权利。

各级人民政府环境保护主管部门和其他负有环境保护监督管理职责的部门，应当依法公开环境信息、完善公众参与程序，为公民、法人和其他组织参与和监督环境保护提供便利。

2. 环境信息及环境违法信息公布

国务院环境保护主管部门统一发布国家环境质量、重点污染源监测信息及其他重大环境信息。省级以上人民政府环境保护主管部门定期发布环境状况公报。县级以上人民政府环境保护主管部门和其他负有环境保护监督管理职责的部门，应当依法公开环境质量、环境监测、突发环境事件以及环境行政许可、行政处罚、排污费的征收和使用情况等信息。

县级以上地方人民政府环境保护主管部门和其他负有环境保护监督管理职责的部门，应当将企业事业单位和其他生产经营者的环境违法信息记入社会诚信档案，及时向社会公布违法者名单。

重点排污单位应当如实向社会公开其主要污染物的名称、排放方式、排放浓度和总量、超标排放情况，以及防治污染设施的建设和运行情况，接受社会监督。

3. 环境影响评价征求公众意见

对依法应当编制环境影响报告书的建设项目，建设单位应当在编制时向可能受影响的公众说明情况，充分征求意见。负责审批建设项目环境影响评价文件的部门在收到建设项目环境影响报告书后，除涉及国家秘密和商业秘密的事项外，应全文公开；发现建设项目未充分征求公众意见的，应当责成建设单位征求公众意见。

4. 环境违法行为举报

公民、法人和其他组织，发现任何单位和个人有污染环境和破坏生态行为的，有权向环境保护主管部门或者其他负有环境保护监督管理职责的部门举报；发现地方各级人民政府、县级以上人民政府环境保护主管部门和其他负有环境保护监督管理职责的部门不依法履行职责的，有权向其上级机关或者监察机关举报。

接受举报的机关应当对举报人的相关信息予以保密，保护举报人的合法权益。

5. 环境违法公益诉讼

对污染环境、破坏生态，损害社会公共利益的行为，符合下列条件的社会组织可以依法向人民法院提起诉讼：

（1）依法在设区的市级以上人民政府民政部门登记；

（2）专门从事环境保护公益活动连续 5 年以上且无违法记录。

提起诉讼的社会组织不得通过诉讼牟取经济利益。

六、污染环境和破坏生态的法律责任

（一）民事责任

因污染环境和破坏生态造成损害的，应当依照《中华人民共和国侵权责任法》的有关规定承担侵权责任。提起环境损害赔偿诉讼的时效期间为 3 年，从当事人知道或者应当知道其受到损害时起计算。

（二）行政责任

1. 企业事业单位和其他生产经营者的责任

（1）违法排放污染物。企业事业单位和其他生产经营者违法排放污染物，受到罚款处罚，被责令改正，拒不改正的，依法作出处罚决定的行政机关可以自责令改正之日的次日起，按照原处罚数额按日连续处罚。罚款的数额，依照有关法律法规按照防治污染设施的运行成本、违法行为造成的直接损失或者违法所得等因素确定的规定执行。

地方性法规可以根据环境保护的实际需要，增加上述按日连续处罚的违法行为的种类。

（2）超标、超量排放污染物。企业事业单位和其他生产经营者超过污染物排放标准或者超过重点污染物排放总量控制指标排放污染物的，县级以上人民政府环境保护主管部门可以责令其采取限制生产、停产整治等措施；情节严重的，报经有批准权的人民政府批准，责令停业、关闭。

（3）建设项目未完成环境影响评价程序擅自开工建设。建设单位未依法提交建设项目环境影响评价文件或者环境影响评价文件未经批准，擅自开工建设的，由负有环境保护监督管理职责的部门责令停止建设，处以罚款，并可以责令恢复原状。

（4）未依法公开环境信息。重点排污单位不公开或者不如实公开环境信息的，由县级以上地方人民政府环境保护主管部门责令公开，处以罚款，并予以公告。

2. 企业事业单位和其他生产经营者相关人员的责任

企业事业单位和其他生产经营者有下列行为之一，尚不构成犯罪的，除依法予以处罚外，由县级以上人民政府环境保护主管部门或者其他有关部门将案件移送公安机关，对其直接负责的主管人员和其他直接责任人员，处 10 日以上 15 日以下拘留；情节较轻的，处 5 日以上 10 日以下拘留：

（1）建设项目未依法进行环境影响评价，被责令停止建设，拒不执行的；

（2）违反法律规定，未取得排污许可证排放污染物，被责令停止排污，拒不执行的；

（3）通过暗管、渗井、渗坑、灌注或者篡改、伪造监测数据，或者不正常运行防治污染设施等逃避监管的方式违法排放污染物的；

（4）生产、使用国家明令禁止生产、使用的农药，被责令改正，拒不改正的。

3. 环境服务机构的责任

环境影响评价机构、环境监测机构以及从事环境监测设备和防治污染设施维护、运营的机构，在有关环境服务活动中弄虚作假、对造成的环境污染和生态破坏负有责任的，除依法予以处罚外，还应当与造成环境污染和生态破坏的其他责任者承担连带责任。

4. 地方政府环境保护主管部门和其他部门相关人员的责任

地方各级人民政府、县级以上人民政府环境保护主管部门和其他负有环境保护监督管理职责的部门有下列行为之一的，对直接负责的主管人员和其他责任人员给予记过、记大过或者降级处分；造成严重后果的，给予撤职或者开除处分，其主要负责人应当引咎辞职：

（1）不符合行政许可条件准予行政许可的；

（2）对环境违法行为进行包庇的；

（3）依法应当作出责令停业、关闭的决定而未作出的；

（4）对超标排放污染物、采用逃避监管的方式排放污染物，造成环境事故以及不落实生态保护措施造成生态破坏等行为，发现或者接到举报未及时查处的；

（5）违法查封、扣押企业事业单位和其他生产经营者的设施、设备的；

（6）篡改、伪造或者指使篡改、伪造监测数据的；

（7）应当依法公开环境信息而未公开的；

（8）将征收的排污费截留、挤占或者挪作他用的；

（9）法律法规规定的其他违法行为。

（三）刑事责任

违反环境保护法规定，构成犯罪的，依法追究刑事责任。

本章小结

政府和市场的关系一直是经济学与管理学理论与实践关注的热点问题，也是界定经济法、民商法、行政法调整范围的关键问题。由于市场机制与政府干预都有其自身无法克服的局限性，单一的市场经济与计划经济所导致的市场失灵和政府失灵也就具有必然性。因此，市场经济离不开政府的适度干预和严格监管。产品质量法、反不正当竞争法、反垄断法、消费者权益保护法、环境保护法是政府分别从产品质量监督检查、反不正当竞争和反垄断、保护消费者权益、保护环境角度监督市场活动的主要法律依据，对弥补市场机制不足、矫正企业行为有实质性功效。产品质量法的核心是明确产品质量责任，其中，缺陷产品责任（严格责任）的特征、演变和面临的挑战，深刻揭示了经济法律制度如何为适应经济和社会发展进行调整，不断完善其功能的过程。产品质量法所规定的产品质量监督抽查制度、企业质量体系认证制度、产品质量认证制度、生产者和销售者的产品质量义务、一般产品责任、缺陷产品责任，为企业找准改善产品质量的切入点、减少产品责任纠纷指引了方向。反不正当竞争法和反垄断法的目的是鼓励公平竞争，反对不正当竞争和垄断行为，保护公平交易。把握各种不正当竞争行为和垄断行为的类型和特征，自觉规范企业经营行为，对提高企业管理水平、维护正常市场竞争秩序、推动我国市场经济逐步走向成熟有重要意义。为处于不利经济地位的弱者争取权利是消费者权益保护法的宗旨。尊重消费者的权利，履行经营者的义务，是每一个企业的基本行为准则。随着消费者自我保护意识的增强以及消费者协会影响的普及，有组织的消费者力量将对企业市场决策形成直接的约束。环境保护法律制度虽然并不是直接规范企业的市场行为，但对企业设立、经营及终止都有直接影响。不符合环境保护标准的企业，不得进入市场；已经进入市场的，必须限期整顿达标，否则，必须退出市场。各级政府编制环境保护规划、制定国家及地方的环境质量标准和污染物排放标准，并将环境保护目标责任制纳入政绩考核，将从政府层面切实强化环境保护的力度。开发利用规划和建设项目应当进行环境影响评价并充分征求公众意见、明确排放污染物单位的法律义务、强制使用防治污染设施、排污收费及重点污染物排放总量控制、排污许可管理及重点排污单位排污信息公开、环境信息及环境违法信息由政府公开等措施，将从源头上增加企业破坏环境的成本，推动企业自觉履行保护环境的义务。

关键术语

产品质量监督抽查制度	企业质量体系认证制度	产品质量认证制度
一般产品责任	缺陷产品责任	商业贿赂
侵害商业秘密	不正当削价竞销	不正当有奖销售
垄断协议	滥用市场支配地位	经营者集中
公平交易权	无理由退货	世界环境日
环境保护规划	环境质量标准	污染物排放标准
环境影响评价	环境保护目标责任制	生态保护红线
排污许可管理	重点污染物排放总量控制	环境信息及环境违法信息公布
环境违法公益诉讼		

复习思考题

1. 思考分析企业最容易忽视哪些生产者和销售者的产品质量义务。

2. 归纳行业最常见的不正当竞争行为和垄断行为的类型和特点，分析这些破坏市场公平竞争的行为对企业成长和市场经济发展的直接危害性。

3. 结合企业的实际情况，分析消费者的哪些权利容易被侵害。试总结出几个典型案例。

4. 分析环境保护法律制度在企业市场准入、市场退出和企业经营过程中的哪些环节起把关作用，在某些环节没有达到预期的功能的原因是什么。

参考阅读书目及法律、法规

1. 《中华人民共和国产品质量法》(2000)(1993 年 2 月全国人民代表大会常务委员会通过，自 1993 年 9 月 1 日起施行；2000 年 7 月全国人民代表大会常务委员会修正)。

2. 《中华人民共和国反不正当竞争法》(1993)(1993 年 9 月全国人民代表大会常务委员会通过，自 1993 年 12 月 1 日起施行)。

3. 《中华人民共和国反垄断法》(2007)(2007 年 8 月全国人民代表大会常务委员会通过，自 2008 年 8 月 1 日起施行)。

4. 《国务院关于经营者集中申报标准的规定》(2008)(2008 年 8 月 1 日国务院通过，自公布之日起施行)。

5. 《中华人民共和国消费者权益保护法》(2013)(1993 年 10 月全国人民代表大会常务委员会通过，自 1994 年 1 月 1 日起施行；2009 年 8 月全国人民代表大会常务委员会第一次修正；2013 年 10 月全国人民代表大会常务委员会第二次修正)。

6. 《中华人民共和国环境保护法》(2014)(1989 年 12 月 26 日全国人民代表大会常务委员会通过，自公布之日起施行；2014 年 4 月全国人民代表大会常务委员会第一次修订，自 2015 年 1 月 1 日起施行)。

第 9 章

劳动法律制度

本章重点

- 劳动者、用人单位的基本权利
- 劳动合同的期限
- 劳动合同的解除
- 劳动者工作时间制度
- 劳动保护制度
- 劳动争议的解决方式

第1节　劳动者、用人单位的基本权利与义务

一、劳动法律关系的特点

劳动关系，指劳动者在集体劳动过程中与用人单位之间发生的社会关系。劳动者，指达到法定年龄，具有劳动能力，自愿参加社会劳动的公民。用人单位，指使用劳动力的法人组织（企业、事业单位、国家机关、社会团体）和非法人经济组织（个体与合伙经济组织等）。劳动者与用人单位之间形成的劳动权利与劳动义务关系，就是劳动法律关系。

劳动者与用人单位建立劳动关系以双方之间有劳动合同为前提，但劳动关系建立前后，二者的法律地位有所变化。劳动关系确立之前，双方法律地位完全平等，彼此都有订立或不订立劳动合同的自由。签订劳动合同确立彼此之间的劳动法律关系之后，劳动者与用人单位之间便形成隶属和服从关系，即劳动者必须进入用人单位，服从统一工作安排，并遵守该单位的劳动纪律和规章制度。因此，劳动法律关系具有二重性，劳动者与用人单位之间既是平等的契约关系，又有管理上的隶属服从关系。

二、国家规范劳动关系的必要性

劳动者与用人单位在劳动力市场上是平等的法律主体，彼此有选择劳动者和用人单位的自由。但现实情况中，劳动力多处于供大于求的状况，用人单位占据有利的市场地位。此外，劳动者个人素质与薪酬要求差别很大，比较分散，很难有效率地组织起来与用人单位进行集体谈判，导致劳动者求职时，个人与用人单位的谈判实力不平等。用人单位出于盈利和节约成本的考虑，在劳动待遇、劳动条件等方面容易随意降低标准，侵害劳动者的权益。公民的劳动权利是人权（生存权）的重要组成部分。法律对劳动者权益保护的程度，是判断一个国家人权状况的重要标志。为保护社会中处于弱势地位群体的合法权益，多数国家都制定了劳动法律制度，规定了许多侧重保护劳动者权益的强制性标准以调整劳动关系。《中华人民共和国劳动法》、《中华人民共和国劳动合同法》、《中华人民共和国劳动争议调解仲裁法》与其他配套的劳动行政法规组成了我国的劳动法律制度。

劳动法律制度的主要功能是调整劳动关系，规范劳动行为，保护劳动者的合法权益，及时解决劳动关系中的冲突。劳动法律制度赋予劳动者与用人单位在劳动关系中具有平等的法律地位，规定了劳动者的基本权利和义务、劳动合同与集体合同制度、劳动标准制度（工时、休假、最低工资、劳动安全、特殊劳动保护等）、社会保险制度、劳动争议处理制度，体现了维护劳动者权益与兼顾用人单位利益相结合、强制性劳动标准与用人单位自主用工相结合的基本精神，对减少劳动冲突、促进社会稳定起到了积极作用。

三、劳动者、用人单位的基本权利与义务

（一）劳动者的基本权利

1. 劳动就业权

劳动就业权，指任何有劳动资格和意愿的劳动者都有平等获得劳动机会和自由选择职业的权利。用人单位必须依照法定条件和程序才能解除劳动合同，辞退劳动者。

2. 劳动报酬权

劳动报酬权，指劳动者按照其劳动的数量和质量从用人单位取得报酬的权利，包括工资、奖金、津贴等各种报酬形式。用人单位应当根据同工同酬的原则向劳动者支付报酬，不得随意克扣、拖欠或拒付劳动者的报酬。

3. 休息休假权

休息休假权，指劳动者经过一段时间的劳动后，有获得充分休息的权利，用人单位不得随意加班加点。

4. 劳动安全卫生保护权

劳动安全卫生保护权，指劳动者在劳动过程中享有生命安全和身体健康受到保护的权利。用人单位有责任不断改善劳动条件、提高劳动保护标准。

5. 接受职业技能培训权

职业技能培训，指对劳动者进行的技术业务知识和实际操作技能的教育和培训，包括

劳动者就业前的培训和在职培训。用人单位应鼓励劳动者利用业余时间进行各种职业技能培训。用人单位应当建立职业培训制度，按照国家规定提取和使用职业培训经费，根据本单位实际，有计划地对劳动者进行职业培训。

6. 生活保障权

生活保障权，指劳动者有享受社会保险和福利的权利。劳动者基于下列原因可以享受社会保险待遇：退休；患病、负伤；因工伤残或患职业病；失业、生育。劳动者死亡后，其遗属依法享受遗属津贴。用人单位应依法按时足额为劳动者缴纳各种社会保险费用，任何组织和个人不得挪用社会保险基金。国家鼓励用人单位根据本单位实际情况为劳动者建立补充保险，并提倡劳动者个人进行储蓄性保险。

7. 合法权益保护权

合法权益保护权，指劳动者的合法权益受到侵害时，有权提请有关部门处理劳动争议，排除侵害行为并获得损失赔偿的权利。用人单位应注意维护劳动者的合法权益。

8. 组织与参加工会权

组织与参加工会权，指劳动者依法享有组织工会、参加工会的权利。工会代表应维护劳动者的合法权益，依法独立自主地开展活动。用人单位应当支持工会的活动。

9. 参与管理权

参与管理权，指劳动者依法有权通过职工大会、职工代表大会或其他形式，参与民主管理或就保护劳动者合法权益与用人单位进行平等协商。

（二）劳动者的基本义务

劳动者应当完成劳动任务，提高职业技能，执行劳动安全卫生规程，遵守劳动纪律和职业道德。

（三）用人单位的基本权利

1. 自主录用、辞退职工权

自主录用、辞退职工权，指用人单位有权自主决定招工方式、数量、条件和时间；有权依照法定条件和程序，通过解除劳动合同辞退劳动者。任何单位不得非法干预用人单位的用人权。

2. 岗位设置与人员调配权

岗位设置和人员调配权，指用人单位有权根据本单位性质与特点，为劳动者设定岗位与目标，并根据工作需要对劳动者的工作进行合理调配。劳动者无正当理由不得拒绝用人单位的工作调配。

3. 劳动报酬分配权

劳动报酬分配权，指用人单位有权自主制定本单位的工资形式和奖金、津贴分配办法以及职工工资晋升的条件、标准和时间。但工资标准不得低于当地政府公布的最低工资标准。

4. 劳动纪律制定、执行权

劳动纪律制定、执行权，指用人单位有权自主制定和实施劳动纪律规章制度，并据此对劳动者进行奖惩。

（四）用人单位的基本义务

1. 建立、完善人事管理制度

用人单位应依法建立、完善规章制度，保障劳动者享有劳动权利和履行劳动义务。用人单位在制定、修改或者决定有关劳动报酬、工作时间、休息休假、劳动安全卫生、保险福利、职工培训、劳动纪律以及劳动定额管理等直接涉及劳动者切身利益的规章制度或者重大事项时，应当经职工代表大会或者全体职工讨论，提出方案和意见，与工会或者职工代表平等协商确定。

在规章制度和重大事项决定实施的过程中，工会或者职工认为不适当的，有权向用人单位提出，通过协商予以修改完善。

用人单位应当将直接涉及劳动者切身利益的规章制度和重大事项决定公示，或者告知劳动者。

2. 平等对待劳动者

劳动者就业，不因民族、种族、性别、宗教信仰不同而受歧视。

妇女享有与男子平等的就业权利。在录用职工时，除国家规定的不适合妇女的工种或者岗位外，不得以性别为由拒绝录用妇女或者提高对妇女的录用标准。

法律法规对残疾人、少数民族人员、退役的军人就业有特别规定的除外。

3. 禁止录用童工

禁止用人单位招用未满16周岁的未成年人。

文艺、体育和特种工艺单位招用未满16周岁的未成年人，必须依照国家有关规定，履行审批手续，并保障其接受义务教育的权利。

第2节　劳动合同与集体合同法律制度

一、劳动合同及劳动关系

劳动合同是劳动者与用人单位确立劳动关系、明确双方权利和义务的协议。

用人单位自用工之日起即与劳动者建立劳动关系。用人单位应当建立职工名册备查。

建立劳动关系，应当订立书面劳动合同。已建立劳动关系，未同时订立书面劳动合同的，应当自用工之日起1个月内订立书面劳动合同。

用人单位与劳动者在用工前订立劳动合同的，劳动关系自用工之日起建立。

订立劳动合同，应当遵循合法、公平、平等自愿、协商一致、诚实信用的原则。

用人单位招用劳动者时，应当如实告知劳动者工作内容、工作条件、工作地点、职业危害、安全生产状况、劳动报酬，以及劳动者要求了解的其他情况；用人单位有权了解劳动者与劳动合同直接相关的基本情况，劳动者应当如实说明。

用人单位招用劳动者，不得扣押劳动者的居民身份证和其他证件，不得要求劳动者提供担保或者以其他名义向劳动者收取财物。

用人单位未在用工的同时订立书面劳动合同，与劳动者约定的劳动报酬不明确的，新招用的劳动者的劳动报酬按照集体合同规定的标准执行；没有集体合同或者集体合同未规定的，实行同工同酬。

劳动合同由用人单位与劳动者协商一致，并经用人单位与劳动者在劳动合同文本上签字或者盖章生效。劳动合同文本由用人单位和劳动者各执一份。

（一）劳动合同的主要内容

劳动合同应当具备以下条款：

（1）用人单位的名称、住所和法定代表人或者主要负责人；

（2）劳动者的姓名、住址和居民身份证或者其他有效身份证件号码；

（3）劳动合同期限；

（4）工作内容和工作地点；

（5）工作时间和休息休假；

（6）劳动报酬；

（7）社会保险；

（8）劳动保护、劳动条件和职业危害防护；

（9）法律法规规定应当纳入劳动合同的其他事项。

劳动合同除上述必备条款外，用人单位与劳动者可以约定试用期、培训、保守秘密、补充保险和福利待遇等其他事项。

劳动合同对劳动报酬和劳动条件等标准约定不明确，引发争议的，用人单位与劳动者可以重新协商；协商不成的，适用集体合同规定；没有集体合同或者集体合同未规定劳动报酬的，实行同工同酬；没有集体合同或者集体合同未规定劳动条件等标准的，适用国家有关规定。

除劳动者违反服务期的约定，应当向用人单位支付违约金以及劳动者违反竞业限制约定，应当向用人单位支付违约金的情形外，用人单位不得与劳动者约定由劳动者承担违约金。

（二）劳动合同的期限（法定条款）

劳动合同期限分为固定期限、无固定期限和以完成一定工作任务为期限三种类型。

1. 固定期限劳动合同

固定期限劳动合同，是指用人单位与劳动者约定合同终止时间的劳动合同，即合同期限届满，双方当事人的劳动法律关系即行终止。如果双方同意，还可以续订合同，延长期限。

用人单位与劳动者协商一致，可以订立固定期限劳动合同。

2. 无固定期限劳动合同

无固定期限劳动合同，是指用人单位与劳动者约定无确定终止时间的劳动合同，即劳动者参加工作后，长期在一个用人单位内从事生产或工作，不得无故离职，用人单位也不得无故辞退。这种合同一般适用于技术性较强、需要持续进行的工作岗位。

用人单位与劳动者协商一致，可以订立无固定期限劳动合同。有下列情形之一，劳动者提出或者同意续订、订立劳动合同的，除劳动者提出订立固定期限劳动合同外，应当订立无固定期限劳动合同：

（1）劳动者在该用人单位连续工作满10年的。

（2）用人单位初次实行劳动合同制度或者国有企业改制重新订立劳动合同时，劳动者在该用人单位连续工作满10年且距法定退休年龄不足10年的。

（3）连续订立2次固定期限劳动合同，且劳动者没有在试用期间被证明不符合录用条件以及劳动者不能胜任工作，经过培训或者调整工作岗位，仍不能胜任工作情形，续订劳动合同的。

用人单位自用工之日起满1年不与劳动者订立书面劳动合同的，视为用人单位与劳动者已订立无固定期限劳动合同。

3. 以完成一定工作任务为期限的劳动合同

以完成一定工作任务为期限的劳动合同，是指用人单位与劳动者约定以某项工作的完成为合同期限的劳动合同，即以劳动者所担负的工作任务来确定合同期限的劳动合同。如以完成某项科研，以及带有临时性、季节性的劳动合同。

用人单位与劳动者协商一致，可以订立以完成一定工作任务为期限的劳动合同。

（三）试用期（约定条款）

1. 试用期的法定期限

（1）劳动合同期限3个月以上不满1年的，试用期不得超过1个月。

（2）劳动合同期限1年以上不满3年的，试用期不得超过2个月。

（3）3年以上固定期限和无固定期限的劳动合同，试用期不得超过6个月。

2. 试用期的限制性规定

同一用人单位与同一劳动者只能约定一次试用期。以完成一定工作任务为期限的劳动合同或者劳动合同期限不满3个月的，不得约定试用期。

试用期包含在劳动合同期限内。劳动合同仅约定试用期的，试用期不成立，该期限为劳动合同期限。

3. 试用期劳动者的工资待遇

劳动者在试用期的工资不得低于本单位相同岗位最低档工资或者劳动合同约定工资的80%，并不得低于用人单位所在地的最低工资标准。

4. 试用期劳动合同的解除

在试用期中，除劳动者被证明不符合录用条件以及劳动者不能胜任工作，经过培训或者调整工作岗位，仍不能胜任工作的情形外，用人单位不得解除劳动合同。用人单位在试用期解除劳动合同的，应当向劳动者说明理由。

（四）专业技术培训与约定服务期（约定条款）

用人单位为劳动者提供专项培训费用，对其进行专业技术培训的，可以与该劳动者订立协议，约定服务期。

劳动者违反服务期约定的，应当按照约定向用人单位支付违约金。违约金的数额不得超过用人单位提供的培训费用。用人单位要求劳动者支付的违约金不得超过服务期尚未履行部分所应分摊的培训费用。

用人单位与劳动者约定服务期的，不影响按照正常的工资调整机制提高劳动者在服务期期间的劳动报酬。

（五）保守商业秘密与竞业限制（约定条款）

用人单位与劳动者可以在劳动合同中约定保守用人单位的商业秘密和与知识产权相关的保密事项。

对负有保密义务的劳动者，用人单位可以在劳动合同或者保密协议中与劳动者约定竞业限制条款，并约定在解除或者终止劳动合同后，在竞业限制期限内按月给予劳动者经济补偿。劳动者违反竞业限制约定的，应当按照约定向用人单位支付违约金。

竞业限制的人员限于用人单位的高级管理人员、高级技术人员和其他负有保密义务的人员。竞业限制的范围、地域、期限由用人单位与劳动者约定，竞业限制的约定不得违反法律、法规的规定。

在解除或者终止劳动合同后，上述规定的人员到与本单位生产或者经营同类产品、从事同类业务的有竞争关系的其他用人单位，或者自己开业生产或者经营同类产品、从事同类业务的竞业限制期限，不得超过2年。

二、无效劳动合同

下列合同无效或部分无效：

（1）以欺诈、胁迫的手段或者乘人之危，使对方在违背真实意思的情况下订立或者变更的劳动合同，如以限制劳动者人身自由的方式强迫对方签订的合同。

（2）用人单位免除自己的法定责任、排除劳动者权利的劳动合同，如约定用人单位可以不为劳动者支付社会保险费用等。

（3）违反法律、行政法规强制性规定的劳动合同，如合同内容违反工时休假制度、最低工资标准和安全卫生标准、劳动保险和特殊劳动保护等规定。

对劳动合同的无效或者部分无效有争议的，由劳动争议仲裁机构或者人民法院确认。

劳动合同部分无效，不影响其他部分效力的，其他部分仍然有效。

劳动合同被确认无效，劳动者已付出劳动的，用人单位应当向劳动者支付劳动报酬。劳动报酬的数额参照本单位相同或者相近岗位劳动者的劳动报酬确定。

经济合同无效后，通常采取返还财产、赔偿损失与收缴非法所得的方式进行法律救济与处理。劳动合同不是财产与财产的交换，而是劳动力与财产的交换。因此，劳动合同被确认无效后，不能采取返还财产与收缴非法所得的方式进行处理，而是采取撤销合同、修改劳动合同与赔偿损失的方式进行法律补救与补偿。

三、劳动合同履行与变更

（1）用人单位与劳动者应当按照劳动合同的约定，全面履行各自的义务。

（2）用人单位应当按照劳动合同约定和国家规定，向劳动者及时足额支付劳动报酬。用人单位拖欠或者未足额支付劳动报酬的，劳动者可以依法向当地人民法院申请支付令，人民法院应当依法发出支付令。

（3）用人单位应当严格执行劳动定额标准，不得强迫或者变相强迫劳动者加班。用人单位安排加班的，应当按照国家有关规定向劳动者支付加班费。

（4）劳动者拒绝用人单位管理人员违章指挥、强令冒险作业的，不视为违反劳动合同。劳动者对危害生命安全和身体健康的劳动条件，有权对用人单位提出批评、检举和控告。

（5）用人单位变更名称、法定代表人、主要负责人或者投资人等事项，不影响劳动合同的履行。

（6）用人单位发生合并或者分立等情况，原劳动合同继续有效，劳动合同由承继其权利和义务的用人单位继续履行。

（7）用人单位与劳动者协商一致，可以变更劳动合同约定的内容。变更劳动合同，应当采用书面形式。变更后的劳动合同文本由用人单位和劳动者各执一份。

四、劳动合同的解除与终止

（一）双方当事人协商一致，同意解除劳动合同

劳动者与用人单位协商一致，可以解除劳动合同。

（二）劳动者单方解除劳动合同

劳动者有权单方提出解除劳动合同，但应当提前 30 日以书面形式通知用人单位。在试用期内，劳动者提前 3 日通知用人单位，即可解除劳动合同。

用人单位有下列情形之一的，劳动者可以随时通知用人单位解除劳动合同：

（1）未按照劳动合同约定提供劳动保护或者劳动条件的。

（2）未及时足额支付劳动报酬的。

（3）未依法为劳动者缴纳社会保险费的。

（4）用人单位的规章制度违反法律、法规的规定，损害劳动者权益的。

（5）以欺诈、胁迫的手段或者乘人之危，使劳动者在违背真实意思的情况下订立或者变更劳动合同，致使劳动合同无效的。

（6）法律、行政法规规定劳动者可以解除劳动合同的其他情形。

用人单位以暴力、威胁或者非法限制人身自由的手段强迫劳动者劳动的，或者用人单位违章指挥、强令冒险作业危及劳动者人身安全的，劳动者可以立即解除劳动合同，无须事先告知用人单位。

（三）用人单位单方解除劳动合同

1. 劳动者因不符合录用条件或过错被用人单位解除劳动合同

劳动者有下列情形之一的，用人单位可以解除劳动合同：

（1）在试用期间被证明不符合录用条件的。

（2）严重违反用人单位规章制度的。

（3）严重失职，营私舞弊，给用人单位造成重大损害的。

（4）劳动者同时与其他用人单位建立劳动关系，对完成本单位的工作任务造成严重影响，或者经用人单位提出，拒不改正的。

（5）以欺诈手段使用人单位在违背真实意思的情况下订立或者变更劳动合同，致使劳动合同无效的。

（6）被依法追究刑事责任的。

用人单位由于上述原因单方解除劳动合同，无须承担对劳动者进行经济补偿的义务。

2. 劳动者因不能适应工作需要被用人单位解除劳动合同

有下列情形之一的，用人单位提前30日以书面形式通知劳动者本人或者额外支付劳动者1个月工资后，可以解除劳动合同：

（1）劳动者患病或者非因工负伤，在规定的医疗期满后不能从事原工作，也不能从事由用人单位另行安排的工作的。

（2）劳动者不能胜任工作，经过培训或者调整工作岗位，仍不能胜任工作的。

（3）劳动合同订立时所依据的客观情况发生重大变化，致使劳动合同无法履行，经用人单位与劳动者协商，未能就变更劳动合同内容达成协议的。

3. 用人单位经济性裁员

有下列情形之一，需要裁减20人以上或者裁减不足20人但占企业职工总数10%以上的，用人单位提前30日向工会或者全体职工说明情况，听取工会或者职工的意见后，裁减人员方案向劳动行政部门报告，可以裁减人员：

（1）依照企业破产法规定进行重整的。

（2）生产经营发生严重困难的。

（3）企业转产、重大技术革新或者经营方式调整，经变更劳动合同后，仍需裁减人员的。

（4）其他因劳动合同订立时所依据的客观经济情况发生重大变化，致使劳动合同无法履行的。

裁减人员时，应当优先留用下列人员：一是与本单位订立较长期限的固定期限劳动合同的人员；二是与本单位订立无固定期限劳动合同的人员；三是家庭无其他就业人员，有需要扶养的老人或者未成年人的。

用人单位依照企业破产法规定进行重整裁减人员，在6个月内重新招用人员的，应当通知被裁减的人员，并在同等条件下优先招用被裁减的人员。

（四）用人单位不得解除劳动合同的情形

劳动者有下列情形之一的，用人单位不得依照劳动者因不能适应工作需要或经济性裁员的相关规定解除劳动合同：

（1）从事接触职业病危害作业的劳动者未进行离岗前职业健康检查，或者疑似职业病病人在诊断或者医学观察期间的。

（2）在本单位患职业病或者因工负伤并被确认丧失或者部分丧失劳动能力的。

（3）患病或者非因工负伤，在规定的医疗期内的。

（4）女职工在孕期、产期、哺乳期的。

（5）在本单位连续工作满 15 年，且距法定退休年龄不足 5 年的。

（6）法律、行政法规规定的其他情形。

（五）工会对用人单位解除劳动合同的干预

用人单位单方解除劳动合同，应当事先将理由通知工会。用人单位违反法律、行政法规规定或者劳动合同约定的，工会有权要求用人单位纠正。用人单位应当研究工会的意见，并将处理结果书面通知工会。

（六）违法解除劳动合同的法律责任

为了保证劳动合同的稳定和履行，用人单位和劳动者均不得违反法定条件解除劳动合同。用人单位非法解除劳动合同造成劳动者经济损失的，应当承担赔偿责任。劳动者非法解除劳动合同，对用人单位造成经济损失的，也要依法承担赔偿责任。赔偿的内容通常可以包括以下几项：

（1）用人单位招收录用劳动者所支付的费用。用人单位应明确招收录用劳动者所支付费用数额或者计算方法。

（2）用人单位为劳动者支付的培训费用，双方另有约定的按约定办理。用人单位应明确为劳动者支付的培训费用数额、约定服务期和劳动者违约解除劳动合同时赔偿培训费用的计算方法。

（3）劳动者违约对用人单位生产、经营和工作造成的直接经济损失。用人单位应明确劳动者违约解除劳动合同对生产、经营和工作造成的直接经济损失的计算方法。

（4）劳动合同约定的其他赔偿费用。

（七）劳动合同终止

有下列情形之一的，劳动合同终止：

（1）劳动合同期满的；

（2）劳动者开始依法享受基本养老保险待遇的；

（3）劳动者死亡，或者被人民法院宣告死亡或者宣告失踪的；

（4）用人单位被依法宣告破产的；

（5）用人单位被吊销营业执照、责令关闭、撤销或者用人单位决定提前解散的；

（6）法律、行政法规规定的其他情形。

劳动合同期满，有用人单位不得解除劳动合同的情形之一的，劳动合同应当续延至相应的情形消失时终止。但是，在本单位患职业病或者因工负伤并被确认丧失或者部分丧失劳动能力的劳动者的劳动合同的终止，按照国家有关工伤保险的规定执行。

用人单位应当在解除或者终止劳动合同时出具解除或者终止劳动合同的证明，并在 15 日内为劳动者办理档案和社会保险关系转移手续。

劳动者应当按照双方约定，办理工作交接。用人单位依法应当向劳动者支付经济补偿的，在办结工作交接时支付。

用人单位对已经解除或者终止的劳动合同的文本，至少保存 2 年备查。

（八）用人单位因劳动合同解除向劳动者支付的经济补偿

有下列情形之一的，用人单位应当向劳动者支付经济补偿：

（1）劳动者依法可以随时通知用人单位解除劳动合同的；

（2）用人单位依法向劳动者提出解除劳动合同并与劳动者协商一致解除劳动合同的；

（3）用人单位因劳动者不能适应工作需要而依法解除劳动合同的；

（4）用人单位因经济性裁员而依法解除劳动合同的；

（5）除用人单位维持或者提高劳动合同约定条件续订劳动合同，劳动者不同意续订的情形外，因劳动合同期满终止固定期限劳动合同的；

（6）因用人单位被依法宣告破产以及用人单位被吊销营业执照、责令关闭、撤销或者用人单位决定提前解散而终止劳动合同的；

（7）法律、行政法规规定的其他情形。

经济补偿按劳动者在本单位工作的年限，每满 1 年支付 1 个月工资的标准向劳动者支付。6 个月以上不满 1 年的，按 1 年计算；不满 6 个月的，向劳动者支付半个月工资的经济补偿。

劳动者月工资（指劳动者在劳动合同解除或者终止前 12 个月的平均工资）高于用人单位所在直辖市、设区的市级人民政府公布的本地区上年度职工月平均工资 3 倍的，向其支付经济补偿的标准按职工月平均工资 3 倍的数额支付，向其支付经济补偿的年限最高不超过 12 年。

用人单位违法解除或者终止劳动合同，劳动者要求继续履行劳动合同的，用人单位应当继续履行；劳动者不要求继续履行劳动合同或者劳动合同已经不能继续履行的，用人单位应当依法按照经济补偿标准的 2 倍向劳动者支付赔偿金。

五、集体合同

（一）集体合同的性质与特点

集体合同又称团体协议、集体协议，是工会代表劳动者与用人单位通过协商谈判，就劳动者集体劳动条件、劳动报酬、工作时间、休息休假、劳动安全卫生、保险等事项签订的书面协议。依法订立的集体合同对用人单位和劳动者具有约束力。用人单位违反集体合同，侵犯职工劳动权益的，工会可以依法要求用人单位承担责任；因履行集体合同发生争议，经协商解决不成的，工会可以依法申请仲裁、提起诉讼。

集体合同与劳动合同有密切关系，但存在以下不同：

（1）主体不同。集体合同的当事人是用人单位与本单位的全体劳动者（由工会或职工代表代表）。劳动合同的当事人是用人单位与劳动者个人。

（2）内容不同。集体合同侧重规定用人单位有关劳动者共同的工作和生活条件方面的义务，如集体的劳动条件、工作时间、劳动报酬、福利待遇等。劳动合同则仅规定劳动者个人与用人单位之间的权利义务。

（3）法律效力不同。集体合同的法律效力高于劳动合同的法律效力，它是订立劳动合同的重要依据。依法签订的集体合同对企业和企业全体职工具有约束力。职工个人与企业订立的劳动合同中劳动条件和劳动报酬等标准不得低于集体合同的规定。

（二）专项集体合同与区域性集体合同

企业职工一方与用人单位可以订立专项集体合同，如劳动安全卫生、女职工权益保护、工资调整机制等专项集体合同。

县级以下区域内，建筑业、采矿业、餐饮服务业等行业可以由工会与企业方面代表订立行业性集体合同。行业性、区域性集体合同对当地本行业、本区域的用人单位和劳动者具有约束力。

（三）订立集体合同的基本程序

企业职工一方与用人单位通过平等协商，可以就劳动报酬、工作时间、休息休假、劳动安全卫生、保险福利等事项订立集体合同。集体合同草案应当提交职工代表大会或者全体职工讨论通过。

集体合同由工会代表企业职工一方与用人单位订立；尚未建立工会的用人单位，由上级工会指导劳动者推举的代表与用人单位订立。

集体合同订立后，应当报送劳动行政部门；劳动行政部门自收到集体合同文本之日起15日内未提出异议的，集体合同即行生效。

（四）集体合同中的劳动报酬与劳动条款规定

集体合同中劳动报酬和劳动条件等标准不得低于当地人民政府规定的最低标准；用人单位与劳动者订立的劳动合同中劳动报酬和劳动条件等标准不得低于集体合同规定的标准。

案例9—1

用人单位解除劳动合同是否合法

甲于2011年进入某机械制造公司成为合同制工人，劳动合同期限3年。进入公司后，甲发现该公司管理混乱，工资也很低，又看到许多人在社会上从事第二职业获得大量报酬，遂在2012年6月找一个临时工完成自己的基本岗位工作任务，将一半工资付给临时工，自己则在另一家私营企业工作。当时，该公司管理无序，加之企业领导换届，实行计件工资，甲由他人代替工作的事情一直无人过问。2013年4月，该公司新领导上任后发现甲的情况，随即作出书面通知，要求甲必须在15日内到岗上班，否则，视为旷工，将解除与甲的劳动合同关系。15日后，甲未回公司上班，机械制造公司决定单方解除劳动合同，并将解除通知送达甲。甲不服，认为自己完成了公司安排的劳动任务，产品质量也合格，至于是否自己亲自完成，无关紧要，遂向当地劳动争议仲裁委员会申诉，要求机械制造公司收回除名的规定，与其重新订立劳动合同。

问：机械制造公司解除与甲的劳动合同是否合法?

案例点评

本案的核心是劳动者是否负有亲自完成劳动任务的义务。

1. 本案中，劳动合同的当事人是甲与机械制造公司。劳动合同具有人身性质，是亲自履行的合同，未经合同另一方（机械制造公司）同意，甲无权由他人代替自己履行合同。

2. 甲虽然名义上完成了工作任务（由临时工顶替），但违反了企业的劳动纪律和管理制度。如果放任这种情况发展，将导致用人单位管理混乱，用工权利受到侵害。

3. 甲违反企业劳动纪律，由他人顶替工作的行为是根本性违约，用人单位有权解除劳动合同。同时，机械制造公司给予甲15日补救劳动合同的机会，但甲收到回公司上班的通知后置之不理，属于严重违反劳动纪律。

4. 机械制造公司将甲收到通知后拒不回公司上班的情况视为旷工有合法依据，有权据此解除与甲的劳动合同关系。

六、劳务派遣

劳务派遣一般在临时性、辅助性或者替代性的工作岗位上实施。用人单位不得设立劳务派遣单位向本单位或者所属单位派遣劳动者。

（一）劳务派遣单位的权利与义务

劳务派遣单位应当依照公司法的有关规定设立，注册资本不得少于50万元。

（1）劳务派遣单位（用人单位）应当履行用人单位对劳动者的义务。劳务派遣单位与被派遣劳动者订立的劳动合同，除应当符合劳动合同法定内容外，还应当载明被派遣劳动者的用工单位以及派遣期限、工作岗位等情况。

（2）劳务派遣单位应当与被派遣劳动者订立2年以上的固定期限劳动合同，按月支付劳动报酬；被派遣劳动者在无工作期间，劳务派遣单位应当按照所在地人民政府规定的最低工资标准，向其按月支付报酬。

（3）劳务派遣单位派遣劳动者应当与接受以劳务派遣形式用工的单位（用工单位）订立劳务派遣协议。劳务派遣协议应当约定派遣岗位和人员数量、派遣期限、劳动报酬和社会保险费的数额与支付方式以及违反协议的责任。

（4）劳务派遣单位应当将劳务派遣协议的内容告知被派遣劳动者。劳务派遣单位和用工单位不得向被派遣劳动者收取费用。

（5）劳务派遣单位跨地区派遣劳动者的，被派遣劳动者享有的劳动报酬和劳动条件，按照用工单位所在地的标准执行。劳务派遣单位不得克扣用工单位按照劳务派遣协议支付给被派遣劳动者的劳动报酬。

（二）用工单位的权利与义务

（1）执行国家劳动标准，提供相应的劳动条件和劳动保护；

（2）告知被派遣劳动者的工作要求和劳动报酬；

（3）支付加班费、绩效奖金，提供与工作岗位相关的福利待遇；

（4）对在岗被派遣劳动者进行工作岗位所必需的培训；

（5）连续用工的，实行正常的工资调整机制。

用工单位应当根据工作岗位的实际需要与劳务派遣单位确定派遣期限，不得将连续用工期限分割订立数个短期劳务派遣协议，不得将被派遣劳动者再派遣到其他用人单位。

（三）被派遣劳动者的权利与义务

（1）被派遣劳动者享有与用工单位的劳动者同工同酬的权利。用工单位无同类岗位劳动者的，参照用工单位所在地相同或者相近岗位劳动者的劳动报酬确定。

（2）被派遣劳动者有权在劳务派遣单位或者用工单位依法参加或者组织工会，维护自身的合法权益。

（3）被派遣劳动者可以依法通过与劳务派遣单位协商一致解除劳动合同，或者依法随时通知用人单位解除劳动合同；被派遣劳动者有在试用期间被证明不符合录用条件或者劳动者不能胜任工作，经过培训或者调整工作岗位，仍不能胜任工作情形的，用工单位可以将劳动者退回劳务派遣单位，劳务派遣单位可以依法与劳动者解除劳动合同。

七、非全日制用工

非全日制用工，是指以小时计酬为主，劳动者在同一用人单位一般平均每日工作时间不超过 4 小时，每周工作时间累计不超过 24 小时的用工形式。

非全日制用工双方当事人可以订立口头协议。

从事非全日制用工的劳动者可以与一个或者一个以上用人单位订立劳动合同，但是，后订立的劳动合同不得影响先订立的劳动合同的履行。

非全日制用工双方当事人不得约定试用期。

非全日制用工双方当事人任何一方都可以随时通知对方终止用工。终止用工，用人单位不向劳动者支付经济补偿。

非全日制用工小时计酬标准不得低于用人单位所在地人民政府规定的最低小时工资标准，其劳动报酬结算支付周期最长不得超过 15 日。

第3节 劳动者的工时、工资及劳动保护法律制度

一、劳动者工作时间法律制度

（一）标准工作时间

工作时间，指国家法律规定劳动者在一昼夜和一周之内用于完成本职工作的标准时间，也称标准工作日、标准工作周制度。

国家实行劳动者每日工作时间不超过8小时、平均每周工作时间不超过40小时的工时制度。

对实行计件工作的劳动者，用人单位应当根据标准工时制度合理确定其劳动定额和计件报酬标准。

（二）休息时间

1. 休息时间的一般规定

用人单位应当保证劳动者每周至少休息一日。

企业因生产特点不能实行标准工时制度及保证劳动者每周休息一日的，经劳动行政部门批准，可以实行其他工作和休息办法。

2. 法定节假日休息

用人单位在下列节日期间应当依法安排劳动者休假：元旦；春节；国际劳动节；国庆节；法律法规规定的其他休假节日。

（三）延长工作时间（加班、加点）

延长工作时间，也称加班、加点。劳动者在法定节日和公休日进行工作、超过日标准工作时间进行工作，称为加班、加点。

1. 延长工作时间的标准

用人单位由于生产经营需要，经与工会和劳动者协商后可以延长工作时间，一般每日不得超过1小时；因特殊原因需要延长工作时间的，在保障劳动者身体健康的条件下延长工作时间每日不得超过3小时，但每月不得超过36小时。

有下列情形之一的，延长工作时间不受上述规定限制：

（1）发生自然灾害、事故或者因其他原因，威胁劳动者生命健康和财产安全，需要紧急处理的。

（2）生产设备、交通运输线路、公共设施发生故障，影响生产和公众利益，必须及时抢修的。

（3）法律、行政法规规定的其他情形。

用人单位不得违法延长劳动者的工作时间。

2. 延长工作时间的报酬标准

有下列情形之一的，用人单位应当按照下列标准支付高于劳动者正常工作时间工资的工资报酬：

（1）安排劳动者延长工作时间的，支付不低于工资的150%的工资报酬；

（2）休息日安排劳动者工作又不能安排补休的，支付不低于工资的200%的工资报酬；

（3）法定休假日安排劳动者工作的，支付不低于工资的300%的工资报酬。

3. 带薪年休假制度

劳动者连续工作1年以上的，享受带薪年休假。具体办法由国务院规定。

二、劳动者工资法律制度

（一）工资分配原则

工资，是用人单位按照法律规定与事先约定的标准，以货币形式向劳动者支付的劳动报酬。用人单位根据本单位的生产经营特点和经济效益，有权依法自主确定本单位的工资分配方式和工资水平。

工资分配应当遵循按劳分配原则，实行同工同酬。

工资水平在经济发展的基础上逐步提高。国家对工资总量实行宏观调控。

（二）最低工资保障制度

最低工资，指劳动者在法定工作时间内提供了正常劳动时，用人单位必须支付的保障劳动者个人及家庭成员基本生活需要的最低劳动报酬。

国家实行最低工资保障制度。最低工资的具体标准由省、自治区、直辖市人民政府规定，报国务院备案。用人单位支付劳动者的工资不得低于当地最低工资标准。

（三）工资支付制度

工资应当以货币形式按月支付给劳动者本人，不得克扣或者无故拖欠劳动者的工资。

劳动者在法定休假日和婚丧假期间以及依法参加社会活动期间，用人单位应当依法支付工资。

三、劳动保护法律制度

（一）劳动安全卫生制度

劳动安全卫生制度，指以保护劳动过程中劳动者生命安全和身体健康为目的的相关法律制度。

1. 劳动安全生产责任制度

用人单位必须建立健全劳动安全卫生制度，严格执行国家劳动安全卫生规程和标准，对劳动者进行劳动安全卫生教育，防止劳动过程中的事故，减少职业危害。

劳动者在劳动过程中必须严格遵守安全操作规程。

2. 劳动安全卫生教育制度

用人单位应当对新上岗的劳动者进行岗位责任制和操作规范教育；对特殊工作岗位人员进行专业安全技术培训教育；对管理人员与安全检查人员进行安全卫生常识、专业基础知识及安全责任教育；对新工艺、新设备、新原料等使用，进行安全卫生性能教育。

3. 劳动安全卫生标准制度

劳动安全卫生标准，指由国家劳动行政部门制定的具有强制性的劳动安全卫生标准，包括：劳动安全及劳动卫生工程技术标准；工业产品在设计、生产、检验、储运、使用过程中的安全卫生标准；特种设备安全技术标准；工矿企业工作条件及工作场所安全卫生标准；职业安全卫生管理和特种作业人员安全技能考核标准；劳动防护用品标准等。

4. 劳动安全设施及劳动防护用品使用制度

用人单位的劳动安全卫生设施必须符合国家规定的标准。新建、改建、扩建工程的劳动安全卫生设施必须与主体工程同时设计、同时施工、同时投入生产和使用。

用人单位必须为劳动者提供符合国家规定的劳动安全卫生条件和必要的劳动防护用品，对从事有职业危害作业的劳动者应当定期进行健康检查。

5. 安全卫生认证制度

安全卫生认证制度，指由有关行政管理部门对企业、企业特定员工及特定产品的安全卫生因素进行审查、评价，并确认企业和员工的经营资格与从业资格、产品生产条件的制度。

（1）对企业安全卫生生产资格的认证制度，包括：煤矿企业安全认证制度；建筑企业安全认证制度；压力容器设计、制造企业安全认证制度等。

（2）对特殊岗位或特种作业人员的资格认证制度，包括：对企业领导人员安全管理资格的认证制度、对特种作业人员安全资格认证制度。特种作业人员，指必须经过专门培训并取得特种作业资格的劳动者，其范围包括：电工、锅炉工、压力容器操作工、起重机械操作工、爆破作业人员、金属焊接切割作业人员、井下瓦斯检验人员、器械车辆驾驶人员、机动船舶驾驶员和轮机操作工、建筑登高作业人员等。

（3）对特殊设备和产品的安全认证制度，包括：压力容器安全认证制度、漏电保护器安全认证制度、劳动防护用品安全质量认证制度、客运架空索道安全认证制度等。

6. 劳动安全卫生监督检查制度

劳动者对用人单位管理人员违章指挥、强令冒险作业，有权拒绝执行；对危害生命安全和身体健康的行为，有权提出批评、检举和控告。

国家建立伤亡事故和职业病统计报告和处理制度。县级以上各级人民政府劳动行政部门、有关部门和用人单位应当依法对劳动者在劳动过程中发生的伤亡事故和劳动者的职业病状况，进行统计、报告和处理。

（二）对女职工的特殊保护制度

（1）禁止安排女职工从事矿山井下、国家规定的第四级体力劳动强度的劳动和其他禁忌从事的劳动。

（2）不得安排女职工在经期从事高处、低温、冷水作业和国家规定的第三级体力劳动强度的劳动。

（3）不得安排女职工在怀孕期间从事国家规定的第三级体力劳动强度的劳动和孕期禁忌从事的活动。对怀孕7个月以上的女职工，不得安排其延长工作时间和夜班劳动。

（4）女职工生育享受不少于90天的产假。

（5）不得安排女职工在哺乳未满1周岁的婴儿期间从事国家规定的第三级体力劳动强度的劳动和哺乳期禁忌从事的其他劳动，不得安排其延长工作时间和夜班劳动。

（三）对未成年工的特殊保护

未成年工是指年满16周岁、未满18周岁的劳动者。

不得安排未成年工从事矿山井下、有毒有害、国家规定的第四级体力劳动强度的劳动和其他禁忌从事的劳动。

用人单位应当对未成年工定期进行健康检查。

案例9—2

劳动者自愿加班是否合法

某水泥公司因产品物美价廉受到市场欢迎，销路很好。当地有一个全国重点建设项目获得国务院批准，开工在即，急需大批水泥。水泥公司的生产规模有限，通过技术改造扩大生产规模时间太长，将失去商机。水泥公司总经理会议决定采取加倍支付加班工资的办法，让工人多加班，充分利用现有生产能力，最大限度提高水泥产量。公司领导与工会协商后向全公司发出公告，职工加班自愿，凡愿意加班的职工，每天工作10小时，其中2小时的工资为每小时40元，比平时工资标准高一倍，以后不再安排补休。公告贴出后，许多职工报名，他们认为每天只多工作2小时，既能给企业多创效益，又能给自己增加收入，同时不会影响身体健康，是两全其美的事情。

众多职工加班使水泥公司的产量大幅增加，效益明显提高，当地媒体将水泥公司职工自愿加班作为先进事迹进行宣传。市劳动局看到有关报道后，派劳动监察人员到水泥公司调查加班情况。水泥公司强调，加班是职工自愿的，加班报酬符合国家有关规定，而且经过工会同意。水泥公司职工也强调，公司没有强迫职工加班；因多数职工家庭生活困难，正好借机多挣一些钱。劳动局认为，水泥公司自愿加班时间过长，违反我国工时制度规定，应当给予行政处罚。鉴于实行加班时间较短，没有造成严重后果，决定给予水泥公司警告处分，并责令其缩短加班时间。但水泥公司及其职工对此不服，认为自愿加班对企业和职工都有利，应当肯定，而不是处罚。

问：劳动者自愿加班超过法定工时是否合法？

案例点评

本案的核心是劳动者工作时间法律制度的强制力问题。

1. 为保护劳动者身体健康，劳动法对延长工作时间（加班、加点）有明确规定：

用人单位由于生产经营需要，经与工会和劳动者协商后可以延长工作时间，一般每日不得超过1小时；因特殊原因需要延长工作时间的，在保障劳动者身体健康的条件下延长工作时间每日不得超过3小时，但每月不得超过36小时。上述规定具有法律强制力，用人单位不得突破上述法定限制。

2. 水泥公司作出加班决定的程序完全合法：总经理会议作出正式决定，与工会协商一致，职工自愿。而且，职工每日加班时间没有超过最高限3小时。但是，水泥公司职工合计每月加班时间40多小时，超过法定36小时的限制，属于违法行为。

3. 法律有关工作时间的规定具有强制性，任何人不得以用人单位和劳动者双方均自愿多加班的名义，以约定变更或不执行法定最高工作时间限制。因此，市劳动局对水泥公司的行政处罚有法律根据。

第4节 劳动争议的处理

一、劳动争议解决方式

劳动争议，是指劳动关系双方当事人（用人单位与劳动者）因实现劳动权利和履行劳动义务而发生的纠纷。

县级以上人民政府劳动行政部门会同工会和企业方面代表建立协调劳动关系三方机制，共同研究解决劳动争议的重大问题。

劳动争议的范围包括：

（1）因确认劳动关系发生的争议；

（2）因订立、履行、变更、解除和终止劳动合同发生的争议；

（3）因除名、辞退和辞职、离职发生的争议；

（4）因工作时间、休息休假、社会保险、福利、培训以及劳动保护发生的争议；

（5）因劳动报酬、工伤医疗费、经济补偿或者赔偿金等发生的争议；

（6）法律法规规定的其他劳动争议。

劳动者与用人单位发生劳动争议后，可以通过双方自愿协商解决，也可以请工会或者第三方共同与用人单位协商，达成和解协议。协商不成或不愿意协商的，可以通过调解、仲裁、诉讼方式解决。发生劳动争议的劳动者一方在10人以上，并有共同请求的，可以推举代表参加调解、仲裁或者诉讼活动。

发生劳动争议，当事人对自己提出的主张，有责任提供证据。与争议事项有关的证据属于用人单位掌握管理的，用人单位应当提供；用人单位不提供的，应当承担不利后果。

用人单位违反国家规定，拖欠或者未足额支付劳动报酬，或者拖欠工伤医疗费、经济补偿或者赔偿金的，劳动者可以向劳动行政部门投诉，劳动行政部门应当依法处理。

（一）劳动争议调解

我国依法设立下列劳动争议调解组织：（1）企业劳动争议调解委员会；（2）依法设立的基层人民调解组织；（3）在乡镇、街道设立的具有劳动争议调解职能的组织。

自劳动争议调解组织收到调解申请之日起 15 日内未达成调解协议的，当事人可以依法申请仲裁。达成调解协议后，一方当事人在协议约定期限内不履行调解协议的，另一方当事人可以依法申请仲裁。

因支付拖欠劳动报酬、工伤医疗费、经济补偿或者赔偿金事项达成调解协议，用人单位在协议约定期限内不履行的，劳动者可以持调解协议书依法向人民法院申请支付令。人民法院应当依法发出支付令。

（二）劳动争议仲裁

1. 劳动争议仲裁委员会

劳动争议仲裁委员会不按行政区划层层设立，可以在市、区、县设立一个或若干个劳动争议仲裁委员会。

劳动争议仲裁委员会由劳动行政部门代表、工会代表和企业方面代表组成。劳动争议仲裁委员会组成人员应当是单数。

2. 劳动争议仲裁委员会的管辖范围

劳动争议仲裁委员会负责管辖本区域内发生的劳动争议。

劳动争议由劳动合同履行地或者用人单位所在地的劳动争议仲裁委员会管辖。双方当事人分别向劳动合同履行地和用人单位所在地的劳动争议仲裁委员会申请仲裁的，由劳动合同履行地的劳动争议仲裁委员会管辖。

发生劳动争议的劳动者和用人单位为劳动争议仲裁案件的双方当事人。劳务派遣单位或者用工单位与劳动者发生劳动争议的，劳务派遣单位和用工单位为共同当事人。

劳动争议仲裁公开进行，但当事人协议不公开进行或者涉及国家秘密、商业秘密和个人隐私的除外。

3. 劳动争议仲裁的申请和受理

劳动争议仲裁无须当事人之间达成协议，单方即可申请。申请人申请仲裁应当提交书面仲裁申请。

劳动争议仲裁委员会收到仲裁申请之日起 5 日内，认为符合受理条件的，应当受理，并通知申请人；认为不符合受理条件的，应当书面通知申请人不予受理，并说明理由。对劳动争议仲裁委员会不予受理或者逾期未作出决定的，申请人可以就该劳动争议事项向人民法院提起诉讼。

4. 劳动争议申请仲裁的时效

劳动争议申请仲裁的时效期间为 1 年。仲裁时效期间从当事人知道或者应当知道其权利被侵害之日起计算。

劳动关系存续期间因拖欠劳动报酬发生争议的，劳动者申请仲裁不受上述规定的仲裁时效期间限制；但是，劳动关系终止的，应当自劳动关系终止之日起 1 年内提出。

5. 劳动争议仲裁过程中的和解、调解

当事人申请劳动争议仲裁后，可以自行和解。达成和解协议的，可以撤回仲裁申请。

仲裁庭在作出裁决前，应当先行调解。调解达成协议的，仲裁庭应当制作调解书。调解书经双方当事人签收后，发生法律效力。

调解不成或者调解书送达前，一方当事人反悔的，仲裁庭应当及时作出裁决。

6. 劳动争议的仲裁裁决

仲裁庭裁决劳动争议案件，应当自劳动争议仲裁委员会受理仲裁申请之日起45日内结束。案情复杂需要延期的，经劳动争议仲裁委员会主任批准，可以延期并书面通知当事人，但是延长期限不得超过15日。逾期未作出仲裁裁决的，当事人可以就该劳动争议事项向人民法院提起诉讼。

裁决书应当载明仲裁请求、争议事实、裁决理由、裁决结果和裁决日期。裁决书由仲裁员签名，加盖劳动争议仲裁委员会印章。对裁决持不同意见的仲裁员，可以签名，也可以不签名。

7. 劳动争议仲裁裁决的先予执行

仲裁庭对追索劳动报酬、工伤医疗费、经济补偿或者赔偿金的案件，根据当事人的申请，可以裁决先予执行，移送人民法院执行。裁决先予执行应当符合下列条件：

(1) 当事人之间权利义务关系明确；

(2) 不先予执行将严重影响申请人的生活。

劳动者申请先予执行的，可以不提供担保。

8. 劳动争议终局裁决的法律效力

下列劳动争议，除法律另有规定外，仲裁裁决为终局裁决（一裁终局），裁决书自作出之日起发生法律效力。一是追索劳动报酬、工伤医疗费、经济补偿或者赔偿金，不超过当地月最低工资标准12个月金额的争议；二是因执行国家的劳动标准在工作时间、休息休假、社会保险等方面发生的争议。

劳动者对上述终局裁决不服的，可以自收到仲裁裁决书之日起15日内向人民法院提起诉讼（劳动者不服裁决可直接起诉）。

用人单位有证据证明上述终局裁决有下列情形之一的，可以自收到仲裁裁决书之日起30日内向劳动争议仲裁委员会所在地的中级人民法院申请撤销裁决：

(1) 适用法律法规确有错误的；

(2) 劳动争议仲裁委员会无管辖权的；

(3) 违反法定程序的；

(4) 裁决所根据的证据是伪造的；

(5) 对方当事人隐瞒了足以影响公正裁决的证据的；

(6) 仲裁员在仲裁该案时有索贿受贿、徇私舞弊、枉法裁决行为的。

人民法院经组成合议庭审查核实裁决有上述规定情形之一的，应当裁定撤销。

仲裁裁决被人民法院裁定撤销的，当事人可以自收到裁定书之日起15日内就该劳动争议事项向人民法院提起诉讼（用人单位不服裁决，只能先依法向法院申请撤销终局裁决后方能起诉）。

9. 其他劳动争议仲裁裁决的法律效力

当事人对终局裁决事项以外的其他劳动争议案件的仲裁裁决不服的，可以自收到仲裁裁决书之日起 15 日内向人民法院提起诉讼；期满不起诉的，裁决书发生法律效力。

当事人对发生法律效力的调解书、裁决书，应当依照规定的期限履行。一方当事人逾期不履行的，另一方当事人可以依照民事诉讼法的有关规定向人民法院申请执行。受理申请的人民法院应当依法执行。

（三）劳动争议诉讼

我国现行劳动争议诉讼适用民事诉讼法的相关规定，但劳动争议仲裁是劳动争议诉讼的前置性程序（未经仲裁不得诉讼）。

劳动争议诉讼包括两种情况：一是劳动争议当事人不服劳动争议仲裁委员会的裁决，在法定期限内向人民法院起诉，由人民法院依照民事诉讼程序，依法对劳动争议案件进行审理；二是劳动争议当事人一方不履行劳动争议仲裁委员会已发生法律效力的裁决书或调解书，另一方当事人请求人民法院强制执行已生效的裁决书、调解书的诉讼。

劳动者与用人单位之间发生的下列纠纷，当事人不服劳动争议仲裁委员会做出的裁决，依法向人民法院起诉的，人民法院应当受理：（1）劳动者与用人单位在履行劳动合同过程中发生的纠纷；（2）劳动者与用人单位之间没有订立书面劳动合同，但已形成劳动关系后发生的纠纷；（3）劳动者退休后，与尚未参加社会保险统筹的原用人单位因追索养老金、医疗费、工伤保险待遇和其他社会保险费而发生的纠纷。

二、集体劳动争议处理方式

因签订集体合同发生争议，当事人协商解决不成的，当地人民政府劳动行政部门可以组织有关各方协调处理。

因履行集体合同发生争议，当事人协商解决不成的，可以向劳动争议仲裁委员会申请仲裁；对仲裁裁决不服的，可以自收到仲裁裁决书之日起 15 日内向人民法院提起诉讼。

三、违反劳动法律制度的责任

（一）民事责任

（1）用人单位制定的劳动规章制度违反法律、法规规定，对劳动者造成损害的，应当承担赔偿责任。

（2）用人单位自用工之日起超过 1 个月不满 1 年未与劳动者订立书面劳动合同的，应当向劳动者每月支付 2 倍的工资。用人单位违反劳动法律规定不与劳动者订立无固定期限劳动合同的，自应当订立无固定期限劳动合同之日起向劳动者每月支付 2 倍的工资。

（3）用人单位违反劳动法律规定与劳动者约定试用期的，由劳动行政部门责令改正；违法约定的试用期已经履行的，由用人单位以劳动者试用期满月工资为标准，按已经履行的超过法定试用期的期间向劳动者支付赔偿金。

(4) 用人单位有下列情形之一的，由劳动行政部门责令限期支付劳动报酬、加班费或者经济补偿；劳动报酬低于当地最低工资标准的，应当支付其差额部分；逾期不支付的，责令用人单位按应付金额50%以上100%以下的标准向劳动者加付赔偿金：

1) 未按照劳动合同的约定或者国家规定及时足额支付劳动者劳动报酬的；

2) 低于当地最低工资标准支付劳动者工资的；

3) 安排加班不支付加班费的；

4) 解除或者终止劳动合同，未依照法律规定向劳动者支付经济补偿的。

(5) 用人单位违反法律规定解除或者终止劳动合同的，应当依照规定的经济补偿标准的2倍向劳动者支付赔偿金。

(6) 用人单位违反对女职工和未成年工的保护规定，对女职工或者未成年工造成损害的，应当承担赔偿责任。

(7) 用人单位违反劳动法律规定未向劳动者出具解除或者终止劳动合同的书面证明，由劳动行政部门责令改正；给劳动者造成损害的，应当承担赔偿责任。

(8) 用人单位招用与其他用人单位尚未解除或者终止劳动合同的劳动者，给其他用人单位造成损失的，应当承担连带赔偿责任。

(9) 劳动者违反劳动法律规定解除劳动合同，或者违反劳动合同中约定的保密义务或者竞业限制，给用人单位造成损失的，应当承担赔偿责任。

(二) 行政责任

(1) 用人单位有下列情形之一的，依法给予行政处罚；构成犯罪的，依法追究刑事责任；给劳动者造成损害的，应当承担赔偿责任：

1) 以暴力、威胁或者非法限制人身自由的手段强迫劳动的；

2) 违章指挥或者强令冒险作业危及劳动者人身安全的；

3) 侮辱、体罚、殴打、非法搜查或者拘禁劳动者的；

4) 劳动条件恶劣、环境污染严重，给劳动者身心健康造成严重损害的。

(2) 用人单位制定的劳动规章制度违反法律、法规规定的，由劳动行政部门给予警告，责令改正。

(3) 用人单位非法延长劳动者工作时间的，由劳动行政部门给予警告，责令改正，并可以处以罚款。

(4) 用人单位的劳动安全设施和劳动卫生条件不符合国家规定或者未向劳动者提供必要的劳动防护用品和劳动保护设施的，由劳动行政部门或者有关部门责令改正，可以处以罚款；情节严重的，提请县级以上人民政府决定责令停产整顿。

(5) 用人单位非法招用未满16周岁的未成年人的，由劳动行政部门责令改正，处以罚款；情节严重的，由工商行政管理部门吊销营业执照。

(6) 用人单位违反对女职工和未成年工的保护规定，侵害其合法权益的，由劳动行政部门责令改正，处以罚款。

(7) 用人单位无故不缴纳社会保险费的，由劳动行政部门责令其限期缴纳；逾期不缴的，可以加收滞纳金。

(8) 用人单位无理阻挠劳动行政部门、有关部门及其工作人员行使监督检查权，打击报复举报人员的，由劳动行政部门或者有关部门处以罚款，并依法追究有关人员的刑事责任。

（三）刑事责任

(1) 用人单位对事故隐患不采取措施，致使发生重大事故，造成劳动者生命和财产损失的，对有关责任人员追究刑事责任。

(2) 用人单位强令劳动者违章冒险作业，发生重大伤亡事故，造成严重后果的，对责任人员依法追究刑事责任。

(3) 用人单位有下列行为之一，构成犯罪的，对责任人员依法追究刑事责任：

1) 以暴力、威胁或者非法限制人身自由的手段强迫劳动的；

2) 侮辱、体罚、殴打、非法搜查和拘禁劳动者的。

(4) 用人单位无理阻挠劳动行政部门、有关部门及其工作人员行使监督检查权，打击报复举报人员，构成犯罪的，对责任人员依法追究刑事责任。

案例 9—3

劳动争议的仲裁与诉讼

甲是A公司技术人员，2011年8月，甲与A公司的劳动合同期限届满，双方没有续签合同。同年10月，甲到B公司工作，双方签订了3年期劳动合同。2012年6月，A公司发现B公司推向市场的新产品采用了A公司的专有技术，经调查，是甲将该技术运用于B公司的产品，于是，A公司以甲侵害其技术秘密为由，要求甲承担损害赔偿责任。甲辩称，自己与A公司的劳动关系已经终止，而且，在劳动合同中也没有约定保守商业秘密的条款；自己离开A公司后，不再承担为A公司保守商业秘密的义务。因此拒不承担赔偿责任。双方争执不下，A公司遂向当地劳动争议仲裁委员会申请仲裁。劳动争议仲裁委员会认为，甲与A公司的劳动合同关系已经终止，双方现在不存在劳动关系；此外，双方的劳动合同中没有约定甲为A公司保守商业秘密的条款。所以，本案不属于劳动争议，决定不受理此案。

问：劳动争议仲裁委员会的决定是否有合法根据？A公司是否还有其他法律救济的途径？

案例点评

本案的核心是如何确定劳动争议的范围以及劳动争议仲裁与诉讼的关系。

1. 根据法律规定，因订立、履行、变更、解除和终止劳动合同发生的争议属于劳动争议的范围。因此，如果A公司与甲的劳动合同中有保密条款的约定（包括甲任职于A公司之时与离开A公司之后的一定时间内），即使甲与A公司的劳动合同关系终止，A公司仍然能够以劳动合同为依据申请劳动争议仲裁，要求甲承担泄密的违约赔偿责任。劳动争议仲裁委员会应当受理劳动争议仲裁申请。

2. 订立劳动合同时，保守企业商业秘密不是必备条款，而是任意约定条款。因此，在甲与 A 公司劳动合同中没有保密条款约定，且劳动合同关系也终止的情况下，有关甲侵害 A 公司商业秘密的争议不属于劳动争议的范围，劳动争议仲裁委员会不受理此争议有合法依据。

3. 劳动争议仲裁委员会不受理此案，并不意味着 A 公司已经失去了法律救济的途径。如果 A 公司能够证明其专有技术属于商业秘密（如采取了必要的保密措施等），而甲或 B 公司违反了民法及反不正当竞争法的有关规定，非法获取或使用了其商业秘密，A 公司有权向法院起诉，要求甲或 B 公司承担侵害其商业秘密的赔偿责任。

本章小结

劳动就业权是每个达到法定工作年龄的公民应有的权利，劳动法律关系是最主要、最常见的法律关系之一。尽管用人单位和劳动者之间有权自由选择是否建立劳动法律关系（订立劳动合同），但由于劳动者处于相对不利的谈判地位，其合法权益容易受到用人单位的侵害，因此，国家有必要通过劳动法律制度，以某些强制性标准规范劳动关系，以保证劳动者获得公平的劳动待遇和报酬。同时，劳动法律制度也明确了劳动者和用人单位的基本权利和义务，体现了同时兼顾劳动者与用人单位利益的公平原则。劳动合同是建立劳动关系的基础，劳动合同的订立原则、法律效力等方面规定与一般合同相似，但劳动合同的内容、期限、履行、解除等有自己的特点，所以，企业应特别注意劳动合同、集体合同与一般经济合同的异同，有针对性地做好劳动合同管理工作。劳动者的工作时间、工资报酬、劳动安全和劳动保护等法律制度，大多是专为保护劳动者权益而设定的强制性标准或规定，对用人单位和劳动者都有法律强制力。用人单位如果违反上述规定，即使劳动者没有向有关行政或司法部门反映、申诉，劳动行政主管部门也可以依据职权直接进行处理。劳动争议的处理方式虽然与一般经济纠纷相似，都包括调解、仲裁与诉讼，但调解、仲裁机构及其适用程序却有较大差别，应当注意劳动争议调解、仲裁的特征和程序与一般经济纠纷调解、仲裁的主要不同之处。

关键术语

劳动法律关系	劳动合同	集体合同	标准工作时间
最低工资保障制度	劳动争议	劳动争议调解	劳动争议仲裁

复习思考题

1. 根据自己的经验，企业与劳动者签订劳动合同时，除必备条款外，通常还要约定哪些方面的条款？原因何在？劳动合同能否像经济合同那样通过某种担保方式保证合同履行？现有的某些担保方式（如收取劳动者保证金等）是否违反法律规定？

2. 思考企业在劳动者的工作时间、工资报酬及劳动安全、劳动保护方面是否符合法律的强制性标准或规定，实践中最容易忽视哪些问题。

3. 归纳企业最常见的劳动争议类型、处理方式及企业胜诉与败诉的比例，进一步总结分析劳动争议产生的常见原因及其胜诉与败诉的主要根据。

参考阅读书目及法律、法规

1.《中华人民共和国劳动法》(1994)(1994 年 7 月全国人民代表大会常务委员会通过，自 1995 年 1 月 1 日起施行)。

2.《中华人民共和国劳动合同法》(2007)(2007 年 6 月全国人民代表大会常务委员会通过，自 2008 年 1 月 1 日起施行)。

3.《中华人民共和国劳动合同法实施条例》(2008)(2008 年 9 月 18 日国务院 535 号令，自该条例公布之日起施行)。

4.《中华人民共和国劳动争议调解仲裁法》(2007)(2007 年 12 月全国人民代表大会常务委员会通过，自 2008 年 5 月 1 日起施行)。

第10章

企业法律纠纷的解决方式

本章重点

- 协商、调解与仲裁、诉讼的主要区别
- 经济仲裁与劳动仲裁的主要区别
- 仲裁与诉讼的主要区别
- 行政复议与行政诉讼的主要区别
- 行政诉讼与民事诉讼的主要区别

第1节 企业法律纠纷的基本类型

一、经济纠纷（合同纠纷、财产权益纠纷）

经济纠纷，指企业作为独立的经济组织与企业外部其他法人、公民、经济组织及社会团体等平等主体之间因民事权利、义务而发生的争议，主要涉及合同纠纷（合同法律效力及财产损失赔偿、违约赔偿）、财产权益纠纷（侵害财产权的损害赔偿、破产案件纠纷等）及涉外经济纠纷（合同、财产权益纠纷中一方或双方当事人具有涉外因素）。

解决经济纠纷的基本方式是：协商、调解、（经济）仲裁、（民事）诉讼。

经济纠纷发生后，当事人可以协商解决，也可以通过调解解决。不愿协商、调解或协商、调解不成的，可以根据当事人之间达成的仲裁协议向中国仲裁机构申请经济仲裁。涉外合同的当事人可以根据仲裁协议向中国仲裁机构或境外其他仲裁机构申请经济仲裁。当事人没有订立仲裁协议或者仲裁协议无效的，可以向人民法院提起民事诉讼。当事人应当履行发生法律效力的判决、仲裁裁决、调解书；拒不履行的，对方可以请求人民法院强制执行。

二、劳动纠纷

劳动纠纷，指企业（用人单位）作为独立的经济组织与其内部的劳动者之间因劳动权利、义务而发生的争议，主要涉及劳动力招收、管理和使用、辞退等方面的纠纷，如劳动力配置（招工、调动、辞退）、解除劳动合同（解除合同条件的合法性及提前通知义务履行）、劳动报酬（工资、奖金）、劳动保护（工作条件、女工保护、职业病认定等）、劳动保险（工龄、离退休、工伤认定等）、处罚争议（处罚不公正、处罚过重）等。

解决劳动纠纷的基本方式是：协商、调解、（劳动）仲裁、（民事）诉讼。

劳动争议发生后，当事人可以协商解决；不愿协商或协商不成的，可以向劳动争议调解组织申请调解；调解不成，当事人一方要求劳动仲裁的，可以向劳动争议仲裁委员会申请仲裁。当事人也可以不申请调解，直接向劳动争议仲裁委员会申请仲裁。对仲裁裁决不服的，可以依法向人民法院申请撤销终局裁决或直接向人民法院提起民事诉讼。

三、行政纠纷

行政纠纷，指国家行政机关执行职务过程中，企业作为独立的经济组织因不服从具体的行政管理行为与特定行政机关之间发生的争议，主要涉及行政处罚（警告、罚款、没收财物、责令停产停业、暂扣或吊销许可证和执照、行政拘留等），行政强制措施（查封、扣押、冻结财产等），行政失职行为（有关行政主管部门是否履行其职责）、行政渎职行为（有关行政主管部门是否滥用权力，如拒绝颁发工商营业执照、食品卫生许可证等）的争议及损害赔偿（国家赔偿责任）等方面的争议。

解决行政纠纷的基本方式是：行政复议、行政诉讼。

第2节　解决企业法律纠纷的主要方式

一、企业法律纠纷的程序性解决与非程序性解决

企业发生法律纠纷后，可以选择协商、调解、仲裁、诉讼等方式解决纠纷。其中，协商与调解是非法律程序的解决方式，其特点是当事人解决纠纷无须正式的程序与步骤，可根据需要与可能随时沟通与谈判，解决纠纷的费用较少，但也可能导致纠纷久拖不决。而且，由于协商、调解所达成的协议没有强制执行的法律效力，当事人随时可以反悔，纠纷能否最终得到解决有很大的不确定性。仲裁和诉讼是法律程序的解决方式，其特点是发生纠纷的当事人必须按照法定的条件，经过申请、受理、审理、裁判等法定程序后，才能获得法律上的最后决定。仲裁与诉讼的程序是法定的，当事人不得随意变更，解决纠纷的费用也较高，但仲裁机构或法院会对纠纷作出明确的裁决或判决，而且这些决定具有强制执行的法律效力。当事人权利受到侵害后，以法律程序解决纠纷是最后的也是最有效的救济手段，故受到当事人的充分重视。

尽管以法律程序解决当事人之间的法律纠纷，其结果具有权威性、公正性，但也存在不可避免的局限性。一是仲裁机构和法院都有一定的受理案件范围，对不属于受案范围内的案件，仲裁机构（劳动争议仲裁除外）和法院不予受理。二是解决纠纷的成本较高。仲

裁机构（劳动争议仲裁除外）和法院受理各类案件时必须向当事人收取一定的费用，这些费用原则上由承担法律责任的当事人承担，但在裁判和执行前必须由原告或申请人预交。这些费用是一笔不小的开支，某些情况下，可能会大于通过仲裁或诉讼获得的收益。成本/收益失衡会导致某些仲裁或诉讼得不偿失，失去实际意义。三是法律程序的复杂性可能导致纠纷久拖不决。例如，为保证司法裁判的公正性，法律对诉讼程序做了严格而又烦琐的规定，民事诉讼必须经过起诉、立案审查、通知当事人答辩、庭前交换证据或举行听证会、通知开庭、开庭、调解、宣判、送达、上诉或申诉、申请执行等。如果案件需要再审、重审或法院内部请示等，其过程更复杂。因此，往往一个案件会耗费当事人大量财力和精力，有时需要几个月甚至几年才能终结。四是裁判公正是相对的，法律意义上的裁判公正并不能绝对保证当事人的合法权益一定得到确认，形式上的公正也不能代表事实上的公正。所以，裁判公正的相对性决定了法律对当事人救济的相对性。五是公正的裁判也不能保证权利人的合法权益绝对得到实现。实践中，经常出现由于义务人法律意识差，不自动履行生效判决，权利人申请强制执行后，义务人逃避执行的情况，如隐匿长期下落不明，隐藏、转移财产等，导致法院无法发现被执行人或其财产，不得不依法中止或终结案件。此外，有些资不抵债的特困企业根本就没有履行债务的能力，只能依法破产。对没有履行能力的当事人，无论采取什么强制执行措施都没有作用。

显然，通过法律程序解决企业法律纠纷是维护企业合法权益的重要救济方式，但有其局限性。因此，企业还应当增强自我保护意识和法律意识，减少经营风险和法律纠纷出现的可能性。当自己的合法权益受到侵犯时，要综合考虑各种解决方式的成本与收益，选择对自己最有利的解决方式。

二、法律程序的作用与功能

法律程序，是按照一定的顺序、步骤和方式作出法律决定的过程。法律程序的功能，是要求发生争议的当事人按照合理的标准与条件提出自己的权利主张与证据，以便司法机关能够公平听取不同利害关系人的意见，判断与综合其主要观点，并在当事人都认可或理解的情况下作出最后的法律决定。法律程序的实质是注重权利的实现及法律制度的可操作性，通过观点陈述、提交证据、异议交锋辨别事实真伪，决定法律适用，并排除外部干扰，以保证法律决定的正确性与权威性。

司法机关存在的前提是当事人之间有法律纠纷，纠纷意味着两方或多方之间的利益冲突，在当事人自己难以解决的情况下，需要寻求第三方作出权威的判断，使纠纷得以最终解决。因此，首先，第三方要中立，与冲突的各方没有利益上的关联性。其次，有严格的程序对司法机关进行制约与监督，限制其任意妄为的可能性，保证司法过程的独立与公正。现行法律制度主要通过审级制度（上级审判机关对下级审判机关有监督权）、分权制度（立法权、行政权、司法权分离，互相制约）、公开审判与陪审制度保证司法公正。通常情况下，如果程序不正当，即使事实确实毋庸置疑，其结果也可能是不正当的。

法律程序体现在仲裁法和诉讼法中。《中华人民共和国仲裁法》《中华人民共和国民事诉讼法》、《中华人民共和国行政复议法》，《中华人民共和国行政诉讼法》规定了解决企业法律纠纷的相关程序。企业发生法律纠纷后，如果熟悉法律诉讼的基本程序和主要原则，有效利用证据保全、财产保全、一审二审等规则，将可以更好地维护企业合法权益。

三、解决法律纠纷的基本方式

（一）协商

协商，指发生法律纠纷的当事人在自愿互谅基础上直接进行磋商或谈判，无须第三者介入，自行达成和解协议解决法律纠纷。和解协议，原则上具有合同的约束力，但无强制执行的法律效力。协商方式的主要局限性在于，当争议双方分歧严重时，很难达成协议。此外，协商结果取决于双方讨价还价的力量，弱者可能无法获得应有的保护。

（二）调解

调解，指在第三方的主持下，通过其劝说引导，使争议双方达成解决纠纷的协议。

经济纠纷的调解主要指民间调解，即由当事人共同选择调解人，由调解人出面劝说、斡旋，达成调解协议。调解人可以是组织或个人，调解协议书有合同效力。

劳动纠纷的调解主要包括企业内部调解与企业外部的调解。发生劳动争议的当事人，可以向劳动调解组织申请调解。经调解达成协议的，当事人应当履行。

因签订集体劳动合同发生争议，当事人协商解决不成的，当地人民政府劳动行政部门可以组织有关各方协调处理。

调解方式的主要局限性是，民间调解协议书无强制执行的法律效力。

（三）仲裁

仲裁，指在依法设立的仲裁机构主持下，按照法定的条件与程序对当事人的法律纠纷作出具有可强制执行法律效力的裁决。

1. 经济仲裁

经济仲裁，指由不同地区的仲裁委员会针对合同纠纷和财产权益纠纷进行的仲裁。仲裁委员会设立和组成具有民间性质，由市（直辖市、省辖市和其他设区的市）人民政府组织有关部门和商会统一组建。仲裁委员会独立于行政机关，与行政机关没有隶属关系。仲裁委员会之间也没有隶属关系。但是，仲裁裁决具有准司法的效力，可以由人民法院强制执行。

经济仲裁的主要特征是：(1) 仲裁的受案范围是平等主体的公民、法人和其他组织之间发生的合同纠纷和其他财产权益纠纷。婚姻、收养、监护、扶养、继承纠纷，劳动纠纷，行政纠纷，以及农业集体经济组织内部的农业承包合同纠纷不能申请经济仲裁。(2) 当事人采用仲裁方式解决纠纷，应当双方自愿达成仲裁协议。没有仲裁协议，一方申请仲裁的，仲裁委员会不予受理。当事人达成仲裁协议，一方向人民法院起诉的，人民法院不予受理，但仲裁协议无效的除外。(3) 仲裁不实行级别管辖和地域管辖。当事人可以通过协议自行选择仲裁委员会。(4) 仲裁实行一裁终局的制度。裁决作出后，当事人就同一纠纷再申请仲裁或者向人民法院起诉的，仲裁委员会或者人民法院不予受理。但裁决被人民法院依法裁定撤销或者不予执行的，当事人就该纠纷可以根据双方重新达成的仲裁协议申请仲裁，也可以向人民法院起诉。

经济纠纷当事人根据仲裁协议，向经济仲裁机构提出仲裁申请后，仲裁机构依法进行裁决。仲裁裁决书对当事人都具有法律约束力，可以强制执行。同时，仲裁机构也可以依法对经济纠纷进行仲裁庭调解，仲裁调解书与裁决书具有同等法律效力。

2. 劳动仲裁

劳动仲裁，指由不同地区的劳动争议仲裁委员会针对劳动争议进行的仲裁。劳动争议仲裁委员会由劳动行政部门代表、工会代表和企业方面的代表组成。劳动仲裁的原则与程序均与经济仲裁有明显不同。劳动仲裁的相关规定详见第9章内容。

劳动仲裁与经济仲裁的主要区别是：(1) 劳动争议仲裁委员会、经济仲裁委员会分别设立，各自负责不同类型纠纷的仲裁。(2) 劳动仲裁当事人任何一方均有权提出仲裁申请，无须双方一致同意。经济仲裁以当事人达成仲裁协议为前提。(3) 劳动仲裁有地域管辖的限制，当事人不得自行选择仲裁机构。经济仲裁无地域管辖的限制，当事人可以自行选择仲裁机构。(4) 劳动仲裁有两类事项实行一裁终局制，其他事项不实行一裁终局制。经济仲裁均实行一裁终局制。

(四) 诉讼

诉讼，指在法院的主持下，严格按照法定程序审理当事人之间的法律纠纷，作出具有可强制执行法律效力的判决。诉讼的主要特点：一是立案、受理、审判、执行有严格的法定条件与程序；二是公开审理与宣判，便于监督；三是二审制保证判决与裁决的公正性。

1. 民事诉讼

公民之间、法人之间、其他组织之间以及他们相互之间因财产关系和人身关系的纠纷适用民事诉讼法。人民法院审理民事案件，依照法律规定实行合议、回避、公开审判和两审终审制度。

民事诉讼双方当事人可以自行和解。原告可以放弃或者变更诉讼请求。被告可以承认或者反驳诉讼请求，有权提起反诉。

经济纠纷，如果当事人没有订立仲裁协议或仲裁协议无效，任何一方均可向人民法院提起民事诉讼。经济纠纷可以适用法庭调解，法院调解书与判决书具有同等法律效力。

劳动纠纷，如果当事人未申请劳动仲裁，任何一方均可以直接向人民法院提起民事诉讼。当事人对劳动争议仲裁裁决结果不服的，劳动者一方可以直接向人民法院提起民事诉讼。用人单位一方，属于一裁终局的裁决事项，非经撤销裁决程序不得向法院提起民事诉讼；不属于一裁终局的裁决事项，可以向人民法院提起民事诉讼。劳动纠纷可以适用法庭调解，法院调解书与判决书具有同等法律效力。

2. 行政诉讼

行政纠纷，如果当事人未申请行政复议，或对行政复议结果不服的，可以向人民法院提起行政诉讼。在行政诉讼过程中，除行政赔偿纠纷外，不适用法庭调解。

第3节　经济仲裁

一、仲裁协议

仲裁协议是当事人申请进行经济仲裁的法律依据。没有仲裁协议，仲裁委员会不受理任何一方的仲裁申请。当事人达成仲裁协议后，一方向人民法院起诉的，人民法院不予受理。因此，尽管争议当事人可以自由选择仲裁或诉讼，但一旦选择仲裁后，实际上就排除了诉讼的适用。

仲裁协议有两种形式：一是合同中订立的仲裁条款；二是以其他书面形式在纠纷发生前或者纠纷发生后达成的仲裁协议。仲裁协议应包括三项主要内容：请求仲裁的意思表示、仲裁事项、选定的仲裁机构。

有下列情形之一的，仲裁协议无效：

（1）约定的仲裁事项超出法律规定的仲裁范围。

（2）无民事行为能力人或者限制民事行为能力人订立的仲裁协议。

（3）一方采取胁迫手段，迫使对方订立仲裁协议的。

仲裁协议独立存在，合同的变更、解除、终止或者无效，不影响仲裁协议的效力。仲裁庭有权确认合同的效力。

当事人对仲裁协议的效力有异议的，可以请求仲裁委员会作出决定或者请求人民法院作出裁定。一方请求仲裁委员会作出决定，另一方请求人民法院作出裁定的，由人民法院裁定。

当事人对仲裁协议的效力有异议的，应当在仲裁庭首次开庭前提出。

二、仲裁机构

仲裁委员会不按行政区划层层设立，可以在直辖市和省、自治区人民政府所在地的市设立，也可以根据需要在其他设区的市设立。

仲裁委员会由主任1人、副主任2～4人和委员7～11人组成，其中，主任、副主任和委员由法律、经济贸易专家和有实际工作经验的人员担任。仲裁委员会的组成人员中，法律、经济贸易专家不得少于2/3。仲裁委员会按照不同专业设仲裁员名册。

当事人应当在仲裁规则规定的期限内约定仲裁庭的组成方式或者选定仲裁员，没有约定或未选定的，由仲裁委员会主任指定。

仲裁庭可以由3名仲裁员或者1名仲裁员组成。由3名仲裁员组成的，设首席仲裁员。

三、仲裁关键程序与裁决

（一）证据与证据保全

当事人应当对自己的主张提供证据。仲裁庭认为有必要收集的证据，可以自行收集。

仲裁庭对专门性问题认为需要鉴定的，可以交由当事人约定的鉴定部门鉴定，也可以由仲裁庭指定的鉴定部门鉴定。在证据可能灭失或者以后难以取得的情况下，当事人可以申请证据保全。当事人申请证据保全的，仲裁委员会应当将当事人的申请提交证据所在地的基层人民法院。

（二）财产保全

一方当事人因另一方当事人的行为或者其他原因，可能使裁决不能执行或者难以执行的，可以申请财产保全。当事人申请财产保全的，仲裁委员会应当将当事人的申请依照民事诉讼法的有关规定提交人民法院。申请有错误的，申请人应当赔偿被申请人因财产保全所遭受的损失。

（三）开庭与辩论

仲裁应当开庭进行。当事人协议不开庭的，仲裁庭可以根据仲裁申请书、答辩书以及其他材料作出裁决。

仲裁不公开进行。当事人协议公开的，可以公开进行，但涉及国家秘密的除外。

当事人在仲裁过程中有权进行辩论。辩论终结时，首席仲裁员或者独任仲裁员应当征询当事人的最后意见。

（四）和解、调解

当事人申请仲裁后，可以自行和解。达成和解协议的，可以请求仲裁庭根据和解协议作出裁决书，也可以撤回仲裁申请。当事人达成和解协议，撤回仲裁申请后反悔的，可以根据仲裁协议申请仲裁。

仲裁庭在作出裁决前，可以先行调解。当事人自愿调解的，仲裁庭应当调解。调解不成的，应当及时作出裁决。调解达成协议的，仲裁庭应当制作调解书或者根据协议的结果制作裁决书。调解书与裁决书具有同等法律效力。

调解书应当写明仲裁请求和当事人协议的结果。调解书由仲裁员签名，加盖仲裁委员会印章，送达双方当事人。调解书经双方当事人签收后，即发生法律效力。在调解书签收前当事人反悔的，仲裁庭应当及时作出裁决。

（五）仲裁裁决的法律效力

仲裁实行一裁终局的制度。裁决作出后，当事人就同一纠纷再申请仲裁或者向人民法院起诉的，仲裁委员会或者人民法院不予受理。裁决书自作出之日起发生法律效力。

仲裁庭仲裁纠纷时，其中一部分事实已经清楚，可以就该部分先行裁决。

裁决书应当写明仲裁请求、争议事实、裁决理由、裁决结果、仲裁费用的负担和裁决日期。当事人协议不愿写明争议事实和裁决理由的，可以不写。裁决书由仲裁员签名，加盖仲裁委员会印章。对裁决持不同意见的仲裁员，可以签名，也可以不签名。

四、申请撤销仲裁裁决

当事人提出证据证明裁决有下列情形之一的，可以向仲裁委员会所在地的中级人民法院申请撤销裁决：

（1）没有仲裁协议的；

（2）裁决的事项不属于仲裁协议的范围或者仲裁委员会无权仲裁的；

（3）仲裁庭的组成或者仲裁的程序违反法定程序的；

（4）裁决所根据的证据是伪造的；

（5）对方当事人隐瞒了足以影响公正裁决的证据的；

（6）仲裁员在仲裁该案时有索贿受贿、徇私舞弊、枉法裁决行为的。

人民法院经组成合议庭审查核实裁决有上述规定情形之一的，应当裁定撤销。

人民法院认定该裁决违背社会公共利益的，应当裁定撤销。

当事人申请撤销裁决的，应当自收到裁决书之日起 6 个月内提出。人民法院应当在受理撤销裁决申请之日起 2 个月内作出撤销裁决或者驳回申请的裁定。

人民法院受理撤销裁决的申请后，认为可以由仲裁庭重新仲裁的，通知仲裁庭在一定期限内重新仲裁，并裁定中止撤销程序。仲裁庭拒绝重新仲裁的，人民法院应当裁定恢复撤销程序。

五、执行仲裁裁决

当事人应当履行裁决。一方当事人不履行的，另一方当事人可以依照民事诉讼法的有关规定向人民法院申请执行。受申请的人民法院应当执行。

一方当事人申请执行裁决，另一方当事人申请撤销裁决的，人民法院应当裁定中止执行。

人民法院裁定撤销裁决的，应当裁定终结执行。撤销裁决的申请被裁定驳回的，人民法院应当裁定恢复执行。

裁决被人民法院依法裁定撤销或者不予执行的，当事人就该纠纷可以根据双方重新达成的仲裁协议申请仲裁，也可以向人民法院起诉。

六、涉外仲裁的特别规定

涉外仲裁委员会由中国国际商会组织设立。

涉外经济贸易、运输和海事中发生的纠纷，可以申请由涉外仲裁委员会仲裁。

涉外仲裁的当事人申请证据保全的，涉外仲裁委员会应当将当事人的申请提交证据所在地的中级人民法院。

涉外仲裁委员会作出的发生法律效力的仲裁裁决，当事人请求执行的，如果被执行人或者其财产不在中华人民共和国领域内，应当由当事人直接向有管辖权的外国法院申请承认和执行。

案例 10—1

经济仲裁

甲公司与乙研究所签订了一份技术合同，约定双方联合开发研制一种营养口服液。合同中的仲裁条款约定："因履行合同发生的争议，由双方协商解决。协商不成，由仲裁机构进行仲裁。"在履行合同的过程中，双方发生了争议，乙提出在本单位所在地 A 市申请仲裁，甲不同意。后经过双方协商重新达成仲裁协议，约定将合同争议提交甲所在地的 B 市仲裁委员会进行仲裁。事后，乙担心 B 市仲裁委员会实行地方保护主义，又转而向合同履行地的 C 市人民法院起诉，但未向法院说明此前曾有两份仲裁协议。法院受理了乙的起诉，并向甲送达了起诉的副本，甲参加诉讼并进行了答辩。法院经审理后判决甲败诉。甲立即上诉，理由是甲、乙之间事先有仲裁协议，法院不应受理此案，故法院的判决无效。

问：甲的理由能否成立?

案例点评

本案的核心是仲裁协议的法律效力以及仲裁与诉讼的关系。

1. 第一份仲裁协议（合同中的仲裁条款）因不具备仲裁协议的必备内容而无效。由于合同当事人没有指定具体的仲裁委员会，该仲裁条款实际无法履行，因而无效。

2. 第二份仲裁协议有效。甲、乙通过再度协商，共同选定 B 市仲裁委员会作为仲裁机构，符合仲裁协议的必备内容，有法律效力。

3. 乙向C市人民法院起诉不合法。第二份仲裁协议有效，当事人应当依照约定向B市仲裁委员会申请仲裁。C市人民法院如果知道甲、乙之间有第二份仲裁协议，将不会受理乙的起诉。

4. C市人民法院审理甲、乙之间的合同争议有合法依据。由于乙起诉时并没有向C市人民法院声明甲、乙之间有仲裁协议，法院予以受理。当起诉副本送达甲时，甲不仅没有在首次开庭前提出异议（声明甲、乙之间有仲裁协议，法院不应当受理），还出庭进行答辩，视为甲放弃了仲裁协议，C市人民法院有权依法进行审理并作出判决。因此，甲如果在C市人民法院首次开庭前提出异议，法院将不能受理此案，但当法院已经依法判决后再提出异议，异议不能成立。

第 4 节　民事诉讼

一、民事诉讼的管辖权

管辖权，指当事人提起民事诉讼，法院按照哪些原则确定是否受理。

（一）级别管辖

级别管辖，指按照人民法院组织系统划分上下级人民法院之间受理第一审民事案件的分工和权限。

1. 基层人民法院

基层人民法院管辖第一审民事案件，但法律另有规定的除外。

2. 中级人民法院

中级人民法院管辖下列第一审民事案件：

（1）重大涉外案件；

（2）在本辖区有重大影响的案件；

（3）最高人民法院确定由中级人民法院管辖的案件。

3. 高级人民法院

高级人民法院管辖在本辖区有重大影响的第一审民事案件。

4. 最高人民法院

最高人民法院管辖下列第一审民事案件：

（1）在全国有重大影响的案件；

（2）认为应当由最高人民法院审理的案件。

（二）地域管辖

地域管辖，指同级人民法院之间受理第一审民事案件的分工和权限，包括：（1）被告住所地、经常居住地法院管辖；（2）共同管辖；（3）原告住所地或经常居住地法院管辖。

因合同纠纷提起的诉讼，由被告住所地或者合同履行地人民法院管辖。

因公司设立、确认股东资格、分配利润、解散等纠纷提起的诉讼，由公司住所地人民法院管辖。

因侵权行为提起的诉讼，由侵权行为地或者被告住所地人民法院管辖。

（三）专属管辖

专属管辖，指法律强制规定特定案件只能由特定法院管辖。专属管辖具有优先性、排他性和强制性。下列案件适用专属管辖：

（1）因不动产纠纷提起的诉讼，由不动产所在地人民法院管辖；

（2）因港口作业中发生纠纷提起的诉讼，由港口所在地人民法院管辖。

（3）因继承遗产纠纷提起的诉讼，由被继承人死亡时住所地或者主要遗产所在地人民法院管辖。

合同或者其他财产权益纠纷的当事人可以书面协议选择被告住所地、合同履行地、合同签订地、原告住所地、标的物所在地等与争议有实际联系的地点的人民法院管辖，但不得违反级别管辖和专属管辖的规定。

人民法院之间因管辖权发生争议，由争议双方协商解决；协商解决不了的，报请它们的共同上级人民法院指定管辖。

二、审判组织

1. 第一审

人民法院审理第一审民事案件，由审判员、陪审员共同组成合议庭或者由审判员组成合议庭。合议庭的成员人数必须是单数。

2. 第二审、重审、再审

人民法院审理第二审民事案件，由审判员组成合议庭。合议庭的成员人数必须是单数。

发回重审的案件，原审人民法院应当按照第一审程序另行组成合议庭。

审理再审案件，原来是第一审的，按照第一审程序另行组成合议庭；原来是第二审的或者是上级人民法院提审的，按照第二审程序另行组成合议庭。

三、诉讼证据与诉讼费用

（一）诉讼证据

1. 证据的类型

（1）当事人的陈述；
（2）书证；
（3）物证；
（4）视听资料；
（5）电子数据；
（6）证人证言；
（7）鉴定结论；
（8）勘验笔录。

证据必须查证属实，才能作为认定事实的根据。

2. 证据的收集和认定

当事人对自己提出的主张，有责任提供证据（原告自行收集证据）。

当事人及其诉讼代理人因客观原因不能自行收集的证据，或者人民法院认为审理案件需要的证据，人民法院应当调查收集。

经过法定程序公证证明的法律事实和文书，人民法院应当作为认定事实的根据。但有相反证据足以推翻公证证明的除外。

证据应当在法庭上出示，并由当事人互相质证。对涉及国家秘密、商业秘密和个人隐私的证据应当保密，需要在法庭出示的，不得在公开开庭时出示。

（二）证据保全

证据保全，包括诉讼前证据保全和诉讼中证据保全。诉讼参加人（诉讼当事人和诉讼代理人）在案件受理之前或在审理过程中，发现证据有灭失的危险或以后难以取得时，可以向人民法院申请保全证据，人民法院也可以主动采取保全措施。例如，被告有销毁或转移盗版计算机软件证据的可能性、关键证人即将出国或证据本身无法长期保存，必须立即提取等情况下，当事人可以申请保全证据。

（三）诉讼费用

一审案件，诉讼费用一般由原告先预交，审理终结后，诉讼费用由败诉一方承担。当事人部分胜诉部分败诉的，诉讼费用由法院依据当事人责任大小按比例分担。调解解决的案件，诉讼费用由当事人协商分担；协商不成的，由法院决定各自的分担比例。原告撤诉的案件，由原告负担诉讼费用。

二审案件，第二审法院驳回上诉，维持原判的，诉讼费用由上诉人负担。双方当事人上诉的，由双方共同负担。第二审法院审理后改判的，依照一审案件诉讼费用分担的原则，重新确定由一方或双方负担。

四、调解、财产保全、先予执行

（一）调解

民事诉讼程序自始至终贯彻调解原则，体现当事人意思自治。人民法院在开庭审理前、审理程序进行过程中（包括二审程序）直至宣告判决前，根据当事人自愿原则，都可以进行调解。法院调解与民间调解都可以达成和解协议，但二者具有不同的性质。前者具有强制执行力。

调解必须双方自愿，不得强迫，调解协议的内容不得违反法律规定。调解达成协议，人民法院应当制作调解书。调解书应当写明诉讼请求、案件的事实和调解结果。调解书由审判人员、书记员署名，加盖人民法院印章，送达双方当事人。调解书经双方当事人签收后，即具有法律效力。

调解未达成协议或者调解书送达前一方反悔的，人民法院应当及时判决。

（二）财产保全

1. 财产保全的概念

财产保全，指人民法院在案件受理前或审理过程中，对当事人的财产或有争议的标的物所采取的强制性措施。财产保全有两种形式：诉讼前财产保全、诉讼中财产保全。财产保全的目的是避免法院判决不能执行或难以执行。例如，当事人一方在诉讼前或诉讼过程中隐匿、转移、变卖、毁损、消耗或挥霍财产导致法院判决可能无法执行，或因自然原因财产有毁损、灭失的危险时，法院可以经当事人申请，或依职权进行财产保全。

2. 财产保全的申请、担保、执行

（1）诉前财产保全申请、担保。利害关系人因情况紧急，不立即申请财产保全将会使其合法权益受到难以弥补的损害的，可以在起诉前向人民法院申请采取财产保全措施。申请人应当提供担保，不提供担保的，驳回申请。

人民法院接受申请后，必须在 48 小时内作出裁定；裁定采取财产保全措施的，应当立即开始执行。申请人在人民法院采取保全措施后 15 日内不起诉的，人民法院应当解除财产保全。

（2）诉中财产保全申请、担保。人民法院对于可能因当事人一方的行为或者其他原因，使判决不能执行或者难以执行的案件，可以根据对方当事人的申请，作出财产保全的裁定；当事人没有提出申请的，人民法院在必要时也可以裁定采取财产保全措施。

人民法院采取财产保全措施，可以责令申请人提供担保；申请人不提供担保的，驳回申请。人民法院接受申请后，对情况紧急的，必须在 48 小时内作出裁定；裁定采取财产保全措施的，应当立即开始执行。

（3）财产保全的执行。财产保全限于诉讼参加人请求的范围或者与案件有关的财物。财产保全采取查封、扣押、冻结或者法律规定的其他方法。人民法院冻结财产后，应当立即通知被冻结财产的人。财产已被查封、冻结的，不得重复查封、冻结。

被申请人提供担保的，人民法院应当解除财产保全。申请有错误的，申请人应赔偿被申请人因财产保全所遭受的损失。

（三）先予执行

先予执行，指人民法院对某些民事案件作出判决前，为解决权利人的生活或生产经营急需，裁定义务人必须履行一定义务的诉讼措施。

人民法院对下列案件，根据当事人的申请，可以裁定先予执行：

（1）追索赡养费、扶养费、抚育费、抚恤金、医疗费用的；

（2）追索劳动报酬的；

（3）因情况紧急需要先予执行的。

人民法院裁定先予执行的，应当符合下列条件：一是当事人之间权利义务关系明确，不先予执行将严重影响申请人的生活或者生产经营的；二是被申请人有履行能力。

人民法院可以责令申请人提供担保，申请人不提供担保的，驳回申请。申请人败诉的，应当赔偿被申请人因先予执行遭受的财产损失。

当事人对财产保全或者先予执行的裁定不服的，可以申请复议一次。复议期间不停止裁定的执行。

五、第一审程序

民事诉讼实行两审终审制，即当事人不服地方各级人民法院第一审案件的判决和裁定，可以按照法定程序向上一级人民法院上诉，由上级法院进行上诉审（第二审）。

（一）起诉和受理

原告起诉应当符合下列条件：

（1）原告是与本案有直接利害关系的公民、法人和其他组织；

(2) 有明确的被告；

(3) 有具体的诉讼请求和事实、理由；

(4) 属于人民法院受理民事诉讼的范围和受诉人民法院管辖。

人民法院对符合上述规定的起诉，必须受理。

人民法院收到起诉状或者口头起诉，经审查，认为符合起诉条件的，应当在7日内立案，并通知当事人；认为不符合起诉条件的，应当在7日内裁定不予受理。原告对裁定不服的，可以提起上诉。

（二）开庭审理、判决与裁定

人民法院审理民事案件，除涉及国家秘密、个人隐私或者法律另有规定的以外，应当公开进行。

离婚案件、涉及商业秘密的案件，当事人申请不公开审理的，可以不公开审理。

开庭审理需要进行法庭调查、法庭辩论两项基本程序

法庭辩论终结，应当作出判决或裁决。判决前能够调解的，还可以进行调解，调解不成的，应当及时判决。

判决，是法院在案件审理终结时就实体问题（具体权利、义务）所做的处理决定。

裁定，是法院在审理案件或执行过程中，就程序问题或部分实体问题所做的决定，如不予受理起诉、驳回起诉、财产保全等。裁定不解决当事人之间的权利义务关系争议。

最高人民法院的判决、裁定，以及依法不准上诉或者超过上诉期没有上诉的判决、裁定，是发生法律效力的判决、裁定。

人民法院对公开审理或者不公开审理的案件，一律公开宣告判决。

（三）撤诉、缺席审判

原告经传票传唤，无正当理由拒不到庭的，或者未经法庭许可中途退庭的，可以按撤诉处理；被告反诉的，可以缺席判决。

被告经传票传唤，无正当理由拒不到庭的，或者未经法庭许可中途退庭的，可以缺席判决。

宣判前，原告申请撤诉的，是否准许，由人民法院裁定。人民法院裁定不准许撤诉的，原告经传票传唤，无正当理由拒不到庭的，可以缺席判决。

六、第二审程序（上诉）

1. 上诉期限

当事人不服地方人民法院第一审判决的，有权在判决书送达之日起15日内向上一级人民法院提起上诉。

当事人不服地方人民法院第一审裁定的，有权在裁定书送达之日起10日内向上一级人民法院提起上诉。

上诉状应当通过原审人民法院提出，第二审人民法院审理上诉案件，可以在本院进

行，也可以到案件发生地或者原审人民法院所在地进行。

2. 上诉的处理结果

第二审人民法院对上诉案件经过审理，按照下列情形，分别处理：

(1) 原判决认定事实清楚，适用法律正确的，判决驳回上诉，维持原判决；

(2) 原判决适用法律错误的，依法改判；

(3) 原判决认定事实错误，或者原判决认定事实不清，证据不足，裁定撤销原判决，发回原审人民法院重审，或者查清事实后改判；

(4) 原判决违反法定程序，可能影响案件正确判决的，裁定撤销原判决，发回原审人民法院重审。

当事人对重审案件的判决、裁定，可以上诉。

第二审人民法院对不服第一审人民法院裁定的上诉案件的处理，一律使用裁定。

第二审人民法院的判决、裁定，是终审的判决、裁定。

七、再审程序

当事人对已经发生法律效力的判决、裁定，认为有错误的，可以向上一级人民法院申请再审，但不停止判决、裁定的执行。

1. 再审案件的适用条件

当事人的申请符合下列情形之一的，人民法院应当再审：

(1) 有新的证据，足以推翻原判决、裁定的；

(2) 原判决、裁定认定的基本事实缺乏证据证明的；

(3) 原判决、裁定认定事实的主要证据是伪造的；

(4) 原判决、裁定认定事实的主要证据未经质证的；

(5) 对审理案件需要的证据，当事人因客观原因不能自行收集，书面申请人民法院调查收集，人民法院未调查收集的；

(6) 原判决、裁定适用法律确有错误的；

(7) 违反法律规定，管辖错误的；

(8) 审判组织的组成不合法或者依法应当回避的审判人员没有回避的；

(9) 无诉讼行为能力人未经法定代理人代为诉讼，或者应当参加诉讼的当事人因不能归责于本人或者其诉讼代理人的事由，未参加诉讼的；

(10) 违反法律规定，剥夺当事人辩论权利的；

(11) 未经传票传唤，缺席判决的；

(12) 原判决、裁定遗漏或者超出诉讼请求的；

(13) 据以作出原判决、裁定的法律文书被撤销或者变更的。

对违反法定程序可能影响案件正确判决、裁定的情形，或者审判人员在审理该案件时有贪污受贿、徇私舞弊、枉法裁判行为的，人民法院应当再审。

当事人对已经发生法律效力的调解书，提出证据证明调解违反自愿原则或者调解协议的内容违反法律的，可以申请再审。经人民法院审查属实的，应当再审。

2. 再审的申请期限

当事人申请再审，应当在判决、裁定发生法律效力后 2 年内提出；2 年后据以作出原判决、裁定的法律文书被撤销或者变更，以及发现审判人员在审理该案件时有贪污受贿、徇私舞弊、枉法裁判行为的，自知道或者应当知道之日起 3 个月内提出。

八、执行程序

（一）执行机关

发生法律效力的民事判决、裁定，以及刑事判决、裁定中的财产部分，由第一审人民法院或者与第一审人民法院同级的被执行的财产所在地人民法院执行。

法律规定由人民法院执行的其他法律文书，由被执行人住所地或者被执行的财产所在地人民法院执行。

人民法院自收到申请执行书之日起超过 6 个月未执行的，申请执行人可以向上一级人民法院申请执行。上一级人民法院经审查，可以责令原人民法院在一定期限内执行，也可以决定由本院执行或者指令其他人民法院执行。

（二）执行的申请

发生法律效力的民事判决、裁定，当事人必须履行。一方拒绝履行的，对方当事人可以向人民法院申请执行，也可以由审判员移送执行员执行。

调解书和其他应当由人民法院执行的法律文书，当事人必须履行。一方拒绝履行的，对方当事人可以向人民法院申请执行。

对依法设立的仲裁机构的裁决，一方当事人不履行的，对方当事人可以向有管辖权的人民法院申请执行。受申请的人民法院应当执行，但经合议庭审查核实，裁定不予执行的除外。

对公证机关依法赋予强制执行效力的债权文书，一方当事人不履行的，对方当事人可以向有管辖权的人民法院申请执行，受申请的人民法院应当执行，但公证债权文书确有错误，人民法院裁定不予执行的除外。

申请执行的期间为 2 年。申请执行时效的中止、中断，适用法律有关诉讼时效中止、中断的规定。这里的期间，从法律文书规定履行期间的最后 1 日起计算；法律文书规定分期履行的，从规定的每次履行期间的最后 1 日起计算；法律文书未规定履行期间的，从法律文书生效之日起计算。

案例 10—2

民事诉讼中的财产保全

甲公司与乙公司之间签订了一份购销蜜橘的合同。合同中约定，甲公司在 2013 年 8 月 31 日之前供给乙公司蜜橘 3 000 件，每件 25 公斤，每公斤单价 2 元，共计货款 15 万元；每件腐烂蜜橘不得超过 5 个；乙公司收到货物后 10 日内支付全部货款及运费。2013年8月1日，甲公司按照合同约定将3 000件蜜橘运到乙公司所在地。乙公司卸车时发现，除靠近车门附近的蜜橘每件腐烂程度不超过5个外，其他蜜橘的腐烂程度严重超过合同规定，每件高达30～40个。为此，乙公司将3 000件蜜橘运回仓库后，立即给甲公司发了两封加急电报，要求甲公司速派人来洽谈蜜橘处理问题。但甲公司置之不理，并于8月10日发给乙公司电报："请速付款。"乙公司担心天气太热，蜜橘存放时间越长，腐烂越多，遂组织人力将蜜橘以每公斤1.8元价格全部处理。9月初，甲公司以乙公司将其3 000件蜜橘卖掉，却拒不支付货款和运费为由，向人民法院提起诉讼，并在审理过程中提出财产保全的申请，请求法院冻结乙公司的17万元银行存款。法院根据甲公司申请，立即将乙公司的银行存款冻结。乙公司对法院的强制执行措施不服，提出异议。

问：甲公司申请财产保全是否有合法根据？会产生什么法律后果？

案例点评

本案的核心是：当事人申请财产保全的前提是什么？因申请财产保全错误，给被申请人造成损失的，是否应承担赔偿责任？

1. 甲公司与乙公司之间因蜜橘货款和运费支付问题发生合同纠纷，甲公司以原告身份向法院提起诉讼后，法庭审理的同时，又提出财产保全申请，属于诉讼中财产保全。

2. 申请诉中财产保全应具备以下条件：(1) 在法院受理案件后，作出最终判决之前提出申请。(2) 只有给付之诉（请求支付金钱或货物）具有可执行性，才能申请财产保全。(3) 申请必须符合法定条件，即由于当事人一方的行为或者其他原因，使判决不能执行或者难以执行时，才有权申请。由于乙公司并没有恶意隐匿、转移、毁损财产的行为，乙公司的银行存款也不可能因自然原因而毁损，因此，并不存在判决可能无法执行的情况。显然，甲公司申请财产保全不符合第三个条件。

3. 甲公司由于违约在先，而且在乙公司发电报要求甲公司商洽蜜橘处理问题事宜时不予答复，应承担违约责任。乙公司为避免损失扩大，及时处理蜜橘措施并无不当，处理蜜橘的费用应当由甲公司承担。合同法规定，合同有先后履行顺序，先履行一方当事人履行债务不符合约定的，另一方当事人有权拒绝其相应的履行要求。因此，乙公司拒绝支付货款和运费有合法依据。

4. 本案诉讼中，甲公司败诉，应当向乙公司承担违约赔偿责任。此外，因申请财产保全错误，还应当赔偿乙公司因财产保全所受到的损失。

5. 受理本案件的人民法院也应承担相应的责任：一是未仔细审查甲公司提出的财产保全申请是否符合法定条件，对不符合财产保全条件的申请予以批准。二是在无法查明财产保全理由是否充分正当的情况下，未责令甲公司提供担保。责令申请人提供担保是财产保全的必要条件，也是防止当事人滥用财产保全措施的有效手段。

第5节 行政复议与行政诉讼

一、行政复议

（一）行政复议的概念和特征

行政复议，指公民、法人或其他经济组织认为行政机关或其工作人员的具体行政行为侵害其合法权益，依法向特定行政机关提出重新处理的申请，接受申请的行政机关依照法定程序对原具体的行政行为的合法性与适当性进行审查，并作出相应决定的行政救济活动。

行政复议机关，指依照法律规定，有权受理行政复议申请，依法对具体行政行为进行审查并作出裁决的行政机关。各级人民政府部门，包括公安、司法、海关、工商管理、教育、卫生等行政主管部门，都可以作为行政复议机关。

行政复议机关受理行政复议申请，不得向申请人收取任何费用。

行政复议的主要特征是：

（1）行政复议的当事人法律地位不同。一方是拥有行政管理权的行政机关，另一方是被管理的公民、法人或其他经济组织。

（2）实行一级复议原则。申请人对复议决定不服的，不得向该复议机关的上一级行政机关再申请复议。除法律规定行政复议决定为最终裁决的情况外，申请人可以向人民法院提起行政诉讼。

（3）复议不适用调解。由于当事人可以自由处分自己的民事权利，因此，民事诉讼中可以适用调解。行政机关的职权是法定的，既是权利，也是义务，行政机关无权随意处分，因此，行政复议中不适用调解。

（4）复议不停止执行，即复议期间，不停止有争议的具体行政行为的执行。

（二）行政复议受理的范围

（1）对行政机关作出的警告、罚款、没收违法所得、没收非法财物、责令停产停业、暂扣或者吊销许可证、暂扣或者吊销执照、行政拘留等行政处罚决定不服的。

（2）对行政机关作出的限制人身自由或者查封、扣押、冻结财产等行政强制措施决定不服的。

（3）对行政机关作出的有关许可证、执照、资质证、资格证等证书变更、中止、撤销的决定不服的。

（4）对行政机关作出的关于确认土地、矿藏、水流、森林、山岭、草原、荒地、滩涂、海域等自然资源的所有权或者使用权的决定不服的。

（5）认为行政机关侵犯合法的经营自主权的。

（6）认为行政机关变更或者废止农业承包合同，侵犯其合法权益的。

（7）认为行政机关违法集资、征收财物、摊派费用或者违法要求履行其他义务的。

(8) 认为符合法定条件，申请行政机关颁发许可证、执照、资质证、资格证等证书，或者申请行政机关审批、登记有关事项，行政机关没有依法办理的。

(9) 申请行政机关履行保护人身权利、财产权利、受教育权利的法定职责，行政机关没有依法履行的。

(10) 申请行政机关依法发放抚恤金、社会保险金或者最低生活保障费，行政机关没有依法发放的。

(11) 认为行政机关的其他具体行政行为侵犯其合法权益的。

不服行政机关作出的行政处分或者其他人事处理决定的，依照有关法律、行政法规的规定提出申诉。

不服行政机关对民事纠纷作出的调解或者其他处理，依法申请仲裁或者向人民法院提起诉讼。

(三) 行政复议的申请与受理

1. 申请的期限

公民、法人或者其他组织认为具体行政行为侵犯其合法权益的，可以自知道该具体行政行为之日起 60 日内提出行政复议申请，但法律规定的申请期限超过 60 日的除外。

因不可抗力或者其他正当理由耽误法定申请期限的，申请期限自障碍消除之日起继续计算。

2. 申请方式

申请人申请行政复议，可以书面申请或口头申请。口头申请的，行政复议机关应当当场记录申请人的基本情况，行政复议请求，申请行政复议的主要事实、理由和时间。

3. 申请的受理

行政复议机关收到行政复议申请后，应当在 5 日内进行审查，对不符合法律规定的行政复议申请，决定不予受理，并书面告知申请人；对符合法律规定，但不属于本机关受理的行政复议申请，应当告知申请人向有关行政复议机关提出。

除上述规定外，行政复议申请自行政复议机关收到之日起即为受理。

行政复议期间具体行政行为不停止执行，但有下列情形之一的，可以停止执行：

(1) 被申请人认为需要停止执行的；

(2) 行政复议机关认为需要停止执行的；

(3) 申请人申请停止执行，行政复议机关认为其要求合理，决定停止执行的；

(4) 法律规定停止执行的。

4. 行政复议与行政诉讼的关系

申请行政复议，行政复议机关已经依法受理的，或法律法规规定应当先向行政复议机关申请行政复议、对行政复议决定不服再向人民法院提起行政诉讼的，在法定行政复议期限内不得向人民法院提起行政诉讼。

公民、法人或者其他组织向人民法院提起行政诉讼，人民法院已经依法受理的，不得申请行政复议。

（四）行政复议审查与决定

1. 行政复议审查

行政复议原则上采取书面审查办法，但申请人提出要求或行政复议机关认为有必要时，可以向有关组织和人员调查情况，听取申请人、被申请人和第三人的意见。

申请人、第三人可以查阅被申请人提出的书面答复、作出具体行政行为的证据、依据和其他有关材料，除涉及国家秘密、商业秘密或者个人隐私外，行政复议机关不得拒绝。

行政复议过程中，被申请人不得自行向申请人和其他有关组织或者个人收集证据。

2. 行政复议决定

行政复议机关应当对被申请人作出的具体行政行为进行审查，提出意见，经行政复议机关的负责人同意或者集体讨论通过后，按照下列规定作出行政复议决定：

（1）具体行政行为认定事实清楚，证据确凿，适用依据正确，程序合法，内容适当的，决定维持。

（2）被申请人不履行法定职责的，决定其在一定期限内履行。

（3）具体行政行为有下列情形之一的，决定撤销、变更或者确认该具体行政行为违法：主要事实不清、证据不足的；适用依据错误的；违反法定程序的；超越或者滥用职权的；具体行政行为明显不当的。

决定撤销或者确认该具体行政行为违法的，可以责令被申请人在一定期限内重新作出具体行政行为。

行政复议机关作出行政复议决定，应当制作行政复议决定书，并加盖印章。行政复议决定书一经送达，即发生法律效力。

3. 行政复议决定的法律效力

申请人认为行政机关的具体行政行为侵犯其已经依法取得的土地、矿藏、水流、森林、山岭、草原、荒地、滩涂、海域等自然资源的所有权或者使用权的，应当先申请行政复议；对行政复议决定不服的，可以依法向人民法院提起行政诉讼。

根据国务院或者省、自治区、直辖市人民政府对行政区划的勘定、调整或者征用土地的决定，省、自治区、直辖市人民政府确认土地、矿藏、水流、森林、山岭、草原、荒地、滩涂、海域等自然资源的所有权或者使用权的行政复议决定为最终裁决。

行政复议决定书一经送达，即发生法律效力。

被申请人应当履行行政复议决定，不履行或者无正当理由拖延履行的，行政复议机关或者有关上级行政机关应当责令其限期履行。

申请人逾期不起诉又不履行行政复议决定的，或者不履行最终裁决的行政复议决定的，按照下列规定分别处理：

（1）维持具体行政行为的行政复议决定，由作出具体行政行为的行政机关依法强制执行，或者申请人民法院强制执行；

（2）变更具体行政行为的行政复议决定，由行政复议机关依法强制执行，或者申请人民法院强制执行。

（五）行政赔偿

申请人在申请行政复议时可以一并提出行政赔偿请求，行政复议机关对符合国家赔偿法的有关规定应当给予赔偿的，在决定撤销、变更具体行政行为或者确认具体行政行为违法时，应当同时决定被申请人依法给予赔偿。

申请人在申请行政复议时没有提出行政赔偿请求的，行政复议机关在依法决定撤销或者变更罚款，撤销违法集资、没收财物、征收财物、摊派费用以及对财产的查封、扣押、冻结等具体行政行为时，应当同时责令被申请人返还财产，解除对财产的查封、扣押、冻结措施，或者赔偿相应的价款。

二、行政诉讼

（一）行政诉讼的概念与特征

行政诉讼，指公民、法人或其他经济组织认为行政主体的具体行政行为侵害其合法权益，依法向人民法院提起诉讼。

1. 行政诉讼与行政复议的主要区别

（1）性质不同。行政诉讼是司法机关的审判行为；行政复议是行政机关的行政行为。

（2）受案范围不同。行政复议的受案范围大于行政诉讼。

（3）原则不同。行政诉讼实行两审终审制、开庭审理与合议制；行政复议实行一级复议、书面审理、行政首长负责制。

（4）行政复议程序比较简单；行政诉讼程序比较复杂。

2. 行政诉讼与民事诉讼的主要区别

（1）诉讼目的不同。民事诉讼是保护当事人的民事权利；行政诉讼是维护和监督行政主体依法行政。

（2）起诉先行条件不同。民事诉讼没有先决条件；行政诉讼以存在特定的具体行政行为为前提。

（3）诉讼权利不同。民事诉讼当事人资格不固定，原告、被告地位可以相互改变，双方当事人都有起诉权、反诉权和撤诉权、民事权利处分权；行政诉讼当事人资格固定，一方是作为原告的公民、法人、其他经济组织，另一方是行政机关，彼此地位不能改变，作为被告的行政主体不享有起诉权、反诉权和撤诉权、行政权力处分权。

（4）举证责任不同。民事诉讼主要实行原告举证原则；行政诉讼实行被告（行政机关）举证原则。

（5）民事诉讼以解决当事人之间的经济纠纷和劳动纠纷为目的，全过程都可以适用调解；行政诉讼以审查具体行政行为的合法性为目的，不适用调解。

（二）行政诉讼受案范围

人民法院受理公民、法人和其他组织对下列具体行政行为不服提起的诉讼：

（1）对拘留、罚款、吊销许可证和执照、责令停产停业、没收财物等行政处罚不服的。

（2）对限制人身自由或者对财产的查封、扣押、冻结等行政强制措施不服的。

（3）认为行政机关侵犯法律规定的经营自主权的。

（4）认为符合法定条件申请行政机关颁发许可证和执照，行政机关拒绝颁发或者不予答复的。

（5）申请行政机关履行保护人身权、财产权的法定职责，行政机关拒绝履行或者不予答复的。

（6）认为行政机关没有依法发给抚恤金的。

（7）认为行政机关违法要求履行义务的。

（8）认为行政机关侵犯其他人身权、财产权的。

（9）法律法规规定可以提起行政诉讼的其他具体行政行为。

人民法院不受理对下列事项提起的诉讼：一是国防、外交等国家行为；二是行政法规、规章或者行政机关制定、发布的具有普遍约束力的决定、命令；三是行政机关对行政机关工作人员的奖惩、任免等决定；四是法律规定由行政机关最终裁决的具体行政行为。

（三）行政诉讼管辖权

1. 级别管辖

（1）基层人民法院管辖第一审行政案件。

（2）中级人民法院管辖下列第一审行政案件：一是确认发明专利权的案件、海关处理的案件；二是对国务院各部门或者省、自治区、直辖市人民政府所作的具体行政行为提起诉讼的案件；三是本辖区内重大、复杂的案件。

（3）高级人民法院管辖本辖区内重大、复杂的第一审行政案件。

（4）最高人民法院管辖全国范围内重大、复杂的第一审行政案件。

2. 地域管辖

（1）行政案件由最初作出具体行政行为的行政机关所在地人民法院管辖。经复议的案件，复议机关改变原具体行政行为的，也可以由复议机关所在地人民法院管辖。

（2）对限制人身自由的行政强制措施不服提起的诉讼，由被告所在地或者原告所在地人民法院管辖。

（3）因不动产提起的行政诉讼，由不动产所在地人民法院管辖。

3. 共同管辖

两个以上人民法院都有管辖权的案件，原告可以选择其中一个人民法院提起诉讼。原告向两个以上有管辖权的人民法院提起诉讼的，由最先收到起诉状的人民法院管辖。

（四）行政诉讼证据的收集和举证责任分配

行政诉讼认可的证据形式与民事诉讼相同。证据经法庭审查属实，才能作为定案的根据。

被告对作出的具体行政行为负有举证责任，应当提供作出该具体行政行为的证据和所依据的规范性文件。

在诉讼过程中，被告不得自行向原告和证人收集证据。

人民法院有权要求当事人提供或者补充证据，有权向有关行政机关以及其他组织、公民调取证据。

在证据可能灭失或者以后难以取得的情况下，诉讼参加人可以向人民法院申请保全证据，人民法院也可以主动采取保全措施。

（五）起诉和受理

1. 对行政处罚不服提起行政诉讼

当事人对行政处罚决定不服的，可以在接到处罚通知之日起 15 日内直接向人民法院起诉。法律另有规定的除外。

2. 对行政复议结果不服提起行政诉讼

当事人对复议决定不服的，可以在接到复议决定之日起 15 日内向人民法院起诉。复议机关逾期不作出复议决定的，当事人可以在复议期满之日起 15 日内向人民法院起诉。法律另有规定的除外。

当事人逾期不申请复议，也不向人民法院起诉，又不履行处罚决定的，作出处罚决定的机关可以申请人民法院强制执行。

3. 直接提起行政诉讼

公民、法人或者其他组织直接向人民法院提起诉讼的，应当在知道作出具体行政行为之日起 3 个月内提出。法律另有规定的除外。

公民、法人或者其他组织因不可抗力或者其他特殊情况耽误法定期限的，在障碍消除后的 10 日内，可以申请延长期限，由人民法院决定。

人民法院接到起诉状，经审查，应当在 7 日内立案或者作出裁定不予受理。原告对裁定不服的，可以提起上诉。

人民法院审理行政案件，应当收取诉讼费用。诉讼费用由败诉方承担，双方都有责任的由双方分担。

（六）审理和判决

1. 第一审判决

人民法院公开审理行政案件，但涉及国家秘密、个人隐私和法律另有规定的除外。

审理行政案件，实行合议制度、回避制度，不适用调解。

行政诉讼期间，不停止具体行政行为的执行。但有下列情形之一的，停止具体行政行为的执行：一是被告认为需要停止执行的；二是原告申请停止执行，人民法院认为该具体行政行为的执行会造成难以弥补的损失，并且停止执行不损害社会公共利益，裁定停止执行的；三是法律法规规定停止执行的。

人民法院经过审理，根据不同情况，分别作出以下判决：

（1）具体行政行为证据确凿，适用法律法规正确，符合法定程序的，判决维持。

（2）具体行政行为有下列情形之一的，判决撤销或者部分撤销，并可以判决被告重新作出具体行政行为：1）主要证据不足的；2）适用法律法规错误的；3）违反法定程序的；4）超越职权的；5）滥用职权的。

（3）被告不履行或者拖延履行法定职责的，判决其在一定期限内履行。

（4）行政处罚显失公正的，可以判决变更。

人民法院应当在立案之日起 3 个月内作出第一审判决。有特殊情况需要延长的，由高级人民法院批准；高级人民法院审理第一审案件需要延长的，由最高人民法院批准。

2. 上诉或判决、裁定生效

当事人不服人民法院第一审判决的，有权在判决书送达之日起 15 日内向上一级人民法院提起上诉。当事人不服人民法院第一审裁定的，有权在裁定书送达之日起 10 日内向上一级人民法院提起上诉。逾期不提起上诉的，人民法院的第一审判决或者裁定发生法律效力。

人民法院审理上诉案件，应当在收到上诉状之日起 2 个月内作出终审判决。有特殊情况需要延长的，由高级人民法院批准；高级人民法院审理上诉案件需要延长的，由最高人民法院批准。

人民法院审理上诉案件，按照下列情形，分别处理：

（1）原判决认定事实清楚，适用法律法规正确的，判决驳回上诉，维持原判；

（2）原判决认定事实清楚，但适用法律法规错误的，依法改判；

（3）原判决认定事实不清，证据不足，或者由于违反法定程序可能影响案件正确判决的，裁定撤销原判，发回原审人民法院重审，也可以查清事实后改判。

当事人对重审案件的判决、裁定，可以上诉。

（七）申诉、再审和抗诉

当事人对已经发生法律效力的判决、裁定，认为确有错误的，可以向原审人民法院或者上一级人民法院提出申诉，但判决、裁定不停止执行。

人民法院院长对本院已经发生法律效力的判决、裁定，发现违反法律、法规规定认为需要再审的，应当提交审判委员会决定是否再审。上级人民法院对下级人民法院已经发生法律效力的判决、裁定，发现违反法律法规规定的，有权提审或者指令下级人民法院再审。

人民检察院对人民法院已经发生法律效力的判决、裁定，发现违反法律法规规定的，有权按照审判监督程序提出抗诉。

（八）执行

当事人必须履行人民法院发生法律效力的判决、裁定。

公民、法人或者其他组织拒绝履行判决、裁定的，行政机关可以向第一审人民法院申请强制执行，或者依法强制执行。

行政机关拒绝履行判决、裁定的，第一审人民法院可以采取以下措施：

（1）对应当归还的罚款或者应当给付的赔偿金，通知银行从该行政机关的账户内划拨。

(2) 在规定期限内不履行的，从期满之日起，对该行政机关按日处 50～100 元的罚款。

(3) 向该行政机关的上一级行政机关或者监察、人事机关提出司法建议。接受司法建议的机关，根据有关规定进行处理，并将处理情况告知人民法院。

(4) 拒不履行判决、裁定，情节严重构成犯罪的，依法追究主管人员和直接责任人员的刑事责任。

公民、法人或者其他组织对具体行政行为在法定期限内不提起诉讼又不履行的，行政机关可以申请人民法院强制执行，或者依法强制执行。

(九) 侵权赔偿责任

公民、法人或者其他组织的合法权益受到行政机关或者行政机关工作人员作出的具体行政行为侵犯造成损害的，有权请求赔偿。

公民、法人或者其他组织单独就损害赔偿提出请求，应当先由行政机关解决。对行政机关的处理不服，可以向人民法院提起诉讼。

赔偿诉讼可以适用调解。

行政机关或者行政机关工作人员作出的具体行政行为侵犯公民、法人或者其他组织的合法权益造成损害的，由该行政机关或者该行政机关工作人员所在的行政机关负责赔偿。

行政机关赔偿损失后，应当责令有故意或者重大过失的行政机关工作人员承担部分或者全部赔偿费用。

案例 10—3

工商行政管理机关的行政行为是否合法

甲、乙两公司决定成立长城大厦有限责任公司，共同建造商务楼以供出租。其中，甲以土地使用权出资，乙以建房所需的全部资金出资。公司于 2010 年 3 月成立后依法进行了工商登记，领取了营业执照，并于 10 月开始动工建造商务楼。后因乙公司内部股权纠纷，导致建房资金不能到位，2012 年 8 月商务楼停建。同年 12 月 3 日，长城大厦有限责任公司所在地某市工商局作出“核准企业注销登记通知书”，其中记载：“长城大厦有限责任公司已于 2012 年 12 月 3 日在我局办理注销登记手续。”但长城大厦有限责任公司一再声明没有向市工商局申请注销登记，市工商局也未能提供该公司董事长签署的申请文件和该公司的债权债务清算报告。2013 年 6 月 1 日，某市工商局作出“关于成立长城大厦有限责任公司清算组的决定”，决定成立长城大厦有限责任公司清算组，负责该公司的清算业务。长城大厦有限责任公司不服从上述行政行为，向人民法院提起行政诉讼。

问：某市工商局的行政行为是否合法？应如何处理？

案例点评

本案的核心是：某市工商局有关注销长城大厦有限责任公司企业登记、成立长城大厦有限责任公司清算组的行政决定是否有法律根据。

1. 根据公司法、公司登记管理条例等相关法律、行政法规的规定，公司终止，必须经过清算程序后才能注销登记。任何法律都未授权工商行政机关有权不经企业清算与申请便直接注销企业登记。因此，某市工商局的行政行为没有合法依据。

2. 依据企业注销登记法律制度的规定，企业法人办理注销登记，应当提交法定代表人签署的申请注销登记报告、清理债务完结证明或清算组织负责清理债权债务的文件。经登记主管机关核准后，收缴《企业法人营业执照》及其副本，收缴公章，将注销登记情况告知其开户银行，并进行注销登记、公告。某市工商局在注销长城大厦有限责任公司企业登记 6 个月后，才决定成立清算组进行清算，先注销后清算，严重违反企业注销登记的法定程序。

3. 根据行政诉讼法的规定，对超越职权与违反法定程序的具体行政行为，应当判决撤销。因此，一审法院依法判决，撤销某市工商局注销长城大厦有限责任公司企业登记的行政行为及成立长城大厦有限责任公司清算组的决定。

本章小结

企业的经营活动，与企业外部的其他企业、公民、经济组织及行政管理机关，与企业内部的劳动者有着不可分割的经济联系和行政联系。在复杂的经济与行政关系中，由于不同主体彼此的利益存在矛盾或冲突，因此引发的法律纠纷不可避免。企业法律纠纷能否及时公正地获得解决，不仅直接影响到纠纷当事人的利益，还对国家的法制建设与发展有长远影响。企业法律纠纷有三种主要形式：经济纠纷、劳动纠纷、行政纠纷。解决企业法律纠纷的基本方式是：协商、调解、仲裁、诉讼。其中，协商与调解是非法律程序方式，仲裁与诉讼是法律程序方式。经营者应当理解，解决企业法律纠纷的不同方式各有利弊，彼此不能完全替代。昂贵的诉讼成本也许会抵消诉讼的优点。因此，司法解决纠纷是有效方式，但不是唯一有效方式。提高法律意识、防患于未然应当成为企业的座右铭。经济仲裁、劳动仲裁、民事诉讼、行政复议、行政诉讼，都是当事人的合法权益受到不法侵害后的法律救济手段，而且主要是程序性规定。企业熟悉司法或准司法程序的重要意义在于，法律纠纷提交仲裁机构、法院或行政复议机关处理后，可以通过程序的合法性监督这些机构的审理行为，保证纠纷的公正解决。

关键术语

协商	调解	经济仲裁	仲裁协议
劳动仲裁	民事诉讼	证据保全	财产保全
先予执行	法庭调解	第一审程序	第二审程序
判决	裁决	行政复议	行政诉讼

复习思考题

1. 通过自己的实际感受或实践经验，总结各种解决法律纠纷方式的利弊。

2. 总结企业所发生的合同纠纷中，诉讼和仲裁解决的比例，比较二者在案件受理、审理、裁决或判决结果、执行及诉讼或仲裁费用等方面有哪些具体区别。

3. 如何理解民事诉讼和行政诉讼中证据的重要性？企业日常经营活动中是否有意识地注意收集和保存证据？在提供诉讼证据方面企业有哪些经验和教训？

4. 行政诉讼是“民告官”的案件，实践中，企业提起行政诉讼遇到的常见问题是什么？有哪些难以克服的障碍？

参考阅读书目及法律、法规

1.《中华人民共和国仲裁法》(1994)(1994 年 8 月 31 日全国人民代表大会常务委员会通过，自 1995 年 9 月 1 日起施行)。

2.《中华人民共和国民事诉讼法》(2012)(1991 年 4 月全国人民代表大会通过，自 1991 年 4 月 9 日起施行；2007 年 10 月全国人民代表大会常务委员会第一次修正；2012 年 8 月全国人民代表大会常务委员会第二次修正)。

3.《中华人民共和国行政复议法》(1999)(1999 年 4 月全国人民代表大会常务委员会通过，自 1999 年 10 月 1 日起施行)。

4.《中华人民共和国行政诉讼法》(1989)(1989 年 4 月全国人民代表大会通过，自 1990 年 10 月 1 日起施行)。

图书在版编目（CIP）数据

企业经济法概论/蔡曙涛编著．—4版．—北京：中国人民大学出版社，2015.1
高等院校精品课程教材
ISBN 978-7-300-20682-0

Ⅰ.①企… Ⅱ.①蔡… Ⅲ.①企业法-中国-高等学校-教材 Ⅳ.①D922.291.91

中国版本图书馆CIP数据核字（2015）第018204号

高等院校精品课程教材
企业经济法概论（第四版）
蔡曙涛　编著
Qiye Jingjifa Gailun

出版发行	中国人民大学出版社		
社　　址	北京中关村大街31号	**邮政编码**	100080
电　　话	010－62511242（总编室）		010－62511770（质管部）
	010－82501766（邮购部）		010－62514148（门市部）
	010－62515195（发行公司）		010－62515275（盗版举报）
网　　址	http://www.crup.com.cn		
	http://www.ttrnet.com(人大教研网)		
经　　销	新华书店		
印　　刷	北京宏伟双华印刷有限公司	**版　　次**	2002年1月第1版
规　　格	185 mm×260 mm　16开本		2015年2月第4版
印　　张	24.75 插页1	**印　　次**	2018年12月第3次印刷
字　　数	575 000	**定　　价**	38.00元

教师教学服务说明

中国人民大学出版社工商管理分社以出版经典、高品质的工商管理、财务会计、统计、市场营销、人力资源管理、运营管理、物流管理、旅游管理等领域的各层次教材为宗旨。

为了更好地为一线教师服务，近年来工商管理分社着力建设了一批数字化、立体化的网络教学资源。教师可以通过以下方式获得免费下载教学资源的权限：

在中国人民大学出版社网站 www. crup. com. cn 进行注册，注册后进入“会员中心”，在左侧点击“我的教师认证”，填写相关信息，提交后等待审核。我们将在一个工作日内为您开通相关资源的下载权限。

如您急需教学资源或需要其他帮助，请在工作时间与我们联络：

中国人民大学出版社　工商管理分社

联系电话：010-62515735，82501048，62515782，62515987

电子邮箱：rdcbsjg@crup. com. cn

通讯地址：北京市海淀区中关村大街甲 59 号文化大厦 1501 室（100872）

教师教学服务说明

[illegible]

[illegible]

中国人民大学出版社[illegible]

[illegible]